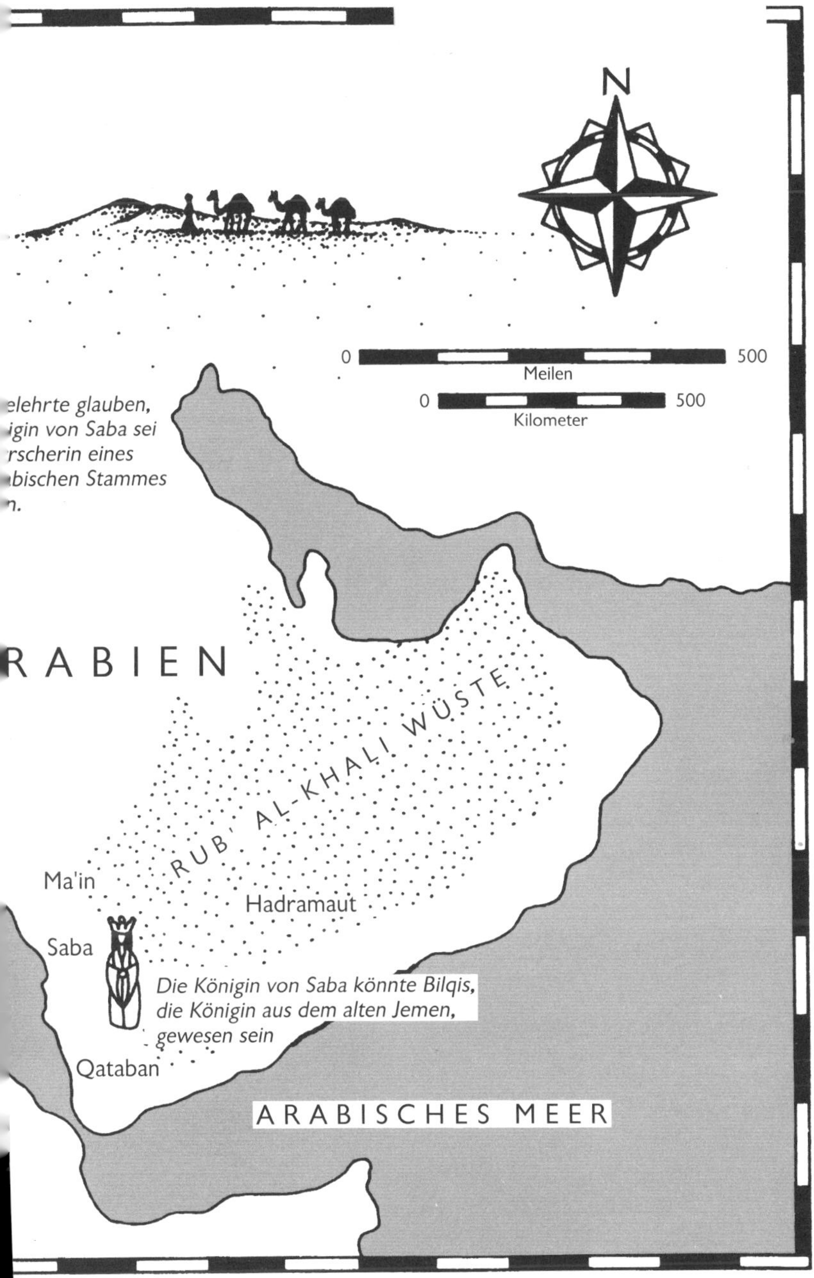
N
0
500
Meilen
0
500
Kilometer
elehrte glauben,
igin von Saba sei
rscherin eines
bischen Stammes
n.
RABIEN
RUB' AL-KHALI WÜSTE
Ma'in
Hadramaut
Saba
Die Königin von Saba könnte Bilqis,
die Königin aus dem alten Jemen,
gewesen sein
Qataban
ARABISCHES MEER

R & L

NICHOLAS CLAPP

DIE KÖNIGIN VON SABA

EINER LEGENDE AUF DER SPUR

Aus dem Amerikanischen
von F. Florian Marzin

RÜTTEN & LOENING
BERLIN

Die Originalausgabe unter dem Titel
Sheba. Through the Desert in Search of the Legendary Queen
erschien 2001 bei Houghton Mifflin Company, New York.

ISBN 3-352-00639-3

1. Auflage 2002

Published by special arrangement with Houghton Mifflin Company
Einbandgestaltung visàvis, Wulf Winckelmann
Druck und Binden Ebner Ulm
Printed in Germany

www.ruetten-und-loening.de

Inhaltsverzeichnis

TEIL IV
WO WIR UNS IN EIN LAND DER GEWÜRZE UND WOHLGERÜCHE BEGEBEN

TEIL V
EINE REISE ENTHÜLLT DIE MACHT UND DEN EINFLUSS DER KÖNIGIN VON SABA

ANHANG

Prolog

An einem Novembernachmittag hetzte ich durch den Schneeregen von der U-Bahnstation zur New York Public Library. Dort angekommen, klappte ich meinen von dem Sprint ziemlich ramponierten Schirm zu, stieg die marmorne Haupttreppe hinauf, wobei ich überall Pfützen hinterließ, und ging den dunklen Korridor hinunter, der in die Orientalische Abteilung führte. (»Orientalisch« bedeutete im Weltbild des neunzehnten Jahrhunderts alles, was östlich von Griechenland lag, ganz im Sinne von »Wir sind die Weisen aus dem Morgenland ...«) Auf der rechten Seite des Korridors standen zwei Computerterminals, an denen man die neuesten Titel der Abteilung abrufen konnte. Zur Linken waren Regale mit den dicken schwarzen Folianten, in denen die älteren Bestände noch mit einer altertümlichen Schreibmaschine, ja sogar noch handschriftlich verzeichnet waren. Beide Verzeichnisse wiesen seitenlange Eintragungen auf, die mit »Königin der ...« begannen.

Königin der Schwindler, Königin der Frösche, Königin der Sorgen, der Spione, des Sumpfes, der Tränen, des Morgens, des Universums, des Zorns und des Niedergangs.

Doch an diesem verregneten Tag fiel mir ein Eintrag besonders ins Auge, es war der, nach dem ich lange gesucht hatte: die Königin von Saba. Genauere Nachforschungen brachten Hunderte von Einträgen ans Tageslicht, die sich alle mit ihrem Leben – wenn sie überhaupt jemals gelebt hatte – und ihrer Zeit befaßten.

In diesem Augenblick konnte ich dazu noch nichts sagen, und die Suche nach der Königin von Saba sollte mich von der Kathedrale in Canterbury bis zum Turm eines tschechischen Alchimisten führen. Meine Reise würde mich in ein Gebiet bringen, das man früher als Orient bezeichnet hatte, und nach Jerusalem, der Stadt, in der die Königin von Saba einst vor König Salomon trat und die so eng mit den westlichen Religionen verbunden war, daß man sie lange für den Nabel der Welt hielt.

Die Neugierde, mein altes Laster, würde mich anstacheln und verführen, meinen Weg über das Kopfsteinpflaster alter Karawansereien, durch die grasbewachsenen Hochebenen Afrikas, über den stürmischen Bab el Mandeb hinein in den wegelosen roten Sand der arabischen Rub' al Khali zu nehmen.

Die Wüste, so fand ich heraus, ist der richtige Ort für Neugierige, denn selbst bei einem kurzen Spaziergang muß man auf Überraschungen gefaßt sein, und man kann durchaus einen Blick auf etwas erhaschen, was man nie zuvor gesehen hat: sei es nun eine merkwürdig gestreifte Raupe, eine der seltenen Wüstenblumen, wie ich sie einmal in der kalifornischen Mojave entdeckt habe, oder ein fast offen daliegendes Jagdflugzeug, das seit dem Zweiten Weltkrieg als verschollen galt. Eigentlich ergibt das überhaupt keinen Sinn. Man stellt sich immer vor, die Geheimnisse der Natur und der Menschheit wären in abgelegenen Bergschluchten oder nebelverhangenen Dschungeln verborgen. Und natürlich haben auch diese Orte einiges an Unerwartetem. Doch es ist die Wüste – weit, anscheinend leblos, mit nur wenigen Orten, an denen etwas verborgen sein kann –, wo man Geheimnisse, möglicherweise die größten Geheimnisse, finden kann. Oder auch nie finden wird.

Mit einigen Unterbrechungen war ich über ein Jahrzehnt lang der Königin von Saba in exotischen, sinnlichen, ja unheimlichen Ländern (so wie sie selbst?) auf der Spur. Würden sich die Nebel, die ihren Mythos umgeben, heben und die reale Königin eines realen Landes daraus hervortreten? Oder würde sie sich bei meinen Nachforschungen als Königin der Phantasie erweisen? Ich wußte es nicht. Doch an diesem Wintertag in New York durchstöberte ich einen abgegriffenen Band nach dem anderen und wurde geleitet von der Verheißung von Abenteuern, wie es der viktorianische Reisende Alexander Kinglake formuliert hatte:

Es kommt die Zeit, da tanzt man keine Quadrille und setzt sich nicht auf Kirchenbänke ... denn jetzt werden meine Augen den Glanz und den Untergang des Ostens schauen.

I

Die Königin von Saba tritt auf, und ihre Geschichte wird enthüllt

1
In den Klöster des Ostens

Jerusalem im Frühjahr 1982, bevor die Königin von Saba mich in ihren Bann schlug.

Erstarrt im Scheinwerferlicht eines im Leerlauf tuckernden Pickups, blickte die abgemagerte Ziege zu dem Beduinen, dann zu dem Schlachter und wieder zurück. Ich konnte nicht verstehen, was die Araber sprachen, doch die Gesten, die mit ihrem Feilschen einhergingen, waren unmißverständlich. Besonders der Schlachter rollte mit den Augen und warf theatralisch die Arme nach oben, um damit auszudrücken: »Wenn das deine beste Ziege ist, dann erspar mir die anderen.«

Es war kurz vor fünf Uhr morgens auf dem freitäglichen Schafmarkt. Ich beobachtete, wie die Lastwagen, bepackt mit unruhigen Schafen, Ziegen, Eseln, ja sogar Kamelen, aus der Wüste kommend, sich die gewundene Straße zur östlichen Stadtmauer von Jerusalems Altstadt, zum Storchenturm, hinaufquälten.

Im Osten erhob sich hinter dem Ölberg und der Altstadt die Sonne wie eine bröckelnde, steinerne Krone über den staubigen Hügeln von Judäa und hüllte das Land in ein biblisches, gelbrotes Glühen. Obwohl die Altstadt heute von Hochhäusern und der wuchernden Großstadt umgeben ist, fiel es mir leicht, sie vor meinem geistigen Auge so entstehen zu lassen, wie sie einst ausgesehen haben muß: von einer Mauer umgeben und gut befestigt, aber nicht besonders groß, eine weit abgelegene, aber häufig Ärger verursachende Ecke des römischen Imperiums, der Araber, der Kreuzfahrer und der Osmanen. Eine Stadt am Rande der großen Handelswege des Altertums, eine Stadt der Propheten und Poeten und ein heiliger Ort für Juden, Christen und Moslems.

Mit dem Schwinden der Morgenkühle intensivierte sich der

Handel, und die Ziegen meckerten erbärmlicher, als sie es in den Tagen von Christus, vielleicht sogar seit Salomon, getan hatten. Es war an der Zeit, zurück in mein Hotel zu eilen und mich meinem Dokumentarfilmteam anzuschließen.

Durch das nahe gelegene Tor des heiligen Stephan betrat ich die Altstadt und suchte mir meinen Weg durch das Labyrinth der verwinkelten Pflastersteingassen. Die Läden, in denen üblicherweise geschäftiges Treiben herrschte, waren um diese Zeit noch verschlossen und verrammelt. Einige Minuten lang sah ich keine Menschenseele. Dann näherte sich mir durch die Schatten, die die Bögen der Via Dolorosa auf die Straße warfen, eine hochaufgeschossene Gestalt. Es war ein großer, dunkler Mann, der eine hohe, spitze Kapuze und eine schwarze Kutte trug – ein Mönch. Doch er unterschied sich von den anderen Mönchen, die ich in Jerusalem gesehen hatte, die zwischen ihrer Mönchszelle und dem Gottesdienst hin- und herpendelten und die, wenn sie mich überhaupt beachteten, nur ein Stirnrunzeln übrig hatten. Dieser Mann aber kam locker daher, und als wir aneinander vorbeigingen, nickte er mir zu und schenkte mir ein Lächeln, das ich erwiderte. Ein netter Kerl, dachte ich mir. Er schien weder römisch-katholisch noch griechisch-orthodox zu sein. Als ich stehenblieb und zurückblickte, sah ich lediglich eine graugefleckte Katze auf einen Mauersims springen, wo sie sich in der Morgensonne wärmen wollte, und hörte sich entfernende Schritte in einer Seitengasse.

Ich war zusammen mit dem Kameramann Bert Van Munster ins Heilige Land gekommen, um nach Lebensweisen zu suchen, die sich dort über Hunderte, wenn nicht Tausende von Jahren erhalten haben mochten. Unser hauptsächlich aus Israelis bestehendes Team – Techniker, ein paar Helfer und der Produzent Omri Meron – filmte in und um Jerusalem, und wir erkundeten auch die Tunnelanlagen des Herodes, die sich unter der Stadt erstrecken. Wir dokumentierten die Märkte der Stadt, die alten Souks, mit ihren Schuhmachern, Gold- und Grobschmieden, jedes Handwerk residierte in einer speziellen Straße, die ihren Namen vor langer Zeit nach dem jeweiligen Gewerbe erhalten hatte. Die Tuchhändler hatten ihre Geschäfte immer noch in der Suq-al-Qattin (*qattin* ist das arabische Wort für »Baumwolle«), und in der Malquisinat – der »Straße der schlechten Köche« – konnte man noch heute ein so schlechtes Essen wie zur Zeit der Kreuzfahrer bekommen.

Mit der Zeit kannten uns eine Reihe der Händler in der Altstadt und ersparten uns ihr flehendes: »Sir, Mister ... haff a look, haff a look.« Auf gewisse Weise machte sich in mir das flüchtige Gefühl breit, hierher zu gehören. Damit einher ging eine wieder auflebende Würdigung der Bibel als eines verschlüsselten Stücks Geschichte, eines Mythos und eines Moralkodex', einer Chronik des menschlichen Strebens nach Selbstkontrolle, mit Einsichten in die besten und schlechtesten Seiten der menschlichen Natur. In den Mittagspausen sprachen wir darüber, wie das Leben in Jerusalem heute und zu allen Zeiten durch die Bibel bestimmt war. »Doch jeden Tag mit Gott an jeder Ecke zu leben«, sagte Omri, der seinen Namen von einem israelischen König hat, »das kann manchmal ein bißchen zuviel werden.« (Damit steht Omri nicht allein, auch der Dichter Jehuda Amichai hat es so ausgedrückt: »Jerusalems Industrie sind der Glaube und das Gebet, und wie in jeder industrialisierten Stadt fällt das Atmen manchmal schwer.«)

Eines Tages, beim Abendessen, erklärte Omri, er habe die Genehmigung erhalten, daß wir innerhalb der befestigten Mauern der heiligen Mar Saba filmen dürften.[1] Bei meiner Vorbereitung auf dieses Unternehmen hatte ich alte Stiche und Zeichnungen des Heiligen Landes studiert und war dabei auf eine beeindruckende Darstellung dieses Wüstenklosters in Judäa gestoßen, die der schottische Künstler David Roberts im neunzehnten Jahrhundert angefertigt hatte. Ich erfuhr, daß dieses Kloster immer noch bewohnt war, aber nur selten besucht wurde. Omri zeigte uns einen vom griechisch-orthodoxen Erzbischof von Großjerusalem unterzeichneten Brief, der uns Zutritt gewähren sollte.

Als wir am nächsten Morgen Mar Saba zum ersten Mal erblickten, entsprach es ganz der Darstellung aus dem Jahre 1839. Nichts hatte sich verändert. Die Mauern des Klosters, seine

Türme und Wohnquartiere und die vielen Kapellen auf dem kahlen Hügelrücken, zu denen Treppen hinabführten, überschauten das Tote Meer. Es war ein riesiger Komplex, der tausend oder mehr Mönchen Unterkunft gewähren konnte. Wir fuhren mit unserem Kleinbus bis zu Mar Saba hinauf, hielten vor dem in die Mauer eingelassenen Holztor und stiegen aus.

Ich klopfte. Keine Antwort. Omri klopfte.

Dann schlurfte drinnen ein für uns unsichtbarer Jemand auf das Tor zu, blieb stehen und sagte kein Wort. Omri schob den Brief des Erzbischofs unter dem Tor hindurch. Eine ebenfalls unsichtbare Hand hob ihn auf und faltete ihn auseinander. Es dauerte lange Zeit, dann sagte eine dumpfe Stimme auf englisch: »Nein, kein Fernsehen. Niemals. Geht weg!«

»Aber der Brief. Er ist vom Erzbischof!« protestierte Omri.

»Spielt keine Rolle! Lebt wohl. Kein Fernsehen, niemals!« Der Mönch, wir nahmen an, daß es einer war, schob den Brief wieder unter dem Tor durch und schlurfte von dannen.

»Sieht aus, als ob unsere Pläne für den Tag eine unerwartete und enttäuschende Wendung genommen haben, Nicholas«, meinte der Kameramann Bert.

Niedergeschlagen machten wir uns auf den Rückweg nach Jerusalem.

»Omri«, fragte ich noch während der Fahrt, »dieser Brief vom Erzbischof, war damit eine Spende verbunden?«

»Hm, ja.«

»Wieviel?«

»Einhundertfünfzig.«

»Dollar?«

»Dollar.«

»Die müssen wir aber zumindest zurückbekommen«, erklärte ich. »Der Brief hat uns ja nichts genutzt.«

»Damit können wir ihn nicht belästigen. Er ist der Erzbischof von Jerusalem! Er ist ein heiliger Mann!«

»Er ist ein heiliger Mann«, mischte sich Bert ein, »der uns einhundertfünfzig Dollar schuldet. Sind wir denn *freiers*?«

Den restlichen Tag verbrachten wir damit, eine andere Sache zu filmen, während Omri vor sich hin brütete. Ein *freier* – ein

Arschloch – ist das letzte, als was ein Israeli gelten möchte. Abends um elf klingelte im Hotelzimmer mein Telefon. Es war Omri. »Wir haben um acht Uhr morgen früh eine Verabredung mit dem Erzbischof.«

Das Büro des Erzbischofs, von dem aus man die Greek Patriarch Street überblickte, war luftig und vornehm eingerichtet. Er begrüßte uns freundlich, nahm seine für einen orthodoxen Priester typische Kopfbedeckung ab und legte sie auf die polierte Platte seines Schreibtisches. Er hatte glatt zurückgekämmtes Haar und einen sauber gestutzten Bart. Ein imposantes byzantinisches Goldkreuz glitzerte zwischen den Falten seiner schwarzen Robe. Diplomatisch und mit großem Respekt sagten wir ihm, daß sein Brief an das Kloster Mar Saba überhaupt keine Wirkung gehabt hätte.

»Hm, diese Kerle dort unten. Ts, ts, sie gehen nicht mit der Zeit«, sinnierte er auf englisch, dann schob er seinen Stuhl zurück und legte seine Fingerspitzen aneinander, so daß sie ein Kirchendach bildeten. »Aber«, fügte er dann hinzu, »das kriegen wir schon noch hin.«

»So?«

»Ich werde ihnen einen zweiten Brief schreiben, einen Brief – wie sagt man? –, der ihnen *ein Angebot macht, das sie nicht ablehnen können*.«

»Ja?«

»Ja«, wiederholte er, dachte einen Moment nach und brachte mit sanfter Miene eine »zusätzliche Bedingung« ins Spiel. Eine Videokassette von Sylvester Stallone in *Rocky II*.

»Heute abend …«, versprach ich ihm.

»… Eure Heiligkeit«, ergänzte Omri.

Was immer der Erzbischof auch in dem Brief geschrieben hatte, es funktionierte, und an jenem Morgen waren wir in Mar Saba willkommen.

Gegenwärtig leben nur sechs Mönche, die bis auf einen schon ziemlich alt sind, in dem ausgedehnten Komplex. Sie zeigten uns (und wir filmten es) die Kapelle mit den Totenschädeln von vierzig Märtyrern, die von den Persern während eines Massakers im Jahre 641 n. Chr. abgeschlachtet worden waren. In einer anderen Kapelle beteten sie vor dem hinter Glas liegenden Körper ihres Gründungsabtes, des heiligen Saba. Die Jahre hatten ihm nicht schlimmer zugesetzt, als man erwarten konnte, und seine glanzlosen Augen blickten nach oben auf eine Kette von Timex-Armbanduhren, die Opfergaben aus der letzten Zeit waren. Wir hörten Glocken läuten, liefen nach draußen und sahen, daß sich der junge Mönch, um sie zu läuten, zwei Glockenseile an die Füße gebunden hatte, vier weitere in den Händen hielt und im Glockenturm wie besessen herumhüpfte.

Nach ein paar Stunden hatte wir mehr gefilmt, als wir zu hoffen gewagt hatten, und wir blieben noch auf eine Tasse Kaffee bei den Mönchen, die schließlich doch Spaß an der Unterbrechung ihrer endlosen Gebete gefunden hatten. Diese Gebete nehmen sie so in Anspruch, so steht geschrieben, daß sie kaum Zeit finden zu baden. Sie waren traurig, als wir uns verabschiedeten.

Später an diesem Nachmittag nahm ich mir eine Stunde frei, spazierte durch die Altstadt und genoß die ewig wechselnden Eindrücke und Geräusche. Ein Tor stand einen Spalt weit offen, und in dem dahinter liegenden klösterlichen Hof hängten Nonnen ihre durchgehend weiße Wäsche auf. Ein Stück weiter die Straße entlang war in einem Geschäft ein Bild Jesu aufgestellt, auf dem Christus die beweglichen Augen gen Himmel hob, wenn man vorbeiging. Genau in diesem Moment ertönten Trompeten und Getrommel, und eine uniformierte arabische Pfadfinderkapelle bog um die Ecke und marschierte vorbei.

Am Ende einer wenig verheißungsvollen Straße fand ich mich auf einmal auf dem Platz vor der Grabeskirche wieder, dem meistbesuchten Ort der Christenheit. Eine Gruppe deutscher Touristen trat aus den Doppeltüren hinaus. Ihr Führer hielt einen weitläufigen Vortrag über die von der Basilika umschlossenen Orte, an denen Jesus verurteilt, inhaftiert und begraben worden ist. Er schloß mit: »Herren und Damen, Kaffeepause! Kaffee! Kaffee! Kaffee!« Als sich seine Schäfchen mit schneller werdenden Schritten entfernten, erblickte ich wieder jenen Mönch, der mir zehn Tage zuvor morgens begegnet war. Mit schlafwandlerischer Sicherheit schob er sich durch die fortströmenden Deutschen, doch anstatt die Basilika zu betreten, drehte er ab und verschwand durch eine niedrige Tür an der Seite des Platzes.

Ich zögerte einen Augenblick, doch dann überwältigte mich die Neugierde, und ich folgte ihm. Nachdem ich die Tür durchschritten hatte, befand ich mich in einer leeren, fensterlosen Kapelle, die nur von einem Dutzend flackernder Kerzen erleuchtet wurde. In der Luft hing der Geruch von uraltem Schimmel und Verfall, der sich mit glimmendem Weihrauch vermischte. Als sich meine Augen an die Dunkelheit gewöhnt hatten, bemerkte ich eine steinerne Treppe, die sich hinter einem Eisengitter nach oben aus meinem Sichtbereich hinauswand. Von irgendwo dort oben drang das Gemurmel von Stimmen herunter.

Ich stieg die Treppe, die zu einer weiteren Kapelle führte, hinauf. Dort schritt mein Mönch vor einem Dutzend sich langsam wiegender Brüder, die ihre Gebete murmelten, auf und ab. Er bestätigte sie mit zustimmendem Nicken, manchmal sogar einem Grinsen, so wie ein Bandleader seine Musiker in Stimmung bringt, bevor das Saxophon oder die Trompete richtig loslegt.

Plötzlich, ohne daß man es ahnen konnte, stimmten sie einen A-cappella-Gesang an. Ich verstand nicht, was sie sangen, doch es schien ein Kirchenlied zu sein, das die Sehnsucht nach etwas oder jemand weit entferntem ausdrückte. Das Lied war sowohl sehr komplex als auch frei in der Form, wie Jazz. Zuerst sangen sie einstimmig, dann antiphon, danach variierten sie die Melodie zu immer neuen Melodien, und die Echos vereinigten sich zu neuen Echos.

Ich bemerkte eine Bewegung im hinteren Teil der Kapelle, und als ich mich umdrehte, sah ich drei Frauen, die nach mir gekommen waren, zwei waren weiß gekleidet, die dritte trug ein blaues Gewand. Sie knieten nieder und verbeugten sich immer wieder graziös.

Den Hintergrund dieses Ausdrucks der Hingabe bildete eine Leinwand, die sich über die gesamte Fläche einer Seitenwand der Kapelle erstreckte und auf der zwei Personengruppen zu sehen waren, die sich trafen und Geschenke austauschten. Es hatte den Anschein, als sei das Gemälde erst innerhalb der letzten fünfzig Jahre entstanden, denn die Darstellung einiger

Figuren war äußerst modern. Auf der linken Seite war ein Haushofmeister mit einem modischen Panamahut zu sehen, der zwei Elefantenstoßzähne trug, und eine schöne Dame, bekleidet mit einem Cape und einem bestickten weißen Kleid. Rechts im Bild wurden sie von einem ohne Zweifel bedeutenden, langhaarigen Mann mit Schnurrbart erwartet, in dessen Gefolgschaft sich zwei *Haredim* mit Melonen auf dem Kopf und Stirnlocken befanden, die den ultraorthodoxen Juden, die alle Tage geschäftig in Jerusalem umhereilten, aufs Haar glichen.

Die Diener der schönen Dame boten dem schnurrbärtigen Mann Gefäße mit Weihrauch dar. Die Darstellung zeigte die Königin von Saba, die am Hofe König Salomons eintraf.

Zu diesem Zeitpunkt wußte ich noch nicht, daß die Königin sich bei den äthiopischen Kopten unermeßlicher Verehrung erfreute. Auch war mir nicht klar, daß die Inbrunst und Hingabe dieser Mönche einzigartig ist, im Unterschied zu der bekanntermaßen eher weltlichen Einstellung der Priester der Grabeskirche gleich nebenan. In dem 1980 erschienen Führer *Das Heilige Land* schreibt der Franziskaner Jerome Murphy-O'-Connor: »Sie (die Äthiopier) leben in den Ruinen eines (angrenzenden) mittelalterlichen Klosters … Still und in sich versunken, schafft die große Würde dieser hochgewachsenen, schlanken Männer ein Gefühl der Besinnung, das die Kirche heutzutage sehr nötig hätte.«[2]

In der Kapelle der äthiopischen Kopten

Ich wollte eigentlich bis zum Ende des Gottesdienstes bleiben, doch ich mußte gehen, da meine Frau Kay an diesem Nachmittag aus Kalifornien ankommen sollte. Wann immer es möglich war, nahm sie sich von ihren Verpflichtungen als Sozialarbeiterin und Bewährungshelferin frei und half mir bei meinen Filmaufnahmen vor Ort.

Früh am nächsten Morgen, nach nur ein paar Stunden Schlaf, beluden wir unseren Kleinbus und verließen Jerusalem Richtung Süden. Im Morgengrauen fuhren wir am Ufer des Toten Meeres entlang, und mittags bogen wir nach Südwesten auf eine Staubpiste ab, die in die ockerfarbenen Berge der Sinaihalbinsel führte, die »große und schreckliche Einöde des Alten Testaments«. So wie Jerusalem die Stadt Gottes war, so war dies die Wüste Gottes, wo »Gott mit Donnerstimme« zu den Israeliten sprach, die auf dem Weg ins Gelobte Land waren. Wir überschritten die Grenze von Israel nach Ägypten, und eine Stunde später stiegen wir auf einen Hügel, um die rote Flanke des Berges Sinai im Sonnenuntergang zu bewundern.

Es war schon dunkel, als wir St. Katharina, das legendärste aller Wüstenklöster, erreichten; eine wehrhafte Festung, die im Mondschatten des Sinai thronte. Von einem einzelnen Licht geführt, durchquerten wir das Tor, das nach links und dann plötzlich nach rechts schwang (damit die Verteidiger Angreifer besser abwehren konnten), und betraten eine Welt, die tausend Jahre in der Vergangenheit lag. In dem dunklen Labyrinth von Gassen, Höfen, Treppenfluchten und wackligen Balustraden tauchten Mönche mit Laternen auf und verschwanden wieder. Gebäude – Wohnquartiere, eine Bibliothek, Lagerhallen, sogar eine Moschee (für die bediensteten Beduinen) – beanspruchten standhaft ihren Raum in dieser eigentlich archaischen Stadt.

Von irgendwoher ertönte der Laut eines ausgehöhlten Baumstammes, den man anschlug, um die Mönche zu einer Prozession oder zu Gebeten zusammenzurufen, die die ganze Nacht andauern würden. Im Gegensatz zu unseren Gepflogenheiten würden sie während des Tages ruhen. Zwischen den großen Zederntüren hindurch spähten wir in eine Kirche, die mit griechischen und russischen Ikonen von unschätzbarem Wert geschmückt war und in der zwei Meter hohe Bronzekerzenhalter standen, die in dem sagenumwobenen Ninive gefertigt worden waren. Eine griechische Inschrift besagte: »An diesem Ort sagte der Herr zu Moses, ich bin der Gott deiner Väter, der Gott Isaaks und Jakobs. Ich bin der, der ich bin.« Reihen von reich verzierten Kerzenlüstern warfen ein sanftes Licht in die Kuppel, die mit goldenen Mosaiken von Jesus, flankiert von Moses und Elias, verziert war. Zwei von ihnen, so die Überzeugung der Strenggläubigen, waren einmal genau an *dieser Stelle* gewesen, als Gott aus einem brennenden Dornbusch zu ihnen sprach und ihnen die Zehn Gebote aushändigte.

Wir baten, den Abt des Klosters besuchen zu dürfen, doch leider hielt sich dieser in Griechenland auf, und wir wurden statt dessen in das Quartier von Pater Sephranos, seines momentanen Stellvertreters, geführt. Er hatte einen dichten, ungepflegten grauen Bart und wässrige Augen, in denen ein undefinierbares Glitzern lag.[3] Weltlich? Boshaft? Er bot uns türkischen Kaffee an, und ich umriß für ihn die Geschichte, die wir hier zu finden hofften.

Das, wie man annimmt, zwischen 530 und 565 n. Chr. gebaute Kloster St. Katharina ist das älteste durchgehend bewohnte Gebäude der Welt, eine teuer erworbene Ehre für den Baumeister, einen gewissen Doulas, der bei der Auswahl des Ortes einen schweren Fehler beging, so schwer, daß der christliche Kaiser Justinian (der nicht gerade wegen seiner Milde berühmt war) ihn köpfen ließ. Der beeindruckendste und geschichtsträchtigste Platz für den Bau des Klosters wäre hoch oben auf dem Berg Sinai gewesen, wo Moses die Zehn Gebote in Empfang genommen hatte. Doch da wären die Bauarbeiten zu einem Alptraum geworden. Dort oben auf dem Bergkamm gab es kein Wasser, und er wird regelmäßig von himmelzerfetzenden Gewittern erschüttert. Also beschloß Doulas, das Kloster in einer natürlichen Senke am Fuß des Berges an einer Quelle zu errichten, die mit dem brennenden Dornbusch in Verbindung gebracht wird. Der Nachteil dieser Lage war, daß der Berg hoch über dem Kloster einen nicht enden wollenden Vorrat von großen Felsbrocken aufwies – zur Freude der einheimischen Beduinen, die sie nur loszubrechen brauchten und zuschauen konnten, wie sie den Abhang hinunter auf (und durch) die Mauern von St. Katharina rollten. Danach konnten sie das Kloster überrennen und plündern.

Einige Jahrhunderte später boten die des Spielchens müden Mönche den Beduinen einen Handel an: Wenn diese damit aufhörten, Felsen auf das Kloster zu rollen – und darüber hinaus es sogar beschützen würden –, dann würden die Patres der Wüste sie auf ewig mit Brot versorgen. Dieses Abkommen, so wurde uns gesagt, bestünde bis heute.

Pater Sephranos bestätigte, daß dies zuträfe und wir *möglicherweise* das Backen des Brotes und die Ausgabe an die einheimischen Beduinen filmen könnten. Er stimmte zu, daß wir Aufnahmen machen dürften, die veranschaulichten, wie St. Katharina nach dem Abkommen mit den Beduinen still und verborgen viele Kriege und Wellen religiöser Unruhen überlebt konnte.

Während der nächsten drei Tage hatte ein immer launischer werdender Pater Sephranos die schönste Zeit seines Lebens. Was immer wir filmen wollten, er sagte nein, das könnten wir nicht filmen. Nun, vielleicht doch. Bei einer Gelegenheit – Omri, Kay und ich waren gerade dabei, mit ihm ernsthaft zu verhandeln – trat er einen Schritt zurück, summte etwas vor sich hin, griff in die Taschen seiner weiten Kutte und holte drei glänzende hellrote Äpfel hervor, mit denen er geschickt jonglierte.

An unserem dritten und letzten Tag auf Sinai standen wir früh auf und begaben uns in das Kloster, nur um festzustellen, daß entgegen anderer Versicherungen die Mönche schon die wöchentliche Brotration für die Beduinen gebacken hatten. Da dies der Aufhänger unserer ganzen Geschichte sein sollte, waren wir enttäuscht, doch wir hatten immer noch die Hoffnung, ein paar Aufnahmen machen zu können. Das Brot war noch nicht verteilt worden, und die Beduinen trafen gerade ein und stellten sich an. Schnell bauten wir unsere Scheinwerfer auf, um Pater Sephranos und einen Helfer zu filmen, die mit langen Holzschiebern die letzten Laibe aus dem wahrhaft biblischen Backofen hervorholten. Der einzige Nachteil war, daß das Feuer schon lange im Ofen verloschen war.

Mit einer schwungvollen Bewegung versah der gute Vater die Brotlaibe mit dem ehrwürdigen Siegel des Klosters. Bert trat für eine Nahaufnahme näher heran, warf mir aus dem Augenwinkel einen Blick zu und machte mit dem Daumen nach oben das Zeichen, daß alles in Ordnung sei.

Ich stieß einen Seufzer der Erleichterung aus und bot Pater Sephranos an, sich seinen eben gefilmten Auftritt durch den Sucher der Kamera anzusehen. Bert spulte das Band zurück und drückte auf PLAY. Mit dem Auge am Sucher schien Pater Sephranos zuerst recht erbaut zu sein, dann murmelte er etwas, runzelte die Stirn und hob den Kopf, um düster zu sagen: »Nicht gut! Alles schlecht! Das könnt ihr nicht nehmen!« Alles war vergeblich gewesen, und da bestand kein Zweifel, wir würden gleich von dem verrückten Mönch aus St. Katharina verbannt werden.

Doch Pater Sephranos drehte sich zu Bert um und rief: »Licht! Und was sagt ihr dann?«

»Kamera?« half Bert weiter.

»Kamera, ja. Kamera!« befahl der Mönch. Und wie zuvor holte er einen Holzschieber voller Brote aus dem Ofen. Doch diesmal, als er einen Laib in die Hand nahm, gab er ein erschrecktes »Heiß! Heiß!« von sich und warf das Brot von einer Hand in die andere, bevor er es weglegte und theatralisch seine Finger schüttelte und ableckte. Das Brot war natürlich genauso kalt, wie es schon bei der ersten Aufnahme gewesen war.

»Besser! Besser!« meinte er. »Und, und ...«

»Schnitt?« erkundigte sich Bert.

»Schnitt!« deklarierte Pater Sephranos und lachte dabei so heftig, daß ihm die Tränen übers Gesicht liefen.

An diesem Tag erkannten Kay und ich und auch Bert, daß der Mittlere Osten uns in seinen Bann geschlagen hatte. Wo sonst liegen das Sakrale und Profane so dicht beieinander. Wo sonst wacht man des Morgens auf und hat keine Ahnung, was der Tag bringen wird? Sehr häufig gehört dazu ein unerwarteter Blick auf die »lebende Geschichte« oder die »lebende Bibel«. Obgleich beides eine abgedroschene Phrase ist, so trifft sie doch auf den Mittleren Osten zu. In den materiellen Überresten der

Vergangenheit lebt immer noch der Geist der Geschichte. Die Statuen des Altertums – sowohl der Heiligen wie der Sünder – üben eine starke Anziehung aus, genauso wie ihre Ideen und ihre Sehnsüchte.

Als wir später an diesem Tag durch die Sinai zurückfuhren, las uns Kay vor, wie die frühen Einsiedler und Mönche sich von diesem kahlen, verlassenen Landstrich angezogen gefühlt haben. Der Eremit Onuphrios schrieb im fünften Jahrhundert: »Der, der die Gemeinschaft mit seinen Mitmenschen pflegt, wird nie Kontakt zu Engeln haben.«

»Juden«, merkte Omri an, »können Kontakt zueinander und zu Engeln haben.«

»Hör zu, was der Verfasser dieses Buches sagt«, fuhr Kay fort. »In Onuphrios' Aussagen liegt eine Unschuld, die eine stille Bewunderung heraufbeschwört ... Doch auch eine beängstigende Selbstbezogenheit, und ich denke, auch ein beängstigender Stolz. Denn was für ein Mensch ist das, der sich von seinen Artgenossen abwendet, um den Engeln näherzukommen, der seine eigene Menschlichkeit verleugnet, für, klar gesagt, das Unmenschliche, nach etwas greift, was per se unerreichbar ist?«[4]

»Ein bißchen hart«, gab ich zu bedenken.

»Möglicherweise gibt es unter den Mönchen eine Menge gestörte Persönlichkeiten, ja vielleicht sogar schizophrene.« Aus Kay sprach die Sozialarbeiterin. »Hast du bemerkt, daß es ihnen schwerfällt, dir in die Augen zu sehen? Doch sie sind zufrieden, dort, wo sie sind, und ich sage: Gott schütze sie.«

Wir kamen überein, daß Mönche etwas seltsam sein dürften, immer unter der Voraussetzung, daß sie sowohl für ihr eigenes als auch für das Seelenheil der gesamten Menschheit beteten. Da ich meine Zweifel hatte an der Heiligkeit und Weltferne der Wüstenmönche, die wir in Mar Saba und St. Katharina gefilmt hatten, kamen mir wieder die Gebete und Gesänge der äthiopischen Kopten in Jerusalem in den Sinn.

Unter den Augen der Königin von Saba.

Da wir zu spät von St. Katharina losgefahren waren, erreichten wir den ägyptisch-israelischen Grenzübergang erst nach Einbruch der Dunkelheit. Er war geschlossen. Wir schafften es, die dort wohnenden ägyptischen Beamten aufzuscheuchen, die bereit waren, eine Ausnahme zu machen und uns passieren zu lassen. Das einzige Problem war, daß in einem Gebäude unsere Pässe kontrolliert, in einem anderen der Wagen untersucht wurde und so weiter, der Grenzposten aber nur über eine einzige funktionierende Glühbirne verfügte. Also bildeten wir eine kleine Prozession – Ägypter, Israelis, Holländer und Amerikaner – und zogen von Gebäude zu Gebäude. In jedem stieg ein Beamter auf einen Tisch und schraubte die Glühbirne ein, begutachtete und stempelte Pässe und Papiere, schraubte vorsichtig die Birne wieder heraus und trug sie wieder hinaus in die sternenklare Wüstennacht.

2
Das Erste Buch der Könige, Kapitel 10

Auf dem Rückflug nach Los Angeles blätterte ich durch meine Bibel und suchte die Geschichte von der Königin von Saba. Es war wirklich nicht viel, was ich fand:

1. Und da das Gerücht von Salomo und von dem Namen des Herrn kam vor die Königin von Reicharabien, kam sie, Salomo zu versuchen mit Rätseln.*
2. Und sie kam gen Jerusalem mit sehr vielem Volk, mit Kamelen, die Spezerei trugen und viel Gold und Edelsteine. Und da sie zum König Salomo hineinkam, redete sie mit ihm alles, was sie sich vorgenommen hatte.
3. Und Salomo sagte es ihr alles, und war dem König nichts verborgen, das er ihr nicht sagte.
4. Da aber die Königin von Reicharabien sah alle Weisheit Salomos und das Haus, das er gebaut hatte,
5. und die Speise für seinen Tisch und seiner Knechte Wohnung und seiner Diener Amt und ihre Kleider und seine Schenken und seine Brandopfer, die er in dem Hause des Herrn opferte, konnte sie sich nicht mehr enthalten
6. und sprach zum König: Es ist wahr, was ich in meinem Lande gehört habe von deinem Wesen und von deiner Weisheit.
7. Und ich habe es nicht wollen glauben, bis ich gekommen bin und habe es mit meinen Augen gesehen. Und siehe, es ist mir nicht die Hälfte gesagt. Du hast mehr Weisheit und Gut, denn das Gerücht ist, das ich gehört habe.
8. Selig sind deine Leute und deine Knechte, die allezeit vor dir stehen und deine Weisheit hören.

* Die gängige deutsche Lutherbibel weist hier nicht den Namen Saba auf, sondern spricht von Reicharabien, womit aber dasselbe gemeint ist. Die in den anglo-amerikanischen Ländern gebräuchliche King James Bibel spricht an dieser Stelle von »Sheba« (engl. für Saba). [Anm. d. Übersetzers]

9. Gelobt sei der Herr, dein Gott, der zu dir Lust hat, daß er dich auf den Stuhl Israels gesetzt hat; darum daß der Herr Israel liebhat ewiglich, hat er dich zum König gesetzt, daß du Gericht und Recht haltest.
10. Und sie gab dem König hundertundzwanzig Zentner Gold und sehr viel Spezerei und Edelgestein. Es kam nicht mehr so viel Spezerei, als die Königin von Reicharabien dem König Salomo gab.
11. Dazu die Schiffe Hirams, die Gold aus Ophir führten, brachten sehr viel Sandelholz und Edelgestein.
12. Und der König ließ machen von Sandelholz Pfeiler im Hause des Herrn und im Hause des Königs und Harfen und Psalter für die Sänger. Es kam nicht mehr solch Sandelholz, ward auch nicht mehr gesehen bis auf diesen Tag.
13. Und der König Salomo gab der Königin von Reicharabien alles, was sie begehrte und bat, außer was er ihr von selbst gab. Und sie wandte sich und zog in ihr Land samt ihren Knechten.

Ich hatte in diesem Moment keine Ahnung, daß ich über die Bedeutung und den Sinn dieses Abschnittes jahrelang brüten würde.

»Guten Morgen, allerseits«, war eine Flugbegleiterin mit überzogener Fröhlichkeit zu vernehmen, »wenn Sie aus dem Fenster blicken, dann können Sie Eischollen und direkt vor uns die Küste von Labrador sehen.« Die Abenteuer der letzen Wochen waren vorbei, und wir, wie die Königin von Saba, reisten von Jerusalem nach Hause in unsere Heimat.

3
Das Hohelied über die Königin von Saba

Kay war in Mississippi und Louisiana aufgewachsen und eine echte Tochter der Südstaaten und des Jazz. Manchmal, wenn sie in unserem Haus im Laurel Canyon bei Los Angeles herumwuselte, im Garten die Pflanzen goß oder die Vögel fütterte, dann stimmte sie ein Lied an. Sie liebte schnoddrige Texte, wie zum Beispiel in dem Gassenhauer aus dem Jahre 1920, der so anfängt:

> In der Bronx von New York
> Lebt ein Mädchen, nicht sehr hübsch.
> Le-na ist ihr Name ...

Mit der Melodie, die sich in einem synkopischen Rhythmus ändert, überquert Le-na die See nach Palästina, wo

> sie dick war, aber dünner wurde
> und auf ihrer Ziehharmonika spielte.

Das leitet den Refrain ein:

> Sie sagen, daß ...
> Le-na ist die Königin von Palästina,
> Doch nur, weil sie ihre Ziehharmonika so lieben.
> Sie spielt darauf Tag und Nacht.
> Und lernt es doch nie.

Auf eigenartige Weise und doch sehr eingängig verkörpert dieses Lied für mich nun die Vorstellung einer anderen Königin, die nach Palästina reiste. Ich habe sie auf einem schwach beleuchteten Bild in Jerusalem gesehen und in der Bibel über sie gelesen. Ihr Name, der sofort königlich klingt und Sinnlichkeit verheißt, ist kein Name im eigentlichen Sinn, sondern ein Titel: Königin von Saba. Ein Titel, aber aus welchem Land, aus welcher Gegend? Sie könnte nur ein Phantasiegebilde sein. Wie Le-na.

> Auf einem Kamelrücken schwankend
> Kann man Miss Le-na spielen hören
> Über den Sand der Wüste hinweg ...

Die Geschichte von der Königin von Saba – angesiedelt ungefähr 950 v. Chr. – steht im Ersten Buch der Könige, Kapitel 10, und wiederholt sich mit kleineren Abweichungen im Zweiten Buch der Chronik, Kapitel 9. In beiden Fällen reist die namenlose Königin eines Saba genannten Landes an den Hof des weisen Königs Salomon. Sie ist von seinem Reichtum, seiner Weisheit und der Zufriedenheit seiner Untertanen überwältigt. Der Tag, den sie am Hofe Salomons verbringt, macht sie sprachlos – oder, wie es die Bibel ausdrückt, »konnte sie sich nicht mehr enthalten«. Sie kehrt in ihre Heimat zurück.

Bis in die achtziger Jahre des letzten Jahrhunderts hinein nahmen die Bibelgelehrten diese Stelle wortwörtlich, unbeeindruckt davon, daß neben der Bibel nicht der geringste Beweis dafür existierte. Die Königin von Saba wurde weder in den Chroniken des alten Ägypten noch in denen Assyriens oder an irgendeiner anderen Stelle in Schriften des Altertums erwähnt. Am Abend des 15. November 1937 in den mit dunklen Holzpanelen ausgekleideten Räumen der British Royal Geographic Society sollte sich dies ändern. Der Arabist Harry St. John Philby hatte gerade einen Vortrag über seine entbehrungsreiche Expedition mit dem Automobil durch das südwestliche Arabien gehalten, einen Landstrich, von dem er überzeugt war, er sei »das Reich der Saba«. Auf seiner Reise hatte er mühevoll Dutzende von Felsinschriften kopiert, die er A. F. L. Beeston, einem Universitätslehrer in Oxford, ausgehändigt hatte. Nun erhob sich Beeston zwischen den ehrwürdigen Zuhörern und sagte: »Es tut mir leid, Sie enttäuschen zu müssen, doch ich muß einräumen, daß in keiner der Inschriften eine Königin von Saba erwähnt wird.« Und er meinte damit nicht nur Philbys Inschriften, sondern auch Hunderte anderer, die von Forschern bis hin zu dem französischen Apotheker Joseph-Thomas Arnaud kopiert wurden, der 1843 nach Arabien reiste, um die weit gerühmten Gewürze der Königin von Saba zu suchen.

Dennoch, mit Ausnahme des skeptischen Beeston und einer Handvoll deutscher Wissenschaftler stimmten die Bibelgelehrten dieser Zeit darin überein, daß aus den Stellen im Ersten Buch der Könige und im Zweiten Buch der Chronik die Königin von Saba ihre geschichtlich verbürgte Existenz herleite. Sie argumentierten, daß ihre Begegnung mit König Salomon stattgefunden haben *muß*, denn der Bericht der Bibel darüber ist so *nebensächlich*. Die Königin kommt an, sie ist ehrfürchtig, sie ist niedergeschlagen, und sie geht wieder. Niemand wird in Versuchung geführt, wird wahnsinnig oder getötet, es gibt keine moralische Lehre in dieser Passage. Die Geschichte liest sich wie der übliche Bericht über einen Tag am Hofe des Königs, der möglicherweise aus der verlorengegangenen *Chronik von Salomo* übernommen wurde, die nicht näher bezeichnet im Ersten Buch der Könige, Kapitel 11, Vers 41, erwähnt wird. Die Annahme, es handele sich um einen »Tagesbericht«, wird durch die unmittelbar vor dem Besuch der Königin stehenden und die nachfolgenden Passagen unterstützt, die von Salomons Tüchtigkeit in Sachen auswärtiger Beziehungen künden. Die Jerusalemer Bibel überschreibt diesen Abschnitt des Ersten Buchs der Könige mit »Salomo als Handelsherr«, und ob es sich nun um den Besuch der Königin oder die Einrichtung einer gemeinsamen Handelsflotte mit König Hiram von Tyrus handelt, es ist eine Darstellung, wie sie ein gewissenhafter Schreiber pflichtgemäß aufgezeichnet hätte.[1]

Neben den Stellen im Ersten Buch der Könige und im Zweiten Buch der Chronik taucht der Name Saba noch vereinzelt im Alten Testament auf, doch meist als Bezeichnung eines Volkes und nicht einer bestimmten Person. Saba wird dreimal in den »Stammbäumen« aufgeführt, jener weitläufigen Genealogie des Ersten Buch Mose, und in Jesaja 45, 14, wird von den »langen

Leuten zu Saba« gesprochen. Bei Hesekiel 27, 21-23, gehören sie zu den weitgereisten Kaufleuten, die den Phöniziern ihre Waren anbieten:

21. Arabien und alle Fürsten von Kedar haben mit dir gehandelt mit Schafen, Widdern und Böcken.
22. Die Kaufleute aus Saba und Ragma haben mit dir gehandelt und allerlei köstliche Spezerei und Edelsteine und Gold auf deine Märkte gebracht.
23. Haran und Kanne und Eden samt den Kaufleuten aus Saba, Assur und Kilmad sind auch deine Händler gewesen.

Die Erwähnung von Kanne und Eden scheint ein Hinweis darauf zu sein, wo diese Händler aus Saba herkamen, denn das gleichklingende Qana und Aden waren im vorzeitlichen südlichen Arabien bekannte Häfen. Und tatsächlich existierte nahe bei diesen Häfen ein Volk und ein Land, das als Saba bekannt war. Doch die Sache hat einen Haken. Die Experten bestehen darauf, daß die Kultur der Sabäer keinesfalls bis in die Tage von Salomon zurückdatiert werden kann; es besteht eine Lücke von zwei- bis dreihundert Jahren.

Also was sonst könnte in den alttestamentarischen Büchern als die Heimat der Königin von Saba bezeichnet worden sein? Ausgehend von der einen oder anderen Eingebung hat es nicht an Anwärtern auf diese Ehre gefehlt, obwohl einige doch sehr weit hergeholt erscheinen – Persien, Nigeria, Simbabwe, die Inselgruppe der Komoren.

Wahrscheinlicher ist, daß die Händler aus Saba und ihre Königin aus dem Norden Arabiens stammten. Sowohl der deutsche Gelehrte Hermann von Wissman als auch Harry Philby (nachdem erwiesen war, daß die von ihm entdeckten Inschriften keinen Hinweis auf die Königin enthielten) lieferten überzeugende Argumente für eine solche Lokalisierung. Auch Äthiopien könnte das Land der Sabäer gewesen sein. Der jüdisch-römische Geschichtsschreiber Flavius Josephus berichtet, daß es eine »Königin von Ägypten und Äthiopien« war, die von »Salomons Tugend und Weisheit gehört hatte und ihn unbedingt sehen wollte«.[2] Dennoch hätte die in Frage stehende Frau – nach Meinung einiger Gelehrter – aus dem südlichen Arabien kommen können.

Wer die Bibel durchkämmt, der kann mit gutem Recht behaupten, daß die Identität der Königin von Saba eher immer geheimnisvoller wird, als daß sie sich aufklären würde, besonders im Hohelied Salomons, wo es durchaus wahrscheinlich ist, daß sie das Vorbild für die hinreißende, freigeistige »schönste aller Frauen« war.

Angeblich soll Salomon diese Sammlung von kurzen Liebesgedichten oder Liedern niedergeschrieben haben, in der zwei Liebende, einer davon könnte er selbst sein, diese untereinander austauschen. Dieses Buch ist innerhalb der Bibel einzigartig, denn darin wird Gott mit keinem Wort erwähnt, was bei einigen dazu geführt hat, daß sie vor Entsetzen die Arme in die Luft warfen, während andere sich die Hände vor Vergnügen rieben, da die Sprache und die Bilder im Hohelied Salomons nicht nur voller Gefühl, sondern durchaus erotisch sind. Im zweiten nachchristlichen Jahrhundert hat dann auch eine Gruppe von einflußreichen Rabbinern aus Jerusalem versucht, dieses Buch aus dem Heiligen Kanon der Bücher zu entfernen, denn »es beschmutze die Hände« und war eine beliebte Lektüre bei sinnesfrohen Zusammenkünften an den »Stätten des Alkoholgenusses«. Das war die Zeit, als der berühmte Rabbiner Akiva zur Verteidigung des Hohelieds anhob. »Die ganze Welt ist nicht so viel wert wie der Tag, an dem das Hohelied den Kindern Israels geschenkt wurde«, schreibt er, »denn alle Bücher der Bibel sind heilig, und das Hohelied ist das heiligste von ihnen.«

Allein für seine lyrische Gestalt gebürt dem Hohelied ein Platz in der Geschichte. Der Rhythmus und das Versmaß sind selbst in der Übersetzung noch komplex und subtil. Die Wirkung der Bilder ist übermächtig, sie verwandeln die kahlen Hügel von Judäa – eigentlich mehr für Ziegen geeignet als für Menschen – in einen fruchtbaren und duftenden Garten des Wohlbefindens.

Auf einem Seminar in Los Angeles zu Beginn der achtziger Jahre des letzten Jahrhunderts stellte der Jesuitengelehrte

William Fulco eine neue, nicht zensierte Übersetzung des Hoheliedes Salomos vor. Er erklärte, daß sich die Moralisten unter den Bibelkundlern auf eine Position zurückgezogen hätten, bei der die in den Gedichten zum Ausdruck gebrachte Liebe eine Allegorie auf die Liebe zwischen Gott und dem Volk Israel sei oder – noch zeitgemäßer – zwischen Christus und seiner Kirche. »Blödsinn«, ereiferte sich Fulco, als er einen Vers vorgelesen hatte, in dem die Frau sagt: »aber meinen eigenen Weinberg habe ich nicht behütet.« »Und vermuten Sie mal«, forderte er seine Zuhörer auf, »was das Wort Weinberg in Hebräisch *noch* bedeuten kann?«

Vor dem Gebäude heulte eine Sirene und kam näher. »Verdammt! Das ist die Polizei des Vatikans«, erklärte Pater Fulco, kicherte dann und setzte seinen Vortrag fort. Die Frau in den Gedichten wird nebenbei als »Sulamithin« bezeichnet, Angehörige eines Stammes, der nördlich von Jerusalem hinter der Ebene von Jezreel lebte, und wie die meisten Gelehrten glaubt auch Fulco, daß dies zutrifft. Dennoch weisen einige Züge ihres Charakters, zufällig oder absichtlich, auf die Königin von Saba hin, wie sie im Ersten Buch der Könige geschildert wird. Sie stellt sich selbst vor:

> Ich bin schwarz, aber gar lieblich,
> ihr Töchter Jerusalems ...

Das weist auf eine Frau aus dem weit entfernten Arabien oder Afrika hin, die an König Salomons Hof eintrifft und der großen Zahl seiner Frauen und Konkubinen gegenübersteht. Nachdem der Mann die Schönheit seiner Geliebten gepriesen hat, verspricht er:

> Bis der Tag kühl wird und die Schatten weichen, will ich zum Myrrhenberge gehen und zum Weihrauchhügel.

Das könnte ein Hinweis auf die mögliche Heimat der Frau im südlichen Arabien sein, wo Weihrauch und Myrrhe wuchsen und geerntet wurden. In diesen Zeilen eines romantischen Liebesgedichts ist auch ein Hinweis darauf, warum die Königin von Saba die lange Reise zu König Salomon in Jerusalem unternommen hat: um einen Handelsvertrag zu schließen. Das Lied berichtet von den verschiedenartigen Gütern und deren Wert, die sie anzubieten hat:

Narde und Safran, Kalmus und Zimt, mit allerlei Bäumen des Weihrauchs, Myrrhen und Aloe mit allen besten Würzen ...

Stehe auf, Nordwind, und komm, Südwind, und wehe durch meinen Garten, daß seine Würzen triefen!

Die meisten Bibelforscher stimmen darin überein, daß die Form, in der wir das Hohelied Salomons kennen, im sechsten Jahrhundert schriftlich niedergelegt wurde, lange nach der Begegnung von Salomon und der Königin von Saba. Wo diese mündlich tradierte Sammlung von Gedichten entstanden ist und wie weit sie zurückreicht, können sie nur vermuten.[3] Wie schön wäre es, wenn die »schönste aller Frauen« eben jene Königin wäre, die ich auf dem Bild in der Kapelle der äthiopischen Kopten in Jerusalem gesehen habe, denn dann würde der sehr zurückhaltende Bericht im Ersten Buch der Könige eine empfindsame und liebenswerte Dimension erhalten. Was wäre, wenn es die Königin von Saba wäre, die zu Salomon flüstert:

Setze mich wie ein Siegel auf dein Herz und wie ein Siegel auf deinen Arm. Denn Liebe ist stark wie der Tod, und ihr Eifer ist fest wie die Hölle. Ihre Glut ist feurig und eine Flamme des Herrn, daß auch viele Wasser nicht mögen die Liebe auslöschen noch die Ströme sie ertränken. Wenn einer alles Gut in seinem Hause um die Liebe geben wollte, so gölte es alles nichts ...

Flieh, mein Freund, und sei gleich einem Reh oder jungen Hirsche auf den Würzbergen!

Nachdem man das Hohelied des Salomon ausgiebig analysiert und untersucht hat, glauben heute nur noch wenige Gelehrte, daß die »liebenswerteste aller Frauen« die Königin von Saba sein könnte. Doch allgemein wird anerkannt, daß das Hohelied eine Zusammenstellung von, wie Goethe sagt, »fragmentarisch durcheinander geworfenen, übereinander geschobenen Gedichten«[4] ist. Könnte es nicht sein, daß das Objekt der Zuneigung in dem einen Fragment eine Sulamithin und in dem anderen die Königin von Saba ist?

Es ist unerheblich, daß vom Mittelalter bis noch vor kurzem generell davon ausgegangen wurde, daß Salomon die männliche und die Königin von Saba die weibliche Hauptfigur im Hohelied ist. Sie werden gemeinsam auf Illustrationen von Handschriften dargestellt (viele davon speziell für das Hohelied angefertigt), und wie in dem Vers »Ich bin schwarz, aber gar lieblich« wird die Königin von Saba als Schwarze abgebildet. Auf einem zauberhaften Bild, das 1403 in Deutschland entstanden ist, erscheint sie als gertenschlanke, in ein smaragdgrünes Kleid gehüllte Königin ihres Reiches.*

Selbst die Heiligen des Mittelalters bestätigen die Rolle der Königin von Saba im Hohelied Salomons, unter ihnen Bernhard von Clairvaux, ein Mann, der sich der »wahren Erkenntnis der Wahrheit« verschrieben hatte, und Thomas von Aquin, der dazu in einer Schrift Stellung nimmt, die vorgeblich die letzte seines klösterlichen Lebens war.

Nach Aussagen seiner Zeitgenossen war Thomas ein scheuer, schwerfälliger und grobknochiger Mann. (*Bos mutas*! – »Dummer Ochse« – hatten ihn seine Mitschüler gehänselt.) Häufig fehlten ihm die Worte. Er wurde von Magenbeschwerden geplagt und keine fünfzig Jahre alt, doch als er starb, so berichten Augenzeugen, geschah dies in seliger Weise, erfüllt von einer Vision des Hohelieds, die in »Die *Aurora* oder *Aurea Hora* des gesegneten Thomas von Aquin« wiedergegeben ist.

Die Forscher sind uneins, ob der Text *Abendröte oder die Goldene Stunde* vom heiligen Thomas selbst vor seinem Tode verfaßt oder von einem Klosterbruder, der in seinen letzten Stunden bei ihm war, später dann aus der Erinnerung aufgezeichnet wurde oder von einem späteren Bewunderer des heiligen Tho-

* Siehe Abb. 4 im Bildteil in der Mitte des Bandes.

mas diesem zugeschrieben wurde. In dieser Schrift kommt die immer bestimmender werdende Suche des stillen Mönchs nach Erleuchtung zum Ausdruck. Sie beginnt: »All die guten Dingen kamen zusammen mit ihr über mich, die Weisheit des Südens, die in der Fremde wirkte, die ihre Stimme in den Straßen erhob, laut vor der gesamten Menschheit erklang.«[5] Schon bald gibt Thomas dieser Weisheit einen Namen, es ist der Name einer Frau:

Das ist die Weisheit, die Königin des Südens [eine Bezeichnung, die im Neuen Testament für die Königin von Saba benutzt wird], welche aus dem Orient gekommen sein soll, gleich der aufsteigenden Morgenröte, um die Weisheit Salomos zu hören, zu begreifen und zu sehen, und gegeben ist in ihre Hand *Macht*, *Ehre*, *Kraft* und *Herrschaft*. Und sie trägt auf ihrem Haupte eine Königskrone aus den Strahlen der zwölf leuchtenden Sterne wie eine Braut, die für ihren Bräutigam geschmückt ist. Und auf ihren Gewändern hat sie eine goldene Inschrift auf Griechisch, in der Sprache der Barbaren und in Latein: »Als Königin will ich herrschen, und mein Reich wird nie enden für all jene, die mich finden und mich mit Scharfsinn, Offenherzigkeit und Beharrlichkeit suchen.«

Die Hervorhebungen stammen von mir. Von den berühmten Frauen der Bibel – wie Eva, Debora und die Jungfrau Maria – wurde *nur* die Königin von Saba mit weltlicher Herrschaft und Macht ausgestattet.[6]

In der ihm zugeschriebenen Vision wird Thomas von einem zunehmend mächtiger werdenden Strom der Gedanken mitgerissen, den die Königin von Saba in ihm ausgelöst hat. Ein Mann, der einst den Anblick von Frauen verabscheut hat, glorifiziert sie nun in einer dem Hohelied angelehnten Weise. Er spricht: »Komm, meine Geliebte, laß uns in die Felder gehen, in den Dörfern verweilen, laß uns früh morgens in den Weinberg gehen ... Wo du deine Brüste meinem Munde darbieten sollst ... bekränzen wir uns mit den Blumen am Wegesrand, zuerst mit Lilien, dann mit Rosen, bevor sie verblüht sind. Keine Wiese soll von unserer Leidenschaft verschont bleiben.«

Während seiner letzten Lebenstage nahm Thomas kaum

noch Nahrung zu sich. Sein Freund Reginald von Pipero mußte all seine Überredungskunst aufbieten, damit Thomas wenigstens ein paar Heringe aß, die er früher so geliebt hatte. Der ebenfalls anwesende Sixtus von Sienna berichtete, daß, als über den Hügeln von Romagna der Morgen des 6. Dezember 1273 anbrach und das Licht in Thomas' karge Zelle der Zisterzienserabtei fiel, er seine Mitbrüder heftig aufforderte, seine Visionen mit ihm zu teilen: »Venite, dilecti filii, egredemini in hortum.« (»Kommt, geliebte Söhne, folgt mir in den Garten.«)[7]

Dies waren seine letzten Worte.

4
Die Königin der Wüste

Vielleicht ist es eine Wunschvorstellung von mir, die Frau aus dem Hohelied des Salomon mit der Königin von Saba zu identifizieren (obwohl ich mich da ohne Zweifel in bester Gesellschaft befinde). Ich hielte mich besser an die beiläufig niedergeschriebenen paar hundert Worte im Ersten Buch der Könige, in denen ganz klar zum Ausdruck kommt, daß die Königin eine beachtenswerte Frau gewesen sein muß – intelligent, humorvoll und sich in einer männlich dominierten semitischen Welt behauptend.[1] Diese Beschreibung rief natürlich Geschichtenerzähler auf den Plan, die diese Gestalt anziehend und geheimnisvoll, aber auch – es waren alles Männer – einschüchternd und sogar furchteinflößend fanden.

Nachdem ihre Geschichte in der Bibel erzählt worden war, verging nahezu ein Jahrtausend des Schweigens, bevor sie wieder in der Ameisen-Sure des Korans auftrat, dem heiligen Buch des aufstrebenden Islam. Während dieser Zeitspanne wurde das, was einmal eine Fußnote der Geschichte war, zu einer Legende. Der Bericht hatte an Umfang zugenommen und beinhaltete jetzt einen sprechenden Vogel und *Dschinnen* genannte Geister, übernatürliche Wesen, die aus rauchlosem Feuer entstehen. Die Mutter der Königin von Saba ist jetzt eine Dschinn, und eine Legion von Dschinnen ist von Salomon angestellt, um einen Tempel und einen prächtigen Palast zu bauen, wie ihn die Welt noch nicht gesehen hat. Auf diese Dschinnen muß man »ein wachsames Auge« haben. Ein Kommentator des Koran erklärt: »Wenn sie [für Salomo] abends eine Arbeit erledigt hatten, dann machten sie alles wieder zunichte, wenn man sie nicht mit etwas anderem beschäftigte« (wie Kinder, die abends, wenn sie vom Strand nach Hause gehen, ihre Sandburgen zerstören).[2]

Im Koran erhält die Geschichte eine deutlich hervortretende Spannung zwischen Salomon und der Königin, in der unterschwellig eine Herausforderung und deren Meisterung enthalten ist. Salomon verlangt, daß sie sich ihm und seinem einzigen Gott unterwerfe. Argwöhnisch gegenüber Salomon und eigentlich nicht bereit, ihre Anbetung der Sonne aufzugeben, ist die Königin von Saba sich nicht sicher, ob sie dies wirklich tun soll. Sie schickt ihm ein Geschenk, doch er weist es zurück, denn es wird gesagt, »wenn er nur ein König ist, nimmt er es an, ist er aber ein Prophet, weist er es zurück«.[3] Schließlich kommen die beiden doch zusammen und miteinander aus, was zu einer Moral führt, die im Alten Testament nicht erwähnt wird: »Darauf sagte die Königin: ›Wahrlich, ich war ungerecht gegen mich selbst; aber nun unterwerfe ich mich mit Salomon ganz Allah, dem Herrn der Schöpfung.‹«

Nun, sowohl durch die Bibel als auch den Koran belegt, wurde die Königin von Saba zwischen dem achten und dreizehnten Jahrhundert Gegenstand unzähliger Darstellungen. Im gesamten Mittleren Osten, vor Zuhörern auf geschäftigen Märkten und in edlen, blau gefliesten Palästen, rezitierten jüdische und arabische Erzähler gleichermaßen die Geschichte der Königin von Saba – und versuchten sich gegenseitig zu übertreffen, die jüdischen *spielers* gegen die arabischen *rawis*. Es war ein liebenswerter Wettstreit, denn niemand konnte dabei verlieren. Salomon war Jude, die Königin von Saba vorislamisch, und je prächtiger einer von ihnen dargestellt wurde, desto mehr glänzte auch der andere im Schein von dessen Glorie.

Die Araber sorgten dabei für die lebhaftesten Schilderungen, denn sie durften weitergehen – und mehr hinzudichten – als ihre jüdischen Gegenspieler. Der Unterschied lag im Einsatz von Magie. Obwohl auch in der Bibel an einigen Stellen »Zauberer, die murmeln und zischen«, und Geisterbeschwörer, die »die Nacht in dunklen Ecken« verbringen, vorkommen, werden diese wenigen Schwarzkünstler doch grundsätzlich verdammt. Die Bibel geht mit Magie hart ins Gericht, wie im 5. Buch Mose 18, 10-12, deutlich steht:

10 … daß nicht jemand unter dir gefunden werde, der seinen Sohn oder Tochter durchs Feuer gehen lasse, oder ein Weissager oder ein Tagewähler oder der auf Vogelgeschrei achte oder ein Zauberer
11. oder Beschwörer oder Wahrsager oder Zeichendeuter oder der die Toten frage.
12. Denn wer solches tut, der ist dem Herrn ein Greuel, und um solcher Greuel willen vertreibt sie der Herr, dein Gott, vor dir her.

Auch der Koran hat seine Vorbehalte gegenüber Magie und Zauberern. Der Prophet Mohammed hatte kein Verständnis für die *kahin*, die verschlagenen Wahrsager in der Wüste, und die *istquam* mit ihren Prophezeiungen mittels gemurmelter Orakel oder anhand von geschnitzten Stäben. Dennoch duldet der Koran magisches Wissen, was in der Bibel verdammt wird. Die Engel spielen im täglichen Leben eine weit wichtigere Rolle, und was bedeutsam ist, den Dschinnen wird Achtung gezollt. Neben den Menschen und den Tieren werden sie als dritte Form irdischen Lebens angesehen.

Für die jüdischen Chronisten mag noch angehen, daß ein Vogel mit Salomon spricht, aber die Vorstellung von Wunder wirkenden und dabei auch noch Schaden anrichtenden Dschinnen ist für sie nicht annehmbar. Das hat natürlich die Möglichkeiten der Geschichtenerzähler eingeschränkt, denn Dschinnen geben ohne Zweifel jeder Geschichte ihre Würze. Sie können gut, böse oder sehr böse sein. Sie können in Gestalt von Wölfen, Reptilien, Affen oder Vögeln auftreten. Sie können sogar menschliche Formen annehmen, heiraten und sich mit Frauen vereinigen. Die meisten der Dschinnen können wunderbare, magische Dinge vollbringen. Sie tauchen auf den Grund des Meeres und bringen Salomon Perlen von der Größe von Hühnereiern, sie bringen ihn auf einem fliegenden Teppich vom Mittagessen in Bagdad zum Abendessen nach Mekka. »Und [während seines Fluges] überflog Salomon keine Stadt oder Insel, die ihm nicht untertan war.«[4]

All den Reichtum seiner Städte und Inseln verdankte Salomon der Arbeit seiner Dschinnen. Dennoch traute er ihnen niemals. Um sie immer im Auge behalten zu können, trank er Wein aus einem reinen Kristallbecher.

Wenn die Dschinnen in einer Geschichte ihr Unwesen trieben, dann war immer für Überraschungen und Spaß gesorgt. Ohne Zweifel hatten sie den ägyptischen Geschichtenerzähler aus Tausendundeiner Nacht, Abu Mohammed ibn Abd Allah al-Kisai, in ihren Bann geschlagen, der über sich selbst gesagt hat, »er sei nicht mehr als ein Stift, der schreibt«. Das folgende Beispiel, obwohl zusammengesetzt aus einer Reihe von jüdischen und arabischen Quellen, ist doch größtenteils seiner *Qisas al-Anabiya* (Geschichten der Propheten) verpflichtet.

Sehen wir also, wie in der mittelalterlichen Vorstellung die Geschichte klingt ...

Die Königin von Saba und ihr Besuch bei Salomon, dem König der Welt

Im Namen Allahs, des Mitfühlenden und Gnadenvollen.
Die Analen der früheren Generationen sind eine Lehre für die Lebenden.
Laßt uns der Torheit entsagen und die Weisheit suchen.

Die Stadt Kitor im Osten

»Mir träumte von einer Schildkröte, die auf dem Rücken lag«, erzählte die Seherin des Tempels dem König. »Auch sah ich rote Ratten, die auf ihren Hinterbeinen standen und sich die Augen rieben.«

Im ersten Moment spottete König Amru über solche Weissagungen. Welch Unglück konnte seiner prächtigen Wüstenstadt Kitor schon drohen? Seit den Zeiten, als der erste König, Abdul Shams, auch Saba genannt, den großen Damm und zwei breite Kanäle gebaut hatte, deren Wasser sich in ein Spinnennetz von kleineren Kanälen ergoß, war die Stadt mit Wohlstand gesegnet. Ein heißer und durstiger Landstrich ergrünte und wurde zum »Garten der zwei Paradiese«.[5] In Kitor gab es so viele Palmen, daß niemals ein Sonnenstrahl aufs Haupt eines Reisenden fiel, und die Luft war so angenehm, daß die Menschen ein hohes

Alter erreichten und von Krankheiten verschont blieben. Die Stadt häufte Reichtum ohne Maß an. Gold war nicht wertvoller als Staub, und Silber war wie der Schlamm in den Straßen.

Viele Generationen lang wurde Kitor von weisen und starken Königen regiert. Ihre Kaufleute waren gewiefte Händler mit Gold, Edelsteinen und Wohlgerüchen aller Art. So bedeutet denn der Name Kitor auch »der Duft des Weihrauchs«.

Wie das Schicksal aber will, sterben auch die weisen Männer, und ihnen folgen nicht immer ebenfalls weise Männer nach.

Einer von diesen nicht so klugen Männern war König Amru. Er kümmerte sich nicht viel um seine Untertanen, sondern gab sich in seinem Garten den Freuden junger Mädchen hin und vergaß darüber, das Bewässerungssystem von Kitor instand zu halten, was gefährlich war, denn der Damm und die Kanäle der Stadt erforderten eine beständige Pflege und Ausbesserung.

Nachdem er lange gegenüber den unheilvollen Visionen seiner Tempelseherin taub gewesen war, beschloß König Amru eines Tages, von seinen Vergnügungen abzulassen, und ritt hinaus, um Kitors großen Damm zu überprüfen. Zu seinem Schrecken mußte er feststellen, daß sich rote Ratten, größer als Stachelschweine und viel kräftiger, darin eingenistet hatten und die Holzbalken zernagten, aus denen der Damm gebaut war. Andere riesige Ratten stießen Steinblöcke aus dem Damm, die fünfzig starke Männer nicht hätten bewegen können.

Amru kochte vor Wut. Er befahl den Bewohnern der Stadt und den Sklaven, den Damm wiederherzurichten, und darüber hinaus band man Hunderte von hungrigen Katzen an den Balken fest, doch es half alles nichts. Der Damm wurde an einer Stelle leck, dann an einer anderen. König Amru, der ein Hasenfuß war, floh in ein anderes Land. Die roten Ratten wühlten sich durch den Damm, er brach, und seine Wasser überfluteten Kitor. Als sich die Wasser verlaufen hatten, gelobten die ihrer Stadt beraubten Menschen, sich zu bessern.

Unter der Aufsicht eines Wesirs namens al-Himyari, welcher ein außergewöhnlich schöner Mann war, der, wo immer er erschien, die Blicke der Frauen von Kitor auf sich zog, errichteten die Bewohner einen neuen Damm. Selbst die Töchter der Dschinnen fanden den Wesir unwiderstehlich, und wenn er zur Jagd in die Wüste ritt, dann kreuzten sie seinen Weg in Gestalt einer Gazelle oder einer Hirschkuh. Eine dieser Dschinnen, ihr Name war Umaya, war so unsterblich in ihn verliebt, daß sie dem Wesir in Gestalt einer schönen, jungen Frau gegenübertrat. Er verliebte sich in sie, und sie gebar ihm eine Tochter von so strahlender Schönheit wie die Sonne selbst, und sie nannten sie Bilqis.

Kurz darauf verspürte al-Himyari den Drang, in die Stadt Kitor und an den Hof zurückzukehren. Daraufhin starb seine Frau, die Dschinn Umaya. Ihre Tochter blieb unter dem Beistand von Gazellen in der Wildnis der Wüste zurück, wurde von den Dschinnen der Dünen aufgezogen und von Engeln bewacht.

Mit jedem Jahr, das verging, wurde Bilqis lieblicher an Gestalt und Geist. Sie war grazil wie eine Gazelle und schlau wie ein Wüstenfuchs. Sie hatte die sanften braunen Augen eines Rehs, aber manchmal glitzerten sie auch golden wie die eines Leoparden.

Wie Bilqis Königin von Saba wurde

Als sie fast zwanzig Jahre alt war, erblickte Bilqis eine Karawane mit Weihrauch, der sie in einigem Abstand folgte. Die Karawane war auf dem Weg nach Kitor. Das Schicksal wollte es, daß sie in den Außenbezirken von Kitor auf ihren Vater, den Wesir, traf, der gerade von der Jagd zurückkehrte. Als er sie im Arm hielt, erfüllte sich sein Herz mit Stolz, und seinen Begleitern gingen die Augen über, denn Bilqis war klug und schön. Sie bewährte sich bei den ihr aufgegebenen Rätseln.

»Bilqis, was ist das Schönste auf Erden?« fragte sie ihr Vater.

»Die Seele des Körpers«, antwortete sie.

»Was ist das Schrecklichste auf Erden?« fragte sie ihr Vater weiter.

»Ein Körper ohne Seele«, gab sie zurück. Danach gestand sie: »Vater, ich bin unglücklich, bei den Dschinnen zu leben, und deshalb mußte ich mich unter Menschen begeben.«

Natürlich war der Wesir glücklich, Bilqis bei sich zu haben, doch er hatte Angst um sie. »Meine Tochter«, warnte er sie, »über uns Menschen herrscht ein tyrannischer König, der die jungfräulichen Töchter seiner Untertanen mit Gewalt nimmt. Jede Woche nimmt er sich ein neues Mädchen. Schnell wird er ihrer müde und wirft es aus dem Palast, und dann ist es der Schmach und Schande ausgesetzt.«

Aufmerksam hörte Bilqis ihrem Vater zu, doch zu seiner Überraschung und seinem Ärger floh sie dann schnell und überstürzt aus dem Schutz seines Hauses. Sie bemühte sich absichtlich, ja fast als fürchte sie, nicht beachtet zu werden, die Aufmerksamkeit des Königs, des bösen Sharakh ibn Sharahil, zu erwecken.

Es war nur eine Frage der Zeit, bis Sharahil sie erblickte und nach ein paar Sekunden schon verrückt vor Verlangen nach ihr war. Er befahl Bilqis, in seinen Palast zu kommen.

Nachdem sich die Palasttore hinter ihr geschlossen hatten, drängte Sharahil Bilqis eine Treppe nach der anderen hinauf, bis sie das *mifrai* des Königs erreicht hatten, ein Turmzimmer, von dem man ganz Kitor überblicken konnte. Es war ein Gemach voller Kissen und Polster. Sharahil bat sie, ihm bei Wein und Speisen Gesellschaft zu leisten. Sie tat es, doch sie nippte nur von allem und achtet darauf, daß sein Becher immer gefüllt war.

Mit schwere Zunge fragte Sharakh ibn Sharahil: »Sag mir, Bilqis, was ist deines Herzens Begehr?«

»Wenn ich ehrlich bin«, gab sie zurück, »dann möchte ich fliehen, aber das kann ich nicht, denn du bist mein König.«

Sharahil nahm seine goldene Krone ab, legte seinen verzierten Dolch und seinen Mantel ab und zog seine Schuhe aus. Bilqis beugte ihren Kopf, als würde sie sich unterwerfen. Sharahil leerte seinen Becher und zog ihren Kopf zu seinem Gesicht herauf, auf dem sich ein grausames Lächeln zeigte. Ihre Lippen öffneten sich, als würde sie sich ihm hingeben. Er schloß seine Augen und stöhnte in Erwartung der Freuden, die ihm nun zuteil werden würden. Genau in diesem Augenblick griff Bilqis nach dem Dolch, zog ihn aus der Scheide, und ohne auch nur einen Moment zu zögern, stieß sie ihn direkt in sein Herz. Im gleichen Augenblick fuhr seine Seele ins Höllenfeuer.

Angeführt von Bilqis Vater, polterten die Wesire die Stufen zu des Königs *mifraj* hinauf und wurden vor der Tür von Bilqis in Empfang genommen, die ihnen Wein anbot, um sie zu beruhigen und ihnen dann ganz gefaßt mitzuteilen: »Der König befiehlt, daß ihr ihm eure Weiber und Töchter schickt, so daß er sie erniedrigen und entjungfern kann. Eine jede von ihnen ohne Unterschied.«

Sie wurden wütend und schrien: »Ist er nicht mit dem zufrieden, was er schon gehabt hat?«

»Ganz wie ihr wollt«, gab sie kalt zurück, »ich gehe zu Sharahil und berichte ihm von eurem Zorn.« Und Bilqis ließ sie zurück, damit sie noch wütender werden mochten. Als sie zurückkehrte, sagte sie: »Ich habe ihm ausgerichtet, was ihr gesagt habt, aber er meint, es müsse sein.« Ein jeder der Wesire ließ seiner Wut freien Lauf, woraufhin Bilqis anbot: »Soll ich ihn töten und euch von diesem Bösen erlösen, dann würde aber ich über euch herrschen?« Sie holten tief Luft, besprachen die Sache und stimmten zu. Sie befahl ihnen, sie mit dem König allein zu lassen. Tief aufgewühlt, stiegen sie die Treppen hinab. Bilqis holte ein großes Messer aus der neben dem *mifraj* liegenden Küche, trennte dem toten Sharakh ibn Sharahil den Kopf ab und warf ihn durch das Fenster hinaus auf den größten Platz in Kitor.

Die sich unten versammelnde Menge brachte kein Wort heraus, doch nicht lange. Schon bald erhob sich eine Murmeln: »Bilqis, Bilqis« und »Du bist die einzige«.

Sie erschien am Palasttor und hinterließ darauf den Abdruck ihrer blutigen Hand. Die Menge jubelte ihr zu. Ihr Vater und die anderen Wesire schworen ihr Treue und machten sie zur Königin von Kitor und allen umliegenden Ländern.

Salomons sprechender Vogel

Weit entfernt von Kitor hatte inzwischen an einem bestimmten Freitag König Salomon von dem Engel Jibril (Gabriel) einen Ring erhalten, der so glänzte, daß er ihn kaum ansehen konnte.[6] Der Ring gab ihm Macht über die vier Winde, die wie aus einem Munde sprachen: »O Prophet des Herrn, Gott hat uns dir untertan gemacht, also schicke uns hin, wo immer es dir beliebt.« Der Ring gab ihm auch Macht über die Tiere und Vögel und versetzte ihn in die Lage, mit ihnen zu sprechen. Der Ring machte ihn zum König über die Dschinnen. Getrieben von dem Engel Jibril, der die Dschinnen wie ein Hütehund die Herde vor sich hertrieb, kamen sie aus allen Himmelsrichtungen nach Jerusalem. Es waren Dschinnen mit Pferdehufen, mit langen Schwänzen und großen Ohren, da gab es Körper ohne Kopf und Köpfe, denen die Körper fehlten.

Viele dieser Dschinnen waren böse, doch auch diese waren Gottes Geschöpfe. Nach dem Willen Gottes versuchten und bedrängten sie die Sterblichen – alle außer Salomon, der mit seinem magischen Ring Macht über sie hatte.

Salomon trug den männlichen Dschinnen auf, ihm einen prächtigen Palast, getragen von tausend Marmorsäulen, zu bauen und mit Lampen aus purem Gold auszustatten. Aus den Tiefen des Ozeans holten sie glänzend weiße Perlen herauf, um damit die Onyxhallen auszuschmükken. Währenddessen besorgten die weiblichen Dschinnen das Kochen. Sie servierten auf Tischen, die eine Meile maßen, genug, um die Dschinnen und alle Kinder Israels zu speisen. (Mit seinem Ring konnte Salomon die Fische und Vögel dazu bringen, sich freiwillig sieden und braten zu lassen. Sterben Sklaven nicht freudig für ihren König?)

Die weiblichen Dschinnen webten für Salomon einen Teppich, der auf der einen Seite rot, auf der anderen grün war; es wird gesagt, er sei siebenundzwanzig Meilen lang gewesen. Wenn er Lust dazu verspürte, dann rief er die Winde und erhob sich in die Lüfte. Auf seinen Reisen spendeten ihm die Vögel seines Königreichs Schatten, indem sie so dicht gedrängt über ihm flogen, daß kein Sonnenstrahl auf ihn fiel. Bis auf einen Tag, als zu seiner Verärgerung ein Sonnenstrahl direkt in sein Auge fiel. Er verlangte zu wissen, wie dies möglich sei, und ihm wurde mitgeteilt, daß Hudhud, der Wiedehopf, fehlte. Salomon schickte einen Raben los, der den Wiedehopf fand und ihn warnte: »Der König ist erbost, also sieh dich vor!« Der zurückkehrende Hudhud trat vor Salomon und senkte seine Schwanzfedern und die Flügel zum Zeichen der Unterwerfung. Er bat: »Prophet des Herrn, bevor du ein Urteil fällst, höre, was ich zu sagen habe. Ich bringe dir Nachricht von Bilqis, der Königin von Saba.« Salomon, der dem Wiedehopf schon die Federn ausreißen wollte, hielt inne und hörte zu.

Der kleine Herumtreiber war in Kitor gewesen, hatte Bilqis' Palast aufgesucht, und als unverbesserlicher Lauscher, der er nun einmal war, hatte er von der Überwindung des verruchten Sharahil und dem danach folgenden Aufschwung der Stadt und der Zufriedenheit ihrer Bewohner gehört.

Der König verlangte nach Papier und einem Stift und schrieb an Bilqis: »*Dies kommt von Salomon, und im Namen des allbarmherzigen Gottes, erhebt Euch nicht gegen mich, sondern kommt zu mir und unterwerft Euch mir.*«[7] Nachdem er den Brief mit Moschus und dem Abdruck seines Rings versiegelt hatte, gab er ihn dem Wiedehopf, der zu Bilqis' Palast flog.

Der Wiedehopf fand Bilqis schlafend auf ihrem Sofa vor und warf den Brief auf ihre Brust, dann flog er auf eine Stange im Fenster. Der kleine Vogel sinnierte verwundert: »Welch ein Wunder, daß eine Frau über diesen Ort und die Menschen herrscht.«

Nachdem sie aufgewacht war, las Bilqis den Brief und fragte: »Und wer ist Salomon?« Hudhud, der Wiedehopf, erzählte von seines Königs Macht und Stärke, was die Königin beunruhigte. Nachdem sie den Brief ihren Wesiren vorgelesen hatte, fügte sie hinzu: »*Wenn feindliche Könige in eine Stadt ziehen, dann zerstören sie dieselbe und demütigen ihre vornehmsten Einwohner. So werden sie auch gegen uns handeln.*« Um die Zerstörung ihrer Stadt zu verhindern, schickte sie Geschenke zu Salomon und überlegte dabei laut: »Wenn er einer dieser selbsternannten, weltlichen Propheten ist, werden wir ihm mit Schätzen Genüge tun, ist er aber ein wahrer, gottesfürchtiger Prophet, dann wird er mit nichts anderem als der Unterwerfung unter ihn und seinen einzigen Gott zufrieden sein.« (Und das würde sie nicht ohne Widerstand tun, denn dann müßte sie ihre Verehrung der Sonne, des Mondes und der Sterne aufgeben.)

Als die Wesire Bilqis' Geschenke Salomon überreichten, zeigte dieser sich wirklich als gottesfürchtiger Prophet und nicht nur als habgieriger König und wies sie zurück. Er behielt nur ein einziges Stück, ein kleines Kästchen. Noch bevor er es öffnete, sagte er zu den Wesiren: »Ihr wollt, daß ich rate, was darinnen ist. Das kann ich euch sagen: Darin befindet sich eine Perle, durch die ein gewundener Gang gebohrt wurde, und eure Königin glaubt, ich könne keinen Faden hindurchfädeln. Paßt nun auf, wie das einer meiner Diener für mich macht.« Auf seinen Befehl hin brachte ein Dschinn einen kleinen Wurm, der durch den gewundenen Gang in der Perle kroch und einen Faden hinter sich herzog. Als Belohnung wurde dem Fadenwurm der Maulbeerbaum zugesprochen, um darin zu leben, da er dessen Blätter liebte. So wurde, ganz ehrlich, die Seide erfunden.

Die Königin von Saba reist nach Jerusalem

In eine Wolke von Weihrauch gehüllt, verließ die Königin von Saba ihren Palast. Ihre Wesire verbeugten sich vor ihr. Als sich ihr knieendes Kamel aufrichtete und sie in die Höhe gehoben wurde, brachen die versammelten Bewohner von Kitor in Jubel aus und klatschten rhythmisch. Um sie zu beruhigen, meinte die Königin: »Meine Wesire haben mir gesagt, daß dieser Salomon bei Gott wirklich ein Prophet sei und wir nicht die Macht hätten, ihm Widerstand zu leisten. Außerdem bin ich neugierig geworden und will diesen König treffen, um seine wahren Absichten herauszufinden.« Ihre Diener luden die Schätze auf – alle außer dem Thron, der hinter sieben Eisentüren weggeschlossen war –, und sie machte sich auf den Weg zu Salomon. Von den Dächern herab erfüllten die verschleierten Frauen von Kitor die Stadt mit erschütterndem Heulen und Wehklagen.

Bilqis' Karawane zog durch Wüsten des Durstes und des Todes, bis sie schließlich die glänzenden Mauern und Türme von Jerusalem erblickte. Nachdem sie die Stadt durch das Tor des Benjamin betreten hatte, wurde sie durch einen Vorhang aus Kristallglocken hindurch zu Salomon, dem Herrscher über die Welt, geführt. Sie wurde gewahr, daß er ein Mondgesicht, schwarze Augen und lange Wimpern hatte. Zuerst sagte der König kein Wort, deutete aber in eine Ecke des großen Raumes, und Bilqis war verblüfft, daß dort ihr eigener Thron, ihr wertvollster Besitz, stand. Nach ihrer Abreise aus Kitor hatten Salomons Dschinnen einen Tunnel unter ihren Palast gegraben und in der Zeit eines Lidschlags den Thron auf magische Weise unter der Erde nach Jerusalem geschafft. Es war ein beeindruckender Thron, obwohl einige behaupten, er würde an ein riesiges Bett erinnern (weshalb Salomon, in dem Glauben, daß der Weg zum Herzen einer Frau durch ihr Bett führt, ihn hatte heranschaffen lassen). Andere meinen, König Salomon wollte Bilqis mit allen Ehren empfangen, und sie sollte auf ihrem eigenen Thron sitzen. Doch wie es auch war, Bilqis' Thron wurde von dem Salomons noch übertroffen.

Salomons Thron bestand aus Elfenbein und Gold, und darin waren Perlen von der Größe von Straußeneiern eingelassen. Sieben Stufen führten zu ihm hinauf, und eine jede wurden von Automaten in Tier- oder Vogelgestalt flankiert. Wenn sich Salomon der ersten Stufe näherte, dann schlugen Bronzeadler mit ihren Flügeln. Trat er auf die zweite Stufe, dann brüllten Löwen aus Bronze, auf der dritten röhrten goldene Stiere, und so ging es weiter, bis er die oberste Stufe erreicht hatte, wo er von goldenen Pfauen mit Moschus und Ambra eingestäubt wurde. Vier unsichtbare Dschinnen hielten dieses Wunderwerk über dem Boden, so daß sämtliche Besucher beschworen, der König würde auf seinem Thron in der Luft schweben.

Salomons Thron wirkte so einschüchternd, daß, wenn er darauf zu Gericht saß, die Kläger und Missetäter zu keiner Lüge fähig waren. (Direkt daneben hörten ein Nashorn und ein Löwe aufmerksam zu, und wenn ein Angeklagter hartnäckig leugnete, dann griffen sie ihn an, denn Gottes Geschöpfe lieben die Wahrheit.)

Bilqis entbot Salomon ihren Gruß und erklärte: »Ich bin gekommen, mächtiger König, um mit eigenen Augen die Großartigkeit Eurer Taten zu schauen, Eure Schönheit zu bewundern und Teil an Eurer Weisheit zu haben.«

Salomon lächelte und sagte: »Dann stellt mir ein Rätsel.«

Also fragte sie ihn: »Welches Wasser kommt weder aus der Erde noch vom Himmel herab?«

»Das ist der Schweiß der Pferde«, antwortete er. »Stellt mir ein weiteres.«

Sie trug ihm auf:

»Rast ein Sturm an den Köpfen aller vorbei;
dann erhebt sich ein lautes und klagendes Geschrei.
Es ist eine Zierde für die Freien,
Und die Armen beschämt es,
Ehrenhaft für die Toten,
Eine Freude für die Vögel,
Betrüblich für die Fische.«

»Das ist der Flachs«, sagte Salomon, der kaum abgewartet hatte, bis Bilqis geendet hatte.[8]

Sie versuchte es noch einmal. »Eine Frau sagt zu ihrem Sohn: ›Dein Vater ist mein Vater; dein Großvater ist mein Vater; du bist mein Sohn und ich bin deine Schwester.‹«

Salomon antwortete: »Das sind ganz gewiß die zwei Töchter Lots.«[9]

Nun hatte Bilqis den Mut verloren und beugte ihren Kopf. Als sie wieder nach oben blickte, sah sie, wie Salomon von seinem Thron herabstieg und auf sie zu kam. Er ergriff ihre Hand und bot ihr Gastfreundschaft in seinem Palast und seine königliche Gesellschaft an.

Auf der Galerie des Thronsaals, in luftiger Höhe, kicherten Salomons dreihundert Frauen und seine siebenhundert Konkubinen. Bilqis bedachte sie mit einem vernichtenden Blick, worauf sie aufgeregt schnatternd flohen.

Der gläserne Boden

Bilqis blieb in Jerusalem, wurde vertrauter mit Salomon und erfuhr alles über seinen allmächtigen Gott. Der König und die Königin kamen sich näher, was unter den Dschinnen des Salomon große Angst auslöste. Würden die beiden heiraten und ihnen ein Sohn geboren, dann würden die Dschinnen nie aus der Sklaverei erlöst werden. Zabwa, einer der Dschinnen, bedrängte Salomon: »O Prophet des Herrn, ein Sohn, geboren von dieser Frau, wird brutal, heftig und ungestüm an Körper und Geist sein.« Zabwa und sein Geschlecht brachten Gerüchte in Umlauf, daß Bilqis eine der Ihren sei (was sie auch zum Teil war), und als solche sei an ihren Beinen auch die verräterische Behaarung zu finden, und sie habe einen Eselsfuß.

Um herauszufinden, ob etwas Wahres an diesen Behauptungen war, griff Salomon zu einem Trick. In seinen privaten Gemächern ließ Salomon einen Glasboden verlegen, darunter befand sich Wasser mit Fischen darin. Er bat Bilqis zu sich, um ihm Gesellschaft zu leisten. Sie erkannte nicht, daß es sich um einen Glasboden handelte, und glaubte, vor einem Fischteich zu stehen. Ganz selbstverständlich raffte sie ihre Röcke, um durch das Wasser zu waten. Als Salomon gesehen hatte, was er sehen wollte, wendete er seinen Blick ab und sagte zu ihr: »Sieh! Es ist ein Boden aus Glas.«

Was hat Salomon gesehen?

Die Hofschreiber des Salomon sind sich da nicht sicher, die meisten stimmen darin überein, daß Bilqis' Füße auf irgendeine Art mißgestaltet waren, aber sie bestimmt keinen Eselshuf hatte. Ihre Beine, das ist sicher, waren behaart. Für einen kurzen Moment war Salomon entsetzt, und seine versklavten und mißgünstigen Dschinnen jubelten. Dann befahl der König eine Tinktur aus Löschkalk und Asche herzustellen und die ärgerlichen Haare zu entfernen.

Danach sprach die Königin: »O Herr, ich war wahrlich ungerecht gegen mich selbst; aber nun unterwerfe ich mich mit Salomon ganz Gott, dem Herrn aller Geschöpfe.«

Bilqis heiratete Salomon und gebar ihm einen Sohn namens Rehoboam, dessen Arme bis zu seinen Knien herabreichten, was ein Zeichen für Königswürde ist.

Der Wurm und Salomons Stab

Es kam die Zeit, da spürte Bilqis, daß es ihre Pflicht war, nach Kitor und zu ihrem Volk zurückzukehren. Einige sagen, daß Salomon sie dort jeden Monat für drei Tage besuchte, andere verneinen dies.

Salomon hatte ein langes und erfolgreiches Leben. Er hatte viele Frauen und Kinder, doch er dachte oft an die weit entfernt lebende Königin von Saba. Von seinem Turm aus blickte er sehnsüchtig über die Wüste.

Dann wurde er eines Tages von Azra'il, dem Engel des Todes, dem Vernichter der Menschen, dem Schatten, der gleichermaßen alle Freuden und Sorgen auslöscht, aufgesucht. Als Azra'il Salomons Seele mit sich genommen hatte, ließ er dessen Körper an einen Stab gelehnt zurück. Salomon stand nun bewegungslos da, reagierte auf keine Fragen, schaute aber so weise und ernsthaft wie ehedem drein. Während dieser Zeit waren Salomons Dschinnen im fernen Kitor, wo sie hart arbeiteten und Paläste für Bilqis errichteten.

Doch alles hat einmal ein Ende.

Ein kleiner Wurm kroch in Salomons Turm und nagte an dem hölzernen Stab, Tag für Tag, Monat für Monat fraß er sich seinen Weg hindurch. Salomon blieb ein Jahr lang aufrecht stehen, dann fiel er zu Boden und löste sich in einer Wolke von Staub auf. Und so war es dann geschehen: Ein kleiner Wurm hatte den Fall König Salomons, der einst die Welt beherrschte, verursacht.

»Hört, ihr Volk der Dschinnen!« rief ein Bote, der in das Gebiet von Kitor geeilt war. »Salomon ist tot! Legt die Arbeit nieder!« Die dämonischen Dschinnen warfen die Werkzeuge weg und begaben sich zu zwei großen Felsen, in die sie eingravierten, was sie getan hatten und die Kunde vom Ende ihrer Sklaverei.

> »Wir Teufelsbrut haben mit unseren Händen Salhin und Baynun errichtet.

Unsre mühevolle Arbeit hat auch Bainun, Sirwah und das Hohe Hunaida geschaffen ...

Doch nun wird dieses Land nie mehr unsrer Hände Arbeit sehen. Jubiliert!«

Und die Dschinnen Salomons kehrten zurück in die dunklen Winkel der Welt, von wo sie einst der Engel Jibril hergerufen hatte.

Danach regierte die Königin von Saba für insgesamt siebzehn Jahre als Beschützerin der Tugend in ihrem Land.

Soweit die Überlieferung, doch nur Gott kennt die Wahrheit.

Um es klar zu sagen: Seit die Begegnung zwischen dem König und der Königin in der Bibel niedergeschrieben wurde, ist viel in dieses Ereignis hineininterpretiert worden, das gleiche gilt auch für die entsprechende Stelle des Koran. Die Geschichte hat den eigenartigen und bruchstückhaften Tenor angenommen, der sowohl für die arabischen als auch die jüdischen Märchenerzähler des Mittelalters bezeichnend ist: eine lange Einführung, gefolgt von einem plötzlichen, aus heiterem Himmel kommenden Schluß, in dem man wenig über die Königin von Saba nach ihrem Zusammentreffen mit Salomon erfährt.

Wir hören von der recht merkwürdigen Art, wie die Seidenproduktion eingeführt wurde, wir haben das Privileg, von der Herstellung des ersten Enthaarungsmittels zu erfahren, und sind dabei, wie es zum ersten nachgewiesenen Arbeiterstreik kam, als mit »Legt die Arbeit nieder« die Dschinnen, die in Saba arbeiteten, ihre Baustellen verließen.

In dieser Geschichte sind der König und die Königin nicht länger die blassen Gestalten aus der Bibel, sie sind zu wirklichen Personen geworden. Salomon ist mächtig und allwissend, so wie eine der Legenden es ausdrückt: »Wenn die Weisheit in neunzig Teile aufgespalten ist, dann besitzt Salomon siebzig davon und der Rest der Menschheit zwanzig.« Doch ihm fehlt die Demut, und er hat etwas von einem Grobian an sich. Er verlangt von Bilqis, sich ihm zu unterwerfen, und demütigt sie vor seinem Hofstaat. Steht dahinter das nicht ganz zutreffende Bild, das die islamischen Märchenerzähler von einem israelischen König hatten?

Keinesfalls. Ihre jüdischen Gegenüber gingen sogar noch härter mit Salomon ins Gericht. In einer jüdischen Variante dieser Geschichte enthält der von einem Vogel überbrachte Brief Salomons an Bilqis eine so harte Bedingung, daß diese vor Entsetzen »ihre Kleidung mit Tränen benetzt«.

Wenn Ihr Euch weigert [sich zu unterwerfen] und mir nicht huldigt, werde ich Könige, Soldaten und Reiter gegen Euch aussenden. Ihr werdet Euch fragen, wer sind diese Könige, Soldaten und Reiter, von denen König Salomon spricht? So wisse denn, die wilden Tiere sind meine Könige, die Vögel in den Lüften sind meine Reiter und die Dschinnen und Geister meine Soldaten. Sie werden Euch in Eurem Bett erdrosseln, die wilden Tiere werden Euch auf Euren Äckern töten und die Vögel werden Euere Knochen abnagen.[10]

Salomon ist nicht nur ein brutaler Kerl, sondern auch ein Gauner. Er klaut Bilqis' Thron und täuscht sie mit seinem geschickt angelegten Glasfußboden. Dazu ist er noch eifersüchtig und ein Pedant. (Der Herr der Welt macht sich Gedanken über Haare an den Beinen einer Frau?)

An einer Stelle wird Salomons Thron bewundert, doch »er selbst war – wie sie [frühere Kommentatoren] behaupten – bleich, dick, sauber und behaart«.[11]

Bilqis andererseits ist eine strahlende Schönheit mit klaren Augen. Und sie ist gerissen, doch aus gutem Grund, wie man an der Art, wie sie mit der sexuellen Belästigung durch König Sharahil umgeht, sehen kann. Fordert man sie heraus, dann werden ihre sanften Augen zu denen einer Löwin. Und genauso wie diese stolze Raubkatze ist auch sie nicht bereit, sich zu unterwerfen – was sie zu einem Fremdkörper in der damals wie heute von Männern dominierten Gesellschaft des Mittleren Ostens macht. Sie beugt sich Salomons Wünschen erst dann, als sie erfährt, daß hinter ihm ein einziger, allmächtiger Gott steht. Sie betet die Sonne an, doch bei einer Gelegenheit wird sie von Salomon gefragt: »Wie mächtig kann die Sonne sein, wenn ein Schwarm Vögel sie verdecken kann?« Auf der anderen Seite hat Salomons Gott die Sonne, die Vögel, ja alles erschaffen, sogar das Böse in Gestalt der Dschinnen, die immer wieder durch die Geschichte geistern.

Dschinnen ...

Salomon trank nur aus einem Kristallkelch, damit er seine dämonischen Sklaven immer im Auge behalten konnte, Bilqis dagegen konnte, ohne beunruhigt zu sein, aus einem Tonbecher trinken. Obwohl von den Dschinnen der Wüste aufgezogen, hat Bilqis sie verlassen und danach alles, was sie besitzt, aus *eigener Kraft* erworben, ohne auf eine solch fragwürdige Hilfe zurückzugreifen. Das wirft eine interessante Frage auf, denn was ist Salomon ohne seine Dschinnen? Er intrigiert mit ihnen, um Bilqis zu täuschen; er ist auf sie angewiesen, um seinen Thron zu bauen, seinen phantastischen Palast und seine vielen prächtigen Städte zu errichten. Nimmt man Salomon seine Dschinnen und ihre Arbeit, dann bleibt ein eher unwichtiger König des Mittleren Ostens übrig, der sich in seinem roh zusammengezimmerten bäuerlichen Palast aufplustert.

Verglichen mit Salomons Reich der Illusionen ist die sich aus der Wüste erhebende königliche Stadt Kitor, in der Bilqis herrscht, ein wesentlich angenehmerer Ort. Der mächtige Damm, die Kanäle und die blühenden Gärten wurden von Menschen geschaffen und nicht von Dschinnen.

Viele Gelehrte haben sich bei der Einschätzung der Geschichte der Königin von Saba gefragt, wie sich aus nur dreizehn Versen der Bibel ein so mächtiger Mythos entwickeln konnte. Doch möglicherweise kommt hier noch etwas anderes hinzu: Es ist durchaus wahrscheinlich, daß die Darstellung der Bibel durch eine oder mehrere von der Bibel unabhängige Überlieferungsstränge ausgeschmückt, wenn nicht sogar deutlich verändert worden ist. Überlieferungen, die unter Umständen Bruchstücke – Artefakte, wenn man so will – von Ereignissen aus dem Leben der tatsächlichen Königin von Saba bewahrt haben. In der Bibel wird weder der Glasboden des Salomon noch der Thron der Königin von Saba erwähnt. Diese beiden Elemente tauchen im Koran und umfangreicher im *Kitab al-Tijan* (Buch der Kronen) des Wahb ibn Munnabih auf, eines jemenitischen Geschichtsschreibers des siebzehnten Jahrhunderts, der eine Chronologie der Könige – und auch einer Königin – des Landes aufstellte. Löst man von dem Glasboden die phantastischen Attribute, dann kann es ein Fluß gewesen sein, den die Königin von Saba, als sie aus der Wüste kam, auf ihrem Weg nach Jerusalem überqueren mußte. Auf einer persischen Miniatur, die sich im Britischen Museum befindet, ist genau dieses Ereignis dargestellt.

Auch der wirkliche Thron der Königin von Saba war, wie andere alte Throne, viel mehr als nur ein Möbelstück, er war ein beeindruckendes Symbol der Macht, so wie es auch im Koran heißt: »Es gibt keinen Gott wie Allah, den Herrn des glorreichen Throns.« Weltlich betrachtet, mag das Königreich von Saba über einen beeindruckenden, wertvoll gearbeiteten Thron

Die Königin von Saba überquert einen Fluß, beobachtet von Salomon, seinen Höflingen und seinen Dschinnen

verfügt haben, der selbst den Neid eines Königs wie Salomon erwecken konnte. (Die Geschichtenerzähler reagierten darauf, indem sie Salomons Thron fast bis zur Lächerlichkeit noch größer und prächtiger machten.)

In einer Zeit, in der (soweit wir wissen) nur wenige Königinnen herrschten, bereitet es einer Anzahl von Geschichtenerzählern Schwierigkeiten zu erklären, wie Bilqis zu ihrer Würde kam. Bei Wahb ibn Munnabih übernahm sie nach dem Tod ihres Vaters die Macht, bis ihr Cousin Amr ibn Y'afur alt genug für die Königswürde war. Eine große Zahl von Geschichtenerzählern schließt sich dieser Version an, wobei einer in ihr die große, einzige Königin als Abschluß einer ehrfurchtgebietenden Reihe rein männlicher Herrscher sieht: Bilqis *bint* (Tochter von) Sharahil *ibn* (Sohn von) Dhu Jadan ibn Ayli Sharh ibn al-Haith ibn Qays ibn Sayfi ibn Saba ibn Yashjub ibn Yar'ub ibn Qahtan.[12]

Im frühen Mittelalter war Bilqis – oder ist es immer gewesen – zu einer erhabenen, in sich selbst ruhenden Persönlichkeit geworden, die zugleich furchteinflößend und inspirierend war. Mutig durchbrach sie geschlechtsspezifische Grenzen. Genau dies ist auch ein Hinweis darauf, daß es sich um eine wirklich existierende Person handeln muß, da ihre Geschichte ein Faustschlag ins Gesicht der jüdischen Rollenvorstellung war: Männern, die regieren, und Frauen, die sowohl in der Politik als auch im Haus zu gehorchen hatten. Salomon mag ein König gewesen sein, aber er wird als aufbrausend und brutal geschildert, ist von seinen Dschinnen abhängig und wird von einem kleinen Wurm letztendlich zu Fall gebracht. Nicht so die Königin der Wüste. Man kann sich einen Geschichtenerzähler wie ibn Munnabih oder ibn Abd Allah al-Kisai vorstellen, wie er die gefährliche Geschichte von Bilqis erzählt und seine Frau oder Tochter daraufhin die häuslichen Pflichten neu verteilen, woraufhin der Geschichtenerzähler auf einmal Wasser holen und in der Küchenecke Hühner rupfen muß.

Das nächste Mal wird er sich auf Geschichten von Og und Magog, David und Goliath, Joseph, wie er durch den aufreizenden Gang von Potiphars Weib in Versuchung geführt wird, beschränken. Oder er wird berichten, was immer auch Übles in der Welt passiere, alles Evas Schuld sei.

5
Augen, die wie Sterne leuchten

Auf meiner Suche nach der Wüstenkönigin hatte ich den Nachmittagszug von Paris nach Dijon genommen und war nun mit einem Nahverkehrszug auf dem Weg nach Aloxe-Corton im Burgund.

Mir gegenüber hatte eine nett aussehende, ältere Dame Platz genommen und den verblichenen, orangefarbenen Vorhang gegen die sengende Mittagssonne vors Fenster gezogen. Sie hatte ihre plumpen Schuhe abgestreift und war in die Seiten eines zerlesenen Taschenbuchs vertieft, das den Titel *La Reine de Saba* (Die Königin von Saba) trug. Ein Zeichen?

Mein Interesse an den unterschiedlichen Geschichten und Legenden über die Königin von Saba war in eine kritische Phase getreten. Es hatten sich Fragen ergeben, die ich nicht länger in irgendwelchen Regalen von Bibliotheken schlummern lassen konnte. Sie führten mich auf verschlungenen Pfaden in die entlegensten Regionen der Vereinigten Staaten und Europas. Hier nun, in einem schaukelnden Zugabteil Zweiter Klasse im östlichen Frankreich – bei einem, zugegebenermaßen, eines Don Quichotte würdigen Unterfangen –, wollte ich herausfinden, ob die Angabe zutrifft, die Königin von Saba sei auf dem Flaschenetikett eines Weines aus Aloxe-Corton verewigt, die ich als beiläufige Bemerkung in einem Essay aus dem Jahre 1953 gefunden hatte.[1] Ich hatte Weinexperten in den Vereinigten Staaten befragt, die mir versicherten, wenn es ein solches Etikett gäbe, sie mit an Sicherheit grenzender Wahrscheinlichkeit davon wüßten. Doch sie wußten nichts davon.

Der Zug brachte mich zu einem ländlichen Bahnhof, wo ich den Taxifahrer Emile anheuerte. Auf den zehn Kilometern nach Aloxe-Corton verbesserte Emile sein Englisch, indem er mir alles über die links und rechts der Straße liegenden Weinberge erzählte. »Nicht besonders, die Rotweine hier. Zu feucht«, meinte er. »Und dort vorne, der Hügel, den Sie sehen. Oben zu trocken, doch in der Mitte in Ordnung.«

Am Fuß des Hügels kamen eine Ansammlung von strohgedeckten Häusern und ein Schloß wie aus dem Märchenbuch in Sicht. Aloxe-Corton.

Fast hätte ich den steinernen Pfosten am Straßenrand übersehen.

»Emile, aufgepaßt, fahren Sie zurück.«

Auf dem mit Flechten überzogenen, verwitterten Stein befand sich das Bild einer fröhlichen, dicklichen Frau, die eine Gans über einem Feuer röstete. Die Inschrift lautete: DOMAINE LA REINE PÉDAUQUE.

Am Ende einer Schotterstraße gelangten wir zu einem einfachen, aus Bruchsteinen erbauten Winzerhof. Die Arbeiter mit ihren geröteten Gesichtern wiesen uns zu einer beeindruckenden jungen Frau, einem Mitglied der Familie Gagnot. Sie bot Emile und mir ein Glas Weißwein des Gutes an und ein Glas schweren, würzigen Rotwein. Sie zeigte uns die Notiz eines Kenners, der einmal hier vorbeigekommen war und der den Wein als »ausgereifte, sonnendurchglühten Beere, *goût de terroir*«, bezeichnet hatte. Mich aber interessierte die fröhliche Frau auf dem Etikett der Flasche.

Könnte das die Reine de Saba sein?

»C'est possible, c'est possible«, räumte Mademoiselle Gagnot ein, doch sie selbst meinte, die Frau auf dem Etikett sei »Berthe au Grand Pied« (Bertha mit dem großen Fuß), die Frau von Pippin dem Jüngeren und Mutter Karls des Großen.[2] »Einer ihrer Füße war groß, und der andere sogar *très* größer.« Die Arbeiter des Weinguts äußerten auf meine Fragen andere Ansichten oder hatten überhaupt keine. Ein freundlicher, etwas brummiger, langjähriger Angestellter hatte seine Zweifel in bezug auf Bertha. Das Etikett, so meinte er, spreche für sich selbst.

»Wenn sie wirklich Bertha mit den großen Füßen wäre, wo bitte, alors, sind dann die großen Füße?«

Der Mann hatte recht. Die Füße der fröhlichen Frau waren nur schwer zu entdecken, denn sie waren klein. Und jeder hatte drei mit Schwimmhäuten verbundene Zehen. In einem französischen Dialekt des Mittelalters bedeutete *la reine pédauque* »die Königin Gänsefuß«.

Man lud mich ein, eine lange Steintreppe hinabzusteigen und mir anzusehen, wo der Wein der Königin tief unter den sonnigen Weinbergen in feuchter Dunkelheit ruhte. Mademoiselle Gagnot wischte Spinnweben von einer Flasche aus dem Jahre 1885. Die feuchten Lagerkeller des Weingutes waren noch weitaus älter, doch niemand konnte genau sagen, wie alt.

»La Reine de Saba?« murmelte ich vor mich hin.

»Peut-être ...« Wenn Sie so wollen ...

In guter Stimmung ob des Besuches (und des Glases schweren Weins) verabschiedete ich mich und ließ mich von Emile an einem Landgasthof absetzen. Während der nächsten Tage wanderte ich von einem Dorf zum anderen und versuchte, mehr über die *reine pédauque* herauszufinden. Einmal überraschte mich ein Regenschauer, und ein Bauer nahm mich auf seinem klapprigen Traktor mit. Ich schaute mir genau eine Gänseherde an und fand es schwer, mir eine Frau mit deren schuppigen, reptilienhaften Füßen vorzustellen.

Weinetikett der Kellerei *La Reine Pédauque*

Ausschnitt, auf dem man die *Gänsefüße* sieht

Ich fand heraus, daß Statuen der *reine pédauque* einstmals die Kirche von Saint-Père in Nevers und die Abtei von Nesle-la-Reposte geziert hatten, doch beide sind in den Wirren der Französischen Revolution zerstört worden und heute nur noch überwachsene Ruinen. Eine Statue von ihr in der Kathedrale Saint-Bénigne in Dijon ist in Stücke geschlagen worden, doch im Stadtarchiv befindet sich noch ein alter Stich, auf dem sie abgebildet ist. Auf der rechten Seite des Westportals befand sich damals die Statue einer Königin mit Krone und einem mit Schwimmhäuten versehenen linken Fuß; neben ihr David, Salomon und Moses.[3]

Diese kirchliche Verbindung zum Alten Testament macht es wahrscheinlich, daß die *la reine pédauque* die Königin von Saba ist und ihre ein oder zwei Gänsefüße eine christliche Umdeutung des Eselshufs oder der haarigen Beine ist, die Salomon in den frühen Erzählungen der jüdisch-arabischen Tradition so verblüfften.[4] Die Annahme wird bestätigt durch einen Hinweis

Eine Königin von Saba mit Gänsefuß an der Kathedrale Saint-Bénigne in Dijon (die Statue ist inzwischen zerstört)

in einem Manuskript aus der Mitte des zwölften Jahrhunderts, in dem *la reine pédauque* als »eine Herrscherin von Saba und auch Äthiopien mit Füßen wie Gänse und leuchtenden Augen« beschrieben wird.[5]

In dieser und anderen Belegstellen aus dem Mittelalter ist die Königin von Saba in der Rolle der *reine pédauque* eine dunkle, etwas unheimliche Gestalt. Wer sonst außer Dschinnen oder der Teufel hat mißgestaltete Füße? Über die *reine pédauque* wird erzählt, daß sie einmal nach Jerusalem reiste und dort vor der Stadtmauer durch einen Teich watete – eine Abwandlung von Salomons Glasboden, mit dem er in den jüdischen und islamischen Erzählungen die Königin von Saba als Dschinn entlarvte – und auf wundersame Weise von ihrer Mißbildung geheilt wurde!

> Und dann, durch Gottes Gnade
> Waren ihre Gänsefüße verschwunden
> Und sie hatte Füße wie jeder andere.[6]

Doch warum sollte die Königin von Saba durch einen Teich waten? Bedeuteten die seltsamen, mit Schwimmhäuten versehenen Füße, daß sie sich zum Wasser hingezogen fühlte? Überhaupt nicht. Die Königin von Saba watete durch den Teich, weil sie nicht über den Balken gehen wollte, der den Teich überspannte. Und der Grund, *warum* sie nicht den Balken betreten wollte, bringt sie auf enge und erstaunliche Weise mit der biblischen Geschichte in Verbindung, nämlich mit dem Garten Eden und dem Kreuz Christi.

Und darüber hinaus mit dem Jüngsten Gericht.

Mit seiner Amtseinführung als Erzbischof von Genua, Mitte des dreizehnten Jahrhunderts, eröffnete sich für Jacobus de Voragine eine Beziehung zur Königin von Saba, denn einer der Schätze seiner Kathedrale von San Lorenzo war eine grüne Glasschüssel, in die ein Davidsstern graviert war. Von Kreuzfahrern aus dem Heiligen Land herübergebracht, hatte sie den Ruf, auf dreifache Weise heilig zu sein, denn es wurde behauptet, daß sie ein Geschenk der Königin von Saba an König Salo-

mon gewesen sei, später hätte sie Jesus während des letzten Abendmahls benutzt und schließlich hätte Nikodemus Christi Blut nach dessen Kreuzigung darin aufgefangen.
Jacobus de Voragine liebte solche Zusammenhänge, denn sie zeigten, wie der Lauf der Welt von einem bis ins kleinste Einfluß nehmenden Gott geschaffen, organisiert und bestimmt wurde. Der Erzbischof war davon überzeugt, daß alles – die Angelegenheiten der Menschen und der Tiere, ja sogar der unbelebten Gegenstände – auf eine unergründliche und wundersame Art zusammenwirke, und hat dies in seiner *Legenda Aurea*, seiner »Goldenen Legende«, ausgeführt. In seiner weitschweifigen Abhandlung über die christlichen Heiligen und Symbole weist er der Königin von Saba eine Schlüsselrolle zu.

Als Adam im Sterben lag, so berichtet uns Jacobus, ging sein Sohn Set zum Erzengel Michael und bat um einen Tropfen Öl vom himmlischen Baum der Gnade. Michael lehnte ab und bot ihm statt dessen einen Zweig vom irdischen Baum der Erkenntnis an, jenem Baum, dessen Früchte seinen Eltern (und der gesamten Menschheit) zugleich Wissen und Leid beschert hatten. Mit dem Zweig in der Hand kehrte Set zu seinem Vater zurück, nur um festzustellen, daß dieser schon gestorben war. Er konnte nichts anderes mehr tun, als den Zweig auf Adams Grab zu pflanzen, wo er schnell zu einem kräftigen und lange lebenden Baum heranwuchs.

Viele Generationen später fiel König Salomons Blick auf den Baum, und er ließ ihn fällen, um ihn beim Bau seines Tempels zu verwenden. Doch der Baumstamm widersetzte sich seinen Zimmerleuten und veränderte Gestalt und Größe, wann immer sie ihm den Rücken zukehrten. »Manchmal erschienen ihnen die Balken zu lang, dann wieder zu kurz, und wenn die Zimmerleute sie auf das richtige Maße zurechtschneiden wollten, dann stellten sie fest, daß sie zu viel abgeschnitten hatten. Darüber verloren sie die Geduld mit dem Holz des Baumes.« Salomon befahl, den Stamm aus dem Tempel zu entfernen und ihn über einen nahe gelegenen Teich zu legen. Als Schwelle oder Pfeiler nicht zu gebrauchen, sollte er wenigstens als Brücke dienen.

Kurz danach kam die Königin von Saba auf ihrem Weg nach

Jerusalem an das Ufer dieses Teichs, und als sie gerade ihren Fuß auf den Stamm, der über das Wasser führte, setzen wollte, hatte sie die Vision, daß der Erlöser der Menschheit eines Tages genau an diesem Stamm hängen würde, deshalb kniete sie statt dessen davor nieder und betete ihn an. Um nicht das Risiko einzugehen, den Stamm zu schänden, watete sie durch den Teich – und wurde durch diese wenigen Schritte von ihren mißgebildeten Füßen geheilt.

Das Kreuz Christi, so erzählt Jacobus, wurde dann aus diesem Stamm gefertigt. Die Sage berichtet weiter, daß das heilige Holz in einem unterirdischen Versteck lag, bis Helena, die Mutter des ersten christlichen Herrschers Konstantin, es entdeckt und die großen Kathedralen in Europa mit Splittern des echten Kreuzes versorgt hat – Splitter, so klärt Jacobus die Gläubigen auf, die ihren Ursprung im Garten Eden kurz nach der Erschaffung der Welt hatten und einstmals von der Königin von Saba angebetet worden waren.[7]

Die Erzählungen des Jacobus de Voragine hatten ihre Wirkung auf die Gläubigen – und auf Künstler, die für ihre bildliche Umsetzung gute Bezahlung erhielten.[8] An den Mauern von Santa Croce in Florenz und einem weiteren Dutzend norditalienischer Kirchen findet man Bilderzyklen, auf denen der sterbende Adam, die ehrfürchtige Königin von Saba und das Wahre Kreuz dargestellt sind. In Arezzo brachten die Franziskaner den Kaufmann Giovanni Bacci, vielleicht mit dem Hinweis, daß er, genauso wie die Königin von Saba, mit dem Gewürzhandel sein Glück gemacht hatte, dazu, die Kosten für die Ausgestaltung ihrer Capella Majore zu übernehmen.

Im Jahre 1452, vielleicht auch etwas später, besichtigten Bacci und ein (damals) unbekannter Künstler den Chor der Kirche. Dem Maler, Piero della Francesca, erschien der Platz für sein Gemälde etwas eng, doch das konnte durch eine ungewöhnliche Komposition der einzelnen Bilder der Geschichte gelöst werden. Es sollte mit Unterbrechungen zwölf Jahre dauern, bis er das Gemälde fertiggestellt hatte.

Im dritten Abschnitt des Freskos* erhellt bleiches Morgen-

* Siehe Abb. 6 und 7 im Bildteil in der Mitte des Bandes.

licht die Hügellandschaft um Jerusalem, und die einfach gekleidete Königin von Saba kniet vor dem Holzstamm des Baumes, der einst auf Adams Grab gewachsen war. Was in der Geschichte ein Teich war, ist hier nur noch eine Pfütze, aber sie ist da. Etwas abseits unterhalten sich zwei ihrer müßigen Pferdeknechte, ohne darauf zu achten, was vorgeht. Ein Pferd wiehert in der kalten Morgenluft. Von diesen Nebensächlichkeiten abgesehen, vermittelt das Bild die Atmosphäre eines Ehrfurcht gebietenden Rituals, denn in diesem wundersamen Moment hat die Königin von Saba die Vorahnung, daß aus diesem Holzstamm das Kreuz Christi gefertigt werden wird. Ihre Hofdamen verharren in düsterem Schweigen.

Der nächste Abschnitt in Francescas Darstellung zeigt zwischen korinthischen Säulen, die Salomons Tempel symbolisieren, wie sich die Königin von Saba und Salomon in einer hohen Halle treffen. Seine Höflinge sind wohlgenährt und in Gewänder aus Seide und Brokat gehüllt, wie es der Renaissance entsprach (Salomon selbst ist natürlich am reichsten ausstaffiert). Da die Bildperspektive leicht nach unten verschoben ist, wirken die Figuren imposant und würdig, selbst der dicke, in eine rote Robe gehüllte Höfling auf der linken Seite (wahrscheinlich trägt er die Züge des Geldgebers Giovanni Bacci).

Der Künstler läßt eine der Hofdamen der Königin von Saba den Betrachter direkt ansehen, so als wolle sie uns bitten, in das Bild hineinzutreten. Doch, so könnte man fragen, wieso? Es ist eine freudlose Szene. Die Königin von Saba – mit gesenktem Kopf im Profil dargestellt – unterwirft sich Salomon und ist über die Begegnung ganz offensichtlich nicht erfreut. Obgleich Salomon ihre Hand hält, zeigt ihr Gesichtsausdruck beherrschte, eiskalte Zurückhaltung. Ihr Blick ist nach innen gerichtet. Betrachtet man Salomons Gesichtsausdruck genau, der als »mutiger und edler Mensch« bezeichnet wird und als »wandelnder Ausdruck von Ehrwürdigkeit«, dann erkennt man einen der Welt müden Mann, dessen linkes Augenlid fast geschlossen ist. Hier erweckt – wie auf fast allen mittelalterlichen Darstellungen – Salomon den Eindruck, als wäre er lieber ganz woanders. Warum konnte es nicht sein biblischer Mitstreiter Hiram von Tyrus sein, der ihn besuchte; warum mußte es eine Königin sein, dazu noch diese besondere Königin?

Eine Erklärung für diesen bedrückten und uninteressierten Ausdruck Salomons könnte in dem Text der *Legenda Aurea* liegen, an dem sich Piero orientiert hat. Nach Jacobus hatte die Königin Salomon nur eines zu sagen, und das war niederschmetternd für ihn. Es betraf den Baumstamm vor seinem Palast, und

sie sagte [zu Salomon]: »Der Erlöser der Welt wird an diesem Stamm hängen, und durch ihn wird das Reich der Juden vergehen und vom Angesicht der Erde verschwinden.«[9]

(Als Kirchenmann, der in der Welt keinen Platz für eine andere als seine eigene Religion sah, ist Jacobus de Voragine für diese üble Aussage verantwortlich, die er unfairerweise der Königin von Saba in den Mund legt.)

Lag es im Sinne des Künstlers, genau den Augenblick dieser Aussage festzuhalten? Die einzige Person, die dies gewußt haben könnte, ist die schmalgesichtige Gestalt in einem schwarzen Gewand, die neben dem Höfling in der roten Robe auf dem Bild steht. Man nimmt an, daß dies Piero della Francesca in einem seiner seltenen Selbstporträts ist.

Es erscheint eine merkwürdige Wahl, die Ankunft Jesu Christi gerade durch die Königin von Saba verkünden zu lassen, wenn man nicht – wie fast mit Sicherheit anzunehmen ist, daß Jacobus de Voragine es tat – einen Blick auf zwei Stellen im Evangelium wirft. Fast identisch wird an beiden Stellen vorhergesagt, daß diese Königin – auch bekannt als die Königin des Südens – dazu bestimmt ist, an einem zukünftigen, schicksalhaften Tag auf die Erde zurückzukehren.[10]

Die Königin vom Süden wird auftreten beim Gericht mit diesem Geschlecht und wird es verdammen; denn sie kam vom Ende der Erde, Salomos Weisheit zu hören. Und siehe, hier ist mehr als Salomo (Matthäus 12, 42, wiederholt mit leichten Abweichungen bei Lukas 11, 31).

Dieses »mehr als Salomo«, das am Tag des Jüngsten Gerichts zusammen mit der Königin von Saba auftreten wird, ist natürlich niemand anderes als Jesus Christus. Wenn man diese Stelle wörtlich nimmt (oder auch nur metaphorisch), werden sich am Tag des Gerichts Jesus und die Königin von Saba die Pflichten teilen. Die Königin von Saba wird sich mit »diesem Geschlecht« beschäftigen, und Jesus wird die Tugenden und Laster der restlichen Menschheit abwägen.[11] Mit »diesem Geschlecht« meint Matthäus ganz deutlich die Pharisäer, die Jesu Legimität in Frage gestellt und über seine Lehren gespottet haben. An einer anderen Stelle im Evangelium des Matthäus beschimpft Jesus sie als »Heuchler«, »Vipernbrut« und »reif für die Hölle«. Und es wird die Aufgabe der Königin von Saba sein, sie eben dorthin zu verbannen.

Die Vorstellung von der Königin von Saba in Gemeinschaft mit Jesus entstand aus dem Verlangen, Wasser auf die mystischen Mühlen des mittelalterlichen Christentums zu gießen. Eine weit entfernte Königin aus dem Alten Testament, mehr eine Vorstellung denn eine wirkliche Person, wurde zum Symbol für den Übereifer der Kirche in ihrem Bemühen um Nähe zu Jesus Christus und Wissen über ihn, ganz in Übereinstimmung mit einem Dekret von Abt Suger aus Saint Denis, das aussagte, daß man »nur über das Alte Testament Zugang zum Neuen erlangen kann«. Und damit entstand die theologische Last, die man der Königin von Saba auflud. In ihren Klöstern wiesen Isadore von Sevilla und der Engländer Venerable Bede unabhängig voneinander nach, was sie für einen versteckten Hinweis der Bibel auf eine gemeinschaftliche Herrschaft der beiden im zu erwartenden himmlischen Reich hielten. Im Psalm 45 besagt eine Zeile, die an den Messias adressiert ist, »die Braut steht zu deiner Rechten in eitel köstlichem Gold«. Diese Braut, so glaubten die beiden Theologen, ist die Königin von Saba. Seine Gedanken weiter ausführend, kommt Isadore zu dem Schluß, daß die Königin von Saba die mystische Braut Christi sein muß. Damit aber noch nicht genug, der viel gelesene Honorius von Autun sah Jesus und die Königin von Saba als eine heilige Einheit an und schrieb in seinem *Speculum de Mysteriis*:

»Die Königin von Saba gab ihren Körper und ihr Blut den Jüngern.«

Zusätzlich hat eine weit verbreitete mittelalterliche Tradition die Königin von Saba mit der Heiligen Jungfrau Maria gleichgesetzt.

Auf Wiedersehen Vernunft und Logik! *Die Königin des Südens wird nicht nur mit der Kirche gleichgesetzt, sondern auch mit der Mutter von Jesus, mit Jesus Braut und sogar ihm selbst.*

So widersprüchlich uns das auch erscheinen mag, für mittelalterliche Denkweisen stellte es kein Problem dar. Die Gelehrten bezeichneten solche Über-Kreuz-Identifikationen und Einswerdungen als Verschmelzungen und gehen davon aus, daß sie sowohl für die Mönche als auch für das einfache Volk nachvollziehbar waren. Bedenken wir einmal, was eine solche Verschmelzung für die Jungfrau Maria bedeutete. Nach Jesu Geburt erfährt man in den Evangelien nur noch wenig über sie, außer, wenn Jesus auf sie wütend ist. Maria ist eine relativ farblose und wenig beeindruckende Gestalt. Bringt man sie aber mit der Kö-

Holzschnitt, der Salomon und die Königin von Saba mit Gänsefuß darstellt (Ulm 1492)

nigin von Saba in Verbindung, hat man auf einmal eine irdische Königin des Südens und eine transzendente Königin des Himmels, eine Königin sowohl des Alten als auch des Neuen Testaments.[12]

Zwischen der *Legenda Aurea* und den Evangelien des Matthäus und Lukas ist die Königin von Saba in ein Geflecht eingebunden, das vom Beginn bis zum Ende aller Zeiten reicht, wobei allerdings erstaunlich ist, daß die Menschen des Mittelalters und der Renaissance sie mit einem auffälligen Gefühl der Beunruhigung wahrnahmen. Sie mag ein Teil des Glaubensgebäudes gewesen sein, doch sie stand auch außerhalb davon und wurde nie vollständig von der Kirche integriert. Auf einem Holzschnitt, der entlang der europäischen Pilgerwege weit verbreitet war, ist Salomon abgebildet, der sie als seine Statthalterin, Müllerin oder Händlerin ansah, die Ritter darauf halten aber argwöhnisch Abstand zu ihr.

Was war an der Königin so beängstigend? Die Gänsefüße waren bestimmt ein Aspekt. Doch daneben handelt es sich hierbei um eine Gestalt aus dem Alten Testament, die man in den Dienst des Neuen stellte (ja sogar hineinzwang) – und nachdem das erledigt war, stellte man fest, daß sie da gar nicht hingehörte.

Und man wich ihr aus. Obwohl ihr die Ehren einer Heiligen gebührt hätten, schloß man sie aus deren Kreis aus. In den europäischen Kathedralen und Klöstern flackerten keine Kerzen zu ihren Füßen.

Warum? Lag es daran, daß sie eine Heidin war, wenn auch eine »rechtschaffene Heidin« (die zu ihrer Zeit keine Möglichkeit hatte, Christus als Erlöser anzunehmen)? Oder war es etwas anderes?

Vom Läuten der Glocken begleitet, lief ich auf den Spuren der mittelalterlichen Reisenden durch die englische Stadt Canterbury zur Kathedrale und fand dort in einem bunten Kirchenfenster eine mögliche Antwort für die unguten Gefühle, die die Königin von Saba auslöste. Geführt von einem verständnisvollen Küster, nahm ich im Chor der Kathedrale Platz, wo sich

Einheimische und Touristen leise zum sonntäglichen Abendgebet versammelten. Als die Orgel lostönte und eine Prozession von Geistlichen, Meßdienern und Chorsängern in die Kirche strömte, betrachtete ich die Glasfenster der *Biblia Pauperum* (Bibel der Armen), deren Bilder vor dem strahlend blauen Himmel den damals meist analphabetischen Pilgern von den wichtigsten Personen und Ereignissen des Alten Testaments kündeten. Hoch oben auf der linken Seite entdeckte ich die Königin von Saba, wie sie vor Salomon tritt,* und das keinesfalls demütig. Oder unterwürfig. Oder sprachlos. Jedermann konnte sehen, daß sie, ihre entschlossenen und nervösen Begleiter (biblische Geheimdienstagenten?) sowie zwei Kamele gerade ganz unzeremoniell durch die Tür in Salomons Palast hineingestürmt sind. Und sie schüchtert Salomon offensichtlich ein. Ihr Verhalten bestimmt die Szene, sie entscheidet, was passiert. Salomon ist auf seinem Thron zusammengesunken, und wenn man ein Glasfenster zum Leben erwecken könnte, dann würde er bestimmt zittern.[13]

Der Chor von Canterbury sang mit hoch aufsteigenden, engelsgleichen Stimmen, ein deutlicher Gegensatz zu der fast brutalen Darstellung in dem Kirchenfenster. Und darin lag, wie mir klar wurde, das Problem, was den mittelalterlichen Geistlichen und Laien (nicht aber dem begnadeten Glaskünstler) so schwer an der Königin von Saba zu schaffen machte. Hier stand eine Frau und strahlte *Macht und Überlegenheit* aus. Die Königin von Saba ist nicht mit der frommen Heiligen Jungfrau zu vergleichen. Sie ist das Gegenstück einer die Augen niederschlagenden, lange leidenden Märtyrerin. Die einzige Königin in der Bibel ist – und hier wird es ausgedrückt – von starkem Willen und aggressiv, eine Bedrohung dessen, was allgemein als Willen der Natur und sogar als Gottes Wille angesehen wurde. Furcht soll die Frau erfüllen, sollte sie den Platz des Mannes einnehmen. Doch sie ist eine Königin ihres eigenen Reiches und, wenn Salomon sich nicht vorsieht, auch des seinen.

Der Gottesdienst ging zu Ende, und der Widerhall des letzten Chorals verklang in den Gewölben der jetzt im Dunkel liegen-

* Siehe Abb. 5 im Bildteil in der Mitte des Bandes.

den Grüfte der Kathedrale. Ich verfolgte, wie die letzten Sonnenstrahlen durch das gewölbte Glas der *Biblia Pauperum* fielen und das große Fenster in Dunkelheit gehüllt wurde. Ich bedankte mich beim Küster, der mir die Königin gezeigt hatte, aber jetzt nicht ganz bei der Sache war, denn er suchte Thomas, den orangefarbenen Hauskater der Kathedrale. »Man muß dieses Tier bis zu sechsmal während eines Gottesdienstes nach draußen befördern. Aber glauben Sie es? Wenn die Zeit kommt, das Gebäude zu schließen, ist er nicht zu finden. Hat Ihnen der Gottesdienst gefallen?«

»Ja, sehr gut.«

»Auf mich wirkt er beruhigend. Katzen beruhigen mich nicht. Nun dann, gute Nacht.«

Ich war der Letzte, der die Kathedrale, bevor sie geschlossen wurde, verließ und freute mich darüber, daß in Canterbury ein buntes Glasfenster allein durch den Gesichtsausdruck der Königin von Saba so viel über ihre Macht und Überlegenheit aussagte wie irgendein altes Manuskript. Wenn diese Eigenschaften die Menschen im Mittelalter beunruhigten – oder wenn damals selbst Salomon erzitterte –, dann war das deren Problem und nicht das ihre (überlegte ich mir).

Egal, wie verdächtig oder unheimlich sie ihnen erschien, sie blieb immer eine leuchtende Gestalt, die Königin mit »den Gänsefüßen und den strahlenden Augen«.

6
Im Banne der Königin

Als sich mit der Renaissance die Aufklärung in Europa ausbreitete, wurde die Luftblase der *Legenda Aurea* mit ihren glitzernden Geschichten über die Königin von Saba und Horden von Heiligen von kritischen Gelehrten angepikst und platzte. Der einstmals hochgeachtete Jacobus de Voragine wurde als ungebildet, abergläubisch, ja sogar als unmoralisch geächtet. Er wurde als einer von denen bezeichnet, »die Gefallen an furchteinflößenden Wundern und seltsamen Lügen fanden und niemals müde wurden, sich Geschichten anzuhören ... damit ihre nimmersatten Ohren Nahrung bekamen«. Ganz plötzlich war die Königin von Saba für die Theologie und die Lehren der Kirche nur noch von geringer Bedeutung. Es gab keine bildlichen Darstellungen mehr – ja, es wurde noch nicht einmal mehr erwähnt, wie sie das wahre Kreuz Christi entdeckte. Sie wurde von Jesus getrennt, und wer würde sich noch an ihre Rolle beim Jüngsten Gericht erinnern?

Doch über die Jahrhunderte hinweg wird sie in den Leben einer Reihe von unbekannten, aber auch bekannten Malern (dazu gehören Raffael, Tintoretto und Veronese) sowie einiger Komponisten eine Rolle spielen. Sie schlug einen Mann der Feder aus Neuengland in ihren Bann. Ein berühmter Regisseur in Hollywood folgte ihrem Stern und starb, ebenso ein Glücksritter aus dem Death Valley.

Es ist eine merkwürdige Versammlung von Menschen, und ihre Lebensgeschichten sind noch merkwürdiger.

Die Königin in der Musik ...

Salbungsvoll und formal sind die Airs in Georg Friedrich Händels 1749 entstandenem Oratorium *Solomon*.[1] Im dritten Akt inszeniert Salomon ein imposantes Maskenspiel, um seinen Gast, die Königin von Saba, zu beeindrucken. Der König und der Chor intonieren die blinde Raserei einer gequälten Seele und die darauffolgende Ruhe. Die Königin von Saba erstarrt zuerst vor Ehrfurcht, überreicht Judäas erwähltem König ihre Schätze als Geschenk und reist dann ab mit den Worten:

> Möge Frieden in Jerusalem auf ewig herrschen,
> Lebe denn wohl, glanzvoller Salomon.

Charles Gounods Oper *La Reine de Saba*, die ein Jahrhundert später in der Pariser Oper uraufgeführt wurde, fand nicht die Zustimmung des Publikums, und das, obwohl der Chor im zweiten Akt sich in eine wilde Ekstase sang, auf der Bühne Kessel und hinter der Bühne Vulkane explodierten. Erst Karl Goldmark gelang es 1875 in seiner Oper *Die Königin von Saba*, die ganze in der Legende angelegte Palette der Gefühle (als da sind überschäumende Liebe, Betrug und Tod) umzusetzen.

Mitte des neunzehnten Jahrhunderts waren in Wien Mendelssohn, Schubert und Brahms angesagt, Karl Goldmark war es nicht. Er war ein heruntergekommener, vom Glück verlassener Klavierlehrer, der »einen Winter lang nur von Kartoffeln ohne ein Stück Brot dazu lebte und im darauf folgenden Sommer von Quark und Gurken«.[2] Die einzigen, seltenen Lichtblicke in seinem Leben waren vielversprechende Schüler wie die siebenjährige Karoline Bettelheim. »Sie hatte einen wachen Geist«, so erinnert er sich, »und kleine Hände wie aus Stahl.«

In der oftmals langen Zeit zwischen den einzelnen Unterrichtsstunden komponierte Goldmark, und nach eigener Einschätzung war er nicht besonders gut darin. In Kenntnis der Leistungen, die von den Lieblingen des Wiener Publikums, beginnend mit Mozart, vollbracht worden waren, gestand er ein: »Die Trauer übermannt mich … Für mich war die Blume der Jugend mit ihrer überschäumenden Phantasie und den großen Gefühlen verloren, dahingegangen durch Elend und Mangel, doch mehr noch durch das Fehlen jeglicher Unterweisung.« Als er Anfang Dreißig war, vernichtete er alles, was er bis dahin komponiert hatte. Er bekam eine Anstellung als Geiger allerdings nur in einem Wiener Varietétheater. Seine Glissandi und Triller begleiteten Klischniggs Affenvorführung, Pepita, die verführerische, aber völlig unbegabte spanische Tänzerin, und Miss Ella, die Kunstreiterin, die sich häufig beängstigende Verletzungen zuzog, wenn sie von ihrem galoppierenden Pferd auf ein Sprungbrett hechtete und es verfehlte.

Zu dieser Zeit gab seine frühere Schülerin Karoline Bettelheim mit gerade mal fünfzehn Jahren ihr Debüt als Sopranistin an der Kaiserlichen Hofoper. Ihr ehemaliger Klavierlehrer beobachtete sie aus den Kulissen heraus und hörte den Bühnenbildner sagen: »Schau dir das Mädchen an! Dieses Gesicht! Sie sieht aus wie die Königin von Saba!«

Diese zufällige Bemerkung inspirierte den glücklosen Karl Goldmark, alles, wozu er fähig war, in die Komposition von *Die Königin von Saba* zu legen und die gesamte Partitur dem Direktor der Kaiserlichen Oper zu schicken, der einen Blick auf das warf, was der Varietégeiger geschrieben hatte, und meinte: »Es kommt überhaupt nicht in Frage, daß wir diese Oper aufführen, denn darin wird sämtliche Harmonielehre mißachtet, sie ist voll von Disharmonien.« Der niedergeschlagene Goldmark akzeptierte sein Schicksal, und der Danke-für-Ihre-Bemühungen-Brief, den er dem Schutzherrn der Oper, Prinz von und zu Hohenlohe, schrieb, begann: »Ich beging den großen Fehler, eine Oper zu komponieren.«

Zu Goldmarks Überraschung antwortete der Prinz mit der Übersendung von zweihundert Florin aus seiner Privatschatulle. Das deckte noch nicht einmal die Kosten für die Kopie ab, doch Goldmark kümmerte das nicht, denn der Prinz hatte angekündigt, den schroffen Direktor der Hofoper zurechtzuweisen. Hohenlohe erklärte: »Ich werde ihm den Hals umdrehen, wenn er diese Oper nicht aufführt.«

Die Proben waren eine Katastrophe. Die ganze Angelegenheit verlief unglaublich schwerfällig. Der Chor buhte den Komponisten aus. Goldmark mußte sich ein eigenes Ensemble zusammenstellen. Er fiel in Ohnmacht. Er begab sich in ein Nachtcafé und suchte bei seinem Bekannten, Johannes Brahms, Trost. »Nun ja«, meinte Brahms über die bald stattfindende

Vorstellung, »es ist üblich, daß einem das Wasser bis zum Halse steht.«

Bei der Premiere wurde der Part der Königin von Saba nicht von Goldmarks Protégée und Muse, Karoline, gesungen, sondern von der beliebten Amalie Materna, einer dunkeläugigen, langhaarigen und plumpen Frau, ein Umstand, den man auch mit vielen Perlenschnüren nicht hinreichend kaschieren konnte. Wenn man sich eine Aufnahme der Oper anhört und dem Libretto folgt, fragt man sich, was zwischen Karl und Karoline wirklich gewesen ist und wie Karoline (»mit den kleinen Händen wie aus Stahl«) wirklich war, denn Goldmarks Königin ist eine intrigante Verführerin, deren »Lippen zwischen Lächeln und Versuchung schwanken«. Sie bestimmt die Handlung, versucht Salomon zu beschwätzen und verfolgt mit teuflischer Energie den jüdischen Edelmann Assad, wobei sie sich nicht darum kümmert, daß dieser mit Salomons Tochter verlobt ist. Nachdem er sie in einem Wald im Libanon beim Baden beobachtet hat, ist Assad der Königin von Saba verfallen.

> Aus kristallnem Wasser erhebt sich ein schwanengleicher Leib,
> Es ist eine Frau von himmlischer Schönheit! ...
> Ihre weißen Arme umschlingen meinen Nacken!
> Sie zieht mich an ihren sanft gewölbten Busen,
> Verwirrt und halb betäubt sink ich auf die Knie
> Vor dieser edlen Zauberin.

Um ihren Willen zu bekommen, setzt die Königin von Saba ihre Verführungskünste ein, verdreht die Wahrheit, attackiert Leute und stellt harte Forderungen – so verwandeln sich eine Reihe von bekannten Szenen in ein mitreißendes Operndrama, und das alles zu einer Musik, die wagnerische Kolossalität mit leichten, arabischen Motiven verbindet, von denen einige in einem quälenden A-capella-Gesang dargeboten werden. Die Oper gleitet dann in einen Bereich zwischen Traum und Wirklichkeit ab. »Ist das Illusion? Träume ich?« fragt Assad angesichts der Forderungen der Königin von Saba. »Dämon, mit dem Zauberblick ... Geh und sei verflucht!« Mit einem markerschütternden Schrei besiegelt sie nun sein Schicksal:

Leb wohl, Freude und Zufriedenheit.
Schatten der Nacht, verschlingt eure Beute!

Im Wüten eines arabischen Sandsturms stirbt Assad, und Salomon gelingt es gerade noch, die dämonischen Kräfte der Königin von Saba zu überwinden. Vorhang, Akt IV.

Wie Goldmark tapfer notiert, war er von den Wiener Kritikern, die seine Oper »lächerlich, verlogen und schmachvoll« fanden, nicht angetan. Dennoch war sie beim Publikum sofort ein Erfolg und füllte während der Wintersaison 1876 die Kaiserliche Oper. In den nachfolgenden Jahren dirigierten Strauss und Mahler *Die Königin von Saba*, und auch der ungestüme Carlo Pedrotti, der bei einer Eröffnungsvorstellung in Turin sein Orchester sofort innehalten ließ, als ein Mann in der ersten Reihe deutlich vernehmbar über Goldmarks orientalische Klangfülle sagte: »Was ist los? Das stimmt doch alles nicht.« Pedrotti fuhr herum und meinte: »Das ist nicht richtig! Sie haben überhaupt keine Ahnung!« Mit großem Enthusiasmus machte er weiter und übersah einen Fehler in seiner Partitur, wo ein Abschnitt statt mit *largo* mit *andante* gekennzeichnet war. Sein Tempo wurde so schnell, daß die Pauken nicht mitkamen; Pedrotti übernahm ihren Part, indem er heftig mit seinem Taktstock auf das Messingpult vor sich schlug, und die Hornisten mußten alle bis auf die absolut notwendigen Noten auslassen. Goldmark erinnert sich daran: »Ich stand hinter dem Vorhang und raufte mir die Haare in Erwartung der Buhrufe, doch es kam ganz anderes. Die Zuhörer sprangen auf, applaudierten und riefen wie verrückt *encore*.«

Karl Goldmarks großer Erfolg ist von historischer Bedeutung, denn seine »überaus bedeutungsschwere« Musik wie auch der exotische und dunkle Charakter der Königin von Saba haben dazu geführt, daß das Orientalische in die Kunst Eingang fand, eine Bewegung, in der die schwüle Erotik und das Geheimnisvolle des Ostens glorifiziert wurden. Die Malerateliers wurden wie Serails ausgestattet, die Künstler selbst schufen Bilder von bedrohlich dreinblickenden Beduinen mit Dolchen und Musketen, die sich an der Schönheit ihrer im Haremsbad herumtanzenden Konkubinen erfreuten. Die normalen Leute schlossen sich dieser Mode an und richteten in ihren Häusern »türkische Zimmer« ein, in die sie Wasserpfeifen, Sitzkissen und bemalte Wandschirme packten.

Auf dem Gebiet der Musik bekam das Orientalische einen Schub durch Richard Strauss' Oper *Salome* und auch durch Ottorino Respighis exotisch-opulentes Ballett *Belkis, Regina di Saba*.[3]

Jenseits des Atlantischen Ozeans, in den Vereinigten Staaten, hatten die Vertreter der Schlagerindustrie – einschließlich Irving Berlins – ihren eigenen Ausdruck für den verlockenden Osten gefunden. Lieder wie »In My Harem« und »Behind Your Silken Veil« erzählten von »den einsamen Wüsten, wo man seltene Schönheiten finden konnte, mit Augen, die das Paradies verheißen«. Diese Lieder, genannt »orientalische Neuigkeiten«, versprachen Landeiern wie Lebemännern einen Blick auf magische Genüsse in mit Sägemehl ausgestreuten Zelten auf ländlichen Festen und Märkten. »Treten Sie ein! Hier sehen Sie einen alten Fesseltanz aus dem Harem!« kündigten die Türsteher an. »Sündenpfuhl!« riefen die Kirchenvertreter und vertrieben viele der Shows aus den Städten. Trotzdem meldeten sich immer wieder junge Mädchen auf Anzeigen, die zwanzig Dollar die Woche für »vier Minuten Herumgehopse« versprachen. Kündigen konnten sie jedoch nur, »wenn entweder der Klavierspieler oder sie selbst kein Geld bekamen«. Sie wurden Marie Beyrooty (der Derwischwirbelwind), die geheimnisvolle Salome (mit den sieben Schleiern) und Betty aus Babylon,

> mit Arabien in ihren verträumten Augen
> und verheißungsvollen Seufzern.

Es war anzunehmen, daß auch die Königin von Saba zu einer Gestalt auf den Volksfesten geworden war, deshalb suchte ich ihre Spur in den Erinnerungen von alten Schaustellern. Meine Fragen deckten eine Leerstelle auf. »Das ist ungewöhnlich«, sinnierte Al Stencil, Impresario einer Tanztruppe. »Wir haben alles ausprobiert. Auf Coney Island gab es sogar Fatima, den tanzenden Bär. Doch keine Königin von Saba. Nee, nicht, daß ich jemals davon gehört hätte. Zu eng mit der Bibel verbunden, denke ich. Zu *gut* in der Bibel. Hat nie was Böses getan ... oder?«

Gerade das »Gute« in der Königin von Saba machte sie genau zu der Person, die das Anrüchige aus den Hinterhöfen ins Rampenlicht bringen konnte. Nüchtern betrachtet, sieht es so aus: Die Bibel berichtet, daß die Königin von Saba mit ihrer Dienerschaft – die meisten, wenn nicht alle, waren weiblich – Salomon aufsuchte. Und wenn sie dort getanzt hätten? Doch nicht in der Bibel! Warum nicht? Auch Salomon hätte Tänzerinnen haben und seine seltenen Tiere wie in einem Zirkus zur Unterhaltung vor einem vergnügungssüchtigen Publikum vorführen können. Der *Atlanta Constitution* bemerkt über eine Veranstaltung, in der die Königin von Saba auftrat: »Ein dem Vernehmen nach unmoralisches Ballett kam, in religiöse Ernsthaftigkeit gehüllt, daher, ermöglichte den Zuschauern einen Blick auf die Wölbung von Oberschenkeln und läuterte gleichzeitig ihren Geist.« Die Vertreter der Kirche mochten zwar murren, dagegen unternehmen konnten sie nichts.

Die Königin von Saba war nun zu einer Zirkusattraktion geworden und zog durch Amerika. Zwischen 1891 und 1896 zog John Robinsons Great World Exposition durch die Lande, und es gab darin eine Nummer, die sich »Die Mädchen der Königin von Saba« nannte. Sie tanzten von ihrem bunt bemalten Zirkuswagen in die große Manege, wo sie Teil eines zwanzig- bis dreißigminütigen Umzugs waren, der in dem »GROSSEN BALLETT« endete. »Das schönste und anmutigste Potpourri von Tänzen ... mit Posen, Figuren und Bewegung.« Oder, wie ein Reporter aus San Jose abschätzig meinte, »eine ziemliche Zumutung«. Weiterhin bemängelte er, die Szenerie sei kitschig und die Kostüme schäbig.

Diesen Maßstab konnte man kaum an die Show *Tribute to Balkis* (1903–04) der beiden großen Zirkusse Barnum und Bailey anlegen.[4] Bolossy Kiralfy, ein ungarischer Emigrant und Impresario der Show, ließ aus den Mitwirkenden kaleidoskopartige Muster entstehen, sie ineinander verwobene Tanzreihen bilden, sich zu lebenden Pyramiden auftürmen und in endlosen Prozessionen umherwandeln. Sein Freund, der Schauspieler Otis Skinner, erinnert sich, wie Kiralfy seinen gewichsten Schnurrbart strich und bei der Probe rief: »Eins-zwei-drei! Nein! Nein! Halt! Was ist mit der hinteren Reihe los? Nein, bitte – meine Damen, meine DAMEN!«

Wie man auf einem farbenprächtigen Plakat sehen kann, befanden sich im Kielwasser der Königin von Saba »so weit das Auge reichte, unzählige Tänzerinnen in überwältigenden Kostümen«.* Und als ob dies nicht schon genug wäre, trat das Küchenpersonal als israelitische Soldaten auf, die ihre Streitäxte schwangen, und die Hilfsarbeiter fungierten als Sklaven und Steinmetze. Auf einer großen, extra angefertigten Bühne drängten sich Weihrauchträger, Tänzerinnen, Pferde und Kamele, Geisterbeschwörer, Statisten und Elefanten.

Um nicht ins Hintertreffen zu geraten, brachte der rivalisierende Zirkus der Ringling Brothers 1915 eine Show auf die Bühne, bei der, wenn wir einer Zeitungsanzeige Glauben schenken, »1250 Schauspieler, 300 Tänzerinnen, ein vierhundertstimmiger Chor mit einem Orchester von 90 Musikern sowie 735 Pferde« mitwirkten. Und wenn man schon in Superlativen schwelgte, dann gehörte auch eine »große Kirchenorgel mit drei Druckluftgebläsen dazu, die als das größte jemals gebaute Musikinstrument bezeichnet wurde«. Ausgeblichene Fotografien belegen, daß dieses Spektakel wunderbar und gar nicht verrucht war. Das Ensemble von hübsch anzusehenden jungen Männern und Frauen kam aus der Heimatstadt der Ringling Brothers, Baraboo in Wisconsin, sowie der umliegenden Gegend. In der Rolle der Königin von Saba sah man eine sittsame Mrs. Bartik. Wie aufregend mußte es für diese Unschuldigen vom Land gewesen sein, durch das Land zu reisen, wenn der mit riesigen Plakaten beklebte Zug über hohe Brücken fuhr und an Scheunen vorbeiratterte.

GEBADET IM REICHTUM ÜBERSCHWENGLICHER FARBEN, ENTSTEHEN DIE TAGE VON SALOMON UND DER BETÖRENDEN KÖNIGIN VON SABA AUS DEN TIEFEN DER ZEIT VOR UNSEREN AUGEN.

* Siehe Abb. 8 im Bildteil in der Mitte des Bandes.

In der Sprache der Unterhaltungsbranche jener Tage ausgedrückt, war die Königin von Saba eine verdammt heiße Nummer.

im Bergbau …

Als der dreiundfünfzig Jahre alte Chester Pray 1908 im Herzen des Death Valley bei Salt Springs an seinem Lagerfeuer saß, gehörten Zirkusattraktionen für ihn sicherlich in eine andere Welt. Ihm Gesellschaft leisteten »Old John« Lemoigne und der asthmatischen W. A. »Whispering« Kelly. Das Feuer war zum Kochen da und nicht etwa, um sich daran zu wärmen. Es war Sommer, und die Temperaturen bewegten sich um fünfzig Grad Celsius im Schatten, wenn man Schatten finden konnte. Um an den Ort zu kommen, an dem sie sich befanden, mußte man von den Funeral Mountains ins Death Valley hinabsteigen, bis nach Badwater gehen und dann den Devil's Golf Course durchqueren.

Bei Brot und Bohnen sprachen die drei Männer über Frauen, aber auch das nicht besonders rege. Das schwache Geschlecht löst bei solchen Wüstenratten meist ein ungutes Gefühl aus (die Prärieschwalben hinter Robinsons Laden drüben in Ballarat ausgenommen). Wie sich seine Kumpels später erinnerten, deutete Chester etwas von einer Verlobten unten in Los Angeles an, um dann wieder über den Bergbau zu sprechen.[5] Einer nach dem anderen gingen die Prospektoren zur Quelle hinüber, befeuchteten ihre Bettücher und wickelten sich in die kalten, nassen Laken, um etwas zu schlafen. Die unbarmherzige Hitze würde um Mitternacht um ein paar Grad nachlassen.

In den nächsten kochendheißen Tagen teilte sich die Gruppe auf, um die Hügel am Fuße der Panamint Range zu untersuchen, und dort fand Chester Pray eine Ader, die an die Oberfläche trat und fünfzehn Prozent Blei mit zusätzlich ein paar Gramm Silber und einer Spur von Gold pro Tonne versprach. Er gab seinem Claim den Namen Carbonate und brachte die nächsten fünf Jahre mit Schürfen zu. Das Erz war in Ordnung, aber es zu einer Schmelze zu bringen war unglaublich teuer.

Doch dann zeigte sich ein Silberstreif am Horizont. Der Preis für Blei stieg, und man spekulierte, daß das Bleivorkommen zu einer Goldgrube werden könnte.

Zu dieser Zeit begann Jack Salsberry, ein Mann, der sich sehr für die Erschließung des Death Valley einsetzte, sich für die Unternehmungen von Chester Pray zu interessieren, und Anfang April 1913 wurden sie Partner. Entweder er oder Chester beschloß, wenn die Mine weltbekannt werden sollte, müßte sie einen besseren Namen haben, einen Namen, der die anderen in der Wüste um sie herum bestehenden Minen wie *Silver Queen*, *Gold Crown* und *King Solomon* in den Schatten stellte.

Sie nannten die Mine *Königin von Saba*, vielleicht weil sie sich an einen umherziehenden Zirkus erinnerten oder weil der Name einfach gut klang.

Die nächste erwähnenswerte Stadt war Goldfield in Nevada, und im Frühsommer 1913 berichtet die dort erscheinende *Tribune*, daß, während Jack Salsberry sich geschäftlich in San Francisco aufhielt, Chester Pray einen Bautrupp beaufsichtigte, der einen gangbaren Weg von der *Königin von Saba* zum nächst erreichbaren Punkt der Tonopah-and-Tidewater-Eisenbahn anlegen sollte. Samstag, den 7. Juni, hatten sie die Hälfte geschafft und waren gerade dabei, den Jubilee-Paß zu überqueren. Die Hölle der Salzpfannen des Death Valley lag hinter ihnen, und Chester war guten Mutes. »Ja, mein Herr, er war lustig und vergnügt wie immer«, sagte der Arbeiter Jack Gallagher später aus.

Chester Prays Zukunft erstrahlte in hellem Licht, und so war es ein Schock, als kurz vor Anbruch des nächsten Tages zwei bis fünf Schüsse erklangen und Chester ein paar hundert Meter vom Lager entfernt mit einer, vielleicht auch zwei Kugeln im Kopf aufgefunden wurde.[6] Die Mannschaft brachte ihn auf einem Esel in die Eisenbahnstadt Tecopa, wo eine eilig durch den Leichenbeschauer zusammengerufene Geschworenengruppe den Tod durch Selbstmord feststellte, ein Fall von »geistiger Verwirrung«, ausgelöst durch einen Sonnenstich Jahre zuvor. Es gab wenig Zweifel daran, daß Chester Pray in der einen oder anderen Weise besessen war, denn schon als Kind war er in einer Irrenanstalt gewesen. Seine Tante erinnerte sich: »Er hat öfter davon gesprochen, daß er nicht wie die anderen Menschen sei.«

Mit einem einfachen Gottesdienst in Goldfield, wo Mitglieder der Elks Lodge Vergißmeinnicht auf Prays Zinksarg legten, wurde er zur letzten Ruhe gebettet. Jack Salsberry übernahm die Kosten.

Die Sache machte mich neugierig, und so durchsuchte ich die Ausgaben der Goldfield *Tribune* aus dem Jahr 1913. Am Donnerstag, dem 5. Juni – zwei Tage bevor man Chester Pray tot im Death Valley gefunden hat –, war in der harmlos erscheinenden Sparte »Persönliches« der Zeitung erwähnt: »Heute morgen kam Jack Salsberry auf dem Weg zu einer Mine jenseits der Grenze zu Kalifornien, an der er beteiligt ist, aus Reno an.« Diese Mine konnte nur die *Königin von Saba* sein. Jack Salsberry war also zum Zeitpunkt des Todes von Pray *nicht* in San Francisco, wie an anderer Stelle behauptet wurde. Er und seine unbekannten Begleiter waren auf dem Weg zur Mine und zu einem Treffen mit Chester Pray.

In Kalifornien und in Nevada waren die Journalisten unschlüssig, ob es ein Selbstmord oder Mord war? War Pray vielleicht von Indianern umgebracht worden?[7]

In diesem Herbst erfreute sich Jack Salsberry an dem Ertrag der Mine, die ihm jetzt allein gehörte. Mit Ausbruch des Ersten Weltkrieges erhöhte sich der Preis für Blei um das Dreifache, und die Mine »wurde zur letzten Sensation des Bergbaus im Westen … eine Metropole in der Wüste«, in der vierzig Tonnen pro Woche gefördert wurden.[8] Von den Hunderten von Claims im Death Valley war keiner so ergiebig wie die *Königin von Saba*, abgesteckt von dem armen Chester Pray.

im Film …

In den Jahren, in denen Chester Pray seinem Traum im Death Valley nachjagte, schrieb der Regisseur J. Gordon Edwards an einem Stück über die Königin von Saba. Das Projekt kam nur sehr langsam voran, weil er, während sein Tourneetheater von Stadt zu Stadt zog, immer nur in Bars und Hotels daran arbeiten konnte. Als jedoch das Schicksal Edwards in Hollywood das Megaphon eines Filmregisseurs in die Hand gab, war die Königin von Saba nicht vergessen. Edwards schrieb sein Stück für den Film um und überzeugte den Filmmogul William Fox, es auf die Produktionsliste für das Jahr 1921 zu setzen.

Die Hoffnung, die ihn durch Hunderte von verstaubten Hotelzimmern und zwanzig Jahre Schreibarbeit begleitet hatte, wurde nun Wirklichkeit. Die betörende Betty Blythe bekam die Hauptrolle, und im neuen babylonischen Stil entstand die Stadt der Königin von Saba auf dem Western-Avenue-Gelände der Twentieth Century Fox. Dazu gehörte auch ein Kolosseum, in dem der Western Star Tom Mix ein aufregendes Wagenrennen zwischen der Königin von Saba (mit ihren vier weißen Pferden) und der Schurkin Vashti (mit ihren vier schwarzen Pferden) inszenieren würde. Tausende Dollar wurden in die Kulissen gesteckt, und die Kostüme waren phantastisch: Exotische Tänzerinnen trugen mehrere Meter breite Kopfbedekkungen aus Pfauenfedern, und Betty trug fast gar nichts. »Ich habe achtundzwanzig Kostüme«, gestand sie einem Reporter, »und wenn ich sie alle übereinander trage, dann friere ich immer noch.«*[9]

Wann immer gedreht wurde, spielte ein fünfköpfiges Orchester, um für gute Stimmung zu sorgen. Jene, die den Film gesehen haben, meinten, daß er meist sehr bewegend war. Kurz vor dem Ende muß die Königin von Saba ihr Kind für immer verlassen. Als die Szene im Kasten war, so berichtet Betty Blythe, »legte ich meinen Arm um den Jungen. Ich schaute ihn nicht an. Ich blickte in die Zeit, die ich ohne diese große Liebe würde verbringen müssen. Mr. Edwards hatte sein Taschentuch hervorgezogen [und sagte], als er sich die Augen wischte: ›Das kann man nicht wiederholen. Schnitt. Feierabend.‹ Alle gingen nach Hause, und es war erst drei Uhr nachmittags.«

The Queen of Sheba wurde ein Erfolg. Der Film drückte nicht nur auf die Tränendrüse, er gefiel den Religiösen, verlieh dem Sexappeal Würde und war voller Action. Mrs. Blythe erinnert sich: »Körper flogen durch die Luft wie Popcorn ... Die Zuschauer in New York sprangen vor Spannung auf.« Die *Motion*

* Siehe Abb. 10–12 im Bildteil in der Mitte des Bandes.

Picture News fügt hinzu: »Man umklammert instinktiv die Sitzlehne, wenn die Wagen direkt auf die Kamera zurasen. Und die Königin von Saba gewinnt.« Aufgrund dieses Erfolges wurde der Regisseur nach Europa geschickt, um Drehorte für eine ganze Reihe von biblischen Stoffen zu suchen.

Danach, so erinnert sich Betty Blythe traurig, »kehrte Mr. Edwards in seine Heimat zurück, und sein Genie war wie weggeblasen. Ich weiß nichts Genaues darüber, nur, daß die Schuld bei der Fox lag. Jetzt trage ich in meinem Herzen die Liebe zu diesem wunderbaren Film – *The Queen of Sheba.*«

J. Gordon Edwards war gerade dabei, sein Hotel in New York zu verlassen und sich für ein Comeback nach Hollywood zu begeben, als er am Weihnachtstag 1925 starb. *Photoplay* berichtete: »Er war 58 und arbeitslos. Ein gebrochener Mann. Sie nannten es Lungenentzündung.« Noch trauriger ist, daß keiner von Edwards' Filmen die Zeit überdauert hat. Nicht ein Meter existiert mehr von seiner großen künstlerischen Liebe: *The Queen of Sheba*.[10]

Ebenso unglücklich endete ein anderer Mann, den sie in ihren Bann schlug.[11]

In der Literatur ...

Die Königin von Saba wird in der ersten gedruckten Abhandlung über Frauen, *De Mulieribus Claris* (»Über berühmte Frauen«, 1362), erwähnt, geschrieben von Giovanni Boccaccio, einem Meister der gewagten Schlüpfrigkeit. Doch seine Darstellung ihrer Geschichte ist recht zurückhaltend und folgt dem in der Bibel vorgegebenen Pfad. Er fand sie »erinnerungswürdig, da zwischen den unzivilisierten Menschen ihrer Zeit ihre guten Führungsqualitäten um so heller erstrahlen konnten«. Danach sahen die Schriftsteller sie so, wie sie sie sehen wollten, als eine Gestalt ihrer Phantasie. Die König von Saba wird oftmals zu einem Sinnbild für die königliche, schöne und manchmal auch hochmütige Frau, geradeso wie Professor Henry Higgins zu Eliza Doolittle in *My Fair Lady* sagt: »Warum, für mich sind Sie wie die Königin von Saba!« Wie man sie gerade braucht, kann sie verführerisch und betörend sein, aber auch wie in ihrem Bravourstück in Gustave Flauberts *Die Versuchung des heiligen Antonius*. So als ob der Eremit in der Wüste nicht genug mit den Dämonen zu tun hätte, erscheint die Königin von Saba am Strand des Roten Meeres vor seiner Höhle. Sie trägt ein Kleid aus Goldbrokat, das mit Perlen, Gagaten und Saphiren bestickt ist, auf ihrer Brust ruht an einer goldenen Kette ein diamantener Skorpion, der seine Zunge zwischen ihre Brüste steckt. Der arme Antonius ist wie erstarrt, als sie verführerisch spricht:

Ah! schöner Eremit! schöner Eremit! ich vergehe!

Vor Ungeduld habe ich mit den Füßen gestampft, bis ich Schwielen an den Fersen hatte, und ein Nagel ist mir abgebrochen! (...) Denn ich liebe dich! Oh! ja! sehr!

Antonius steht starr, stocksteif, totenblaß. (...) Sie nimmt sein Gesicht in beide Hände; er wehrt sie mit ausgestreckten Armen ab. (...) Sie dreht sich im Kreis.

Ich bin keine Frau, ich bin eine Welt. Meine Kleider brauchen nur zu fallen, und du wirst die Mysterien meines Leibes finden!

Antonius klappert mit den Zähnen.

Wenn du mit deinem Finger meine Schulter berührtest, wäre es wie Feuer in deinen Adern. Der Besitz auch nur des kleinsten Teils meines Körpers würde dich mit ungestümerer Freude erfüllen als die Eroberung eines Reiches. Gib deine Lippen.

Antonius schlägt ein Kreuz.

Du verschmähst mich! leb wohl!

Wirklich? eine so schöne Frau!

Du wirst es bereuen, schöner Eremit, du wirst seufzen! du wirst dich langweilen! aber das ist mir egal! La! La! La! Oh! Oh! Oh!

Sie entfernt sich weinend, und der Affe lüpft die Schleppe. Unter krampfhaftem, stoßweisem Schluchzen, das wie Seufzen oder Hohngelächter klingt, verschwindet die Königin von Saba.[12]

Bei ihren anderen Auftritten in der Literatur gibt sich die Königin von Saba geheimnisvoll, ein Rätsel in einem Rätsel, wie in den sehr persönlichen Gedanken über sie bei Robert Browning,

William Butler Yeats und Bertrand Russell. Ein schrulliges Gedicht von Rudyard Kipling klingt so:

> Nie gab es eine Königin wie Balkis,
> Von hier bis ans Ende der Welt;
> Doch Balkis spricht zum Schmetterling
> Wie du zu einem Freund.

Die literarische Königin von Saba, die mich am meisten beeindruckte, war noch nicht einmal die Königin von Saba, sondern eine Frau, die sich dafür hielt. Fast eine Woche lang hatte ich in der New York Public Library einen Eintrag nach dem anderen zum Stichwort Königin von Saba überprüft. Das Buch, um das es hier ging, trug den Titel *The Queen of Sheba* und war 1876 von Thomas B. Aldrich geschrieben worden. Wie ich später herausfand, hatte Aldrich zehn Jahre zuvor seine Arbeit als Angestellter in der New Yorker Bank seines Onkel aufgegeben und war nach Boston gezogen, wo er in die Fußstapfen der von ihm so bewunderten Ralph Waldo Emerson, Nathaniel Hawthorne und Henry James treten wollte. Zu seinen Lebzeiten wurden seine Bücher wegen ihres guten Stils und ihres Charmes gelobt, aber auch als oberflächlich abgelehnt. Ein Kritiker meinte spitz: »Er wird den großen Literaten nicht ihren Platz an der Spitze streitig machen können.«

Der Regen trommelte an die Fenster des Lesesaals, als ich das Buch aufschlug und feststellen mußte, daß es einer der typischen Liebesromane des neunzehnten Jahrhunderts war, die in Neuengland spielten, und nichts mit der geschichtlichen Königin von Saba zu tun hatte. Dennoch begann ich, im Licht der grünbeschirmten Bibliothekslampe zu lesen.

Es hatte den Anschein, daß »auf der Suche nach Freiheit und Abenteuer« der Angestellte Edward Lynde beschlossen hatte, in seinen Ferien die Hügellandschaft von New Hampshire zu durchwandern. Auf seinem Weg beobachtet er eine junge Frau.

Als sie näher kam, bemerkte Lynde seine Verwirrung angesichts zweier tief umrandeter, dunkler Augen, die groß und strahlend in einem sehr blassen, ovalen Gesicht saßen. In einer Hand hielt die junge Frau an einem langen, schlangengleichen Stiel eine Löwenzahnblüte, die sie langsam drehte. Jetzt war sie fast bei ihm, und er bemerkte den Lufthauch, den die Blume, nur wenige Zentimeter von seiner Wange entfernt, verursachte. Die Frau blieb vor ihm stehen, richtete sich zu ihrer vollen Größe auf und meinte hochmütig:

»Ich bin die Königin von Saba.«[13]

Lynde fühlt sich von ihr sowohl ermutigt als auch zurückgewiesen. Als sie weitergeht, gesteht er sich ein: »Niemals habe ich eine Frau gesehen, die gleichzeitig so kühn und doch bescheiden war und so liebreizend. Ich konnte mir nicht vorstellen, daß es auf der Welt etwas Lieblicheres als diese junge Frau gab.«

Die Jahre vergehen und führen Lynde nach Europa, wo er ebenjene Frau wiedersieht. Er nimmt seinen Mut zusammen, spricht sie an, und zu seiner Verblüffung muß er von ihr erfahren, daß sie sich nicht erinnert, ihn jemals gesehen zu haben, und daß sie auch niemals in den Vereinigten Staaten oder New Hampshire gewesen war.

Doch, sie *war* natürlich dort gewesen, eingewiesen in eine private Nervenheilanstalt, wo ihr Lynde am Morgen ihrer Flucht begegnete!

Nun geht die Geschichte ihren Gang, doch ich will hier nichts verraten, falls einer der Leser sich doch noch Aldrichs wunderbares Buch vornehmen will, das man immer noch in ländlichen Bibliotheken finden kann, die im neunzehnten Jahrhundert gegründet wurden.

Überflüssig zu sagen, daß er eine packende Handlung mit einigen bewegenden Momenten und geschickten Wendungen entwirft, wozu auch ein fast tödlich endendes Picknick an einer Gletscherspalte in der Schweiz gehört. Ich kümmerte mich nicht mehr um meine Liste von Büchern, die ich durchsehen wollte, sondern las *The Queen of Sheba* in einem Stück durch, bis der Regen aufgehört hatte und die Straßenlaternen angingen. Dann verließ ich die New York Public Library und wünschte den steinernen Löwen vor dem Portal gute Nacht.

Was mir an dem Buch gefiel, war, daß (im Gegensatz zu den Anschuldigungen der Oberflächlichkeit) es konsequent sein

Thema verfolgt, nämlich Frauen, die Männer betören – und wie diese die Männer hoffnungslos und für immer in ihrem Bann halten. Während seiner Reisen in Europa versucht Edward Lynde, sich wieder die Frau ins Gedächtnis zu rufen, die sich ihm in einem früheren, verwirrten Zustand als Königin von Saba vorgestellt hat.

Sie war sehr selbstbewußt, mit einem Anflug von Hochmut; groß gewachsen, schlank, eine jener dunkelhäutigen, östlichen Schönheiten, mit der klaren, warmen Ausstrahlung der Herbstdämmerung in Neuengland ... Ich meine, sie ist eine von den Frauen, in die man sich verlieben kann, und doch, mit diesem sinnlichen Mund und den tiefgründigen Augen könnte sie in der Liebe schreckliche Dinge bewirken, wenn ihr der Sinn danach stünde. Ihre Unschuld einer Taube, gepaart mit der Weisheit einer Schlange, macht sie zu einem Rätsel. Eine jede Frau schafft Probleme. Ich denke, ein jeder verheiratete Mann geht in sein Grab, ohne daß sein spezielles Problem mit der Frau gelöst ist.

Das Leben des Angestellten Edward Lynde wird niemals mehr so sein wie zuvor und immer ungeordnet bleiben.

Welche Schlüsse können wir nun ziehen, wenn eine große Oper, viel gelobt in ihrer Zeit, der Vergessenheit anheimfällt, ein Selbstmord – oder Mord – im Death Valley geschieht und die Karriere eines berühmten Filmregisseurs sich in Nichts auflöst? Sobald die Königin von Saba involviert ist, scheinen die Dinge nicht so gut zu laufen, doch warum, ist schwer zu sagen. Ist es der Fluch einer vorzeitlichen Königin? Das wäre zu melodramatisch und würde nur zutreffen, wenn die Königin wirklich einmal existiert hat. Eher schon hatten es Karl Goldmark, Chester Pray, J. Gordon Edwards und Edward Lyne mit dem so häufig vorkommenden gebrochenen Herzen zu tun, was noch dadurch verstärkt wird, daß immer, wenn die Königin von Saba das Objekt ist, die Erwartungen und Gefühle in den Himmel wachsen.

Man kann sie mit einer Sternschnuppe am Nachthimmel in grauer Vorzeit vergleichen, die in einer Flut von Feuer und

Licht vergeht und dabei die einen fasziniert und die anderen erschreckt. Aber ihre glühenden Reste fallen immer auf die Erde. Unterschwellig begegnet man ihr auch noch in der heutigen Zeit. Sie mag vielleicht nicht mehr berühmte Sänger, Politiker oder sonst jemanden in ihren Bann schlagen, doch den meisten von uns ist sie irgendwie im Gedächtnis. Wir haben alle schon mal gehört oder selbst gesagt: »Glaubt sie etwa, sie ist die Königin von Saba?«

In ihrem Vorwort zum *The Boston Cooking School Cook Book* zitiert Fannie Farmer Ruskin: »Kochen setzt das Wissen der Medea, der Circe, der schönen Helena und der Königin von Saba voraus.« Die Königin von Saba ist das Markenzeichen des Parfüms Aqaba, das von dem hochklassigen Geschäft des Henri Bendel in Manhattan vertrieben wird. Eine Vebraucherbefragung fand heraus, daß »Sheba« ein hervorragender Name für Katzenfutter ist. Die Countrysängerin Bonnie Raitt singt in dem Lied »A Thing Called Love«: »Baby, du weißt, ich bin nicht die Königin von Saba.«

Sie ist bereit für den richtigen Mann, zumindest in einer vor kurzem in der *Los Angeles New Times* erschienenen Heiratsanzeige:

KÖNIGIN VON SABA SUCHT SALOMON, Eindeutig hetero, 31, studiert, 1,72 m, 70 kg, gutaussehend, kein Makeup, hellhäutig, schwarze Haare, braune Augen, ausgefallener, teurer Geschmack, gewandt, sucht männlichen Partner. Möglichst über vierzig. Gutaussehende jüdische Männer haben Vorteile.

II

Wo wir uns im Heiligen Land auf die Suche nach Salomon und der Königin von Saba begeben

7
Jerusalem

Früh an einem Donnerstagmorgen im Mai 1997 begab ich mich, eingezwängt auf dem kaputten Rücksitz eines palästinensischen *sherut*, ins Heilige Land. Am Tag zuvor war ich aus den Vereinigten Staaten nach Jordanien geflogen und hatte den Bus zur Allenby Bridge genommen. Als ich die Brücke überquert und die Einreiseformalitäten nach Israel hinter mich gebracht hatte, dachte ich darüber nach, wie ich am besten nach Jerusalem käme, als sich der Fahrer des *sherut* anbot: »Ich bin ein Freund der Inglesi!«

»Ich bin aber Amerikaner.«

»Ich noch mehr Freund von Amerikaner!« versicherte er mir und verstaute mein Gepäck in seinen überladenen Peugeot. Ich befand mich in Gesellschaft einer palästinensischen Matrone mit versteinertem Gesicht, eines französischen Wasserpumpenvertreters und zweier kettenrauchender Brüder, die auf dem Vordersitz saßen und sich sowie den Fahrer hitzig auf arabisch anschrien. Die *Gebrüder Intifada*, dachte ich mir. Ihr Problem war, so stellte sich nach einiger Zeit heraus, daß sie eine Kassette der berühmten libanesischen Sängerin al-Fayrouz hatten, die sie aber im Kassettenrecorder des Peugeot nicht zum Laufen bringen konnten. »Man muß sie küssen, man muß sie küssen«, mischte sich der Fahrer ein, griff nach der Kassette und herzte sie, um al-Fayrouz dazu zu bringen, für uns zu singen.

»Schön hier«, meinte der Wasserpumpenverkäufer und blickte über die grasbewachsene Landschaft. »Ich mache hier in dem gesamten Gebiet meine Geschäfte. Und Wasserpumpen sind eine gute Sache, denn sie pumpen Wasser. Natürlich pumpen sie Wasser. Was ich sagen will, ist, daß man niemanden mit einer Wasserpumpe in die Luft sprengen kann.« Er erklärte mir die Vorteile, in einem palästinensischen Wagen mit grünem

Nummernschild zu reisen. »Es ist schön, denn es kommen keine Leute mit Tüchern vor dem Gesicht und werfen Steine nach dir.«

Für mich war es an der Zeit, ernsthaft nach der historischen Königin von Saba zu suchen. Mir war ganz klar, daß ich mich auf einem sehr unsicheren Weg befand. Im Moment war er zweispurig und geteert und zog sich kurvenreich durch die judäischen Berge, doch er konnte jederzeit zu einem Pfad werden, der kaum mehr zu erkennen war.

Das *sherut* wurde langsamer, dann beschloß der Fahrer, wieder Gas zu geben, und hämmerte auf die Hupe, um die Fußgänger in den Vororten von Jerusalem, die vom Markt aus über die Straße zur Moschee liefen, wegzuscheuchen. Jerusalem, die Stadt, in die die Königin von Saba gekommen war. Jerusalem, das Leuchtfeuer in den Berichten über sie. Wie sah es mit der Wirklichkeit aus?

Unsere Mitfahrerin – die während der gesamten Fahrt wortlos geradeaus gestarrt hatte – stieg an einer Autoersatzteilhandlung aus. Dann begaben wir uns nicht etwa direkt in die Stadt, sondern wir quälten uns an der Rückseite des Ölberges hoch, um den Pumpenverkäufer an seinem Lieblingshotel abzusetzen. Ein Stück weiter kamen wir über den Bergkamm und schauten auf die Altstadt hinab, die sich als ein Meer von Kuppeln und Türmen darbot. Dort hielt Salomon Gericht, Mohammed gab auf seinem Weg gen Himmel seinem Zauberpferd Baraq die Sporen, und Jesus ritt auf einem gemeinen Esel durch die Straßen. Ich entdeckte das zugemauerte Goldene Tor, von dem man glaubt, es werde sich öffnen, wenn Jesus am Tag des Jüngsten Gerichts wiederkehren und Gnade erteilen und Reue fordern wird. Und, nimmt man die Evangelisten Matthäus und Lukas beim Wort, dann wird die Königin des Südens an seiner Seite sein.

Während das *sherut* heftig bremsend und schlingernd den Ölberg hinabfuhr, notierte ich einige Eindrücke von der Altstadt, die beim späteren Lesen wenig oder überhaupt keinen Sinn mehr ergaben. In Wahrheit war ich mir über meine Gefühle nicht im klaren, und so blieben mir mehrere Möglichkeiten. Kann es sein, daß mich die Ehrfurcht ergriffen und ich die Vision eines mystischen, unsichtbaren Jerusalems hatte, die Stadt Gottes, wie es bei Augustinus steht? Oder war es die unheimlicherere Vision, die man in Herman Melvilles Jerusalemer Journalen findet? Nachdem er *Moby Dick* beendet hatte – wobei der Weiße Wal, unfaßbar und böse, teilweise eine Metapher für Gott ist –, schickte ihn seine Familie wegen seiner nervösen Schübe zur Erholung auf Reisen. In dem Glauben, er würde seinen Frieden mit Gott machen, wählte sie den Vorderen Orient. Doch statt dessen übte der geistige und weltliche Verfall Jerusalems auf Melville eine eigenartige Anziehung aus. »In keinem Land, außer Palästina, verliert man so schnell seine romantischen Vorstellungen«, schrieb er, »besonders wenn man Jerusalem sieht. Einigen wird durch die Enttäuschung das Herz schwer. Ist der Niedergang des Landes auf die schicksalhafte Umklammerung durch Gott zurückzuführen? Die Unglücklichen sind die Lieblinge des Himmels.«[1]

Die *Gebrüder Intifada* nahmen ihre Kassette aus dem Recorder und stiegen am Damaskustor aus. Das *sherut* fuhr an der Stadtmauer entlang zum Jaffator, wobei es sich hupend seinen Weg durch Jugendliche, die mit Kaugummi hausierten, bahnen mußte, und setzte mich am christlichen Hospiz ab.

»Mr. Bill Clinton«, versicherte mir der Fahrer, »ist in Ordnung.«

Mit der schönen gotischen Fassade und den sauber gepflegten Innenräumen war das Hospiz ein einladender, etwas schrulliger Ort (so wie sich kirchliche Institutionen nun einmal gerne geben). Und obwohl es ein Pilgerhotel war, bestand keine Verpflichtung, an den Gottesdiensten teilzunehmen. Man konnte sich den Gebeten anschließen oder auch nicht, ganz wie man wollte. Ich ließ mein Gepäck zurück und ging die nahe gelegene Davidsstraße hinunter, vorbei an dem lange schon verfallenen Mediterranean Hotel (wo Melville gewohnt und sich seinen trübsinnigen Gedanken hingegeben hatte), und schlenderte über den Platz vor der Grabeskirche.

An der Seite war immer noch die alte Holztür, ganz so, wie ich es in Erinnerung hatte. Niemand befand sich in ihrer Nähe.

Vorbei an zwei mir vertrauten Kapellen der äthiopischen Kopten stieg ich eine steinerne Wendeltreppe hinauf. Vor mir fiel Sonnenlicht durch eine niedrige Tür. »Tizahair al harosh!« warnte mich eine Stimme. »Bitte Kopf runter!« Als ich nach oben zu einem Mönch blickte, der auf dem Dach der Grabeskirche auf einem Holzstuhl thronte, stieß ich mir den Kopf am Türbalken an. »Ha, ha«, lachte er und wechselte jetzt zu Englisch. »Ha, ich einfacher Mönch, der nicht viel weiß, aber ich kann ›Bitte Kopf einziehen‹ in acht Sprachen sagen.«

An der Stelle, wo der Mönch saß, befand sich auf dem flachen Dach eine Ansammlung von afrikanisch wirkenden Kuppelhütten, ehemals aus Schlamm gefertigt, jetzt aber mit Zement überzogen. Die Geschichte ihres Vorhandenseins an diesem Ort reicht zurück bis in die Tage des frühen Christentums, als Äthiopien eine wichtige Rolle bei den Unternehmungen des Ordens von der Grabeskirche spielte. Dies ging bis 1838, als eine Blatternepidemie in der Heiligen Stadt wütete und alle äthiopischen Mönche ihr zum Opfer fielen. Zu diesem Zeitpunkt haben die übriggebliebenen fünf Sekten der Kirche ein Abkommen getroffen, das heute noch Bestand hat. Sie teilten die Kirche auf, bestimmten, wer, wann und in welcher Kapelle Gottesdienst halten, ja sogar, wer jede einzelne Kerze anzünden und wieder ausmachen durfte. Damit wollte man die jahrhundertelangen Streitereien beenden. Ein nur allzu verständlicher Nebeneffekt war, daß die Äthiopier, die bei den Verhandlungen nicht dabei waren, vom heiligsten Ort der Christenheit vertrieben wurden. Als die neuen Mönche aus Afrika ankamen, konnten sie nur noch auf dem Dach der Grabeskirche ihr Lager beziehen und zwei kleine Kappellen in einem Nebengebäude für sich in Anspruch nehmen.

Auf dem Dach verstreut saßen die Mönche, in ihre Gebetsbücher vertieft, und murmelten in Ge'ez, der alten liturgischen Sprache Äthiopiens, vor sich hin. Ein älterer Mönch führte mich in ein niedriges Refektorium, wo er mir Riz-Cracker und einen Blechbecher mit beißendem Kaffee anbot.

»Die Königin von Saba ...«, hob ich an.

»Die Königin von Saba. Ah, ja. Kein Englisch.«

»Spricht jemand englisch?« fragte ich und schaute zu den Mönchen auf dem Dach hinaus.

Er deutete auf den Mönch, dem ich zuerst begegnet und der in der Nachmittagssonne eingedöst war. Ich nickte dem Alten dankend zu und ging zu dem anderen Mönch hinüber. Die Steine unter meinen Füßen vibrierten von der Melodie eines lateinischen Kirchenliedes, das in der darunter liegenden Kapelle der heiligen Helena von irgendeiner Glaubensgemeinschaft gesungen wurde.

»Oh, nach was suchen Sie?« fragte der Mönch, der gerade die Augen aufschlug.

Ich berichtete ihm von meiner Suche nach der Königin von Saba; er lächelte und nickte. »Jahh, jahh.« Er stieß einen Seufzer der Erinnerung an längst vergangene Zeiten aus und sagte: »Sie war eine große Königin. Ihre königliche Residenz befand sich in Aksum in Abessinien. Das ist die alte Bezeichnung für Äthiopien. Sie war eine Schwarze wie ich. Jahh! Dann hörte sie von Jerusalem und beschloß, sich die Stadt selbst anzusehen. So kam sie nach Gaza, und sie kam mit Geschenken für König Salomon. Sie blieb einige Monate. Ihre Kamele blieben in Gaza, doch sie selbst war direkt hier, genau hier, wo wir jetzt stehen. Und Salomon sah, wie sehr ihr der Aufenthalt gefiel, er gab ihr Geschenke aus seinem Land und auch aus Gaza.

Und die beiden lagen, jahh, zusammen. Und König Salomon gab der Königin noch ein weiteres Geschenk. Ich gebe Ihnen einen Hinweis. Es war ein geheimnisvolles Geschenk, und sie fand es erst heraus, als sie schon wieder auf dem Rückweg nach Aksum war. Mein Herr, wißt Ihr, was ich meine?«

Bevor ich antworten konnte, grinste er und meinte: »Menelik, der Sohn der beiden, wurde geboren.« Dann, ganz plötzlich senkte er seinen Blick auf sein Gebetsbuch und begann leise zu rezitieren. Ich stand wohl eine Minute verwirrt da und vermutete dann, daß er nicht mehr Zeit hatte erübrigen können, bevor er sich wieder seinen eigentlichen Aufgaben zuwenden mußte. Um mehr über Menelik, den Sohn von Salomon und der Königin von Saba, zu erfahren, würde ich wohl am nächsten Tag wiederkommen müssen.

Ich verließ das Dach und begab mich die Treppen hinunter auf den Platz vor der Grabeskirche, wo mich ein stoppelbärtiger Mann mit Skimütze dazu überreden wollte, mir ein zweieinhalb Meter großes Kreuz zu mieten und es die Via Dolorosa entlang zu schleppen. Ich lehnte ab und ging statt dessen in die Kirche. In der nächsten Woche sollte ich mich häufig in dem Gebäude aufhalten. Es war, als ob man immer wieder in die Lobby eines sehr alten, verschachtelten und düsteren Hotels zurückkehrte, und der Hauch der Spiritualität machte sich nur sehr unterschwellig bemerkbar. Der Eingang wurde von einem gotischen Spitzbogen gebildet, und ein rattengesichtiger Mönch mit einem Pferdeschwanz absolvierte gerade seinen Dienst als Gottes Pförtner. Drinnen standen leere Coladosen und Evianflaschen auf den Steinsimsen, verrottete Bilder hingen an den Wänden, und von den Kerzen tropfte das Wachs auf den Boden, so daß ich mich vorsehen mußte, nicht auszurutschen und mir die Knochen zu brechen. »Man hält Ausschau nach Erleuchtung«, schreibt Pater Murphy-O'Connor in *The Holy Land: An Archaeological Guide*. »Man erwartet Heiligkeit und steht mißgünstigem Besitzdenken gegenüber ... Die Charakterschwäche der Menschen ist nirgendwo deutlicher zu spüren als hier, sie kristallisiert sich im Zustand der Menschen. Der Suchende, der hierherkommt, wird enttäuscht von dannen ziehen.«[2] Ich lief durch den Irrgarten von Korridoren, Treppen und Kapellen und blieb bei einer Säule mit Abbildungen der Kreuzritter stehen, von der aus ich die Ädikula, das von Weihrauch und Kerzenrauch überzogene Steinmal von Christi Grab, sehen konnte. Pater Murphy-O'Connor nannte sie »unglaublich häßlich«. Die beiden seitlichen Säulen ragten hoch auf, der Querträger hing durch, und zusätzlich angebrachte Eisenbänder sollten ein Auseinanderbrechen verhindern.

»Zwei Reihen für den Besuch des Grabes bilden«, war ein Mönch zu vernehmen. »En deux lignes ...« Ich beobachtete, wie eine schwarz gekleidete Frau die Ädikula betrat, sich bekreuzigte und alles, was sie erreichen konnte, küßte – das Geländer, die Mauersteine und die Kerzenhalter. Hinter ihr hatte irgendein Slawe Schwierigkeiten mit seinem Blitzlicht.

Danach kamen zwei amerikanische Teenager. »Ich habe gehört, Alisha ist Cheerleader geworden«, plapperte die eine. »Alisha! Die? Das kann ich nicht glauben!« Das andere Mädchen hörte kaum zu und breitete ihre Arme demütig aus, zitternd und andächtig, überwältigt von dem Ort und der Bedeutung, die er für sie hatte. Sie gingen weiter zu dem Ort, wo Christus letztmalig auf Erden weilte, ein enger Raum mit einer Marmorplatte, die von einer Anzahl geweihter Lampen erleuchtet wurde.

Die Ädikula löst bei vielen einen Ansturm der religiösen Gefühle aus und selten die besten. Melville klagt in seinem Journal: »Trübes Licht – eine Art heruntergekommene Pracht – alles schöner Schein und nichts dahinter.« Es ist noch nicht lange her, da kam ein Computertechniker aus New York, der fünf Jahre lang nach Erleuchtung gesucht hatte, hierher und beschimpfte lauthals die Leute um sich herum: »Heiden! Ihr betet Götzenbilder an! Ihr seid alle Heiden!« Er mußte in das Krankenhaus auf dem Hügel Kfar Shaul gebracht werden. An diesem Nachmittag suchte sich eine Gruppe skandinavischer Pilger verzweifelt ihren Weg durch das Labyrinth und sang dabei Kirchenlieder ihrer Heimat, Lieder, die an die weißen Holzkirchen auf schneebedeckten Feldern erinnerten. Was für eine Enttäuschung mußte es für sie sein, das wichtigste Heiligtum der Christenheit so düster und heruntergekommen vorzufinden, nicht dazu angetan, das tapfer flackernde Licht ihres Glaubens zu stärken.

Das, was man dort sieht, reicht aus, um einen Menschen aus der Bahn zu werfen – und häufig geschieht dies auch. Jedes Jahr gibt es über zweihundert Fälle, die man als das »Jerusalem-Syndrom« bezeichnet.

Am nächsten Morgen durchquerte ich die Stadt und begab mich ins Kfar Shaul, das psychiatrische Krankenhaus, wo man die Fälle behandelt, bei denen das Spirituelle ins Psychotische umgeschlagen ist, ein angenehmer Ort, wo sich eine Reihe von kleinen Häusern an einen grasbewachsenen Hügel schmiegt. Es ist ein ökumenisches Krankenhaus, doch bei den meisten Patienten handelt es sich um *haredim*, jene hingebungsvollen orthodoxen

Juden, die mit ihren Schals und Filzhüten schon seit ewigen Zeiten in Jerusalem herumwuseln – nur daß diese hier in Kfar Shaul ihr Ziel verloren hatten und wie kaputte Aufziehspielzeuge im Kreis umherliefen. Ich stieg eine Außentreppe in den Verwaltungsbereich im ersten Stock hinauf, wo ich in das sonnige, mit Büchern und Akten vollgestopfte Büro des Direktors geführt wurde. Dr. Yiir Bar-El war ein fröhlicher Bär von einem Mann, der Spaß an seinem »Krankenhaus für Meschugge« (seine eigenen Worte) hatte.

»Zuerst einmal«, erklärte er, »müssen Sie begreifen, daß Jerusalem eine Stadt der Vergangenheit ist, aber keiner normalen Vergangenheit. Sie ist ein Tor zu einer anderen Welt, einer Welt Gottes, der Engel und der Ewigkeit. Zumindest glaubten das eine Menge Leute.« Er berichtete von dem nicht lange zurückliegenden Fall eines dänischen Lehrers. Der Mann konnte Jesus sehen und mit ihm sprechen, aber *nur* in Jerusalem. Und von der englischen Dame, die sich jeden Nachmittag zum Tee auf den Ölberg begab und auf Jesus wartete, der aber nie erschien. Diese Menschen zeigten Anzeichen des Jerusalem-Syndroms: Sie glaubten mit Gestalten der Bibel in Kontakt zu stehen oder nahmen die Identität dieser Gestalten an.

Er erinnerte sich an eine Gelegenheit, da hatten sie in Kfar Shaul gleich drei Marias, die alle glaubten, schwanger zu sein und kurz davor zu stehen, den nächsten Jesus zu gebären. Und auch an den Aufruhr, als zwei Moses zufälligerweise im gleichen Haus untergebracht wurden.

Dr. Bar-El hat das Syndrom studiert und untersucht und hat Statistiken angefertigt. Die meisten seiner Patienten hatten, wie man erwarten konnte, schon eine dementsprechende Krankengeschichte, und es bedurfte nicht viel, um sie endgültig psychotisch werden zu lassen. Doch bei einer erheblichen Anzahl von Fällen gab es keinen Hinweis auf solche Probleme, nur daß diese Pilger und Touristen meist Protestanten waren und aus Familien kamen, wo die Bibel das wichtigste, manchmal sogar das einzige Buch im Haus war. Wenn es in den ländlichen Gebieten Skandinaviens Streit in der Familie gab, so hatte Dr. Bar-El herausgefunden, war es nicht ungewöhnlich, daß das jüngste

Kind willkürlich eine Stelle in der Bibel aufschlagen mußte, aus der man dann eine Lösung für das anstehende Problem herauslas. Im Heiligen Land, wo der Bibel noch viel mehr Bedeutung zukommt, sehen sich nicht wenige Besucher einer in sieben Schritten sich intensivierenden Auswirkung des Jerusalem-Syndroms gegenüber:

1. Ängstliche Gefühle;
2. der Wunsch, allein zu sein und seine eigenen Wege zu gehen;
3. die Durchführung von Reinigungsriten – Nägel schneiden, endloses Duschen;
4. weiße Kleidung tragen – oftmals die Bettwäsche des Hotels;
5. Kirchenlieder singen;
6. persönliche Pilgerfahrten zu heiligen Orten unternehmen;
7. auf Touren unsinnige Forderungen an die Gruppe stellen.

So um das dritte Stadium herum kommt es oft zu einem Nervenzusammenbruch. Brachte man diese Opfer dann nach Kfar Shaul, dann waren sie sich dessen meist ziemlich genau bewußt, schämten sich und wollten nicht über ihren Zustand sprechen. Das war in Ordnung, denn normalerweise war dieser Zustand in fünf bis sieben Tagen vorbei.

Eine gutmütige Krankenschwester gesellte sich zu uns und sprach über den Identitätswechsel – eins zu werden mit einer bestimmten biblischen Gestalt. Ein Samson hatte sich hier wieder beruhigt (nachdem er die Steine in der Westmauer bestürmt hatte), wie es auch die Könige David (mit Harfe und Krone) und Salomon getan hatten. Sie erzählte von Frauen – neben den Marias hatte es auch eine Debora gegeben, eine furchteinflößende Jael (die im *Buch der Richter* einem schlafenden Gast einen Zeltpflock in den Kopf gehämmert hat) und eine Königin vom Nil, eine der Bezeichnungen, die auch für die Königin von Saba benutzt werden.[3] Sie wurde eingeliefert, nachdem sie ihre Kleider zerrissen hatte, singend und tanzend auf der alten Stadtmauer herumgelaufen war, um damit die Wüste zum Blühen zu bringen.

Ich zögerte, nach weiteren Details über die Frau zu fragen,

die sich für die Königin von Saba hielt. Ihre Psychose lag offen zutage, und wie mir Dr. Bar-El bei meinem Anruf gesagt hatte, mußte er die Persönlichkeitssphäre der Patienten schützen und konnte nur allgemeine Auskünfte geben.

Als ich mich verabschiedete, gestand mir Dr. Bar-El ein, daß er mit gemischten Gefühlen die Jahrtausendwende erwarte. Jetzt schon hatten drei große Vereinigungen in den USA angekündigt, daß sie all ihre Besitztümer verkaufen und nach Jerusalem reisen wollten. Gott weiß, wieviel Patienten da auf ihn zukämen. Es muß aber gesagt werden, daß Dr. Bar-El der rechte Mann am rechten Ort war. Sein Name Yiir bedeutet: »Gottes Sohn.«

Im Christlichen Hospiz hörte ich, wie Pilger beim Frühstück ihre Erfahrungen austauschten. Eine kräftige, grauhaarige Dame aus den britischen Midlands erklärte, daß sie sich in Jerusalem »vom Geiste Gottes erfüllt« fühle. Nun gut. Dann schnappte ich noch den Schluß einer Unterhaltung auf, in der eine junge Frau mit weit aufgerissenen Augen, wahrscheinlich eine Amerikanerin, sagte: »Und dann nahm mich Gott bei der Hand und zeigte mir seinen wunderbaren Thron.« Tatsächlich? Ich bewunderte Dr. Bar-Els Bemühungen, zwischen tiefer Gläubigkeit und dem Jerusalem-Syndrom eine Grenze zu ziehen. Sie lag vielleicht da, wo die Laken vom Bett gezogen und aus der reinen Vorstellung Handlungen wurden.

»Und was hat dich hierhergeführt, mein Junge?« wurde ich gefragt. Natürlich war ich kein Junge, doch der Mann war Schotte, und die reden nun einmal so. Ich dachte mir, daß er meine Suche nach der Königin von Saba vielleicht etwas merkwürdig finden könnte, deshalb sagte ich etwas von einem Forschungsvorhaben über den Glauben der äthiopischen Kopten.

»Ach ja, ich habe mir ihre Wohnungen auf dem Dach angesehen. Ich nenne sie die *Keystone Kopts*[4], da sie immer herumlaufen, dich anblicken, versuchen, dich zu belauschen, und dann stecken sie ihre Nasen wieder in ihre Gebetbücher. Vor ein oder zwei Tagen war ich in der Grabeskirche, und sie waren vom Dach heruntergekommen, um am Grabe Christi einen Gottesdienst zu halten. Als die Franziskaner sie bemerkten, deckten sie die Kopten mit dem Gedröhn ihrer verdammt lauten Orgel ein.« Dann fügte er noch hinzu: »Eine schöne Vorstellung von christlicher Nächstenliebe.«

Nach dem Frühstück ging ich ins Kloster der äthiopischen Kopten und suchte nach meinem englisch sprechenden Geschichtenerzähler. Er war nicht da. Einer seiner Glaubensbrüder deutete an, daß er später wieder hier sein werde.

Als ich durch die christlichen und arabischen Viertel der Altstadt schlenderte, ging mir plötzlich auf, daß die Menschen in dieser Stadt nicht einfach arbeiteten, spielten und ihr Leben lebten. Es war, als ob ein jeder – vom Nebendarsteller bis hin zum Hauptdarsteller – in irgendeiner Szene eines nie enden wollenden Dramas eine Rolle spielte. Die Straßenkehrer, die Kaufleute, die Mullahs, die Rabbiner und die Prälaten waren alle Teil dieses Stücks. Die Besucher, ob nun fromm oder spottend, nahmen ebenfalls daran teil. Die Handlung war, außer daß sie etwas mit der Natur und der Präsenz Gottes zu tun haben mußte, schwer zu erahnen. Was dabei herauskäme, war jetzt noch nicht zu sagen.

Etwas später an diesem Tag nahm ich am Nachmittagsgottesdienst der äthiopischen Kopten teil, der mich vor Jahren so beeindruckt hatte und auch heute noch mit seinen Liedern, aus denen die Seele Afrikas spricht, ein wunderbares Ereignis war. Auch mein Geschichten erzählender Mönch war dabei, und nach dem Gottesdienst nahm er auf dem Kirchendach in der Abenddämmerung seine Erzählung da wieder auf, wo er sie am Tag zuvor abgebrochen hatte. »Jaahh«, erklärte er mit Gewißheit, »der Sohn von Salomon und der Königin wurde in Abessinien geboren, und als er erwachsen war, kehrte er mit einem Ring, den sein Vater seiner Mutter gegeben hatte, nach Jerusalem zurück, damit Salomon auch erkannte, wer er war. Doch das war nicht nötig. Er war wie die Fotokopie seines Vaters. Er verbrachte hier drei Jahre, um alles von seinem Vater zu lernen. Dann ging er mit zwölftausend Spezialisten nach Hause und wurde der erste einer Dynastie abessinischer Könige, die viele Jahrunderte regierte, bis hin zu dem verstorbenen Haile Selassie.

Und während dieser ganzen Zeit waren immer Äthiopier in Jerusalem, genau hier. Es war schlimm mit der Seuche [die Blattern im Jahr 1838], doch unsere Leute haben nicht aufgehört, zu Fuß und auf dem Rücken von Tieren hierherzukommen. Und wissen Sie warum? Wissen Sie warum? Weil die Königin von Saba Salomon versprochen hatte, zurückzukehren oder Leute mit Geschenken zu schicken. Jedes Jahr. Jedes Jahr. Bis heute.

Kommen Sie bitte in der Osterwoche wieder. Wie die Königin von Saba stellen wir ein großes Zelt auf und preisen Gott. Wir sind hier, weil sie hier ist.« Er ließ die Worte verklingen, um sicherzugehen, daß ich auch verstanden hatte, dann entschuldigte er sich und entfernte sich über das Dach.

»Nacht, mein Herr«, sagte er über die Schulter und verschwand gebückt in seine Zelle.

Nachdem ich die Treppen vom Dach herunter auf den jetzt im Schatten liegenden Platz vor der Grabeskirche gestiegen war, überraschte es mich, rivalisierende Mönchsgruppen – in diesem Fall Griechen und Armenier – zu sehen, die freundlich miteinander sprachen und sich Zigaretten anboten. Als sie ihre Pause beendet hatten, gingen sie wieder nach drinnen, wo sie, einer nach dem anderen, auf Standleitern kletterten, ihre Finger befeuchteten und die Kerzen auslöschten, bevor die Kirche für die Nacht geschlossen wurde.

Die Pilger und Touristen befanden sich wieder in ihren Hotels und Hospizen. Das große Kirchengebäude war fast leer und wirkte nicht länger so schlimm, wie es mir bei der Ankunft erschienen war. Es war von Menschen erbaut worden, die nach etwas strebten – und obwohl die Gefahr bestand, gänzlich zu versagen, waren sie dennoch bereit gewesen, es zu versuchen. Als ich wieder in die Nacht hinaustrat, winkte mir von oben auf der Leiter einer der mit den Kerzen beschäftigten Mönche zu.

Durch die Straßen, in denen die Geschäfte schon alle die Rolläden heruntergelassen hatten, blies, wie jeden Abend um diese Zeit, ein kalter Wind, und dabei spielte es keine Rolle, wie heiß oder drückend der Tag gewesen war. Da und dort zählten die Händler im Licht einer nackten Glühbirne in höhlenartigen Räumen noch ihre Tageseinnahmen. Ich ging durch die Altstadt mit ihren gut zwei Quadratkilometern voller Vertrauen, Verlogenheit, Blut und Frieden nach Hause in mein Hospiz.

8
Auf der Suche nach Salomon

Aus dem Fenster meines im zweiten Stock gelegenen Zimmers im Hospiz blickte ich auf eine im Mondlicht liegende Mauer, die über und über mit roten arabischen Schriftzeichen beschmiert war, und auf einen Stapel Zementsäcke auf einem Dach neben einer kaputten Fernsehantenne. Keine besondere Aussicht, aber die Geräusche des nächtlichen Jerusalem erfüllten die Nacht: für mich unsichtbar quietschte ein Eselwagen unter mir vorbei, Schritte auf dem Kopfsteinpflaster, und von Zeit zu Zeit konnte man unidentifizierbare Bruchstücke von Liedern vernehmen, wahrscheinlich Kirchenlieder, oder die armenische Taverne weiter unten in der Straße schloß gerade.

Die Stadt um mich herum war einst die Stadt Salomons, und diese in weiter Ferne zurückliegende Wirklichkeit war der Grund, warum ich mich hier aufhielt. Ein genauer Blick auf den gefeierten biblischen König – und die Geschichte dieser Region – vermochte vielleicht die Königin von Saba aus dem Reich der Phantasie in den Bereich geschichtlich bewiesener Tatsachen überführen. Der Zusammenhang konnte das geeinte Reich sein, eine Periode, als unter David und seinem Sohn Salomon die Stämme Israels über ein Gebiet herrschten, das sich von Ägypten bis zum Euphrat erstreckte.

Schon vor meiner Reise nach Jerusalem war mir klar, daß es nicht einfach werden würde.

Immer wenn ich Bibelgelehrte und Archäologen dazu befragt hatte, konnte ich ein Gefühl der nervösen Anspannung bei ihnen feststellen. Beiläufige, unschuldige Fragen zogen lange, verlegene Pausen und plötzliche Themenwechsel nach sich. »Wie wurde Salomon angesprochen?« fragte ich neugierig. »Euer Majestät? Herr, mein Gott?«

»Wahrscheinlich nicht«, wurde mir gesagt, »denn diese Anrede gebührte nur Jehova.«

»Nun, wie denn?«

Ich war verwirrt, denn auf solche und ähnliche Fragen erhielt ich nie eine klare Antwort. Nur Schulterzucken und Ausweichen … bis ein Wissenschaftler, der sowohl einen Doktorgrad in Theologie als auch in Archäologie hat, herausplatzte: »Woher, in Gottes Namen, sollen wir wissen, wie Salomon angesprochen wurde, wenn wir noch nicht einmal wissen, ob er wirklich existiert hat?«

Um 1640 hat Bischof James Usher, der anglikanische Primus für das gesamte Irland, die Lebzeiten aller in der Bibel genannten Urväter zusammengerechnet und festgelegt, daß die Welt und alles, was auf ihr kreucht und fleucht, am Mittag des 23. Oktober 4004 v. Chr. erschaffen wurde. Und das war's dann. Die Bibel war nicht weniger als Gottes heiliges Wort – und jeder Zweifel an der Historizität dieses Wortes war Ketzerei und eine Aufforderung, geköpft zu werden. Gelehrte in Klöstern schreckten aber nicht davor zurück, herauszustellen, daß einige Stellen in der Genesis ganz klar anderen widersprachen und daß es wohl nicht sein könne, daß Moses die ersten fünf Bücher der Bibel selbst verfaßt hat, da diese auch den Bericht über seinen eigenen Tod enthalten. Schon 1753 gab der französische Arzt Jean Astruk, der sich auch für Textanalyse interessierte, respektvoll zu bedenken, daß die ersten Bücher der Bibel möglicherweise mystische Elemente enthalten. Der Wendepunkt kam 1905, als der deutsche Gelehrte Julius Wellhausen schrieb: »Freilich über die Patriarchen ist hier kein historisches Wissen zu gewinnen, sondern nur über die Zeit, in welcher die Erzählungen über sie im israelitischen Volke entstanden.«[1] Davon ausgehend, diskutierten Wellhausen und eine Anzahl seiner Schüler den historischen Gehalt der Bibel, doch ganz im stillen und nicht öffentlich; ihr Gedankenaustausch spielte sich auf den Seiten von geheimen Journalen ab. Sie waren der Ansicht, welche Autoren auch immer die Bibel geschrieben hatten, sie kein Geschichtsbuch verfaßt haben, sondern einerseits Israels Vergangenheit glorifizieren und andererseits darlegen wollten, warum Gott tat, was er getan hat, besonders wenn er wütend war (was im Alten Testament recht häufig der Fall ist). Sie hinterfragten die Patriarchen und ihre Lebensdaten – aber nicht, *ob* sie gelebt haben.

Das sollte erst noch kommen.

In den letzten Jahren haben neben anderen Philip Davis von der Universität Sheffield in England sowie Thomas Thompson und Niels Peter Lemche von der Universität in Kopenhagen Wellhausens Thesen weiter untersucht und bekannt gemacht. Sie stellten fest, daß die Verfasser und Bearbeiter der Bibel (viele von ihnen kann man inzwischen mittels Stilanalysen unterscheiden) keinen im modernen Sinne begriffenen Unterschied zwischen Geschichte und Mythos, Fiktion und Fakten machten. Erzählende Literatur, so stellten sie heraus, existierte damals weder als Begriff noch als Gattung, und demzufolge ist das Gesichertste, was man über die Bibel sagen kann, daß sie *Literatur* ist, reich an schönen Geschichten und Moralbotschaften. Da es aus der Zeit der frühen Israeliten außer der Bibel keine Zeugnisse gibt, kommen diese Gelehrten zu dem Schluß, daß die Bibel die beste uns zur Verfügung stehende Darstellung jener Menschen ist, stellen aber gleichzeitig fest, die Bibel könne niemals eine vertrauenswürdige oder nützliche historische Quelle sein.

In Artikeln wie »Was King David No More Historical Than King Arthur?« und »Salomon and the Wizard of Oz« warfen sie provokative Fragen auf. Der Reihe nach wurde die Realität der vertrauten biblischen Gestalten, deren Bilder man gerahmt an den Wänden von Gemeindesälen findet, in Frage gestellt. Der erste, der in die Schußlinie geriet, war Abraham. Dann entlarvte man Moses als eine typisch mythologische Figur des Mittleren Ostens. Man wies darauf hin, daß er als Baby im Schilf ausgesetzt worden ist – doch das trifft auf eine Reihe berühmter Kinder, angefangen mit Sargon II bis zu Romulus und Remus, zu, die dann alle eine große Nation begründeten. Und wenn Moses vierzigtausend Israeliten durch die Wüste Sinai geführt hat, wo waren dann die archäologischen Spuren ihres über vierzig Jahre hinweg hinterlassenen Abfalls, das vorchristliche Äquivalent von abgefahrenen Reifen und Getränkedosen?

Die meisten der Gelehrten haben über diese Implikationen hinweggesehen, doch ein paar haben im geheimen eingestanden, daß sie ihre Zweifel an der historischen Existenz von Personen haben, die weder von archäologischen Funden noch aus anderen Quellen als der Bibel belegt werden.

Danach gerieten David und Salomon und ihr Geeintes Reich unter Beschuß.

An diesem Punkt erhoben die Traditionalisten zornig ihre Stimme, allerdings nicht sehr laut und nicht in der Öffentlichkeit. Davis, Thompson, Lemche und ihre Mitstreiter wurden als »Minimalisten« abgestempelt, eine Bezeichnung, die nicht von ihnen selbst kam. Wenn überhaupt, so entgegneten sie, dann wären sie »Maximalisten«, denn sie versuchten, so viele geschichtliche Fakten aus der Bibel, die man bestenfalls als eine sehr unsichere Quelle bezeichnen kann, zu extrahieren wie möglich. Sie räumten ein, daß König David wahrscheinlich existiert hat. Ihre Begründung dafür war, daß, obwohl die Bibel ihn als heroische Figur zeichnet, er eine Reihe von nicht so lobenswerten Taten begangen hat. Ungefähr zehn von Davids Verfehlungen werden aufgelistet: er war ein Exhibitionist, Ehebrecher, Mörder, Beschützer eines Vergewaltigers und ein verdorbener, alter Mann. Die am häufigsten angeführte Verfehlung war sein Verlangen nach Batseba, das dazu führte, daß er ihren Ehemann aus dem Weg räumte, indem er ihn auf ein militärisches Himmelfahrtskommando schickte.

Salomon dagegen, der Sohn von David und Batseba, *er* ist eine mythologische Gestalt. Die Bibel führt einige sehr fragwürdige Dinge über ihn an – er tolerierte und verehrte sogar heidnische Gottheiten –, aber nichts davon ist so gravierend, daß er als menschlich und somit als geschichtliche Person angesehen werden könnte. Bei der Einordnung von Salomons mythischer Erscheinung – seine sprichwörtliche Wohlhabenheit und Weisheit sowie sein Wirken als Stadtgründer und Begründer der Nation – prägten die Minimalisten folgenden Begriff: »Le mirage salomonien.« Es wurde bezweifelt, daß er einen großen Palast und einen Tempel errichtet oder daß er die zwölf israelitischen Stämme zum Geeinten Reich zusammengeführt hat.

Die Traditionalisten blieben bei dem, was sie immer gesagt hatten, nur etwas bestimmter: Man muß der Bibel vertrauen, was wiederum eine Frage des Glaubens ist.

Nach meiner Ansicht wollen die Minimalisten darauf hinaus, daß die Berichte in der Bibel keinen Unterschied zwischen Fabeln und Fakten machen, eine Unterscheidung, die erst im sechzehnten Jahrhundert Bedeutung gewann.[2] Bis zu diesem Zeitpunkt wurde Geschichte als ein Teilgebiet der Rhetorik angesehen, »in dem«, wie Cicero sagt, »in gesetzter Sprache ein Landstrich beschrieben oder von einer Schlacht berichtet wird, wobei man Belehrungen und flammende Reden einflicht«. Er fährt fort: »Es ist dabei dem Rhetoriker erlaubt, seine Darstellung gelegentlich abzuändern, um seine Ansichten deutlicher hervorzuheben.« Wenn ich dies richtig verstehe, dann sagt Cicero *ja* zu Ausschmückungen, aber deutlich *nein* zu einer gänzlich freien Erfindung von Sachverhalten. Ein Landstrich muß wirklich existieren und eine Schlacht muß wirklich stattgefunden haben. Also mußte auch in der Geschichte von Salomon – und der Königin von Saba – irgendwo ein Körnchen Wahrheit sein.

Mußte das wirklich so sein?

Am nächsten Morgen, beim Frühstück im Hospiz, studierte ich eine Karte der Altstadt von Jerusalem und der Umgebung, auf der jede Straße und jedes Haus verzeichnet war. Ich hatte vor, soweit es möglich war, zu Fuß dem Weg der Königin von Saba zu folgen, den sie, nach dem Betreten der Stadt, auf dem Weg zu Salomons Palast wohl genommen haben mochte. Aus ihrer Perspektive wollte ich ein Gefühl für die Stadt gewinnen, wie sie im zehnten Jahrhundert v. Chr. gewesen war.

»Dort wollen Sie doch nicht etwa hin?« fragte der Schotte, mit dem ich mich ein paar Tage zuvor unterhalten hatte. Mein Finger lag auf Haceldama, tief im Hinnom-Tal südlich von Jerusalem.

»Ein bedrückender Ort«, sagte er. »Macht jedem Glasgower Pub Ehre. Ich möchte mich gar nicht an dieses Gefühl erinnern.«

»Was für ein Gefühl?«

»Ein Gefühl von altem, sehr altem Schrecken.«

Haceldama bedeutet »Blutfeld«, und eine Stunde später stapfte ich mühsam durch dieses Gelände. Hier hatte sich Judas erhängt, und die Kanaaiten des Altem Testaments haben an dieser Stelle ihre Erstgeborenen dem höllischen Feuer des Gottes Moloch geopfert. Staubig und mit Abfällen bedeckt, die halb abgestorbenen Bäume verkümmert und gespenstisch verwachsen, hatte sich Haceldama immer noch nicht von seinem Fluch befreit. Wenn Jerusalem eine Himmelsstadt war, dann, so denke ich, mußte es auch eine Hölle geben. Doch es war nicht das Furchteinflößende, was mich hierhergebracht hatte, sondern mich interessierten die Karawanen aus dem Osten und Süden, die hier auf ihrem Weg aus der Wüstenwildnis zum Ophel, einem Gebirgszug nördlich von Haceldama, vorbeigekommen sein mußten. Der knapp vier Hektar große Ophel wird als der Ort angesehen, an dem sich Davids und dann später Salomons Stadt befunden haben soll.

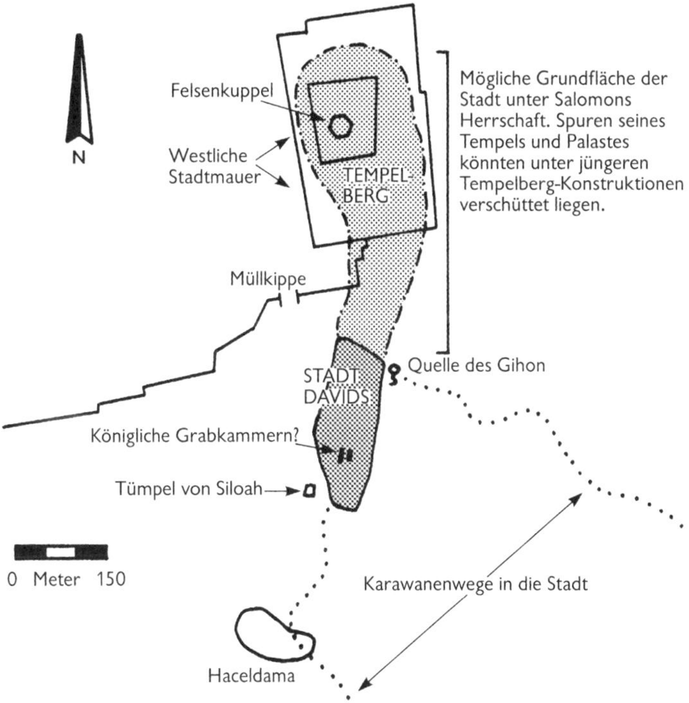

Salomons Jerusalem

Wenn ich mich das erste Mal an einen mir unbekannten Ort begebe, überlege ich mir immer wieder, ausgehend von dem, was ich darüber gelesen und gehört habe, was ich vorzufinden erwarte – ja fast schon erahnen kann. Diese Überlegungen sind sehr hilfreich. Ich ließ vor meinem geistigen Auge einen Film ablaufen und stellte fest, daß viele »Szenen fehlten«, und das brachte mich dazu, weitere Nachforschungen anzustellen. Als ich mich nun in nördlicher Richtung von Haceldama entfernte, entwickelte sich vor meinem geistigen Auge folgendes Bild. Als ich an der Stelle, wo sich einst das Tor des Benjamin befand, vorbeikam, stellte ich mir vor, den Garten des Königs zu betreten, jenen Garten der Spezereien und seltenen Früchte, wie er im Hohelied beschrieben wird. Wenn ich mich dem Teich Siloah näherte, würden Sonnenstrahlen (wenn das nicht zuviel verlangt wäre) durch den bedeckten Himmel brechen. Wenn auch nur in meiner Phantasie, so wäre ich doch in biblische Zeiten zurückversetzt, und das alte Jerusalem läge vor mir.

Das alles traf nicht zu.

Da gab es keine Spur mehr von Salomons Stadtmauer, ganz zu schweigen von dem Tor des Benjamin. Belästigt von einem einohrigen Hund kam ich zum Teich Siloah, dessen Wasser voller Abfälle war. Zeitungen, Glasscherben und ein leckes Armeeboot. Der mit einer Mauer eingefaßte Teich hätte Besseres verdient, war er doch wirklich biblischen Alters, auch wenn er erst drei Jahrhunderte nach Salomon angelegt worden war. Es war durchaus möglich, daß auch der in der Nähe befindliche Bewässerungsgraben aus der Zeit Salomons stammte. Doch wer wußte das schon.

Ich stieg eine ausgetretene »Treppe des David« (vielleicht trifft es zu, vielleicht auch nicht) hinauf und folgte dann einem gewundenen Pfad zwischen merkwürdig unbewohnt erscheinenden Häusern von Arabern hindurch auf den Kamm des Ophel. Hier hatten Ausgrabungen verschiedener Gruppen Überreste von Mauern und Türmen freigelegt, die je nach Beweisführung entweder lange vor oder lange nach Salomons Regierungszeit errichtet worden sein sollen. Ich schaute mich um und stolperte durch eine Reihe von Höhlen – bezeichnet als

»Königsgräber« –, aus denen man den Schutt entfernt hatte. In der großen Höhle entdeckte ich weit hinten eine Ausbuchtung, in der möglicherweise einmal ein großer Sarkophag gestanden haben könnte. Einen Meter zwanzig auf zwei Meter zehn. Doch wessen Sarkophag war es gewesen? Davids, Salomons oder eines späteren, reichen, doch unbedeutenden jüdischen Edelmannes oder Kaufmanns?

Der Ophel war ein Berg der Wenns und Vielleichts. Die Sonne schien immer noch nicht.

Eine Touristengruppe kam von dem höher am Berg gelegenen Parkplatz herunter. Die Tour nannte sich: »Auf den Spuren der Bibel.«

»Meine Damen und Herren, jetzt betreten wir die königlichen Grabstätten von David und Salomon, wie wir sie aus der Bibel kennen …«

Die verzückten Besucher unterhielten sich mit gedämpften Stimmen, während ihre Hände über die rauhen Höhlenwände glitten. Einige bekreuzigten sich. Da es nun wirklich nicht viel zu sehen gab, waren sie schon bald unterwegs zur Gihon-Quelle, wo Salomon als König ausgerufen und gekrönt worden war.

Zieht man die Bibel zu Rate, dann findet man hier wirklich alles vor – den Garten des Königs, die Gihon-Quelle und die heiligen Grabstätten. Doch legt man die Bibel zur Seite, dann verschwindet Salomons Jerusalem. Dennoch hatte ich die Hoffnung, zumindest *einige* Hinweise auf seine Stadt zu finden und vielleicht sogar auf die Königin von Saba, die hier entlanggekommen sein soll. Vom Rand des Ophels wäre sie ein paar Meter weiter geritten oder gegangen zum Palast Salomons am Hang des Berges Morija und dann weiter zu seinem Tempel des Jehova. Beides kann man dem Ersten Buch der Könige, Kapitel 10, entnehmen. Von dem, was sich ihr darbot, war die Königin von Saba verwirrt und sprachlos.

Mir wurde in die Richtung, wo sich einst der Palast und der Tempel erhoben hatten, die Sicht und der Weg vollständig durch eine Mauer verstellt. Obwohl Salomon nichts mit ihrem Bau zu tun hatte, datiert das Vorhaben zu ihrer Errichtung doch bis in seine Zeit zurück.

Auf dem höchsten Punkt des Berges Morija, so sagt die Bibel, hat Salomon in sieben Jahren seinen großen Tempel errichtet, der zwischen 900 und 586 v. Chr. den Israeliten als Gotteshaus diente, bis er von dem die Stadt belagernden babylonischen Heer unter Nebukadnezar II. bei Einnahme der Stadt zerstört wurde. Danach wurde ein neuer Tempel errichtet und von Herodes dem Großen – doch nicht aus Rachsucht – kurz vor der Geburt Christi zerstört. Herodes wollte einfach auf der Bergkuppe einen weiten, freien Platz anlegen. Die ihn tragenden Mauern waren über siebzig Meter hoch, und einzelne Felssteine darin wogen bis zu vierhundert Tonnen. Auf der Plattform gab es ausladende Galerien und Versammlungsplätze, und in der Mitte befand sich eine Nachbildung des Tempels von Jehova, die sich peinlich genau an die Abmessungen des Tempels des Salomon hielt, so wie sie gewissenhaft im Buch der Könige aufgeführt sind.

Im Jahre 70 v. Chr. zerstörten die nach Palästina eindringenden Römer diesen nachgebauten Tempel, ließen aber Herodes' Plattform mehr oder minder unbeschädigt – so wie wir sie auch noch heute vorfinden. Auf ihr befindet sich der mit einer goldenen Kuppel versehene Felsendom, der nach Mekka und Medina das drittgrößte Heiligtum des Islam ist.

Der Tempelberg unterliegt der Verwaltung des arabischen *waqf* (Komitee), was einigen Israelis nicht behagt, doch bei weitem nicht so vielen, wie man annehmen mag. Obwohl es ihnen freisteht, den Tempelberg zu betreten, schrecken die orthodoxen Juden davor zurück, aus Angst, sie könnten versehentlich ihren Fuß auf das Heiligste in Salomons Tempel setzen, dem inneren Heiligtum, dem *Shekinah*, wo einst Gottes Geist wohnte. Es gibt Vermutungen, doch keine Übereinstimmung darüber, wo sich das innere Heiligtum genau befunden haben mag.

Statt dessen drängen sich die orthodoxen – und alle religiösen Juden – an der Klagemauer des Tempelberges, wo, wie sie glauben, das *Shekinah* immer noch präsent ist.

Ich betrat die Altstadt durch das Dung Gate (der Name rührt davon her, daß früher die Abfälle durch dieses Tor zur Haceldama gebracht wurden) und wurde von einem israelischen

Armeeposten angehalten, allerdings nicht, um mich auszuweisen, sondern mir wurde eine *kippah* aus Papier gegeben, um mein Haupt zu bedecken. Ich überquerte einen weitläufigen Platz und begab mich gemächlich zur Klagemauer. Die dort versammelten Haredim waren in Gebete versunken, und ihre Schläfenlocken schwangen vor und zurück. Ein alter Mann saß auf einem weißen Plastikgartenstuhl, eine Hand an die Steine der Mauer gelegt, und sein Gesicht war in seinem Ellenbogen vergraben. Eltern und aufgeregt umherspringende Kinder bereiteten eine Bar-Mitzvah vor.

»Sie wirken verloren«, sagte eine stattliche, über siebzigjährige Dame und hielt auf ihrem Weg zum für Frauen reservierten Teil der Mauer inne. Sie stellte sich als Hilda Nussbaum vor und erzählte mir, sie hätte bis zum Tod ihres Mannes vor zwei Jahren in Brooklyn gelebt. Danach, obwohl sie wußte, daß ihre Kinder sie vermissen würden, hatte sie sich eine Wohnung im jüdischen Viertel von Jerusalem genommen, von wo aus sie den Platz vor der Klagemauer überblicken konnte und jeden Morgen, wenn sie aufwachte, Gott so nahe wie möglich war.

»Sagen Sie mir, was kann ich vom Leben sonst noch erwarten?«

Sie hatte ihren Freunden und wahrscheinlich jedem anderen, den sie in Brooklyn und der Bronx kannte, das Angebot gemacht, an diesem Segen teilzuhaben, den Gott ihr hatte zuteil werden lassen. Wenn sie ihr ihre Wünsche und Bitten auf ein Stück Papier schrieben – »ein kleines Stück Papier, habe ich ihnen extra gesagt« –, würde sie dieses mit zur Klagemauer nehmen und mit einem passenden Gebet in die Mauerritzen schieben.

»Das ist die Stelle, wo man so nahe wie möglich an Salomons heiligem Tempel ist«, erklärte sie, und mit einem höflichen Schalom ging sie ihres Weges, um die Zettel des heutigen Tages abzuliefern.

Als ich zum gegenüberliegenden Ende der Klagemauer und wieder zurück gelaufen war, begann es an diesem schwülen Tag zu regnen. Die Betenden verschwanden, bis auf ein paar ganz eifrige, die Plastikregencapes herausholten, sie über ihre schwarz gestreiften Schals zogen und weiter beteten. Für sie war dies die Stelle, wo Gottes Reich die Erde berührte.

Ich verließ den Platz über die Stufen, die zum jüdischen Viertel hinaufführten, und stellte mich unter einem Kreuzfahrertor unter. Über den Bergen von Judäa zuckten Blitze herab. Ich hatte einen beeindruckenden Blick, sowohl über die Stadtmauer als auch über den gesamten Tempelberg des Herodes, einstmals zu Ehren von Salomons Tempel errichtet, nun aber mit dem Felsendom als Herzstück.

Kein anderer Ort in Jerusalem ist in religiöser Hinsicht so ergreifend und so geheimnisvoll – denn was befindet sich wohl unter der vierzehn Hektar großen Plattform des Tempelberges? Gewährte man den Archäologen Zugang und erhielten sie zumindest teilweise freie Hand, dann könnten sie mit Radarmessungen eine Karte der unterirdischen Struktur des Tempelberges anfertigen und gezielt nach Fundamenten und Artefakten aus der Zeit Salomons suchen. Sie könnten die Arbeit des Palestine Exploration Fund fortsetzen, die in den sechziger Jahren des neunzehnten Jahrhunderts begonnen, doch dann 1909 eingestellt wurde.[3] Die englischen Ingenieure dieser Gesellschaft stellten fest, daß der Berg wie eine Bienenwabe mit Gängen, Schächten, Räumen und Zisternen durchzogen ist. Die größte Zisterne, der Große See, wahrscheinlich durch die Verbindung verschiedener älterer Reservoirs entstanden, hat ein Fassungsvermögen von fünfzig Millionen Litern, genug für die Versorgung von Jerusalem. Die viel kleinere Quelle des Granatapfels hat, so nimmt man an, als Abfluß für das Blut bei sakralen Opfern gedient.

Unter den Steinen des Tempelberges könnten möglicherweise die Beweise nicht nur für Salomons Tempel, sondern auch für seinen Palast und andere königliche Gebäude liegen. Wahrscheinlich wäre das, was man fände, nichts Ungewöhnliches – Mauersteine aus dem zehnten vorchristlichen Jahrhundert, die von Herodes' Arbeitern wiederverwendet wurden, oder *ostraca*, Nachrichten, die in Scherben zerbrochener Töpferwaren geritzt worden waren.

In der Geschichte Jerusalems könnte eine neue Seite aufgeschlagen werden, wenn man talentierten arabischen Archäologen – und es gibt derer viele – eine nach neuen wissenschaftlichen Erkenntnissen ausgerichtete Untersuchung des Tempelberges erlauben würde. Besser wäre noch ein palästinensisch-israelisches Gemeinschaftsprojekt. Ich schaute auf den Platz hinab, wo Soldaten der israelischen Armee ihre Maschinenpistolen an sich gepreßt hielten. Nicht in diesem Leben, ging es mir durch den Kopf. Andererseits, Händeschütteln, Vernunft und konstruktives Eigeninteresse könnten vielleicht auch im Mittleren Osten zu einer Lösung führen.

Der Regen ließ nach, und ich machte mich auf den Weg, nur um kurz darauf von einem erneuten Wolkenbruch erwischt zu werden. Ich sprang über kleine Bäche, duckte mich unter Dachrinnen hindurch und war, als ich in meinem Hospiz ankam, naß bis auf die Haut.

Am nächsten Tag verließ ich die Altstadt durch das Damaskustor auf der Suche nach etwas, worüber ich mir selbst nicht ganz im klaren war. Eine Bestätigung dafür, daß die Bibel doch recht hatte? Beweise, daß dem nicht so war? Am Busbahnhof von Ostjerusalem vorbei ging ich eine Straße entlang, die vom Lärm der *sheruts* und Motorroller dröhnte, und bog dann in eine Oase der Ruhe ab, das bekannte Albright Institut, wo ich einen Termin mit einem berühmten Gelehrten hatte. Er war bemerkenswert braungebrannt und trug ein zweireihiges dunkelblaues Jackett mit einem hellblauen Einstecktuch. Mit einem wissenden Lächeln und einem herablassenden Nicken gab er mir zu verstehen, niemand, den er kenne, nehme die Minimalisten ernst, obwohl er durchaus verstehe, daß ihre Überlegungen einen Neuling auf dem Gebiet der Bibelarchäologie aufhorchen lassen mochten. Die Minimalisten hätten sich so weit in ihre Ideen verrannt, daß es noch nicht einmal wert sei, darüber zu diskutieren.

»Doch müßte nicht heutzutage viel mehr der biblischen Geschichte durch archäologische Funde bestätigt sein?«

»Lesen Sie die Berichte«, riet er mir und deutete auf eine Wand mit Regalen, die voll davon waren. Eine Antwort, die keine war.

Danach wechselte er das Thema. Ich kann mich nicht mehr erinnern, was er erzählte, aber er machte seine Sache sehr gut.

Ein gutes Stück weiter, klingelte ich an einer massiven Tür in der Umgrenzungsmauer der Ecole Biblique et Archéologique Française, jenes Instituts, das unter der Leitung des inzwischen verstorbenen Roland de Vaux die richtungsweisende *Jerusalemer Bibel* herausgebracht hatte. Ein Pater öffnete die Tür, allerdings nur so weit, um mir in hervorragendem Englisch mitzuteilen, daß niemand da sei, der mir irgendeine Auskunft geben könne, die Licht in die Angelegenheit der Königin von Saba brächte.

»Vielleicht ist jemand da, der mir etwas über König Salomon erzählen kann? Das wäre schon gut.«

»Nein, es ist niemand hier«, gab er zurück und setzte seine Sonnenbrille zurecht.

»Es gibt da vielleicht eine Person, doch die ist nicht da. Vielleicht kommen Sie später noch mal wieder. In ein paar Monaten, in Ordnung?«

Danach begab ich mich ins Rockefeller-Museum – ein muffiger, deprimierender Ort, so hatte man mir gesagt. Es stimmte, dort gibt es keine farbenprächtigen Zeichnungen oder Werbebroschüren – nur einen Korridor nach dem anderen, in denen jeder Lebensaspekt der biblischen Zeit hervorragend dargestellt wird. Ich wurde von Joe Zias begrüßt, dem Kurator für Archäologie und Anthropologie der Israel Antiquities Authority, der mich eine Hintertreppe zu seinem Büro hinunterführte, das in einem Winkel des mit Fundstücken vollgepackten Kellers des Gebäudes lag. Irgend etwas hier könnte vielleicht von Salomon berichten, spürte ich, wenn nicht sogar von der Königin von Saba.

»Mögen sie türkischen Kaffee?« fragte er und warf einen Campinggaskocher an. »Stark?«

Joe Zias war nett und ganz bei der Sache und erweckte den Eindruck, als sei er gerade von Ausgrabungen gekommen (und nicht von seinem Schneider) und wolle so schnell wie möglich wieder dorthin zurück. Ich begann mit einer allgemeinen Frage, die zu der Auseinandersetzung »Was ist mit Salomon los« führen sollte.

»Sie wollen auf die Minimalisten hinaus, ja?«

»Ja.«

»Nun, sie sind überheblich, aber durch sie werden wir ernst genommen.« Er nahm einen Schluck von seinem Kaffee und fügte dann hinzu: »Die Sache ist die, wir haben Grabungen durchgeführt und uns gefragt, *zu welchem Zeitpunkt* die biblischen Gestalten gelebt haben, nicht *ob* sie gelebt haben.«

Er schilderte mir die letzten Entwicklungen und wie die Minimalisten-Traditionalisten-Auseinandersetzung aus den wissenschaftlichen Zeitschriften heraus ins Internet gelangt war, wo nun alle teilnehmen konnten. Die Minimalisten hatte heftig gegen diese Bezeichnung protestiert, die sie als »Verhöhnung« empfanden. Die Traditionalisten benutzten sie aber um so lieber, besonders seit man ein Siegel mit der Inschrift *u... k byd dwd*, »König aus dem Hause Davids« (welcher König genau, ist nicht bekannt), gefunden hatte. Die Minimalisten behaupteten, das Siegel sei wahrscheinlich eine Fälschung, die man den Archäologen bei ihren Ausgrabungen untergeschoben habe. Im Gegenzug erklärten die Traditionalisten die Minimalisten zu »biblischen Nihilisten« und werteten deren Ansichten als »postmodernen Quatsch« ab.

Zias hob hervor, daß die meisten der Streithähne Historiker seien, die sich eher in alten Sprachen und Schriftstücken auskannten als in der Archäologie – und daß er und seine Kollegen, Israelis wie Ausländer, sich mehr über diese Auseinandersetzung amüsierten, als daß sie dadurch beunruhigt seien. Archäologen haben es mit greifbaren Überresten zu tun – Steinen und Knochen – und sitzen nicht im Elfenbeinturm oder ergehen sich im Internet. Doch ob es nun im nächsten Jahr oder erst irgendwann im einundzwanzigsten Jahrhundert ist, nur die Archäologen könnten die Ansichten der Minimalisten beweisen oder widerlegen. Nur neue Entdeckungen bei Ausgrabungen könnten das Gleichgewicht entweder hin zu einem realen oder einem mythologischen Salomon (Vorläufer eingeschlossen) verschieben.

Ich beschrieb meinen Weg den Ophel hinauf zum Tempelberg, und Zias gestand ein, daß, obwohl reich an archäologischen

Funden aus anderen Epochen, Jerusalem ein unbeschriebenes Blatt sei, wenn es um die Zeit von Salomon ging. Ja, es sei wahr, räumte er ein, man könne nicht eine einzige Tonscherbe definitiv in die Zeit des zehnten vorchristlichen Jahrhunderts datieren. Doch es gibt Gründe für diesen Umstand. Durch die Jahrhunderte hindurch waren die Mauersteine des Ophel immer wieder zu neuen Gebäuden benutzt worden, die dann wiederum, besonders durch den bauwütigen König Herodes, niedergerissen worden waren. Wenn das nicht schon die Ausgrabungen nachhaltig erschwerte, so hat Herodes schließlich einen großen Teil des Berges als Steinbruch benutzt wie später auch die Römer.

Doch in diesem Fall trifft ein archäologischer Kernsatz zu: die Nichtexistenz von Beweisen ist nicht der Beweis der Nichtexistenz.

»In jedem Fall gibt es eine Menge, das uns etwas über Israel in jener Zeit mitteilen kann. Neue Arten, wie man die Dinge betrachten kann. Zum Beispiel Schweineknochen.«

»Schweineknochen?«

Joe erklärte, daß man sich in seinem Land bei der Suche nach archäologischen Belegen der Anthropologie zugewandt hätte, so zum Beispiel wurde die Frage aufgeworfen, wie die Menschen gelebt haben und wie sich der Kontakt zwischen den einzelnen Gruppen gestaltet hat. Besonderes Augenmerk legte man dabei auf die Beziehungen zwischen den Israeliten und den Kanaaiten. Die ersteren hatten die Kanaaiten verdrängt, aber wie? Geschah dies durch einen Angriff, bei dem, wie die Bibel berichtet, Trompeten geblasen wurden und Mauern einstürzten? Oder waren vielleicht die Israeliten ganz unspektakulär aus den Kanaaiten hervorgegangen? Ein Weg, dieses Rätsel Schritt für Schritt zu lösen, war, den Abfall zu durchwühlen und so die Siedlungen der Israeliten zu identifizieren. Wenn die Suche nach Schweineknochen erfolglos blieb, dann bedeutete dies, der Verzehr von Schweinefleisch war wahrscheinlich ein Tabu – und die Bewohner der Siedlung waren Juden.

Nach zwei weiteren Tassen türkischen Kaffees hatte ich eine neue Einstellung zur Archäologie in Israel gewonnen und die Empfehlung, mich mit den Forschungen von Israel Finkelstein an der Universität von Tel Aviv zu beschäftigen. Obwohl Joe von seiner Ansichten überzeugt war, zog er doch die Überlegungen einiger seiner Kollegen in Betracht. Bei der Neubewertung von Funden aus Hunderten von Grabungsstätten war Finkelstein zu dem Ergebnis gekommen, daß die Israeliten nicht umhergewandert seien, um das Gelobte Land zu finden, sondern eine einheimische Volksgruppe gewesen waren. Er war skeptisch gegenüber jenen vierzig Jahren in der Wüste und vertrat die Ansicht, die Israeliten hätten schon immer das Land hier bewohnt. »Die Israeliten waren kein einzigartiges Phänomen«, bestätigte Finkelstein in einem Interview. »Die israelitischen *Trottel* und die kanaaitischen *Trottel* stellten sich als wesentlich verwandter heraus, als wir zuvor geglaubt hatten.«

Ob es einem nun gefiel oder nicht, es war ein neuer Ansatzpunkt, der durch ausreichende archäologische Fakten gestützt wurde. Und Finkelstein hatte noch etwas in der Hinterhand.

Während seiner Forschungen konnte er keinen Hinweis auf die in der Bibel beschriebene, intensive Bautätigkeit Salomons finden. In Jerusalem hat man solche Beweise nicht gefunden, und Finkelstein bezweifelte auch, daß man in Salomons »Garnisonsstädten« Geser, Hazor und Megiddo (Ansiedlungen mit wichtigen Militärposten, wie im Ersten Buch der Könige, Kapitel 9, Vers 19, nachzulesen ist) Hinweise auf eine solche Bautätigkeit finden könne. Das Ergebnis davon war, ob gewollt oder nicht, daß Finkelstein Öl ins Feuer der Minimalisten goß, denn die Existenz der Garnisonsstädte war lange Zeit der überzeugendste Beweis dafür, daß Salomon wirklich geherrscht und getan hatte, was die Bibel über ihn berichtet.

»Was also glauben Sie?« fragte ich Joe.

»Vielleicht bin ich etwas altmodisch, doch bis jetzt halte ich mich an die Bibel.« Er deutete auf seine Pinnwand, wo sich ein Aufkleber befand, der ihm einmal aus Spaß geschenkt worden war. Auf dem war der etwas halsstarrige Satz zu lesen:

Es ist Gottes Wort
Ich glaube daran
Und damit hat es sich

»Nein, nein. So extrem nun auch wieder nicht«, schwächte er sofort ab. »Doch ich denke, wir können der Bibel so weit vertrauen, daß sie uns ein Gesamtbild vermittelt, wenn auch nicht die Einzelheiten. Ich sage Ihnen, warum ...« An seinen Fingern zählte er drei Punkte auf, die die überzeugendsten waren, die ich je gehört oder gelesen hatte.

»Erstens. Aus den Qumran-Schriftrollen wissen wir, daß sich der Text der Bibel über die Jahrhunderte hinweg nur sehr wenig verändert hat. Was nun Salomon und Ihre Königin von Saba betrifft, ist die Darstellung im Buch der Könige wahrscheinlich im wesentlichen identisch mit der verlorengegangenen Aufzeichnung, die Hunderte von Jahren früher verfaßt wurde, und sogar auch mit den mündlichen Überlieferungen noch früherer Zeiten.[4]

Zweitens. Anders als die meisten Texte des Mittleren Ostens steht die Bibel mit beiden Beinen auf dem Boden. Natürlich haben die Personen darin Visionen und Träume, aber es kommt keine Magie darin vor. Aus der Magie entstehen die Mythen – und deutlich falsche Berichte.

Drittens. Die Bibel ist schrullig und menschlich – und deshalb bin ich der Ansicht, man kann ihr glauben.«

Wir sprachen über die Schrulligkeit. Das schließt auch Gott selbst mit ein, der eifersüchtig, launisch und engstirnig ist, sich zu Gefühlsausbrüchen und Schlimmerem hinreißen läßt, wie in der beängstigenden Passage, in der Gott Moses, nachdem er die Erstgeborenen Ägyptens getötet hat, mitteilt: »Ich will meine Pfeile mit Blut trunken machen – und mein Schwert soll Fleisch fressen.« Der Umstand, daß dieser Ausbruch von Mordlust nicht herausgenommen oder zumindest abgeschwächt wurde, belegt, daß Generationen mündlicher und schriftlicher Überlieferung sich dem Original verpflichtet sahen, egal wie belastend diese Stelle auch ist.[5]

»Wissen Sie, es ist schon seltsam«, schloß Joe, »wo immer eine Inschrift auftaucht – mesopotamisch, ägyptisch, phönizisch, egal von wo – und was immer sie auch aussagt, gehen wir davon aus, sie entspräche der Wahrheit. Doch bei der Bibel ist es inzwischen so, daß wir ihre Aussagen beweisen müssen, oder wir können es vergessen. Nun, ich denke, deshalb nimmt man uns noch ernst.«

Ich dankte ihm dafür, daß er sich Zeit genommen hatte, und für den Kaffee. Er führte mich aus dem Keller in die umfangreiche Bibliothek des Rockefeller-Museums. Er lud mich ein, in den nächsten Tagen nachzulesen, worüber wir gesprochen hatten. Schnell hatte ich einen Stapel von neuen Büchern und Zeitschriften zusammen, die sich mit Salomon beschäftigten – oder war es »le mirage salomonien«?

Dann verließ ich Jerusalem.

An der Ausfahrt Latrun – benannt nach einem Kloster, in dem die Mönche ihr Leben lang kein Wort untereinander wechseln – verließ ich die Autobahn von Jerusalem nach Tel Aviv. Mir ging durch den Kopf: Wie kann man Gott durch Schweigen dienen? Warum haben Leihwagen so merkwürdige Lackierungen? Wo lag Salomons Garnisonsstadt Geser? Geführt von Murphy-O'Connors *The Holy Land*, folgte ich einer ständig schlechter werdenden Straße durch braunes Ackerland und verdorrte Weinberge. Die Wegbeschreibung des Paters war nicht hilfreich, denn bei vielen Weggabelungen war kein Hinweis in seinem Buch zu finden, welche Richtung man einschlagen mußte, keine Warnung vor verschlossenen Gattern oder Steinen, die an der Ölwanne schabten. Widerstrebend kehrte ich um.

Wenn ich es bis Tel Geser geschafft hätte, dann hätte ich durch die Überreste eines Tores mit sechs Kammern schreiten können, ein Durchgang mit jeweils drei Alkoven auf jeder Seite, die den Wachen dreimal die Möglichkeit gaben, über Eindringlinge herzufallen. Hier verbrachten die Ältesten der Stadt den Tag, und der König sprach auf seinen Reisen durchs Land an diesem Ort Recht. Ich wußte, daß ich im Norden eben solche Tore vorfinden würde. Sie waren das charakteristische Element für Salomons Garnisonsstädte, die er nach Aussagen der Bibel anlegte, um das Geeinte Reich zu verteidigen.

Nachdem ich an Tel Aviv vorbei war, bog ich nach Osten ab und fuhr durch goldene Weizenfelder und Obstplantagen, die sich an den sanften Hügeln entlangzogen. Die Flüsse waren gesäumt von Zypressen, Krokussen und blühenden Nesseln. Und ungesehen versteckten sich sicher kleine Füchse in ihrem Bau, wie es im Hohelied beschrieben wird. Nachdem ich die Nacht in dem freundlichen Kibbutz Ayelet Hashachar verbracht hatte, stand ich früh am nächsten Morgen, als der Tag noch kühl und feucht war, auf, um zum nahe gelegenen Tel Hazor zu wandern und mir das Tor mit den sechs Kammern anzusehen.

Gewaltig und düster stand es beeindruckend da, kein Feuer konnte ihm etwas anhaben, und auch jedem feindlichen Ansturm oder eingesetzten Belagerungsmachinen würde es trotzen. Und wehe den Fußsoldaten. Sie müßten durch einen engen Durchgang, wo es unmöglich war, Pfeil und Bogen oder Speere einzusetzen. Ihnen würden links, rechts und von vorne Verteidiger gegenübertreten. Das hier war ein brillantes und dennoch einfaches Beispiel des Festungsbaus.

Als ich Megiddo, die letzte der Garnisonsstädte, erreichte, stand die Sonne hoch am Himmel, und es war so heiß, daß selbst die Zikaden verstummten. Hier lag das Armageddon des Neuen Testaments, der Ort, an dem der letzte Kampf zwischen den Mächten des Guten und des Bösen am Ende aller Tage ausgetragen werden würde. Im Moment aber war der Kampf, der die Tage des Sechskammertores bestimmt hatte, Vergangenheit.

Dieses Tor, wie auch die in Geser und Hazor, wurde schon seit langer Zeit als »von Salomons Baumeistern errichtet angesehen, die dazu ein und denselben Plan verwendeten und nur aufgrund des Geländes notwendige Veränderungen vornahmen«.[6] Das war ein nachvollziehbarer Standpunkt – bis in den letzten Jahren entlang der Mittelmeerküste und östlich von Israel, in Jordanien, weitere Sechskammertore ausgegraben worden sind.

»Salomonisches« Tor in Geser

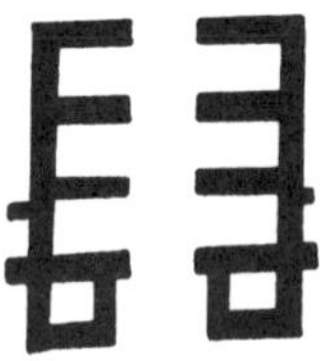
Tor von Hazor

Tor von Megiddo

Die Tore von Geser, Hazor und Megiddo können nicht länger als archetypisch für Salomons Baustil, ja noch nicht einmal als israelitisch angesehen werden. Auch die Datierung mittels der Radiocarbonmethode – mit ihren bei so großen Berechnungszeiträumen auftretenden Ungenauigkeiten – war nicht in der Lage, Licht in die Sache zu bringen. Man mußte andere Methoden zu Rate ziehen, um herauszufinden, wer die Tore gebaut hat und wann. In Megiddo versucht man mit großem technischen Aufwand, Tonscherben aus der Schicht VA-IVB des Tores mit Scherben aus anderen Fundorten zu vergleichen und so zu einer Datierung zu kommen. Was man bis jetzt herausgefunden hat, klingt nicht sehr gut, besonders für Salomon nicht.

Ein weiteres, oft angeführtes Bauwerk in Megiddo ist bekannt als »Salomons Ställe«. Murphy-O'Connor führt allerdings an: »Wenn dies Ställe waren, dann müssen darin sehr kleine, handzahme Ponys gelebt haben. Es ist viel wahrscheinlicher, daß dies Lagerhäuser waren, die, wie in Hazor, von Omri oder Ahab errichtet wurden.« Omri, einer der meistgeschmähten Könige in der Bibel? Ahab, nach dem Melville seinen diabolischen Walfangkapitän benannt hat? Der Gedanke mag nicht angenehm sein, doch einer der beiden Könige, die ein Jahrhundert nach Salomon regierten, steht bereit, diesen in seiner Rolle als Meisterarchitekt der nördlichen Städte mit den Sechsraumtoren abzulösen. Zufälligerweise ist Omri (der 876–869 v. Chr. herrschte) der erste der alttestamentarischen Patriarchen oder Könige, für den es Belege neben der Bibel gibt. Zwei Inschriften außerhalb Israels weisen seinen Namen auf.

Ich bedauerte, daß der momentane Grabungsleiter in Megiddo, Israel Finkelstein, nicht vor Ort war. Ich hatte mich im Rockefeller-Museum mit seinen Arbeiten vertraut gemacht, und ein paar Monate später sollte ich ihn auf einem Seminar in Los Angeles treffen. Ich fand ihn nett, beredt und fast (doch nicht ganz) überzeugt davon, er könne ordentlich Lack von Salomons strahlender Oberfläche abkratzen. Unter dem Strich vertrat er die Ansicht, daß er bis jetzt noch keinen Beweis gesehen habe, daß die Israeliten vor dem neunten vorchristlichen Jahrhundert einen identifizierbaren Staat gebildet hatten und man deshalb die ruhmvollen Garnisonsstädte diesem Jahrhundert zuordnen müsse. Obwohl seine Erkenntnisse die Position der biblischen Minimalisten unterstützte, distanzierte sich Finkelstein deutlich von deren Aussagen. In Wirklichkeit war er gerne bereit, sich vom Gegenteil überzeugen zu lassen. Er räumte ein, daß er, wenn seine Datierungsversuche nicht zuträfen, keine »Schwierigkeiten hätte, anzuerkennen, daß im zehnten vorchristlichen Jahrhundert ein starker, gut entwickelter und gut organisierter Staat sich über die westlichen Teile Palästinas erstreckt hat«.[7] Doch je mehr Ausgrabungen er durchführe, desto unwahrscheinlicher erscheine dies.

Nichtsdestotrotz glaubte Finkelstein in nachdenklichen Momenten, daß David und Salomon geschichtliche Personen waren. Er sah sie, den Vater und den Sohn, als aufeinanderfolgende Stammesfürsten eines Bergvolkes, die Jerusalems Ophelplateau in Besitz hielten und, wenn auch nur kurz, ein Dutzend sie umgebender Stämme vereinten, deren Ausbreitung bis in das Gebiet der sogenannten Garnisonsstädte reichte. Auch wenn sich Salomons Leistungen als Baumeister als Illusion erweisen sollten, hält ihn Finkelstein doch für einen klugen und mächtigen Führer – eine Kraft der Veränderungen und ein Wegbereiter des Wechsels von einer Stammesgesellschaft zu einem Staat.[8]

Hier lag ein möglicher Mittelweg (wenn auch für viele nicht akzeptabel) zwischen den Ansichten der Minimalisten und der Traditionalisten. Und es zeichnete sich eine interessante Möglichkeit für die Königin von Saba ab. Wenn die Biblische Geschichte auf einer reduzierten Ebene – mit Salomon als Stammesfürst und nicht als großem König – mehr Sinn ergab, dann war sie wahrscheinlich von nicht weiter her gekommen als einem benachbarten Stamm.

Von Megiddo aus begab ich mich nach Süden in die Negevwüste, um nach ihr zu suchen.

9
Zabiba und Samsi

Sämtliche Insekten Israels bedeckten meinen hellgrünen Wagen. An einer einem Betonklotz ähnelnden Tankstelle, kurz bevor man aus den Hügeln Judäas in die Weite der Negevwüste gelangt, kratzte ich die Überreste von Mücken und Grashüpfern von meiner Windschutzscheibe. Ich hatte mich schon früh auf den Weg gemacht, und bald läge die Strecke »von Dan bis gen Beer-Seba«, wie in der Bibel die Nord-Süd-Ausbreitung von Salomons Königreich genannt wird, hinter mir.

Es war nach Mittag, als ich meinen Wagen auf den Kiesparkplatz am Fuße des Tel Beerscheba lenkte.[1] Ich tauschte ein Schalom mit einem jungen Paar und seinen Kindern aus, die blaue Negevkappen trugen und dabei waren, ihre Picknickutensilien einzupacken. Sie rumpelten in ihrem VW-Bus davon, und dann war ich allein auf dem Platz. Ich ging den Hügel hinauf und durch die Überreste eines Zweikammertores hinein in eine enge, durchschnittliche – und gut erhaltene – israelitische Stadt. Hier, so berichtet die Bibel, lebte Abraham, saß während der heißesten Stunden des Tages unter seiner Lieblingstamariske und schaute auf die Negev hinaus, eine helle, glänzende Wildnis, die sich bis zum Horizont erstreckt.

Abraham war aufmerksam, so wie seine Nachkommen.

Und es würde der Tag kommen, an dem eine Staubwolke näher und näher käme. Die Karawane der Königin von Saba.

War sie von weither oder aus der näheren Umgebung gekommen? Wenn sie aus der Nähe gekommen war, war sie vielleicht eine Amalekite (die Bezeichnung der Bibel für alle an Israels Grenzen lebenden Araber) gewesen. In Beerscheba stellten sie keine Gefahr für die Israeliten dar und waren von Zeit zu Zeit sogar deren Verbündete. Die Wasserquelle der Ansiedlung befand sich *außerhalb* der Stadtmauer, was darauf hindeutet, daß es wichtiger war, das durstige Vieh vom Markplatz fernzuhalten, als die Wasserversorgung im Falle einer Belagerung gesichert zu wissen.

Während der folgenden Tage durchstreifte ich das Land der Amalekiten südlich von Beerscheba. Ich folgte dem Weg einen Wadi entlang, dann verließ ich es und quälte mich stundenlang stolpernd, rutschend und humpelnd voran. Ich interessierte mich für einen Kreis von zwanzig Bauwerken, die eine »Befestigung« darstellen sollten. Viele davon waren oval, andere quadratisch oder rechteckig. Rohe Kasemattenmauern umschlossen, nach oben offen, einen Bereich von der typischen Größe eines durchschnittlichen Hofs eines Hauses. Möglicherweise waren dies einmal Zufluchtsstätten der Amalekiten gewesen. Oder israelische Vorposten der Frontstadt Beerscheba, vergleichbar mit den mit Sandsäcken befestigten Außenposten der israelischen Armee, die heute in der Negevwüste verstreut sind (so wie in Prediger Salomon geschrieben steht: »Was ist's, das man getan hat? Eben das man hernach wieder tun wird; und geschieht nichts Neues unter der Sonne«). Diesen Befestigungen war offensichtlich kein langes Leben beschieden gewesen. Sie waren nur ein paar Dutzend Jahre in Gebrauch, bis sie ein trauriges Ende ereilte, wie die Ascheschichten beweisen. Möglich, daß diese Jahre in die Herrschaftsperiode Salomons fielen und die Asche der Beweis für die Invasion Palästinas durch Pharao Scheschonk einige Jahre nach dem Tode Salomons ist. Wenn man diese Datierung belegen könnte, dann könnten die Befestigungen ein Hinweis darauf sein, daß sich das Herrschaftsgebiet von Salomon, dem Stammesfürsten aus den Bergen, der er möglicherweise gewesen war, so weit nach Süden erstreckt hat, daß er Steuern von den Karawanen eintreiben konnte, die den Karawanenstraßen, die in der Bibel als die »Wege gen Sur« und die »Wege der Kundschafter« bezeichnet werden, folgten.

Meine Suche nach Befestigungsanlagen und Karawanenstraßen machte mich wieder mit dem zeitlosen Kreislauf der Wüste vertraut. Er beginnt mit einem kühlen, goldenen und verheißungsvollen Sonnenaufgang, dann wird diese Verheißung durch die flimmernde, erbarmungslose Hitze des Mittags zerstört, in der die Vögel sich weigern zu singen und die kleinen Tiere in ihre

Erdlöcher fliehen. Die sinkende Sonne bringt dann wieder Erleichterung, und die Abende sind, abgesehen von den heißesten Monaten, angenehm. Und das wiederholt sich Tag für Tag.

Um der Mittagssonne zu entgehen, lief ich durch die 300 Meter tiefe Ein-Avdat-Schlucht. Im dunklen Schatten plätscherte eine Quelle in eine Reihe von kleinen Teichen, in denen Frösche quakten. Ein Versteck der Amalekiten? Schon möglich, doch je mehr ich nach den Amalekiten suchte, desto mehr nahmen sie die Konturen eines halbnomadischen Volkes an, das sein Leben als Schaf- und Ziegenhirten fristete und vom Ertrag einfacher Gärten lebte. Sie waren kaum ein Volk, das eine so bemerkenswerte Königin wie die von Saba hervorbringen konnte. Vielleicht haben sie Karawanen überfallen, doch wie – und warum – sollten sie Karawanen ausrüsten. Welche Güter konnten die Amalekiten besessen haben, die andere nicht hatten? Das ist eine wichtige Frage, denn der Besitz solcher Güter – oftmals exotische – ist der Grund für einen Handel, der über die örtlichen Märkte in entfernte Länder hinausreicht.

Die wichtigste Funktion der Negev – Teil eines ausgedehnten Wüstengürtels, der vom Wadi Rum in Jordanien bis zur Sinai in Ägypten reicht – ist, daß an dieser Stelle eine Durchquerung möglich war, ein Landstrich, in dem die Karawanen sich von einer Quelle zur nächsten Wasserstelle und weiter zu einem Brunnen vortasten konnten und nicht viel mehr als »Graffiti« zurückließen. Auf alten Inschriften kann man Variationen von »Yazkar war hier« eingeritzt sehen, und Prozessionen von Kamelen haben ihren Weg durch die Ebenen von blankpolierten Felsen gemacht. Eine völlig erschöpft wirkende Gestalt auf einer der Felszeichnungen erweckt den Eindruck, als ob sie am Ende eines sehr langen Tages genug vom Staub, von der Hitze und den Kamelen hätte.

Wenn also die Königin von Saba nicht aus der Negevwüste stammte, kam sie dann vielleicht von einem Ort hinter dem nächsten, verschwommenen, blauschwarzen Gebirgszug, oder dem übernächsten? Das war die Vermutung der meisten Gelehrten, angefangen mit Harry Philby in den dreißiger Jahren des letzten Jahrhunderts bis hin zu heutigen Archäologen aus Israel, Europa und den arabischen Ländern, die sich die Frage nach der Herkunft der Königin von Saba gestellt hatten. Sie hoben hervor, daß in diesem Gebiet, in der Bibel Midian genannt, wo sich im Altertum verstreut gelegene Oasen befunden hatten, eine Reihe von wichtigen Handelszentren entstanden sind. Die Königin von Saba könnte die Herrscherin von einer oder auch aller Oasen gewesen sein.[2]

In Midian, so steht geschrieben, gab es Gold, was Grund genug für die in der Bibel erwähnten Karawanen gewesen ist.

Gerne hätte ich Midian erforscht, das nur eine Tagesreise über den Golf von Akaba hinweg entfernt lag. Doch ich bezweifele, daß dies jemals möglich sein wird. Dieses Gebiet liegt fast vollständig in Saudi-Arabien und ist somit weder für archäologisch interessierte Ausländer noch für studierte oder Amateurarchäologen zugänglich. Entmutigt stieg ich auf den Rand eines Kraters, den ein vorzeitlicher Meteorit bei seinem Einschlag in die Negev hinterlassen hat. Der Blick nach Osten, dahin, wo ich nicht hingelangen konnte, war beeindruckend. Alle Informationen über Midian mußte ich mir aus Philbys Memoiren und einem kurzen Forschungsbericht einer Gruppe der Universität von London zusammensuchen, die in den siebziger Jahren des letzten Jahrhunderts dort gewesen war.

Niedergeschlagen setzte ich mich auf einen Felsbrocken und verfolgte, wie die untergehende Sonne die Berge von Midian gelb und rostrot färbte. Dann kam die Dunkelheit, so schnell, wie es in der Wüste üblich ist.

Ein verängstigter Karawanentreiber

Monate später.

Ein Hund bellte in der Nacht. Weit entfernt in der Wüste erhob sich ein leiser Gesang. Eine einzelne, weittragende Stimme. Dann eine weitere und noch eine, die erklangen und wieder verstummten. Die arabischen Melodien verbanden sich, gingen dann wieder ihrer eigenen Wege, erhoben sich gemeinsam, wie Wellen, die an einen Strand schlagen. Von einem Dutzend Minaretten herab erklang das erste Gebet des Tages und verkündete: »Allah Akhbar! Allah Akhbar!« Gott ist groß.

Das Gebell verstummte. Am Horizont zeigte sich der erste graue Streifen. Kurz nach fünf Uhr morgens flüsterte meine Frau Kay in das Dunkel hinein: »Mein Gott, wir sind wirklich hier. Was denkst du jetzt?«

»Schukran ... Danke ...«

»Afwan ... Gern geschehen ...«

Es war unser erster Morgen im Land von Midian, Kay hatte mich darin bestärkt, immer wieder um ein Besuchsvisum für Saudi-Arabien nachzusuchen, und vor ein paar Wochen hatte ich die Erlaubnis zu nicht allzu ausgedehnten archäologischen Forschungen erhalten. Das Königreich öffnete vorsichtig seine Türen für Interessierte aus dem Abendland.

Als der Himmel heller wurde, gesellten wir uns beim Frühstück im Hotel zu unserem inoffiziellen Team. Es gab gekochte

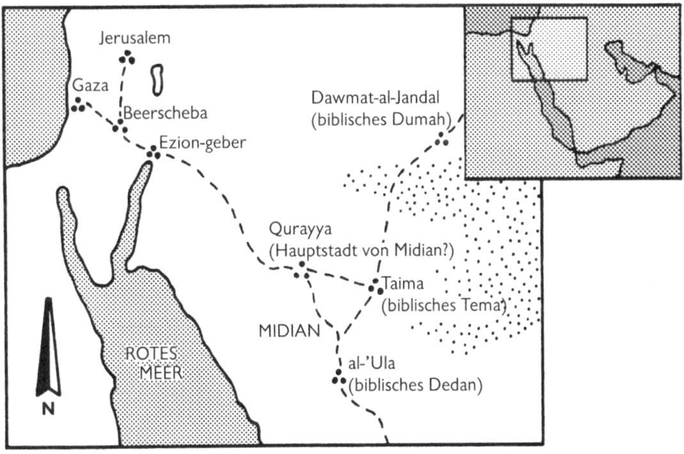

Frühzeitliche Oasenstädte im nordwestlichen Arabien

Eier, Pitabrot und Hummus, Obst und das erste von unzähligen Gläsern *chai* (Tee) und kleine Porzellantassen mit Kaffee. Wir waren zehn, eine Gruppe von Amateurarchäologen und Wissenschaftlern. Aus dem Saudischen Königreich stammten Abdulla Saud al-Saud und Hussein Ali Abdul al-Hassan, dazu kam noch Martha Joukowsky vom Zentrum für Kunst und Archäologie der Alten Welt der Brown University.[3] (Ich war zusammen mit Martha und ihrem Mann Arte an der Brown University gewesen.) Wie bei allen anderen auch, so gibt es auch unter Archäologen die unterschiedlichsten Charaktere. Einige arbeiten zurückgezogen, vertiefen sich in stumpfsinnige Daten, ziehen kaum Schlüsse daraus und schütteln den Kopf über die, die es tun. Das andere Extrem ist Martha. Wenn sie an eine Grabungsstelle kommt, dann poltert sie los: »Okay, was für eine Funktion hatte dieser Ort? Was wissen wir darüber?« – es erstaunte mich, daß sie nicht noch die Steine und Knochen in die Mangel nahm, damit sie ihr antworteten. Sie hat Spaß daran, Steinfragmente und Tonscherben zu analysieren, aber wenn sie einen Tempel oder Palast ausgraben und restaurieren kann, dann ist sie in ihrem Element. Sie zieht bei ihrer Arbeit den Bagger der Pinzette vor.

Und dann war da noch Kay. Nachdem sie ihre Arbeit als staatliche Bewährungshelferin aufgegeben hatte, hat sie sich vor kurzem auf die Mitarbeit bei der Verteidigung von Kapitalverbrechern spezialisiert. Um diese Tätigkeit optimal ausführen zu können, hatte sie eine Lizenz als Privatdetektiv in Kalifornien erworben und inzwischen eine gewisse Reputation erlangt, Beweise aufzuspüren, die anderen entgangen waren. Sie sagte dazu: »Ich geh angeln. Ich angle und angle und weiß nie genau, was ich fangen werde.« Hier in Saudi-Arabien konnte sie ihre Fähigkeiten für die Archäologie einsetzen, die, wenn es gut läuft, einem Kriminalroman ähnelt, voller aussagekräftiger Hinweise, falscher Spuren, Szenarios, die sich herauskristallisieren, und faszinierender und ungewöhnlicher Gestalten – in diesem Fall die Königin von Saba.

Den saudiarabischen Sitten entsprechend, hatte sich Kay ein Kopftuch umgebunden und trug einen langen, schwarzen, flatternden *abayya* – ihr »Rabengewand«, wie sie es nannte. Doch bald fand sie heraus, daß sie darunter das tragen konnte, was ihr am bequemsten war, und sobald wir weit genug von der Stadt entfernt waren, stopfte sie den *abayya* in einen Rucksack.

Unseren Karten konnten wir entnehmen, daß die nordarabischen Gebiete eine karge Gegend sind. Doch Kay und ich hatten uns nicht vorstellen können, wie beeindruckend sie wirklich ist. Auch hatten wir nicht erwartet, wie viele Menschen sowohl in der Vergangenheit dort ansässig waren als auch noch heutzutage dort leben. Egal, wie weit wir uns mit unseren beiden Chevy-Suburban-Wagen von der Autobahn entfernten, fast immer befanden wir uns in Sichtweite von schwarzen, aus Ziegenhaar gefertigten Beduinenzelten, und nur ganz selten fanden wir einen guten Lagerplatz, an dem die Menschen der vorbeiziehenden Karawanen noch nicht irgendwas in die Felsen geritzt hatten.

> Mimmanat und Rabib führten [Tiere] hier schnell entlang.
> Mathal liebt Maslyt.
> Yafia, Sohn des Aarsham, ist dumm.
> Arab liebt Nashaf innig.

Wir fuhren zu der schattigen Eknah-Schlucht, deren Wände so mit Zeichnungen und Inschriften übersät sind, daß Hussein al-Hasan darüber seine Doktorarbeit geschrieben hat. »Schauen Sie sich das an – eine Inschrift, die nicht hineingekratzt ist, sondern wie ein Basrelief hervorgehoben ist«, erklärte er uns heftig gestikulierend. »Und achten Sie auf die Sprachen. Hier Aramäisch, dort Griechisch. Und dann noch Nabatäisch, Safiatisch, Lihyanitisch, Thamudisch und Sabanisch.«

Eine Unzahl von Menschen aus vielen, unterschiedlichen Stämmen waren durch das Land Midian gezogen und hatten ihre Spuren hinterlassen. Betrachtet man den frommen Inhalt der Inschriften, so war die Eknah-Schlucht wohl dafür bekannt, daß hier die Götter wohnten und sie die Karawanen, beladen mit Wohlgerüchen und fremden Waren, segneten und beschützten. Ein häufig in den Inschriften auftauchendes Wort ist የ1Yሕ, »Parfüm« oder »Weihrauch«. Auch enthalten die Inschriften, so sagte uns Hussein, Hinweise auf nahe gelegene ständige Ansiedlungen. Hoch oben an einer vom Wüstenstaub schwarzen Wand zeigte uns Hussein etwas, was wie eine Reihe von rechteckigen Zeichen aussah.

»Das sind Harfen«, erklärte er. »Erkennen Sie die fünf Saiten?«

»Und die Figuren daneben, sind das Tänzer?«

»Ja, das sind Tänzer.«

Es war anzunehmen, daß man in einer Karawane auch eine Harfe mitführte und jemand darauf spielen konnte, doch fünf Harfen und sieben Tänzer bedeuteten sicher etwas mehr.

»Halli Galli?« fragte sich Kay. »Ein Festessen. Ein Palast?«

Aus dem Forschungsbericht der Universität von London wußten wir, daß nur ein paar Meilen entfernt ein solcher Palast in den Ruinen von al-'Ula existiert haben mochte. Und könnte es der Palast der Königin von Saba gewesen sein? Ja, wenn man voraussetzt, daß dieser Landstrich ihr Königreich gewesen ist. Die Wahrscheinlichkeit, daß es ihr Reich war, wird gestützt durch weitere, bemerkenswerte Inschriften, die nicht in Felsen geritzt worden waren, sondern ordentlich auf Tontafeln festgehalten worden sind. Diese Tafeln stammten nicht von hier, sondern aus Assyrien im Nordosten, was heute der Irak ist. Setzt man die einzelnen Teile zusammen, dann enthüllt ihr Text eine Abfolge von Königinnen, die in Midian gelebt und regiert haben.

Unbotmäßige Königinnen.

Die früheste bekannte ist Zabiba, die Königin der »Aribi« – sie ist die erste, die in den Schriften der Araber erwähnt wird.

Felszeichnungen von Harfen und Tänzern

Sie taucht in einer Aufstellung von unabhängigen Herrschern auf, die von dem assyrischen Herrscher Tiglapileser III. im Jahre 738 v. Chr. unterworfen wurden und ihm Tribut entrichten mußten. Obwohl dies zwei Jahrhunderte nach der Zeit der Königin von Saba stattfand, erscheint es unwahrscheinlich, daß die Aribi eines Tages meinten: »Jetzt ist es genug mit den Königen! Wie wäre es, wenn wir eine Königin hätten?« Es ist eher anzunehmen, daß die Aribi schon vorher eine Reihe von Königinnen hatten.

Auf Zabiba, die nur ein einziges Mal erwähnt wird, folgte Samsi, die viermal in Inschriften Erwähnung findet – zweimal als Unruhestifterin im assyrischen Reich. Anfänglich leistete auch sie Tribut an den mächtigen Tiglapileser, doch 733 v. Chr. entschied sie, daß es genug sei, und brach ihren Unterwerfungseid, den sie sogar auf Schammasch, den Sonnengott und ihren Namensgeber, geschworen hatte. Die Aribi bereuten die Tat ihrer Königin. Ihre Dörfer wurden angegriffen und zerstört, und Samsi mußte in die Wüste fliehen: »Sie zog in die Wüste, ein Ort, der in seiner Unbezähmbarkeit einem weiblichen Wildesel gleicht.« Dort wurde sie gestellt und gefangengenommen, aber weder getötet noch inhaftiert. Damit zufrieden, daß sie sich wieder seinem Joch unterwarf, gestattete Tiglapileser ihr, den eigenen Thron wieder zu besteigen, doch um sich ihres Wohlverhaltens zu versichern, blieb ein Aufpasser an ihrem Hof.

Letztendlich überlebte Samsi Tiglapileser um mindestens zwölf Jahre und hatte über den »König der vier Himmelsrichtungen« ihren Teil der Schmach heraufbeschworen.

Erstaunlich ist, daß Samsis Herrschaft ungebrochen blieb, und dies, obwohl sie die Beziehung der Aribi zu den Assyrern nachhaltig trübte, durch die militärische Niederlage, die Erniedrigung und den Gesichtsverlust, den ihr Volk hinnehmen mußte. Und sie war nicht die einzige Königin, die trotz einer schlechten Herrschaft nicht von den Aribi verjagt (und durch einen König ersetzt) worden ist. Iali'e, ihre Nachfolgerin, rebellierte auch gegen die Assyrer (erfolglos), genauso wie eine Zeit später Te'lkhunu, die nach Nineveh ins Exil gezwungen wurde. Zwei kurz aufeinanderfolgende Königinnen der Aribi, Baslu von Ikhilu und Iapa von Dikhani, fügten sich brav und unterwürfig in die Herrschaft der Assyrer.

Nach Iapa gibt es weder Inschriften noch andere Hinweise auf die Dynastie von Zabibischen Königinnen, eine Dynastie, an deren Anfang vielleicht die Königin von Saba gestanden haben mag.

Mächtige arabische Königinnen, so stellte ich fest, sind keineswegs selten. Außerhalb der Wüstengebiete von Zabiba und Samsi sind ungefähr zweiundvierzig weitere arabische Herrscherinnen nachweisbar, und Historiker vermuten, daß über eine ähnlich große Zahl keine Aufzeichnungen existieren. Einige davon sind ausführlich in Boccaccios Zusammenstellung der Biographien berühmter Frauen, *De Mulieribus Claris* (1362), aufgeführt. In diesem ersten Werk seiner Art schwankt Boccaccio, was er generell bei Frauen tut, wie er diese arabischen Königinnen einschätzen soll. Er charakterisiert einige als dämonisch und andere als göttlich, viele vereinen beides zugleich. »Das Heilige und das Teuflische ist in ihnen vereinigt, und Mitleid wird von großen Sünden überdeckt und verwandelt sich in Blut ... Was für ein wundersamer Weg zum Thron!« Besonders hatte es ihm Semiramis, das assyrische Gegenstück zu Zabiba und Samsi, angetan:

Eines Tages, nachdem sie ihre Länder befriedet hatte und sich ausruhte, sollten ihre Dienerinnen ihr das Haar mit weiblicher Sorgfalt zu Zöpfen flechten, wie es die Landessitte war. Ihre Haarpracht war erst halb fertig, als sie die Nachricht von einer Rebellion in Babylon erhielt. Dies erboste sie so sehr, daß sie den Kamm zur Seite schlug und sofort alles Weibliche von ihr abfiel. Sie stand wütend auf, nahm ihre Waffen und kümmerte sich erst wieder um ihre Frisur, als sie die mächtige Stadt unterworfen hatte.

Merkt auf Babylonier, stört niemals eine Frau, wenn sie sich die Frisur richten läßt!

Zurück zu Zabiba und Samsi.

Die meisten Forscher sehen in diesen beiden Königinnen den

besten Beweis dafür, daß die Königin von Saba aus dem nördlichen Arabien stammt. Doch reicht ihre Dynastie zurück bis in die Tage von Salomon? Und, was noch wichtiger ist, gab es im zehnten vorchristlichen Jahrhundert nennenswerte Handelsstädte in Nordarabien? Auf diese Fragen wollten wir bei unserer Untersuchung der wichtigen und weniger wichtigen Grabungsstätten dieses Gebietes Antworten finden.

Die erste war al-'Ula, in der Bibel Dedan genannt.

»Was für ein Chaos! Was für ein Chaos! Und es ist wunderbar! Ganz wunderbar!« rief Martha aus, als wir anhielten und aus den Autos stiegen. Sie wollte damit sagen, daß die Steinruinen von al-'Ula schwer einzuordnen waren und daß es eine Menge davon gab, verteilt über mehrere Hektar. Gegenüber Abdullah al-Saud lobte sie die Regierung, daß sie das Ruinenfeld gewissenhaft für spätere Ausgrabungen und Restaurierungen eingezäunt hatte. Wie andere Wüstenstädte war auch al-'Ula in der Vergangenheit überfallen und geplündert worden, doch jetzt war das nicht mehr möglich.

Viele Archäologengruppen sind straff organisiert. Der Grabungsleiter in frisch gebügelter Khakiuniform führt die Vermessung durch und bewegt sich mit fast militärischer Präzision durch die Grabungsstätte. Nicht so die unsere. In al-'Ula und anderswo gingen wir alle unabhängig voneinander unserer eigenen Wege. Nach dem Motto: Bis später dann. Martha, zum Beispiel, brütete über die Ausrichtung und Lage des Ortes. »Abdullah, was ist das hier, das sich bis ganz dort drüben hinzieht? Sehen Sie die Linie der Mauer? Ein Tempel? Ein Palast? Was meinen Sie?«

Während Abdullah seine Meinung äußerte, war Marthas Mann Arte unterwegs, um den besten Blickwinkel und den besten Lichteinfall für Fotos herauszufinden, denn die Archäologie ist eine niemals endende Herausforderung für einen Fotografen. Wie läßt man herumliegende Steine und zusammengebrochenes Mauerwerk nach mehr aussehen als nach herumliegenden Steinen und zusammengebrochenem Mauerwerk? In der Zwischenzeit schlenderten die Tochter der Joukowskys und die neun Jahre alte Enkelin Suraya (die von der Archäologie begeistert war) zum höchsten Punkt der Ruinenfeldes. Hussein schaute sich nach Inschriften um. John und Diane Peavey, eigentlich Rancher aus Idaho, suchten nach der Wasserversorgung der Ansiedlung und verfolgten, falls Dämme und Kanäle angelegt waren, deren Verlauf. Dadurch erhielten wir zumindest eine ungefähre Vorstellung von der Größe des umgebenden Ackerlandes und der Leistungsfähigkeit der Bewässerungsanlagen. Hier hatten wir es mit einer ganz anderen Landschaft als in der Negev zu tun. Die Ruinenstädte hier waren einst weitläufig und in der Lage gewesen, mehrere tausend Menschen zu ernähren. Und irgendwo in ihren vom Sand bedeckten Überresten mußte doch ein Hinweis auf Zabiba und Samsi zu finden sein.

Und auch auf die Königin von Saba?

Eine Stunde lang lief ich zwischen den verstreut arbeitenden Leuten hin und her, um mir einen Eindruck von dem Ruinenfeld zu verschaffen, denn keines gleicht dem anderen. Danach half ich Kay, wenn sie nicht schon fündig geworden war, bei der Suche nach dem, was vor langer Zeit einmal die Müllkippe der Stadt gewesen war und was heute, da alles andere schon lange verrottet ist, sich als Scherbenhaufen darstellt. Die Lage der Müllkippe kann manchmal nur schwer ermittelt werden, und wenn man es mit sehr altem Material zu tun hat, ist es nicht einfach zu entscheiden, was Tonscherben sind und was nicht.

»Was ist hiermit?« fragte Kay manchmal Martha und hielt ihr eine Handvoll Bruchstücke hin.

»*Malesh* ... kümmer dich nicht darum ...« Sie untersuchte eine Scherbe und warf sie dann weg. Die anderen waren dünn wie Eierschalen. Die Menschen in Nordarabien hatten eine Vorliebe für gebrannte Gefäße, deren Wände nicht dicker waren als der Einband eines Buches.

Martha sah sie sich an. Keine Ornamente. Sie rieb sie zwischen den Fingern. »Schwer zu sagen, Kay. Ich bin mir nicht sicher. Fühlt sich an wie Knochen, warm, glatt. Töpferwaren sind kälter und im allgemeinen rauher. Stein ist noch kälter. Möglicherweise hast du Teile eines Vogeleis gefunden.«

Ich war in der Lage, das Rätsel zu lösen, denn ich hatte zwei straußenähnliche Vögel gesehen – orange auf schwarz gezeichnet –, gemächlich auf der Oberfläche eines Felsens einhertrottend, der ein paar Meter entfernt aus dem Boden ragte.

Wenn Kay erst einmal die Müllkippe eines Ruinenfeldes gefunden hatte, dann entdeckte ihr detektivisch geschultes Auge Unmengen von Scherben, die man nach ihrer Ornamentik einordnen konnte – bemalt oder modelliert – oder auch nach anderen Charakteristika. Diese Scherben konnten dann mit anderen Töpferwaren, die man in Publikationen über Fundstellen in Ägypten und der Sinai, Israel und bis nach Mesopotamien finden konnte, verglichen und datiert werden.

Wenn man sich nur umsieht und keine Ausgrabungen vornimmt, dann kann man aus den offen herumliegenden Scherben mehr über die Fundstelle erfahren als von allem anderen. Davon ausgehend, war der wichtigste Ort für uns Qurayya, einer der Kandidaten für die Hauptstadt des biblischen Volks der Midianiten.

In der Zeit zwischen 1750 und 1050 v. Chr., als die Stadt das Verbindungsglied zwischen dem Neuen Reich in Ägypten und Mesopotamien war (sie könnte sogar der Ort gewesen sein, an dem Moses innehielt und Zipporah, die Tochter des midianitischen Priesters Jethro, zur Frau nahm), waren Qurayyas Töpfereiprodukte farbenfroh und einfallsreich, ausgeführt in gut über einem Dutzend unterschiedlicher Stile. Doch nach dem Niedergang dieser großen Reiche lag die Töpferkunst in Qurayya eine Zeitlang brach, und dies alles ereignete sich unglücklicherweise ein Jahrhundert bevor die Königin von Saba die biblische Bühne betrat, was mehr oder weniger zur Folge hat, daß Qurayya als ihre Stadt nicht in Frage kommt. Nur einige Jahrhunderte später erblühte die Stadt erneut.

Dieser Umstand traf auf alle von uns besuchten Fundstellen zu, die durchgängig im zehnten Jahrhundert eine Periode der Schwäche hatten oder überhaupt nicht vorhanden waren. Genau dies war aber Salomons Jahrhundert und auch das der Königin von Saba.

Neben dem zeitlichen Problem gab es auch noch die Frage nach den Gütern, die die Königin Salomon überreichte. Konnten sie von hier stammen? Im Ersten Buch der Könige wird berichtet: »... und sie gab dem König hundertzwanzig Zentner Gold und sehr viel Spezerei und Edelgestein. Es kam nicht mehr so viel Spezerei, als die Königin von Reicharabien dem König Salomo gab.«

Außer ein paar wenigen Wüstenkräutern wachsen in Nordarabien keine Gewürze. Was das Gold betrifft, haben die Abenteurer und Forscher von Sir Richard Burton bis St. John Philby das Wort vom »Gold von Midian« geprägt, doch wo war es?

Immer noch in der Hoffnung, einige Beweise aus dem zehnten Jahrhundert zu finden, entdeckte ich in Qurayya etwas, was als Ansammlung von Töpferbrennöfen beschrieben worden war, und rief die anderen herbei.

»Das mögen schon Brennöfen sein«, räumte Martha ein und hob einen grünlichschwarzen, porösen Stein auf, »doch keinesfalls, um Töpferwaren zu brennen. Das ist Schlacke. Hier wurde geschmolzen. Man plazierte das Erz zwischen zwei Lagen Holzkohle, die man mit aus Tierhäuten gefertigten Blasebälgen zum Glühen brachte.«

»Gold?« fragte ich erwartungsvoll.

»Kupfer. Füge zehn Prozent Zinn hinzu, dann hast du Bronze.«

»Aber kein Gold? Wir sind hier in Midian, und da soll es kein Gold geben?«

Hussein al-Hassan konnte uns da weiterhelfen. Er teilte uns eine neue, enttäuschende Erkenntnis mit, das Gold von Midian sei nur eine Legende. »Es gibt Gold in Arabien, südlich von Medina und weiter, Richtung Jemen, gibt es viel davon. Aber nicht hier.« Ausgedehnte geologische Untersuchungen der letzten Zeit hatten das bestätigt.

»Kein Gold, keine Gewürze ...«

Dann bestätigte Martha, daß die Produktion und die Qualität der Töpferwaren im zehnten Jahrhundert auf niederem Niveau gewesen war.

»Sieht nicht so gut aus«, meinte Kay und stocherte mit ihrem Fuß in der Kupferschlacke herum, »für deine Königin von Saba.«

Da mußte ich ihr recht geben.

(Doch mit einer Einschränkung. Im zehnten Jahrhundert

konnten viele der Ruinenfelder, die wir besucht haben, als Karawansereien gedient haben – ein willkommener Ort zum Ausruhen und zur Auffrischung der Vorräte – für Karawanen, die sich, aus weit entfernten Ländern kommend, auf der Durchreise befanden.)

Als die Schatten länger wurden und die Sonne hinter den Bergen im Westen verschwand, war es um unsere Begeisterung ebenso bestellt, dennoch liefen wir weiter herum. Amüsiert schauten Abdullah und Hussein die Amerikaner an, wie sie nacheinander unwillig zu den Autos schlichen, als suchten sie noch etwas, was sie erforschen könnten. Dann setzten die Wagen zurück und wurden zu kleinen Punkten in der Wüste.

»Es ist, als ob man Frösche in einen Schubkarren schaufelt«, meinte der Farmer John Peavey niedergeschlagen, »drei hinein, zwei wieder heraus.«

Jeden Abend sah ich meine Aufzeichnungen durch und fragte mich immer wieder, ob wir nicht etwas übersehen hatten? Warteten die entscheidenden Fundstellen immer noch auf ihre Entdeckung? Zweifel daran waren angebracht. Die frühen Entdecker, die geologischen Expeditionen und die Beduinen – die immer noch ein wichtiger Faktor in diesem Gebiet sind –, hatten Midian in allen Himmelsrichtungen durchquert und wenig Grund gehabt, zu verschweigen, was sie gesehen und entdeckt hatten.

Weiterhin war ich von dem Ausmaß der Aufmerksamkeit beeindruckt, die dem Land Midian im Alten Testament wird (vgl. die Karte auf dem Vorsatz). Die Oase al-'Ula wird in der Bibel als Dedan bezeichnet, Taima heißt dort Tema, und Dawmat al-Jandal ist Dumah. Qurayya war wahrscheinlich die wichtigste Stadt in Midian. Die geographischen Angaben in der Bibel waren so genau, daß sie wenig Platz für eine Königin von Saba ließen.

Wenn Salomons Besucherin von hier gekommen ist, wäre sie dann nicht als Königin von Midian (Dedan, Tema oder Dumah) bezeichnet worden und nicht als Königin von Saba?

Ich verdrängte die Gedanken an die Königin von Saba, und wir genossen unsere Fahrt durch Midian. Ihrer beduinischen

Abstammung verpflichtet, war die saudische Gastfreundschaft ungebrochen. Einen Abend wurden wir zum Essen in eine große Villa auf dem Lande eingeladen, den nächsten Abend in eine gewöhnliche Hütte aus Lehmziegeln. Am letzten Tag unserer Reise überquerten wir die Grenze von Saudi-Arabien nach Jordanien und verbrachten den Abend mit dem Stammesoberhaupt der Bedul, Dakhilallah ibn Qublan, seinem Sohn Haroun und der gesamten vielköpfigen Familie. (Sie hatten jahrelang mit Arte und Martha Joukowsky an der Ausgrabung und Restaurierung des Großen Tempels von Petra gearbeitet, der aus dem ersten christlichen Jahrhundert stammt.) Wie in vielen arabischen Familien hatte man auch hier von der Trennung nach Geschlecht und Alter freudig Abstand genommen. Kinder tollten in Dakhilallahs *mifraj* herum; seine Frau und die von Haroun nahmen an unserem Gespräch teil.

Nach dem Essen kam die Zeit des Geschichtenerzählens, und üblicherweise handelten diese von der Liebe. Die Lampen wurden abgedunkelt, die Sterne leuchteten hell, und alle verstummten, als John Peavey seine Frau Diane bat, von jenem Liebesbrief zu erzählen, der in einem Frühling in Idaho, als der Schnee schmolz und das Gras an den Südhängen hervorkam und die Antilopen sich wieder zeigten, aufgegeben worden war. Dakhilallahs Familie, die Englisch sprach und verstand, versank in der imaginären Welt von Dianes Erzählung.

Haroun ibn Dakhilallah erzählte als nächster, wie er seine Frau Layla kennengelernt hatte. Ihre Hochzeit konnte man wohl kaum als arrangiert bezeichnen. Während eines Auslandssemesters außerhalb von Spanien hatte sie Petra besucht. Er hatte sie herumgeführt und ihr Herz erobert. Der ganze Stolz der beiden war ihre Tochter Dunia, die mit ihrer Mutter kastilianisch sprach, mit ihrem Vater arabisch und mit uns englisch. Die Welt wird immer kleiner.

Der letzte Gast, der eine Geschichte erzählen mußte, war Wyche Fowler, der amerikanische Botschafter in Saudi-Arabien, der von unserer Reise erfahren und gefragt hatte, ob er sich uns für ein paar Tage anschließen dürfe. Er hatte versprochen, uns nicht in Schwierigkeiten zu bringen. Sollten ihn Staatsgeschäfte zurückrufen, würde er den Bus in die nächste größere Stadt nehmen (was er dann auch tat).

Er erzählte von einem älteren saudischen Prinzen, den er gekannt hatte. Als junger Mann war der Prinz durch die Wüste gezogen und hatte dort auch, ganz auf sich selbst gestellt, die Nächte verbracht. Er war stolz, ein ganzer Mann zu sein. Spät an einem Nachmittag erblickte er ein schönes Mädchen, grazil und elegant, das die Schafherde ihrer Familie auf der anderen Seite eines abgelegenen Tales hütete. Als er sich ihr näherte und nach ihrem Namen fragte, trat sie ein paar Schritte zurück und weigerte sich, mit ihm zu sprechen. Er gab nicht nach. Sie nahm einen Stein und schlug ihm damit, so fest sie konnte, direkt auf die Stirn.

Dakhilallahs Familie beugte sich erwartungsvoll vor. Was hatte der Prinz erwartet, wenn er so hartnäckig ist? Doch weiter.

Verwirrt und verletzt verließ der Prinz das Tal, doch das Antlitz der Schäferin ging ihm nicht mehr aus dem Sinn. Drei Jahre gingen ins Land, bis er wieder in das Tal kam, das Lager der Familie aufsuchte und, ohne zu zögern, direkt das Zelt der Frauen betrat.

Die Bedul waren überrascht, dann lachten sie. Der Prinz tat *das*?

Prinz oder nicht, er wurde hinausgeworfen. Doch die junge Frau kam aus dem Zelt und meinte: »Du bist das!«

Der überraschte Prinz entschuldigte sich. »Ich wollte dich nicht böse machen … doch von dem Moment an, als ich dich sah, war ich in dich verliebt, und ich liebe dich auch jetzt noch.« Sie nickte zögernd und fragte dann ihren Vater um Erlaubnis, mit diesem Fremden reden zu dürfen. Er willigte ein.

Der Prinz bat die schöne Hirtin, ihn zu heiraten.

Sie blickte ihm in die Augen und sagte: »Ja.«

Am Tag ihrer Hochzeit hallte das Tal wieder von freudig abgefeuerten Gewehrsalven und Jubel. In den darauffolgenden Monaten waren die beiden die glücklichsten Menschen der Wüste.

Ein Jahr später starb die Frau.

Wyche hielt inne. Es herrschte ein bedrücktes Schweigen – zuerst Unglauben, dann Resignation.

Und im Alter von vierundachtzig, so erzählte Wyche weiter, gestand ihm der Prinz ein, es hätte keinen Tag in seinem Leben gegeben, an dem er nicht aufgewacht sei, die sechzig Jahre alte Beule an seiner Stirn befühlt und zu sich gesagt habe: »Ich liebe dich noch immer.«

III

In einer Oase taucht unerwartet eine Königin von Saba auf

10
Weitere Kandidatinnen

Im Mittleren Osten können Tage wie Nächte schnell vergehen. Oder die Zeit steht still, wie es zum Beispiel auf Flughäfen oder an Grenzübergängen der Fall ist, wenn man nicht genau die richtigen Papiere hat. Das beste ist, man wartet geduldig, denn man ist nur ein Splitter im Auge der Beamten, die dasitzen und aus einer kleinen Tasse ihren Kaffee nippen. Irgendwann kommt die Zeit, da wollen sie nach Hause, dann murmeln sie etwas, kleben deinen Paß mit Marken voll und schicken dich mit einer Handbewegung weiter. Ich habe mir angewöhnt, diese Wartezeiten mit einem guten Kriminalroman zu vertreiben, während an der Wand die Anzeigetafeln klackern und brummen und ein traurig aussehender Mann in einem zerknitterten Overall den Flur wischt.

Geheimnisvolle Geschichten sind ebenfalls ein guter Wegbegleiter auf endlosen Flügen und in einsamen Hotelzimmern. Ich muß allerdings einräumen, daß ich dabei immer der Gelackmeierte bin. Auf Seite 161 bin ich überzeugt, dem indianischen Detektiv Jim Chee oder den Schnüfflern Lew Archer und Philip Marlow aus meiner Heimatstadt einen Schritt voraus zu sein, und knicke die Seite um, damit ich Kay, der Detektivin, beweisen kann, wie schnell und brillant ich das Geheimnis gelöst habe. Auf Seite 361 muß ich dann aber leider feststellen, daß ich falsch lag.

So, wie sich die Sache entwickelte, stellte auch meine Suche nach der Königin von Saba in dieser Beziehung keine Ausnahme dar.

Der Fall sollte eigentlich nicht so schwer zu lösen sein: eine verschwundene Person und ein unbekanntes Land. Ich hatte Nachforschungen über Salomon, bekanntermaßen Gefährte der Königin von Saba, angestellt und herausgefunden, daß er wahrscheinlich viel eher ein Stammesfürst in den Bergen als ein mächtiger König gewesen war, was aber in keiner Weise seine in der Bibel festgehaltene Bedeutung als Mann des Glaubens und der Weisheit schmälert. Vernünftigerweise mußte dann die Königin von Saba aus einem benachbarten Stamm kommen, nicht weiter entfernt als Midian im nördlichen Arabien. Dennoch hatten wir dort keine Spur von ihr oder einem Reich gefunden, das die Quelle all des Reichtums und der Güter gewesen sein konnte, die sie in Salomons Palast ausbreitete. Waren ihre Rolle und ihr Reichtum in der Bibel schamlos übertrieben worden? Das konnte ich mir nicht vorstellen.[1]

Wie war also der Stand der Dinge bei diesem Geheimnis?

1. Es gibt immer noch Leute, die *trotz alledem* glauben, daß die Königin von Saba aus dem nördlichen Arabien kam und eine Vorläuferin von Zabiba, Samsi und deren Dynastie war.
2. Die Heimat der Königin von Saba könnte weiter im Süden gelegen haben, wo einst ein Königreich von Saba in Blüte stand. Doch es gibt schon lange unwiderlegbare Beweise, daß dieses Königreich erst auf eine Zeit nach Salomon zu datieren ist. Neben anderen hatte sich Harry Philby mit seinem Automobil von Ruine zu Ruine gequält und Inschriften gefunden und kopiert, die nach seinen eigenen Worten »auf ungefähr 460 v. Chr. zu datieren sind. Die genealogischen Einzelheiten, die wir daraus ablesen können, machen es möglich, die erste Dynastie in Saba ungefähr um das Jahr 500 v. Chr. anzunehmen, wobei sich eine Lücke von etwa dreieinhalb Jahrhunderten bis zur Zeit von Salomon auftut.«[2] Sei es, wie es wolle, die Meinungen über die Herkunft der Königin tendieren in der letzten Zeit weg vom nördlichen, hin zum südlichen Arabien. Es war unvermeidlich, daß ich mich dorthin begab – in den Jemen –, was im biblischen Sinn so weit südlich wie überhaupt möglich ist.[3] Was aber, wenn Philby und die anderen, die eine Königin aus dem südlichen Arabien ausschlossen, recht behielten?
3. Sie könnte möglicherweise eine äthiopische Königin gewesen sein, wovon die Mönche, die ich in Jerusalem gesprochen

hatte, so inständig überzeugt waren. Ich nahm mir vor, die Geschichte von Äthiopien zu erforschen und einige bekannte Archäologen aufzusuchen.

4. Ein neuer Ansatzpunkt ergab sich aus einer Belegstelle, in der behauptet wird, wo immer auch das Heimatland der Königin von Saba gelegen haben mochte, beerdigt sei sie in der Oase Palmyra in Syrien. Ich hatte Glück, und es ergab sich die Gelegenheit, nach Syrien zu reisen und der Sache nachzugehen.

Und was wäre, wenn ich jeden Stein umdrehte, jedem Hinweis nachginge und trotzdem keine Spur der Königin von Saba oder ihrem Reich fände?

Dann wäre ich endgültig davon überzeugt, daß sie nur eine Phantasiegestalt war. Sie würde sich den schmeichelnden, verführerischen und rein fiktionalen Damen aus meinen Kriminalromanen zugesellen.

11
Im Reich des Kalifen

Auf der nächsten Etappe meiner Suche konnte Kay mich nicht begleiten, doch unsere Tochter Cristina nahm ihre Stelle ein, was für das Verständnis meiner Familie für unsinnige Unternehmen spricht. Cristina und auch ihrer Schwester Jennifer gefiel der Mittlere Osten. Jenny studierte an der amerikanischen Universität von Kairo die Geschichte des Islam im Mittelalter und sprach passabel arabisch. Cristina war von der Pop-Kultur dieser Region fasziniert: Day-Glos Hände der Fatima und »Imagine« auf einem arabischen Saiteninstrument gespielt.

Cristina und ich schlossen uns einem Dutzend befreundeter Archäologen an, um auf einer Reise nach Syrien Urlaub und Arbeit miteinander zu verbinden. Unser erstes Ziel war Damaskus, eine von russischen Architekten gebaute Betonmetropole, die an die Stelle der einst berühmten Gartenstadt getreten war.[1] Dennoch war das alte Herz von Damaskus noch intakt – die von einer Mauer umgebene Altstadt und der mittelalterliche, verwinkelte Souk –, erfüllt von Duftwolken des mit Kardamom gewürzten Kaffees, des Honiggebäcks und der überquellenden Säcke mit allen Gewürzen des Orients. Ein Irrgarten von gewundenen Straßen führt zu der Großen Moschee, erbaut im frühen achten Jahrhundert n. Chr. und sicherlich die prächtigste des Islam. Ihre Minarette recken sich gen Himmel und blicken auf den weitläufigen Hof herab, wo sich einst die Gelehrten, nachdem Rom gefallen und Europa in Dunkelheit versunken war, trafen und Mathematik, Medizin und all die anderen Wissenschaften hochhielten. Jene gelehrten Männer waren in Damaszenerseide gekleidet und trugen riesige rote und gelbe Turbane auf dem Kopf. Es wurde gesagt, je größer der Turban, desto gelehrter sein Träger. Am südlichen Rand des Hofes wurde die reichverzierte Gebetshalle der Moschee noch immer von hundert silbernen Kerzenleuchtern erhellt. Dort haben ohne Unterschied Kalifen und Sklaven Allah gepriesen und gelobt und einem Reliquienschrein die Ehre erwiesen, in dem sich der Kopf von Johannes dem Täufer befindet. Ein weiterer Prophet, den Damaskus für sich in Anspruch nimmt, ist Suleiman – Salomon. Der mittelalterliche Geschichtsschreiber al-Tha'labi schreibt ihm nicht nur die Gründung der Stadt zu, sondern auch den Bau eines Lustschlosses für die Königin von Saba, weit draußen in der östlichen Wüste in der Oase Tadmor, in späterer Zeit bekannt als Palmyra. Dort, so verbürgen al-Tha'labi und andere, verbrachte die Königin ihr Leben, und dort starb sie auch und wurde beerdigt.

Und erstand auf von den Toten, obwohl sie immer noch tot war. Im achten nachchristlichen Jahrhundert erhielt der omaijadische Kalif von Damaskus, Hisham ibn 'Abd al-Malik, Träger des größten Turbans von allen, die Nachricht, daß Beduinen die sterblichen Überreste der Königin von Saba in den Ruinen von Palmyra entdeckt hätten. Da 'Abd al-Malik ganz in der Nähe aufgewachsen war, interessierte er sich für die Sache. Er glaubte, so, wie sich der Islam aus dem Sand der Wüste erhoben hatte, dies auch auf die Königin von Saba zuträfe. Es war sein Wunsch, daß die Königin ein ordentliches islamisches Begräbnis erhalte – und wie man sich vorstellen kann, war sein Wunsch Befehl. Ob sich 'Abd al-Malik selbst nach Palmyra begeben hat, ist unbekannt.

Unser Bus war, nachdem er das von Abgasen verpestete und von lautem Verkehrslärm erfüllte Damaskus hinter sich gelassen hatte, auf dem Weg nach Palmyra. Baumlose, in der Sonne brütende Hügel erstreckten sich bis zum vor Hitze flimmernden Horizont. Plötzlich ein Kreischen, eine Mirage der syrischen Luftwaffe raste tief über die Wüstenstraße hinweg. Ein einzelner Düsenjäger war im Mittleren Osten ein häufiger Anblick, eine Zurschaustellung militärischer Macht, soweit es das Budget zuließ. Cristina und ich überlegten, warum wohl ein Pilot nach dem Frühstück seine Kreise über das Land zog, nur um zu demonstrieren, wer hier die Macht hatte, zumindest am Himmel.

Drei Fahrstunden östlich von Damaskus erklomm unser Bus einen Hügel, und ganz plötzlich sahen wir vor uns die Tempel, Amphitheater und die unzähligen schimmernden Säulen von Palmyra. Obwohl einige von ihnen umgestürzt waren, standen doch die meisten noch und bildeten ein beeindruckendes aufeinander zulaufendes *Tetrapylon*, bei dem eine Gruppe von mächtigen Säulen einen prächtigen Firststein trug. Diese Säulen aus bestem Granit waren in Oberägypten hergestellt, den Nil hinunter verschifft, über das Mittelmeer gebracht und dann über Hunderte von Meilen durch die Wüste befördert worden.

Obgleich heute nur noch Ruinen zu sehen waren, war Palmyra zu ihrer Blütezeit eine der bedeutendsten Städte der Araber gewesen, eine märchenhafte Blume aus Stein, die im Grün von zehntausend Palmen glänzte.

»Wie Las Vegas«, meinte Cristina nachdenklich.

»Wie bitte?«

»Las Vegas.«

»Willst du damit sagen, dies hier ist eine Oase, und Las Vegas ist auch eine Oase?«

»Ich glaube, es ist mehr als das. Sie sind aus dem gleichen Grund erbaut worden.«

Diese Bemerkung war respektlos, doch wie weitere Untersuchungen zeigen würden, gar nicht so weit hergeholt. Was Cristina verwunderte, war, daß zwei Städte in zwei unterschiedlichen Wüsten den gängigen Baustil genommen und ihn ins Extrem gesteigert hatten. Dem ersten Eindruck nach war Palmyra klassisch griechisch oder römisch, doch wo die Griechen oder Römer an einer Hauptstraße eine Reihe Säulen errichtet hätten, da standen in Palmyra drei Reihen, und in halber Höhe der Säulen waren von den Bewohnern Statuen angebracht. Nach den Überresten der Statuen zu urteilen, waren sie, künstlerisch gesehen, Versuchsobjekte. Einige waren hervorragend ausgeführt, andere hatten hervorstehende Augen und seltsam flache, dreieckige Nasen. Kein Mensch weiß, mit welchen Farben die Leute in Palmyra ihre Statuen und Säulen, die jetzt alle schneeweiß waren, angestrichen hatten.

Irgendwann zwischen 724 und 738 n. Chr. war eine von Kalif 'Abd al-Malik ausgesandte Abordnung hier angekommen. Dazu gehörten Baumeister und Steinmetze, denn der Wunsch des Kalifen war, die Überreste der Königin von Saba in einem Mausoleum zur Ruhe zu betten, das ihrer Rolle im heiligen Koran würdig sei. Die Männer des Kalifen hatten Palmyra in ähnlichem Zustand vorgefunden wie wir, Ruinen. Schon Jahrhunderte zuvor war die Stadt durch den Hochmut der arabischen Königin Bat Zabbai, besser bekannt als Zenobia, zerstört worden. Ganz in der Tradition der früheren Königinnen Zabiba und Samsi war Zenobia mächtig, allerdings mit einem Hang zur Selbstüberschätzung.[2] Sie hatte eine große Macht herausgefordert – Rom – und mußte eine katastrophale Niederlage hinnehmen. Unter der persönlichen Führung des Kaisers Aurelius wurde Palmyra von seinen Legionen erobert und verwüstet und zu einem unbedeutenden Flecken zuerst im römischen und dann im Reich der moslemischen Omaijaden.

(Es kann gut sein, daß der Kalif 'Abd al-Malik zu einem gewissen Grade die Königin von Saba mit Zenobia in einen Topf geworfen hat. Es trifft sich, daß Zenobias Name in arabisch, Bat Zabbai, »die Haarige«, bedeutet, eine Bezeichnung, die auf ihre Beine anspielt – und es waren in der Legende auch die haarigen Beine der Königen von Saba, über die Salomon so entsetzt war.)

In den Ruinen von Palmyra fanden die Männer des Kalifen, wie sie ihm berichteten, einen außerordentlich gut erhaltenen Frauenkörper! Nicht überliefert ist, wo genau sie ihn fanden. Ein möglichlicher Ort wäre eines der Turmgräber direkt westlich der Stadtmitte. Die Türme ziehen sich kreisförmig um einen flachen Hügel, genannt Umm al-Balqis, »Mutter der Balqis«. (Erinnern wir uns daran, Balqis ist einer der Namen, mit dem die Königin von Saba bezeichnet wird.)

Logischerweise müßte die Ruhestätte für diese Königin von Saba eine Moschee gewesen sein, die dort errichtet worden ist, wo sich früher das Heiligtum von Bel, der Hauptgottheit der heidnischen Palmyraniter, befunden hat.

Ein plötzlicher Windstoß fegte über Palmyra hinweg. Im Westen ballten sich am Wüstenhimmel kleine dunkle Wolken zusammen, als Cristina und ich das Reich von Bel betraten, dem »Herrn des Universums«, wie er auf die eine oder andere Weise in der Antike im gesamten Mittleren Osten bezeichnet wurde. Sein Heiligtum, richtiger wird es als *tenemos* bezeichnet, war ein dreieinhalb Hektar großer, künstlich geschaffener, quadratischer Platz, der von fast dreihundert Säulen gesäumt wurde.

Hier versammelten sich die Bewohner, um an den ausgedehnten Blutopfern für Bel teilzunehmen. Wir sahen, wo sich die Priester an wassergefüllten Steinbassins rituell reinigten, bevor sie sich zu einem unter freiem Himmel gelegenen Altar begaben, wo sie Kamele, Stiere und Widder opferten. Hinter dem Altar, in der Mitte des Platzes, erhob sich der alles überragende Tempel des Bel, dessen Wille, so glaubte man, über Glück oder Untergang entschied.

Aus dem Religionsunterricht erinnerte ich mich, daß Bel zusammen mit einem Drachen an erster Stelle in einer Geschichte der Apokryphen genannt wurde. Was es genau damit auf sich hatte, daran konnte ich mich nicht erinnern, doch meine Vorstellung war, daß Bel, Milcom und Chemosh in der Bibel kleine heidnische Götter wären, »Abscheulichkeiten«, die gut verstaut in den Höhlen und Kavernen in der hintersten Ecke des Heiligen Landes ruhten. Ungeschlachte Götzenfiguren aus Lehm, die nur die Dummen beeindrucken konnten. Doch das traf nicht zu, nicht nach dem, was wir hier in Palmyra sahen. Die Abmessungen des Tempel gaben Zeugnis von einem machtvollen Rivalen des alttestamentarischen Jehova.

Die reich gestalteten Decken der nördlichen und südlichen Adytons des Tempels, seiner Innenräume, waren ausgeschmückt mit kunstvoll aus Stein gehauenen Blumenmustern und Rosetten. Jedes Adyton war einstmals mit einem Bildnis von Bel versehen – Bildnisse, die schon lange verschwunden waren, entweder weggebracht, eingeschmolzen oder im Zorn zerstört. Nach dem Fall von Palmyra wurde der Tempel als Kirche genutzt und später dann als Moschee.

Doch weder das Christentum noch der Islam hatten die heidnische Großartigkeit des Tempels vernichten können. Der einzige Hinweis auf diese beiden Religionen war eine in altem Sufi (eine sehr frühe arabische Schrift) abgefaßte Inschrift, die sich auf der Rückwand des leeren nördlichen Adytons befand. Dort stand zu lesen: »Mein Gott, erbarme dich des Abd as-Samad, Sohn des Obeid und auch des Muhammad, Sohn des Yazid, und vergib ihnen ihre Sünden, die vergangenen und die heutigen. Geschrieben im Jahre 110. Möge Gott Gnade über jeden walten lassen, der, nachdem er dies gelesen hat, Amen spricht.«

Das war eine bestechende Übereinstimmung. Das islamische Jahr 110 entspricht dem Jahr 728/29 n. Chr. der christlichen Zeitrechnung, von dem man annimmt, daß in diesem Jahr der Kalif 'Abd al-Malik die neuerliche Beisetzung der Königin von Saba angeordnet hat. Könnten die beiden in der Inschrift genannten Bittsteller etwas mit der Beerdigung zu tun gehabt haben? Könnte das Mausoleum der Königin von Saba in dem Heiligtum gewesen sein, wo wir uns jetzt gerade befanden? Die einzige Antwort darauf, so sagte ich Cristina, war ein Ausspruch, der von den frühen islamischen Geschichtsschreibern immer am Ende ihrer Ausführungen von Phantasien und Fakten stand: »Allah allein weiß es.«

»Eine schöne Geschichte: ›Der Kalif und die tote Königin‹«, meinte sie. »Ist das alles, was dabei herauskommt?«

»Ja, außer ...«

In den *Erzählungen aus den tausendundein Nächten* ist in der 576sten Nacht eine Szene eingeflochten, von der ich annehme, daß sie von 'Abd al-Maliks Wunsch und seinem daraufhin erteilten Befehl inspiriert wurde, ob er nun an der Stelle, an der wir uns in Bels Tempel befanden, ausgeführt wurde oder nicht. Die Erzählung heißt »Die Geschichte von der Messingstadt«, und darin reist der Emir Mûsa (zu deuten als der Kalif 'Abd al-Malik) durch eine große Wüste zu einer gewaltigen verlassenen Stadt. Die Tore sind verschlossen. Der Emir verlangt nach einer Leiter. Er steigt über die Stadtmauer, durchstreift die Straßen und gelangt zu einem weitläufigen Grabmal. Innen befindet sich ein Pavillon, der von einer Kuppel überwölbt wird.

Darinnen war ein Baldachin aus Brokat über Säulen aus rotem Golde gespannt. (...) Der Baldachin aber befand sich über einem Springbrunnen, und neben dem Springbrunnen stand ein Lager (...) Auf jenem Lager nun lag eine Maid, herrlich, gleich der strahlenden Sonne, so schön, wie noch nie ein Mensch sie gesehen hatte. (...) Und davor lag eine Tafel, auf der geschrieben stand: »O du, wenn du mich nicht kennst, so will ich dir meinen Namen und meine Herkunft nennen: ich bin Tadmura, die Tochter der Amalekiter, jener Könige, die in Gerechtigkeit über die Länder herrschen.«[3]

Als der unkonventionelle englische Gelehrte Sir Richard Burton im neunzehnten Jahrhundert diese Passage übersetzte, glaubte er, daß diese Frau niemand anderes als die Königin von Saba sein könne, denn mit »Tadmura« wird der Ort bestimmt, da es »Frau aus Tadmor« bedeutet, und Tadmor ist eine früherer Name von Palmyra.

Als der Emir Mûsa vortritt und diese Königin von Saba grüßt, spricht einer seiner Männer zu ihm:

»Allah lasse es dir wohlergehen! Wisse, diese Maid ist tot; in ihr steckt kein Leben mehr. Wie könnte sie da den Gruß erwidern?« Und er fügte hinzu: »O Emir, sie ist eine Gestalt, die mit weiser Kunst hergerichtet ist. Der Leiche wurden die Augen herausgenommen, in die Höhlen ward Quecksilber gegossen, und nachdem dann die Augen wieder an ihre Stelle gesetzt worden, blinken sie wieder, und wenn etwas ihre Wimpern bewegt, so vermeint der Beschauer, daß sie mit den Augen blinzle, obwohl sie tot ist.«

Eine Szene, die das Blut gefrieren läßt.

Es war eine Herausforderung, diesen Abschnitt aus *Die Erzählungen aus den tausendundein Nächten* zu seinen Quellen zurückzuverfolgen und dabei den Spuren des fiktionalen Emir Mûsa und des wirklichen Kalifen 'Abd al-Malik zu folgen. Vielleicht, so, wie die Erzählung nahelegt, begab sich der Kalif wirklich nach Palmyra, um einer Frau die Ehre zu erweisen, die er für die Königin von Saba hielt.

Wir dachten zuerst, das wäre wohl alles, was Palmyra zu der Geschichte der Königin von Saba beitragen kann. Doch dem war nicht so.

Nachdem wir uns ein letztes Mal umgesehen hatten, verließen Cristina und ich Bels Tempel und schlossen uns wieder unserer Gruppe an, die gerade ein Relief untersuchte, auf dem drei verschleierte Frauen dargestellt waren, ein Beweis dafür, daß die Sitte der Verschleierung bei Frauen älter ist als der Islam. Diese Sitte hatte keinen religiösen Hintergrund, sondern sollte die gebärfähigen Frauen vor lüsternen Blicken und Gesten bewahren und sie von Sklavinnen, Dienerinnen und Huren unterscheidbar machen.[4]

Ein paar Schritte entfernt, befand sich, nur schwer zu entdecken, eine zweite Darstellung. Ein Stück Mauerwerk aus dem oberen Bereich von Bels Tempel war schon vor langer Zeit herabgefallen und lag nun quer über zwei kleineren Bruchstücken. Wenn man nicht klaustrophobisch veranlagt war, dann konnte man sich, auf dem Rücken liegend, darunter schieben und ein außergewöhnliches, unverfälschtes Relief betrachten, das kaum

Tempel des Bel: Drei verschleierte Frauen

verwittert war. Ich wartete, bis alle einen Blick darauf geworfen hatten, und schob mich dann als letzter unter den Stein. Nur wenige Zentimeter vor meinem Gesicht sah ich das gemeißelte Bild einer Frau in einem durchsichtigen Kleid (so durchsichtig, wie es bei einem Steinbild möglich ist). Ihr Gesicht war nicht verschleiert und eine Brust unverhüllt. Welch ein Kontrast zu den verhüllten Frauen auf dem Relief nur ein Stück entfernt im Sonnenlicht. War sie eine Sklavin, eine Dienerin oder eine Hure? Nein, denn sie hatte Flügel. Ein Engel? Ihre linke Hand umschloß eine schlangengleiche Weinrebe – oder war es eine weinrebenartige Schlange? Auf dem Kopf trug sie etwas, das an einen Helm erinnerte. War sie eine Kriegerin? Und was war mit ihrer rechten Hand? Wo die Finger sein sollten, befand sich ein Huf. Ich hantierte mit meiner Kamera, um ein Fischaugeobjektiv aufzuschrauben, das in der Lage ist, auf kürzeste Entfernung einen weiten Bereich zu erfassen.

»Dad ... es wird Zeit zu gehen.«

Als ich die Kamera auf den Boden legte und versuchte, sie einzurichten, bemerkte ich die Unruhe um mich herum. Hastige Schritte, leise Erklärungen und ein seltsames Hinundherlaufen.

»Dad, komm sofort dort hervor!«

Tempel des Bel: Nike-Astarte

Ich machte das Bild und kam heraus. Die Sonne wurde von sich auftürmenden schwarzen Wolken aus Sand und Schutt verdunkelt, die auf den Tempel zukamen. Alle rannten zur Schutzhütte am Westtor des Ruinenfeldes. Die meisten von uns schafften es, Cristina und ich allerdings nicht. Der Sand drang in unsere Augen, in die Haare und in unsere Kleider. Es war ein heftiger Wirbelsturm, doch nicht stark genug, um uns in die Luft zu reißen. Es gelang mir, ein paar Bilder zu machen.*

Einige Minuten lang tobte der Wirbelwind über dem Gelände, dann war alles vorbei, und er zog in Richtung Osten über die Wüste. Für den Rest des Tages blieb es bedeckt, die Luft war mit Staub und dem Geruch der Pflanzen erfüllt, die der Tornado entwurzelt hatte.

Bis zu meiner Rückkehr nach Kalifornien, wo der Film entwickelt wurde, habe ich nicht mehr an die Frau auf der Unterseite des Mauersteins gedacht, doch dann dachte ich eine Menge über sie nach.

Tom Parker, einer der Archäologen bei der Exkursion, war der Meinung, es könnte eine Nike-Darstellung sein, eine Variante der geflügelten griechischen Siegesgöttin, und er hatte recht. In Haltung und Kleidung entsprach sie der berühmten Nike von Pantos. Dennoch war mehr an der Frau dran. Die Weinrebe oder die Schlange in ihrer Hand war ein Symbol der Fruchtbarkeit, die hufartige rechte Hand war das Merkmal eines Dämons. Die Frau unter dem Stein erweckte den Eindruck eine Synthese von Nike und … wem noch? Ich war mir nicht sicher, bis ich mehr über Astarte, die allgegenwärtigen Göttin von Palmyra, erfuhr.[5]

Wie die behelmte Nike, so liebte auch Astarte den Kampf und stieg aus dem Himmel herab, um jenen den Sieg zu verheißen, die sie wahrhaft verehrten. Wie ein geheimnisvoll funkelnder Diamant hatte sie viele, sich verändernde Facetten. Sie hatte Attribute einer Fruchtbarkeitsgöttin und einer Göttin der Liebe. Sie war eine Schicksalsgöttin. Als Beltu (»Dame«) bezeichnet, war sie die Gefährtin von Bel (»Herr«). Sie wurde mit dem hellsten aller Sterne, dem Abendstern, assoziiert. Sie war

* Siehe Abb. 16 und 17 im Bildteil in der Mitte des Bandes.

der Mond. Sie war die Königin des Himmels. Sie war nicht die Göttin eines Kulturkreises, sie war die Königin von allen. Sie war bei den Babyloniern als Ischtar bekannt, bei den Arabern als Allat oder Attar, und bei den Kanaanitern und Israelis wurde sie Asthoreth genannt.

Und nach der Meinung einiger war Astarte die Königin von Saba.

Der umfangreichen, hypothetischen Theorien müde, war ich zuerst ziemlich skeptisch dem gegenüber, was der deutsche Gelehrte Erich Zehren über die Königin von Saba zu sagen hatte. Er behauptet, der Schlüssel zu ihrer Identität läge in der Stelle ihres Erscheinens vor Salomon im Ersten Buch der Könige, wenn man sich in Verbindung dazu die Stelle betrachte, wo Salomon sich von Jehova ab- und anderen Göttern zuwendet. Im Ersten Buch der Könige, Kapitel 11, Vers 5, steht: »Also wandelte Salomon Asthoreth, der Göttin derer von Sidon, nach ...« (Sidon ist eine Stadt in Syrien, die schon vor dem Aufstieg von Palmyra existierte.) Zu Ehren der Asthoreth errichtete Salomon auf einem Hügel südlich des Ölberges gegenüber von Jerusalem eine Reihe von Säulen.

Zehren schreibt, daß diese Stelle sich auf den vorherigen Besuch der Königin von Saba bezieht, die, wie er meint, *eine Inkarnation von Asthoreth* ist und in den Text des Ersten Buchs der Könige aufgenommen wurde, um Salomon zu glorifizieren. Dies geschieht, indem die Königin von Saba – gemeint ist Asthoreth – seine Stellung als mächtiger und weiser König bestätigt und damit auch Jehova, den Gott der Israeliten, als den überlegenen Gott der Zukunft anerkennt. In Gestalt der Königin von Saba ist Asthoreth überschwenglich in ihrer Lobpreisung: »Selig sind deine Leute und deine Knechte, die allzeit vor dir stehen und deine Weisheit hören. Gelobt sei der Herr, dein Gott, der zu dir Lust hat, daß er dich auf den Stuhl Israels gesetzt hat.«

Im zehnten vorchristlichen Jahrhundert brauchten Salomon und Jehova jede Unterstützung, die sie kriegen konnten. Die Israeliten kamen aus dem kanaanitischen Kulturkreis, wendeten sich aber nur widerstrebend von den Göttern Kanaans ab. Was wäre da besser, als wenn einer dieser Götter – Asthoreth – Salomon und seinem Gott seine Bewunderung aussprach? Ein im Mittleren Osten immer wiederkehrendes Motiv der Mythologie ist *das Eintreten einer Göttin für den Helden. Und wenn das geschieht, dann nimmt sie eine menschliche Gestalt an*. In Homers *Odyssee* erscheint Athene am Strand, um Odysseus zu helfen, und so erscheint Asthoreth auch vor Salomon.

Wenn diese Darstellung der Königin von Saba auch sehr von der Mythologie bestimmt ist, ergibt sie für mich doch Sinn. Selbst wenn ich herausfand, daß die Königin von Saba eine absolut weltliche Frau war, würde für mich doch immer der Aspekt der Asthoreth in ihrer Geschichte eine Rolle spielen. Sie half Jehova in seinem Kampf gegen die machtvollen, ihn umgebenden Naturgottheiten – sie selbst eingeschlossen –, die die Menschen mit Schrecken erfüllten, da sie Seuchen und Hungersnöte heraufbeschworen, Stürme entfesselten und schreckliche Gewitter schickten. Selbst die Israelis, die Jehova verehrten, hatten das übermächtige Gefühl, die lang bekannten heidnischen Gottheiten zur Kenntnis nehmen und sie beschwichtigen zu müssen. Am Ende seines Lebens konnte sich sogar Salomon ihrer Anziehungskraft nicht entziehen und logischerweise auch die Generationen nach ihm nicht. Ungefähr vierhundert Jahre später schreibt der Prophet Jeremia über eine Vision, in der sich Jehova beschwert: »Denn siehst du nicht, was sie tun in den Städten Judas und auf den Gassen zu Jerusalem? Die Kinder lesen Holz, so zünden die Väter das Feuer an, und die Weiber kneten den Teig, daß sie der Himmelskönigin Kuchen backen …«

Asthoreth, die Himmelskönigin.

Den ganzen Nachmittag war der Himmel dunkel, ein Zeichen für den Zorn der Götter. Vereinzelt war Regen auf die Steinmale und den trockenen Sand gefallen. In der Abenddämmerung brachte uns der Bus einen gewundenen Weg zu den Ruinen einer Festung auf einem nahe gelegenen Berg, von wo aus wir einen guten Blick über Palmyra hatten. Ohne viel zu reden, beobachteten wir, wie die unter uns ausgebreitete, farbenprächtige

Schönheit von der Nacht verschlungen wurde. Palmyra und seine Geister: eine Stadt, gebannt in dem Zauber von Zenobia, der Königin von Saba und Asthoreth, der Himmelskönigin.

Ein Donner grollte, und in der Luft lag das Knistern von statischer Elektrizität. Zuerst kaum wahrnehmbar, wurde es lauter. Mit der beiläufigen Bemerkung: »Ich bin nicht beunruhigt, doch was hältst du davon?« meldete sich Cristina, und ich schaute hinunter, um mich zu vergewissern, was sie wohl bemerkt hatte.

Um meine Wanderschuhe herum vibrierte der Sand. Kleine Muscheln wurden hochgeschleudert. Ein Blitz zuckte. Ich blickte auf. Cristinas Haar, das Haar aller hier Versammelten stand zu Berge. Regen setzte ein, und ich konnte nichts mehr durch meine Brille erkennen.

»Dad, es gibt im Moment vielleicht bessere Orte, als auf einer Festungsruine mitten auf einer Bergkuppe zu sein«, gab Cristina zu bedenken.

IV

Wo wir uns in ein Land der Gewürze und Wohlgerüche begeben

12
Ins weit entfernte Arabien

»Im Jemen«, so meinte der Angestellte der Fluglinie vertraulich, »gibt es viele kleine Balqis. Mädchen erhalten sehr häufig diesen Namen.« Mit einem Lächeln händigte er mir mein Flugticket der jemenitischen Fluggesellschaft aus und wünschte mir: »Eine Gute Reise!«

Ich war dabei, Königinnen von Saba zu sammeln: eine aus Nordwestarabien und eine Königin von Saba in dem verwunschenen Palmyra. Die erste war fragwürdig, doch ganz konnte man sie auch nicht ausschließen. Die zweite war überzeugend, doch ein Mythos, Astarte, die auf die Erde gekommen war.

Später an diesem Tag trafen die restlichen Teilnehmer der Expedition – die diesmal auf der Suche nach der Königin von Saba in den Jemen führte –, aus Kalifornien und Brasilien kommend, auf dem Flughafen von Amman in Jordanien ein. Es waren zwei Personen, David Meltzer und Ricardo de Monte Rosa. Cristina hätte sich uns gern angeschlossen, aber sie mußte in ein paar Tagen wieder an ihrem Arbeitsplatz in Los Angeles sein.

Ich kenne David Meltzer nun schon seit fast dreißig Jahren. Er ist Psychoanalytiker in Beverly Hills, hat ein zerfurchtes Gesicht und, da bin ich mir sicher, ist ein genauer und nachdenklicher Zuhörer bei seinen Sitzungen. Doch wie alle in meiner Familie nur zu gut wußten, ist er auch zu einer überschäumenden Begeisterung fähig. Dann rast er mit seinem Rennrad durch die Gegend, dokumentiert Freud und Leid des Lebens mit seiner alten Leica, und vor zwei Jahren hatte er mit Kay und mir die Wüsten Arabiens durchquert. Er liebt die Wüste – auf Hochzeiten der Landbevölkerung zu tanzen und mit den Beduinen auf Zielscheiben zu schießen. Wann immer es ihm möglich ist, ruft er pflichtbewußt seine Patienten an, die meist besorgt sind, ob er jemals wieder zurückkehren wird.

Als Davids alter Freund Ricardo de Monte Rosa von dessen Begeisterung für Arabien erfuhr, fragte er, ob er am nächsten Unternehmen teilnehmen könne. Um was es dabei ginge und wohin die Reise genau führen würde, spiele keine Rolle. Und wenn es die Jagd auf eine schon lange tote Königin wäre, dann sei das auch in Ordnung. Ich hatte den Knaben noch nie gesehen und wußte nicht, wie er im Jemen, wo alles mögliche, und meistens war es etwas Schlechtes, passieren konnte, zurechtkommen würde. Er war ein jovialer Mensch mit funkelnden Augen hinter einer Stahlrahmenbrille, und man konnte durchaus sagen, er war ein Lebemann. Im Normalfall hatte er eine gute kubanische Zigarre in der einen und einen Drink in der anderen Hand – wenn es ganz hart kam, dann war es ein Glas, das er sich aus seiner silbernen Taschenflasche mit brasilianischem Chachaca eingeschenkt hatte. Das war aber auf den Abend beschränkt, während des Tages bediente er das Satellitennavigationsgerät. Da wir uns auf sehr unbestimmten Pfaden bewegten, mußte er eine Meisterleistung vollbringen, um unseren Weg zu dokumentieren. »Es ist eine Kunst, mit dem Dschungel, der Wüste, dem Wein und den Frauen zurechtzukommen«, war sein Kommentar dazu. »Und ich bin ein Künstler.«

David und Ricardo hatten freudig meiner einzigen Bedingung für die Teilnahme an diesem Abenteuer zugestimmt: keine Klagen über Hitze, Sand, Ungeziefer, Essen, Ungewißheiten oder Gefahren.

Wie man es von Entdeckern erwartet, unternahmen wir zur Vorbereitung eine Wanderung im südlichen Jordanien, einer Gegend, die von hellbraunen und roten Sandsteinformationen durchzogen und von schattigen Schluchten bestimmt ist. Cristina begleitete uns auf diesem dreitägigen Probemarsch und war eine immer präsente Stimme der Vernunft, die uns mahnte: »Wäre es nicht besser, darum herumzugehen, statt darüberzuspringen und sich den Hals zu brechen?« Wir gewöhnten uns an Temperaturen von über vierzig Grad und entwickelten Routine im Umgang mit Karten, Kompaß und unseren Satellitennavigationsgeräten – zumindest bis zu einem gewissen Grad. Einmal waren es nicht die Satelliten, sondern Cristinas Instinkt, der uns aus einer mit Büschen übersäten Schlucht herausführte.

Wir machten in einer mit Gras bewachsenen Mulde Rast und suchten zusammen, was als unsere Notration gedacht war: Erdnußbutter, getrocknete Aprikosen und Käse.

»Warum nur dieses Unternehmen?« fragte Cristina. »Ist es nicht widersinnig, daß drei erwachsene Männer ...«

»Das Leben ist nun einmal widersinnig«, unterbrach sie David.

»Und das Leben ist wie eine Frau«, fügte Ricardo hinzu.

»Weil ...«, hob ich zu antworten an, und dann fehlten mir die Worte.

»Nun, wenn du dir darüber im klaren bist«, meinte Cristina gutmütig, »dann laß es mich wissen, und ich werde es jedem erzählen, einschließlich deiner Frau.«

Am nächsten Tag verabschiedete uns Cristina am Flughafen, wo wir uns an Bord einer Maschine der jemenitischen Fluggesellschaft begaben, die ausschließlich Raucherplätze hatte. Als sich das Flugzeug vom Gate wegbewegte, liefen Stewardessen und Stewards die Gänge auf und ab, wobei sie mit den Armen fuchtelten, als ob sie sich einen Weg durch die Rauchschwaden bahnen wollten. Dabei riefen sie unentwegt in einem Tonfall, als ob sie es mit unartigen Kindern zu tun hätten: »La tdakhin! La, la, la!« Nicht Rauchen! Nein! Der Mann auf dem Platz vor mir schob seine Zigarette verstohlen unter seinen Fez, andere machten sie aus, aber nur, um sie sofort wieder anzuzünden, sobald sich das Kabinenpersonal für den Start angeschnallt hatte.

Die nächsten Stunden verbrachte ich damit, den Fez zu beobachten, der im Sitz vor mir auf und nieder tanzte – es schien, als ob er ein eigenes Leben führte und sich manchmal in unmögliche Richtungen bewegte –, oder aus dem Fenster zu sehen, wo verschwommen die karge Wüste Saudi-Arabiens endlos und hypnotisierend unter uns vorbeizog. Was für eine Herausforderung muß es für eine Königin von Saba – oder jeden anderen – gewesen sein, eine Durchquerung dieses Landstrichs vom weit entfernten Jemen aus zu bewerkstelligen. Dennoch hatten Tausende und Abertausende von Karawanenführern mit schwerbeladenen Kamelen vor langer Zeit diese weit über zweitausend Kilometer lange Reise nach Jerusalem und anderen Städten der Antike unternommen. Und das war nur die erste Hälfte der Reise, denn sie würden im Wettlauf mit der Frühjahrshitze, die die Wüste aufheizte, versuchen, noch im gleichen Jahr in ihre Heimat zurückzukehren.

Ihre Route – die Straße der Düfte – würde unseren Weg bestimmen.

Weihrauch, der edelste aller Duftstoffe, ist nichts weiter als das Harz eines knorrigen Baumes, der an den der Wüste zugewandten Nordhängen des Dhofar-Gebirges wächst, das heute im Gebiet des Sultanats Oman liegt. Man schlägt die Rinde des Baumes ab, der Saft tritt aus und beginnt sich an der Luft schon bald zu verhärten. Dann wird er abgekratzt und in Körben abtransportiert. Im Altertum hatte Weihrauch kaum einen Wert – bis er seinen Weg nach Norden gefunden hatte, wo er in Tempeln begehrt war, um die Götter zu erfreuen, und in Privathäusern, um Wohlgeruch zu verbreiten. In Rom war Weihrauch so wertvoll wie Gold.[1]

Im Jemen wollten wir, so gut es ginge, der Weihrauchstraße die ersten paar hundert Kilometer folgen. Wir würden drei Stadtkönigtümer durchqueren, die vor langer Zeit ihre Blütezeit hatten. In jenen Zeiten schickten sie Karawanen aus, die nicht nur mit Weihrauch, sondern auch mit Gold, Gewürzen und Edelsteinen beladen waren. Diese Königreiche waren Hadramaut, Qataban und Saba, das mächtigste der drei. Obwohl sie erbitterte Feinde waren und andauernd im Streit lagen, hatten sie doch eine gemeinsame Architektur, Schrift und Religion, nämlich die des dominierenden Saba.[2]

Um unseren Weg zu finden, hatten wir glücklicherweise Luftaufnahmen, die uns zwei gute Freunde und Wissenschaftler am Jet Propulsion Lab, Ron Blom und Bob Crippen, angefertigt hatten. Ich hatte die ursprünglichen Karten mit einem Farbkopierer auf ein Dutzend Seiten kopiert und brütete nun, wie schon viele Male zuvor, über ihnen, um herauszufinden, welchen Weg die Karawanenstraße wohl von einem der arabischen Stadtstaaten zum anderen genommen hatte.

Das Flugzeug geriet in Turbulenzen, was meinen Überlegungen ein Ende setzte. Der Fez vor mir ruckte nach links und hätte eigentlich vom Kopf seines Trägers fallen und den Gang entlangrollen müssen, doch er tat es nicht. Unter mir wurde die beigefarbene Wüste vom Grün einer landwirtschaftlich kultivierten Hügellandschaft abgelöst, auf die zerklüftete Berge folgten. Wir hatten Saudi-Arabien hinter uns gelassen und flogen in den Jemen – und in den Bereich, der durch unsere Luftaufnahmen abgedeckt war. Indem ich die aus 650 Kilometer Höhe gemachten Aufnahmen mit meinem Blick aus sechs Kilometer Höhe auf die Erde verglich, war ich in der Lage, unseren Anflug auf die Hauptstadt Sanaa zu verfolgen.

Die Ankunftshalle war überfüllt mit heftig gestikulierenden Passagieren, die riesige, prall gepackte Kartons, Lattenkisten mit Küchenzubehör und Traktorreifen in Empfang nahmen. Schwerbewaffnetes Militär, bekleidet mit einer Auswahl von selbstgeschneiderten Uniformen, schaute mit glasigem Blick in die Runde, wobei die Backen der Männer vom Kauen der Droge Kat ausgebeult waren. Als ein Mann mit riesigen roten Schulterstücken unser Gepäck erspähte, gab er David, Ricardo und mir in offiziellem Tonfall die Anweisung: »Aufmachen! Alles aufmachen! Alles aufmachen!« Wir begannen damit, die Schnallen und Reißverschlüsse zu öffnen, doch es wurde ihm zu langweilig, und er rief: »Ha! Ha! Zumachen! Zumachen! Alles zumachen!« Es bestätigte sich, was ich schon in einem ehemals geheimen Bericht des amerikanischen Außenministeriums gelesen hatte, auf dessen erster Seite lediglich der Satz stand: »Die Jemeniter haben ein Talent, ein Chaos auszulösen.«

Vor uns, über der brodelnden Menge, winkte jemand mit dem Arm; ein gutaussehender, schnauzbärtiger, adlergesichtiger Mann, der sich als Hussein al-Arhabi, unser Führer für die vor uns liegenden Wochen, vorstellte. Er war ein liebenswürdiger Kerl, bekleidet mit einem tadellosen beigefarbenen Gewand und einem orangebraunen Turban. In seinem Gürtel steckte ein Krummdolch in einer silbernen Scheide.

Auf dem Weg nach Sanaa zeigte uns Hussein eine Reihe von neuen Gebäuden, deren Fertigstellung aber nicht so recht vorankam. Ein beeindruckendes Geschäftsgebäude, obwohl fertiggestellt, war noch nicht bezogen worden. Bei der Grundsteinlegung hatte der Bauherr auf bestimmte Rituale verzichtet, die der Vorsicht dienten, und so hatten sich Dschinnen, die es überall im Jemen gab und die zu nichts nütze sind, darin eingenistet. Wenn man das Gebäude betrat, dann bestand die Gefahr, daß man von unsichtbaren Händen von Raum zu Raum gedrängt oder sogar aus dem Fenster geworfen wurde.

Die Straße entlang, vorbei am Saba-Supermarkt und am Saba-Lampengeschäft, ließen wir unser Gepäck im Taj-Sheba-Hotel und begaben uns in die von einer Mauer umschlossene Altstadt von Sanaa und damit in ein Leben wie in *Tausendundeiner Nacht*. Männer mit hennarot gefärbtem Haar und Blumen in ihren Turbanen ... Frauen von Kopf bis Fuß schwarz verschleiert ... verkrüppelte Bettler, die von Gestank umgeben waren. Von Hussein geführt, wurden wir zum Teil einer Menschenmasse, die sich ihren Weg durch einen Irrgarten von vierzehntausend reichverzierten Häusertürmen, sechs bis zehn Stockwerke hoch, bahnte. Es war eine sehr alte Stadt, gegründet, so wird berichtet, nach der Sintflut von Sem, dem Sohn von Noah.

Wir kamen an einem Kamel vorbei, dem man die Augen verbunden hatte und das endlos im Kreis lief, um eine Mühle anzutreiben, in der Sesamkörner zu Öl gemahlen wurden. Hussein erklärte uns, wenn man dem Kamel nicht die Augen verbände und es sehen könnte, was es tat, dann würde es, sobald es feststellte, daß es keinen Meter weiter gekommen war von dem Punkt, wo es vor Jahren losgelaufen war, verrückt werden. Ein paar Schritte weiter kauerte ein Mann mit glänzenden Augen neben einem Schubkarren, der mit Flaschen und Ampullen von Medikamenten überladen war, die ihr Verfallsdatum schon lange überschritten hatten. Hussein zeigte uns die dampfenden Kuppeln eines *Hammam*, eines türkischen Badehauses aus dem vierzehnten Jahrhundert. Wir beschlossen, die düsteren Korridore und Räume des Badehauses aufzusuchen. Es war wie einem bösen Traum entsprungen, außer daß die Gesichter der Aufseher des Bades in dem Dampf nett und zuvorkommend erschienen. Wir kehrten auf die Straße zurück und stimmten darin überein, daß, obwohl wir nur ein paar Minuten darin und dazu noch vollständig bekleidet gewesen waren, wir uns deutlich erfrischt fühlten. Wir betraten eine enge, gewundene Gasse, deren Mauern mit einer dicken Rußschicht überzogen waren. In winzigen Nischen saßen mit übergeschlagenen Beinen aschgraue Männer und schmiedeten im Lichtschein ihrer Schmelztiegel und im Funkenregen aus geschmolzenem Eisen und Stahl Scheren und Dolche.

Dunkle Wolken versperrten dem wenigen Sonnenlicht, das in die Altstadt hinabdrang, den Weg. Regen setzte ein. Aus den Wasserspeiern der Dächer ergossen sich Sturzbäche, und die Straßen wurden überflutet. Als ich nach oben blickte, beleuchtete ein Blitz das Gesicht eines ernsten kleinen Mädchens, das ausdruckslos aus einem Fenster blickte. Das Fenster war rings herum weiß getüncht, um die Dschinnen daran zu hindern, des Nachts zusammen mit dem kühlen Luftzug in das Haus zu gelangen.

So schnell, wie sie gekommen waren, verzogen sich die Regenwolken in die jemenitischen Berge. Sie würden auflockern und sich schließlich in der östlich gelegenen Wüste gänzlich auflösen.

Wir feilschten um eine verbeulte Butangasflasche, kauften eine Schachtel Kit-Kat-Riegel und einen Teppich aus Kamelhaar, den wir auf dem Sand ausbreiten könnten. David und Ricardo wollten sich wie Beduinen kleiden, also suchte Hussein einen Schneider, der ihnen im Licht einer Gaslampe ihre Gewänder nähte. Während ich auf der steinernen Türschwelle wartete, beobachtete ich auf der anderen Seite eines unregelmäßigen Platzes einen verhutzelten alten Mann, der in einem Lichtfleck unter einem offenen Eingang saß, in einem riesigen Folianten blätterte und dabei ab und zu an einer blubbernden Hookah sog.

David und Ricardo sahen in ihren Wüstengewändern aus wie Lawrence von Arabien. Der Schneider machte die Gaslampe aus und warf seinen Müll auf die Straße, wo er den Ziegenherden, die bei Nacht durch die Stadt getrieben wurden, als Futter dienen würde.

Früh am nächsten Morgen trafen wir uns mit unserem Führer Hussein im Taj-Sheba-Hotel. Eine bekannte, auffallende Gestalt schlenderte durch die Halle. »Neck-holas Daoud!« (Ein breites Lächeln und eine herzliche Umarmung.) »Wie geht es dir?« Es war Hussein al-Ajlan, unser Fahrer auf einer früheren Tour durch den Jemen. Er stand breitbeinig da wie ein Sumo-Ringer und hatte auch die entsprechende Schulterbreite, und ganz genau wie diese konnte er sich aber mit der Geschwindigkeit und Geschmeidigkeit einer Katze bewegen. Sein Blick fiel auf Ricardo: »Und wer bist du?«

»Ich bin Ricardo.«

»Ree-car-e-do. Bist ain Ital-iener?«

»Brasilianer.«

»Ah, das ist besser. Alle Leute aus Ital-ien, sie sprechen sehr weich, doch sind sehr klein.« Seine Stimme wurde sehr dünn: »Ah-lora. Mul-ti bene. Graz-z-z-ia.« Dann sprach er wieder mit seiner normalen Stimme: »Kommt, wir treffen Ibn al-Qad, alles ist schon fertig.«

Er führte uns nach draußen zu »dem Sohn eines Kamels«, seinem von Wüstenfahrten schon stark mitgenommenen Toyota Land Cruiser. Seit unserer letzten Fahrt mit ihm hatte Hussein die Bremsen erneuert und einen kleinen Samtvorhang am Armaturenbrett angebracht, der den neuen Kassettenrecorder vor Sand schützen sollte.

»Aber, da sei Gott vor, Hussein, wir wollen doch kein Geld für neue Reifen ausgeben«, meinte David, als er diese potentielle Schwachstelle bemerkt hatte.

»Die gleichen wie letztes Mal«, bestätigte Hussein mit einem Nicken. »Doch damit wird es keine Schwierigkeiten geben. Inschallah.«

Uns schloß sich ein Mann an, der zwei große weiße Plastiksäcke trug. Bis zu diesem Zeitpunkt kannte ich ihn nur über die Faxe, die wir ausgetauscht hatten. Es war Mohammed Oman. Er hatte die beiden Husseins, den Führer und den Fahrer, für uns angeheuert und gab uns nun einen Haufen Banknoten des jemenitischen Rial, der groß genug war, um einen Rucksack damit zu füllen. Er hatte sie gegen die Reiseschecks eingetauscht, die wir gestern unserem Führer Hussein ausgehändigt hatten. Ohne Mohammeds Unternehmen wäre das Abenteuer, das nun vor uns lag, unmöglich durchzuführen gewesen. Gerade mal zwei Monate vor unserer Ankunft hatte er die Genehmigung für uns erhalten, der Karawanenstraße zu folgen. Mit typisch arabischem Elan hatte er gefaxt:

Mr. Naser Zaied (der König der Wüste – wie ich ihn nenne) hat VERSPROCHEN, Sie persönlich zu den Orten zu begleiten, die Sie besuchen wollen!!! TROTZDEM/IMMER NOCH sind diese Orte für normale/gewöhnliche Touristen NICHT zugänglich!!!! Ich glaube, daß wir Mr. Naser einen ZUSÄTZLICHEN Betrag ZAHLEN müssen!!! Ich habe keine Ahnung, wie hoch der Betrag sein wird, werde aber jeden möglichen Druck ausüben, um ihn so gering wie möglich zu halten!!!

An diesem Nachmittag sollten wir Scheich/Mr. Naser Zaied, den König der Wüste, treffen. Mehr noch, Mohammed erklärte, daß er schon einen sehr guten Handel über das abgeschlossen hatte, was er Mr. Naser einen ZUSÄTZLICHEN Betrag ZAHLEN müssen!!! genannt hatte.

Wir verstauten unsere Sachen im Land Cruiser und befanden uns schon bald auf dem Weg aus Sanaa hinaus zu einem Plateau in den Bergen. Wir sprachen darüber, wie wir unsere zwei Husseins nennen sollten. Nachdem wir eine Zeitlang darüber diskutiert hatten, entschlossen wir uns, die beiden Namen unterschiedlich zu betonen, ein fragendes »Hussein« für unseren Führer und ein bestimmendes »Hussein« für den Fahrer. Gleichzeitig benannten wir die zwei nach ihrer Herkunft: Berg-Hussein al-Arhabi und Wüsten-Hussein al-Ajlan.

Es dauerte nicht lang, dann standen wir vor der ersten von vielen Straßensperren. Ein Askari, ein heruntergekommener Vertreter der Miliz, wies uns an: »Hier bleiben, wo Sie sind« und nicht weiterzufahren, bis ein Konvoi aus Fahrzeugen zusammengestellt war, die alle in die Wüste wollten. Die nächsten ungefähr einhundert Kilometer würden durch das Gebiet von räuberischen, aufständischen Scheichs und ihren Anhängern führen, die, wenn es ihnen gefiele, die Straße mit bewaffneten Fahrzeugen versperrten, wie sie es erst vor einiger Zeit für drei Monate getan hatten. Ein Pickup mit einem auf die Ladefläche montierten Kaliber-50-Maschinengewehr und besetzt mit einem Dutzend bewaffneten Askaris setzte sich vor unseren Land Cruiser. Einige Fahrzeuge weiter hinten reihte sich ein zweites Fahrzeug mit einer doppelläufigen Flak ein, deren Rohre nicht etwa in den Himmel zeigten, sondern waagerecht ausgerichtet waren, um einem Angriff vom Boden her begegnen zu können. Wüsten-Hussein holte seine Kalaschnikow unter dem Sitz hervor, schob ein Magazin hinein und überprüfte dann das Magazin seiner 45er-Automatik. Er trug zwei Dolche, einen zur Zierde, den anderen für den Nahkampf, an seinem Gürtel (»Arsenal« kommt aus dem Arabischen von *dar as-sinaa*). Hussein streckte sich, machte es sich bequem und ließ die Kupplung kommen. Der Konvoi setzte sich in Bewegung und schlich schon bald die Serpentinen an einer Steilwand hinab zur Wüstenebene, die fast zweieinhalbtausend Meter unter uns lag.

Jemeniter, ob in den Bergen oder in der Wüste, orientieren sich an Landmarken, die Amerikaner oder Europäer kaum wahrnehmen würden – einer Quarzader in einer Abbruchstelle zum Beispiel oder einer gräulichen Sandfläche. Oftmals sind Landmarken einfach nur eine Stelle, wo im letzten Jahr oder auch vor tausend Jahren irgend etwas passiert ist. »Eines Nachts bin ich hier vorbeigekommen«, erinnerte sich unser Berg-Hussein, als wir ein halbes Dutzend Serpentinen nach unten hinter uns gebracht hatten, »und sah einen toten Mann auf der Straße liegen. Kein Problem. Er war tot. Ich nicht. Ich fuhr weiter, doch als ich später in der Nacht zurück auf meinem Weg nach Sanaa war, sah ich eine Menschenansammlung, und ich konnte nicht anders und hielt an. Der Tote lag noch da, und einer aus der Menge rief: ›Jemand *aus Arhab* hat meinen Freund ermordet!‹ Du weißt, ich bin Hussein al-Arhabi – aus Arhab. Ich versuchte zu lügen. Ich sagte: ›Nein, nein, ich … bin aus Hajeed.‹ Das nahmen sie mir nicht ab … Ich rannte zum Auto zurück und floh. Mann! Sie verfolgten mich mit ihren Wagen. Die Steine auf der Straße brachten mich ins Schleudern. Ich fuhr immer weiter. Was für eine schlimme Nacht! Was für eine schlimme Nacht!«

Ich fragte mich, was dieser Tag wohl bringen würde. Im Rückspiegel auf meiner Seite sah ich den Wagen mit dem Flakgeschütz ein Stück hinter uns die Gegend absichern. Der Sprecher des jemenitischen Parlaments hatte erst kürzlich verlautbart: »Die Entführungen sind ein Erlebnis für die Touristen, denn die Touristen erfahren im Endeffekt viel von den Gebräuchen der Stämme und lernen die ausgezeichnete Gastfreundschaft kennen.« Eine Zeitung in Sanaa hat daraufhin vorgeschlagen, das Tourismusministerium in Entführungsministerium umzubenennen.

»Sie entführen dich und sperren dich in ihrem Haus ein«, erklärte Wüsten-Hussein. »Aber du darfst die Botschaft anrufen, damit jeder weiß, daß es dir gut geht. Sie wollen dir nichts antun. Sie wollen dich gegen den Bau einer Schule, einer guten Straße, eines neuen Brunnens eintauschen. Einen neuen Toyota oder Explorer vielleicht. Schwarz ist eine gute Farbe.«

Er fuhr fort: »Also ist es unsichtbar, in der Wüste zu sein.«

»Unsichtbar?« hakte Ricardo nach.

»Unsichtbar! Es ist unsichtbar, die Wüste zu besuchen!«

»Unsicher?« schlug David vor.

»Ja, es ist unsicher. Die ganze Reise ist sehr gefährlich!«

Das führte zu einer tiefgründigen Auseinandersetzung zwischen den beiden Husseins.

»Wir machen es!«

»Egal wie, wir machen es!«

»Wir sinn verrückte Beduinen. Gaanz verrrückt!«

»Verrückte Beduinen sinn wir!«

Sie lachten und schlugen sich auf die Schenkel, als wir die letzte Kurve in die rauhe Gesteinswüste nahmen. Hinter uns und an unseren Seiten erhoben sich blaßblaue Berge, nur nach Osten lag das Land offen da. Dort am Horizont schimmerte der Anfang jenes großen Sandmeeres, das man Rub' al-Khali, das leere Viertel, nennt. Fast als hätte die Straße Angst vor dieser

Leere, machte sie einen Bogen nach Süden. Als wir uns einem Kontrollpunkt näherten, der von einer Artilleriestellung gedeckt wurde, verlangsamten wir die Fahrt. Dort wendeten unsere Begleitfahrzeuge, um einen Konvoi nach Sanaa zurückzuführen. Jetzt waren wir auf uns selbst gestellt.

Sand überzog den Asphalt. Wir fuhren weiter, durch eine Landschaft von brütenden, schon lange erloschenen Vulkanen, zu den alten und neuen Städten von Ma'rib. Das alte Ma'rib konnte gut Kitor sein, die sagenhafte Hauptstadt des Reichs der Königin von Saba. Und es würde für uns die Zeit kommen, die Überreste des alten Ma'rib zu untersuchen, doch jetzt hatten wir zuerst einiges im neuen Ma'rib zu erledigen, einer Ansammlung von Gebäuden aus Beton und Schlackeziegeln, dazwischen Höfe, in denen das Gerät für die Ölsucher in der Rub' al-Khali lag. Wir mieteten uns in einem Hotel mit dem Namen »Der Garten der zwei Paradiese« (der Bezeichnung von Ma'rib im Koran) ein, und dann überquerten wir den staubigen Parkplatz des Hotels, um Scheich Naser Zaied, den König der Wüste, zu treffen, der in einem verzierten Lehmgebäude direkt daneben lebte. Eine Gruppe von bewaffneten Gefolgsleuten des Scheichs gab uns mit Gesten zu verstehen, daß wir unsere Schuhe ausziehen sollten, und dann betraten wir Nasers *Mifraj*, sein Empfangszimmer.

Der große, weißgetünchte Raum war vollgestopft mit Zweigen. Auf Kissen, die an den Wänden entlang auf dem Boden lagen, saßen ungefähr zwanzig Männer mit glasigem Blick, die die glänzenden Kat-Blätter von den Zweigen lösten und sie kauten, bis ihre Backen aussahen, als befänden sich Golfbälle darin. Ein schlanker, aber drahtiger Mann, Mitte Dreißig, Scheich Naser, bot mir einen Platz an seiner Seite an und reichte mir einen Zweig. Ich lehnte höflich ab und gab den Zweig an unseren Wüsten-Hussein weiter, der erklärte: »Es ist heiß heute. Kat ist gut bei der Hitze. Kat hilft der Blutzirkulation!«

Scheich Naser sprach nur wenig, mit langen, unangenehmen Pausen und mürrischen Blicken, was für einen Herrscher seiner Art nur natürlich ist. Als ich ihm unsere Reiseroute erklärte, nickte er und warf einen flüchtigen Blick auf die beiden

Satellitennavigationsgeräte, die wir zur Orientierung benutzen wollten. Er bedauerte, daß wichtige, aber nicht näher ausgeführte Gründe ihn daran hinderten, uns zu begleiten. Er beugte sich zu einem schlanken Mann mit einer Goldrandbrille, dessen Zähne, man konnte es bei seinem häufig zur Schau gestellten Grinsen sehen, auch aus Gold waren. Das war Ali al-Sharif, der Cousin des Königs der Wüste. Wie wir herausfinden sollten, hatte er eine katzenhafte Art. Seine geschmeidigen Bewegungen bildeten einen deutlichen Gegensatz zu der ebenfalls katzenhaften Erscheinung unseres Wüsten-Husseins, der doch eher einem fetten Kater glich. Unterschiedliche Katzenarten – der Leopard, die nur selten anzutreffende Katze der Wüste –, ganz in der Wüste zu Hause und in der Lage, innerhalb eines Blinzeln ihrer gelben Augen aus dem Halbschlaf in höchste Alarmbereitschaft zu geraten. Obwohl erst Ende Zwanzig, kannte Ali die Wüste; sein Vater und Großvater waren Karawanenführer gewesen, und vielleicht hatte einer seiner frühen Vorfahren der Königin von Saba den Weg gezeigt. »Wenn nötig«, so stellte Ali die militärische Macht von Scheich Naser heraus, »dann verfügt er über fünfhundert Männer. Und er kann noch mehr herbeirufen.«

Der Scheich meinte abschließend: »Inschallah, ihr werdet eine gute Reise haben.« Und dann fügte er mit einem Augenzwinkern hinzu: »Vielleicht kommen wir des Nachts und stehlen eure Satellitenmaschine!«

Wir verabschiedeten uns und trafen Vorbereitungen für den nächsten Tag. Ein Klappern an der Hinterachse vom Land Cruiser des Wüsten-Husseins mußte untersucht werden. Alle außer mir würden sich in der Abendkühle um das Aufstocken unserer Lebensmittelvorräte kümmern. Ich nutzte die Zeit, um mich ein letztes Mal mit den Pilotenkarten (entwickelt für den Gebrauch in Flugzeugen) und unseren Satellitenbildern zu beschäftigen. In einen Segeltuchsessel in der Lobby des Hotels versunken, markierte ich die wichtigsten Orientierungspunkte sowohl auf der Karte als auch auf den Satellitenbildern, dann ermittelte ich den Längen- und Breitengrad, damit wir die Position in unser Satellitennavigationsgerät eingeben konnten.

Es war schon lange nach Einbruch der Nacht, als ich das Geräusch von Autoreifen auf Kies hörte. Ich ging hinaus und half den anderen, zwanzig Literkanister mit Wasser und ebensolche Gasflaschen auf den Dachgepäckträger des Land Cruiser zu heben, wo sie von Wüsten-Hussein festgezurrt wurden. Die Einkaufstour war nicht besonders erfolgreich gewesen: ein Bündel Bananen, ein paar Fleischkonserven, ein Karton mit Eiern und Säcke voll Reis, Zucker und Kaffee.

»Ist das alles?«

David und Ricardo zuckten ergeben mit den Schultern; das war alles, was sie hatten auftreiben können. »Und wir haben noch etwas mehr von dem Käse bekommen – das ist doch nicht schlecht.«

»Mach dir keine Sorgen, Nicholas, keine Sorgen«, beruhigte mich Wüsten-Hussein vom Dach herab. »Inschallah!«

Noch vor der Morgendämmerung holperten wir ostwärts auf einer Asphaltstraße, die zu einem Ölcamp führte. Der Tag brach an, und im blassen Blau konnten wir in einiger Entfernung die Umrisse flacher Dünen erkennen. Wüsten-Hussein streckte seine Glieder und tätschelte die Kalaschnikow an seiner Seite. Leise sagte er: »Es ist ganz einfach. Wenn es dir nicht gefällt, in der Wüste zu leben, dann hast du überhaupt nicht verdient zu leben.« Mit diesen Worten bog er von der Straße ab und ließ Luft aus den Reifen, bis der Druck nur noch 1,6 atü betrug. David und Ricardo schlenderten in ihren langen Gewändern und Turbanen herum. Ich begnügte mich mit meinen üblichen Khakihosen, einem Baumwollhemd und einem breitkrempigen Hut.

Die Scheinwerfer eines Fahrzeugs blitzten auf, als es von der Straße des Ölcamps abbog und in unsere Richtung fuhr. Mit einer überraschend schnellen Bewegung griff Wüsten-Hussein nach seiner Kalschnikow, entspannte sich aber wieder, als er sah, daß es Ali al-Sharifs Pickup war. Als er neben uns anhielt, um ebenfalls Luft aus seinen Reifen zu lassen, stellte uns Ali seinen vierzehnjährigen Neffen Mohammed vor, der sich im Camp nützlich machen und dabei etwas über die Wüste lernen sollte.

Ali führte uns in die Rub al-Khali hinein, in ein Gebiet, das man Ramlat Sabateyn nannte, was einige mit »die Wüste der beiden Königinnen von Saba« übersetzten. Doch die beiden Husseins meinten, es würde einfach »die Wüste der sieben Bergkämme« bedeuten, eine Geländeformation, die durch unsere Satellitenbilder bestätigt wurde. Vier Stunden lang quälten wir uns zwischen immer größer werdende Dünen hindurch und darüber hinweg. Manchmal folgte Ali den Spuren anderer Fahrzeuge, manchmal suchte er sich seinen eigenen Weg, immer bedacht, den nicht gekennzeichneten Minenfeldern früherer Bürgerkriege auszuweichen. Ausnahmsweise war der Himmel bewölkt, und die Temperatur bewegte sich um dreißig Grad Celsius.

Als wir über einen Dünenkamm kamen, bemerkten wir in einiger Entfernung verstreute schwarze Punkte und Flecken – Ziegen und Zelte. In den letzten Wochen hatte es geregnet, und die Beduinen nutzten das aus, um ihre Herden auf dem schnell sprießenden Gras zu weiden. Weiß und gelb blühende Blumen säumten unseren Weg – und weiter vorne war die Flanke einer Düne nicht nur in fruchtbares Grün getaucht, sondern wogte auf eine unheimliche Art hin und her. Ali raste auf die Düne zu, dann bremste er heftig wie auch wir. Die beiden Husseins rissen ihre Turbane herunter, sprangen aus dem Wagen, fielen auf die Knie und versuchten, wie Ali und Mohammed, soviel wie möglich von den vorbeiziehenden, sich paarenden Heuschrecken zu fangen.

»Für später, zum Mittagessen!« rief Wüsten-Hussein und fügte dann mit einem Augenzwinkern hinzu: »Inschallah!« Er steckte sich zwei sich paarende Heuschrecken in den Mund. »Heuschreckenmänner, Heuschreckenweiber! Wunderbar! Alles Vitamin B!«

Mit jeder Menge von diesen Tieren versorgt, fuhren wir eine weitere Stunde. Die Dünen wichen einer sanft gewellten Sandebene, und Ali bog auf der Suche nach einem Beduinenlager, das sich in dieser Gegend befinden sollte, erst nach Osten, dann wieder nach Westen ab. Wir fanden es in einem dichten Akazienhain. Der Mann der Familie war unterwegs, Wasser zu holen, seine Frau, verschleiert, aber nicht scheu, lud uns ein, zu rasten und zu essen. Ihre beiden liebreizenden Söhne fingen eine Ziege ein, wir boten einen guten Preis, und schon bald trockneten Fleischstreifen auf den dornigen Zweigen. Das war ausreichend Verpflegung für die nächsten drei Tage unserer Reise. Inschallah.

Zum Mittagessen gab es dann gegrillte Ziege und Heuschrecken sautées mit Wüstenkräutern. Wir setzten uns alle im Kreis auf einen Teppich im Zelt, und Ricardo hatte die Ehre, den ersten Bissen zu nehmen. Mit seiner rechten Hand (damit die Verhaltensregeln der Beduinen beachtend) nahm er eine Heuschrecke, die, wie er feststellte, immer noch genau wie eine Heuschrecke aussah, ein große Heuschrecke, acht Zentimeter lang, die Flügel und Fühler und die Beine noch ganz intakt, doch braun und knusprig anstatt grün und glänzend. Ricardo schloß die Augen und nahm einen Bissen. Die Delikatesse knackte hörbar. Seine Augen blieben geschlossen, und er lächelte das Lächeln eines Meditierenden, der einen Blick ins Paradies werfen konnte.

»Delicia«, erklärte er, »que delicia!« Ich war der nächste, der probieren mußte, und ich kann nicht leugnen, die Heuschrecken schmeckten *wirklich* gut. Als die Schüssel mit den Insekten bei Ali al-Sharif angelangt war, übertraf er noch unser Lob. »Mein Gott, das ist allererste Klasse!«

Die Unterhaltung, geführt von dem nicht zu bremsenden Wüsten-Hussein und dem reservierten Berg-Hussein, verlief nach den Gepflogenheiten der Wüste. »Reden ist Silber«, erklärte der letztere, »und Schweigen ist Gold. Allah hat dir zwei Ohren gegeben, um viel damit zu hören, aber nur eine Zunge, um wenig damit zu reden.«

»Ich für meinen Teil bin kein Freund des Schweigens«, gab Wüsten-Hussein zurück. »Und Füße. Die Füße spielen keine Rolle!« Er bezog sich damit auf die traditionelle Sitte, nicht die Fußsohlen offen zu zeigen. In so ziemlich jedem Reiseführer über den Mittleren Osten steht geschrieben, daß man dies nicht tun solle. In den vielen Jahren, in denen ich in diesem Teil der Erde meine Mahlzeiten eingenommen habe, habe ich mich immer auf meine Füße und auf meine linke Hand gesetzt, damit ich keinen Fehler beging.

»Und die Hände!« fuhr Wüsten-Hussein fort (der wie ich Linkshänder war). »Wen kümmert's? Wen kümmert's? Links oder rechts, das ist doch egal, beide sind die Wege zum Mund.«

Der Berg-Hussein erhob sich und antwortete: »Wenn du mit der linken Hand ißt, Hussein al-Ajlan, dann ißt du mit dem Teufel. Und du paßt besser auf, denn der Teufel gibt Gift in dein Essen.«

Wüsten-Hussein zuckte mit den Schultern, schob sich mit der linken Hand eine Heuschrecke in den Mund und imitierte dann Ricardos »Que delicia!«

Wie es Sitte bei den Beduinen ist, machten es sich alle nach dem Mahl gemütlich, dösten vor sich hin und genossen die Trägheit, die sich nach einer guten Mahlzeit in der Wüste einstellte. Eine leichte Brise wehte durch das Zelt, und es dauerte nicht lange, dann schlugen Windböen gegen die Zeltplanen. Ali musterte den dunkler werdenden Himmel und meinte, wir machten uns besser auf den Weg.

Weit entfernt erhob sich am Horizont ein kegelförmiger Berg. Das war unser Ziel: Jebel al-Uqla, ein Orientierungspunkt für alle Reisenden in der Wüste. An seinem Fuße, so hatte ich gelesen, liegen eine Menge Felsbrocken herum, auf denen sich über hundert Inschriften in südarabischer Schrift befanden, der eleganten Schrift, die in allen Königreichen des südlichen Arabiens verbreitet war.

Die Inschriften von al-Uqla waren in den späten dreißiger Jahren von Harry Philby entdeckt und erst vor kurzem von dem belgischen Jesuiten Albert Jamme gewissenhaft übersetzt worden. Ich habe Pater Jamme kennengelernt und hatte ihn im letzten Winter an der katholischen Universität von Washington besucht. Trotz seiner angegriffenen Gesundheit war er begeistert und ein bißchen zornig und hoffte, daß Gott ihm die Zeit gewähren würde, viele der vierzehntausend Inschriften, die die Ordner in seinem Büro überquellen ließen, noch zu übersetzen. Als ich mich verabschiedete, gab er mir den Rat: »Schauen Sie sich die Inschriften an, aber machen Sie oder sagen Sie keine dummen Sachen. Verwerfen Sie nie die Bedeutung eines Hinweises, aber schönfärben Sie auch nichts.« Als ich durch Schnee und Matsch davonging, öffnete er sein Fenster und rief mir hinterher: »Führen Sie die Arbeit fort!«

Wir erreichten den Fuß des al-'Uqla.

Jamme hatte anhand der Inschriften von al-'Uqla herausgefunden, daß an diesem Ort die Könige von Hadramaut (das erste der drei Königreiche, die wir durchqueren würden) gekrönt worden waren. Warum geschah dies an einem so abgelegenen und einsamen Ort? Sehr wahrscheinlich nahm der Berg im Glauben der Hadramis eine wichtige Rolle ein. Zusätzlich war dies wahrscheinlich ein idealer Platz für eine rituelle Jagd, die dem König und seinem Hofstaat den Segen und die Magie von Tieren gewähren würde, die durch den Mond, die Sonne und die Sterne symbolisiert wurden. In früheren Zeiten gab es hier viel Wild, wie eine von Jamme übersetzte Inschrift zeigt, in der eine Jagdgesellschaft, geführt von »Yad il Bayim, König von Hadramaut ... fünfunddreißig Ochsen, zweiundachtzig Kamele, fünfundzwanzig Gazellen und acht Leoparden bei der Festung Anwadum [die einst hier bei al-'Uqla existierte] erlegt hatten«.[3]

Zwei der Inschriften erwähnen Würdenträger aus fernen Ländern, die sich hier zu einer Zeremonie versammelt hatten. Die antike Welt war so begierig nach dem Weihrauch Arabiens, daß diese Würdenträger aus Chaldea (Irak), Hind (Indien) und Tadmor (Palmyra in Syrien) angereist waren. Auch waren vierzehn Damen aus Quraysh (der Gegend um Hijaz im nördlichen Zentralarabien) gekommen. Vielleicht waren es Kurtisannen, doch aufgrund der heiligen Natur dieses Ortes muß das bezweifelt werden. Wohl eher waren es angesehene Abgesandte, wie die Königin von Saba, die sich in Staatsgeschäften auf die Reise begeben hatten.

Obgleich ich da und dort auf den Steinen einige Worte entziffern konnte, blieb mir der Sinn verschlossen. Einen Sinn hineinzubringen erforderte Jahre des Studiums, und selbst dann waren Pater Jamme und seine Kollegen oft unsicher, was eine bestimmte Inschrift besagte. Am al-'Uqla konnten wir nur die

Schönheit und Eleganz der südarabischen Schriftzeichen bewundern, auch wenn diese in eine unregelmäßige Felsenoberfläche eingraviert waren.

Lange ging man davon aus, diese Buchstaben seien eine Abwandlung des griechischen Alphabets. Wenn das zuträfe, dann würde es die Möglichkeit, daß die Königin von Saba zur Zeit des Salomon jemenitischen Ursprungs ist, sehr unwahrscheinlich werden lassen. Die griechische Schrift datiert ungefähr in das Jahr 800 v. Chr. zurück, also können die frühesten arabischen Inschriften in einer auf das Griechische zurückgehenden Schrift nicht vor 700 bis 650 v. Chr. entstanden sein. Diese Umstände würden eine weit entwickelte Zivilisation in einen Bereich von zwei bis drei Jahrhunderten nach dem Auftauchen der Königin von Saba in der Bibel im Jahre 950 v. Chr. verweisen. Als ich vor einigen Jahren begann, mich für die Königin von Saba zu interessieren, war die Meinung weit verbreitet, daß sie wohl nicht im südlichen Arabien geherrscht haben konnte. Doch dieser Annahme war inzwischen deutlich widersprochen worden, und in ein paar Tagen hofften wir einen Ort zu besuchen, wo man Beweise für eine viel frühere Datierung der Zivilisation und Schrift dieser Region gefunden hat.

Dicke Tropfen, zuerst nur ein paar, zischten, als sie auf die

Eine Inschrift von al-'Uqla, die mit den Worten beginnt: »Ill'add, König von Hadramaut ...«

untergegangene Welt der Inschriften von al-'Uqla trafen. Um uns herum wirbelte der Regen kleine Staubwolken auf. Dann wurde er dichter, und innerhalb von Minuten zog sich ein Vorhang aus Wasser über die Ramlat Sabateyn. Es war die Front eines vereinzelten Sturms, der sich vom Indischen Ozean her ins Landesinnere bewegte. Ali war besorgt, daß der Wüstenstreifen, der vor uns lag, schnell zu einem unpassierbaren See werden könnte. Wir fuhren los. Blitze zuckten über den Himmel, und ein heftiger Wind riß Büsche in die Luft und warf sie gegen unsere Windschutzscheibe.

Wir folgten in unserem schlingernden und bockenden Land Cruiser Alis Pickup, der auf eine niedrige Hügelkette zufuhr. Durch den aufgewirbelten Staub konnten wir nur sehr undeutlich die Mauern und Türme, die sich vor uns erhoben, erkennen. Wir hatten die Ruinen von Shabwa, einst die Hauptstadt von Hadramaut, erreicht. Wir hielten neben Alis Wagen, und da wir in diesem Moment unsere Fahrzeuge nicht verlassen konnten, schrien wir hin und her, wo wir unser Lager aufschlagen wollten. Die beiden Husseins zogen vor, selbst auf die Gefahr einer Überflutung hin, in der offenen Wüste zu lagern, da die andere Alternative zwischen den Ruinen wäre, die aber von Dschinnen bevölkert seien. »Hier habe ich schon einmal ein seltsames Licht gesehen«, erklärte Berg-Hussein gestenreich. »Ich habe darauf geschossen. Es bewegte sich nach da! Ich habe wieder geschossen, viele Male. Ich habe diesen Spuk nie getroffen, oder wenn doch, dann hat es keine Wirkung gehabt!« Wir errichteten unser Lager an einer geschützten Stelle am äußersten Rand der Ruinen über dem Überflutungsgebiet.

Der Sturm legte sich. Es war schon dunkel, als wir unser Abendessen aus übriggebliebenen Heuschrecken und teilweise getrocknetem Ziegenfleisch einnahmen, und danach war keiner von uns bereit, sich schon schlafen zu legen. Würden die Dschinnen in den Ruinen bleiben? Würde es wieder regnen? Im Licht der Gaslampe erfreuten uns Ali und die beiden Husseins, wie es noch in einer Reihe von Nächten wie aus *Tausendundeiner Nacht* der Fall sein würde, mit Geschichten über ihre Wüste und ihr Leben. Ich fragte nach der Königin von Saba, und wir hörten eine genaue Wiedergabe ihrer Geschichte, so wie sie im Koran steht. Die wichtigste Bildung unserer Jemeniten bestand im Studium des Korans, das im Hof einer Dorfmoschee stattfand. Wenn im Koran irgend etwas über eine Person oder ein Ereignis gesagt wurde, dann bekamen wir genau dies Wort für Wort zu hören. Ihre Geschichten, die nichts mit dem Koran zu tun hatten, waren erstaunlich – verwirrend – in der Vielzahl der Quellen, aus denen sie schöpften.

Ali erzählte eine Fabel von einem Skorpion und einer Schlange, die auf Luqman, einen arabischen Aesop, zurückgehen sollte, der der Legende nach der Wesir der Königin von Saba gewesen sein soll.

Eine Geschichte später erwähnte der Berg-Hussein ganz beiläufig die sumerische Göttin Ischtar (sumerisch Astarte). »Ischtar?« meinte ich erstaunt. »Ganz sicher Ischtar«, gab er zurück. »Jeder kennt Ischtar.« Er fuhr fort und sprach von Asa (der arabische Name von Jesus). Die Quelle seiner Erzählung war weder der Koran noch die Bibel, es war, wie ich später herausfand, das »Des Heiligen Thomas' Evangelium des Anfangs«, ein Schriftstück, das auf die Mitte des zweiten nachchristlichen Jahrhunderts datiert wird. Es war unwahrscheinlich, daß Hussein Zugang zu wissenschaftlichen Übersetzungen hatte, die einzige Erklärung waren Hunderte solcher Nächte wie diese, in denen in endlosen Wiederholungen die Geschichte weitergegeben worden war.

Dann gab es noch die Geschichten, die Scheich Zubayr zugeschrieben wurden. Das waren Erzählungen aus weit entfernten Ländern, wie die Husseins übereinstimmend meinten, denn Scheich Zubayrs Figuren trugen keine arabischen Namen wie Ali oder Mohammed, sie hießen Hamlet, Romeo und Julia. Wer weiß schon, wie Shakespeares Personen dazu kamen, hier in der Wüste des südlichen Arabiens ihre Worte erklingen zu lassen und zu sterben.[4]

Kurz nach Mitternacht, wir befanden uns nicht mehr in der Umklammerung des Sturms, schien der Vollmond auf unser Lager und auf die einstmals mit Zinnen bestückten Ruinen von

Schabwa hinab. »Die Dschinnen werden heute nacht unter sich bleiben«, erklärte ein erleichterter Berg-Hussein.

Wüsten-Hussein breitete seine Decke aus und plazierte seine Kalaschnikow in Reichweite.

Berg-Hussein sinnierte: »Welchen Nutzen haben die Dinge aus der Welt der Beduinen? Für was sind sie gut?«

»Mein Toyota Land Cruiser ist gut«, zögerte Wüsten-Hussein keinen Augenblick mit seiner Antwort. »Essen ist gut, Kat ist gut …«

Berg-Hussein legte einen Finger auf seine Lippen und sagte: »Ja, aber was bedeuten diese Dinge, wenn du vor das Angesicht Gottes trittst? Und was bedeuten diese Dinge, wenn man Geschichten und Worte hat? Denk daran, wenn alles mal *khalas* (zu Ende) ist, dann spielt ein Wort, nur ein einziges Wort eine Rolle … und dieses Wort ist dein Name. Daß die Leute nicht auf deinen Namen herabblicken, sondern daß sie hinaufsehen zu ihm. Deshalb kommen sie, um an deinem Grab zu beten. Und sie flüstern deinen Namen.«

13
Die Straße der Ruinen

In Schabwa trafen wir auf die Straße des Weihrauchs, der wir bis zu dem Land folgen wollten, in dem, wie wir hofften, die Königin von Saba geherrscht hatte. Es war ein klarer Tag, der zunehmend heißer wurde, und während unsere Beduinen ihren Kaffee genossen, machten sich David, Ricardo und ich auf den Weg, um uns das, was von dem antiken Schabwa noch übrig war, anzusehen. Wir erwarteten nicht viel, obwohl Plinius der Ältere geschrieben hatte: »Der geerntete Weihrauch wird mit Kamelen nach Sabota [der lateinische Name von Schabwa] gebracht, wohin es nur eine Straße gibt. In Sabota muß der Zehnte für die Priester des Gottes Sabis entrichtet werden, doch nicht nach dem Gewicht, sondern nach Gutdünken ... Sabota ist eine von einer Mauer umgebene Stadt, in der sich sechzig Tempel befinden.«[1]

Angestachelt von diesem Bericht – der große Gott Sabis und

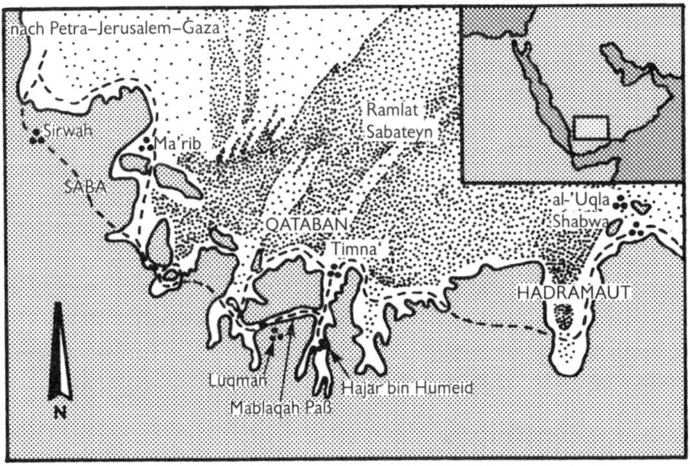

Die Weihrauchstraße durch das südliche Arabien

sechzig Tempel! –, wollten Harry St. John Philby und die britische Einzelgängerin und Abenteurerin Freya Stark die ersten sein, die Schabwa erreichten, doch sie scheiterten am Fieber und an unzulänglichen Führern. Sie wurden von dem bescheidenen jungen Deutschen Hans Helfritz geschlagen. Während seines kurzen und wenig komfortablen Aufenthalts dachten die feindlich gesonnenen Einheimischen »nicht darüber nach, ob sie ihn töten würden, sondern nur wie. Sein Mut und seine Ausrüstung, gepaart mit den schlechten Schießkünsten der Leute von Schabwa, ermöglichten es ihm, mit zumindest ein paar Fotos von den Ruinen zu entkommen.«[2] Helfritz war von dem, was er vorgefunden hatte, enttäuscht, genauso wie Philby, der es ein Jahr später mit vielen Schmeicheleien schließlich auch geschafft hatte. Viel war nicht mehr zu sehen, und es waren höchstens sechs und nicht sechzig Tempel gewesen.

Mit Philbys Beschreibung von Schabwa als »enttäuschend klein und unbedeutend« im Hinterkopf waren wir überrascht und erfreut über das, was wir vorfanden. Ein französisches Ausgrabungsteam hatte bis vor kurzem mehrere Jahre in Schabwa gearbeitet und Ordnung in das Ruinenfeld gebracht. Nachdem sie sich durch die Trümmer des Palastes gewühlt hatten, war ihnen klar, daß dieser sieben Stockwerke hoch gewesen sein muß und die Mauern aus Lehmziegeln durch eine eingezogene Holzkonstruktion erdbebensicher gemacht worden waren.

Dieses alles überragende Gebäude ist der Vorläufer einer antiken Zivilisation in der Wüste des südlichen Arabiens gewesen. Der Dreh- und Angelpunkt dieser Zivilisation war der Handel – und am Anfang war der Handel, wie wir hier feststellen konnten, recht bescheiden gewesen. Nach unserem Frühstück, das aus Heuschrecken und Eiern bestand, führte uns Berg-Hussein zu einer Ansammlung trüber Tümpel. Es waren überflutete Salzminen, deren weiße Wände noch die Spuren antiker Breitäxte aufwiesen. In jenen weit zurückliegenden Zeiten sorgte der Bedarf an Salz (und an solchen häuslichen Schmuckgegenständen wie Muscheln und Gefäßen aus Obsidian) für die Entstehung von Handelsstraßen, die sich mehr zufällig zu einem Netz verbanden, und führte zur Ausrüstung von weit reisenden

Karawanen, die mit Weihrauch, Gewürzen und anderen Luxusgütern beladen waren.

Später am Morgen befand sich unsere aus einem Pickup und einem Land Cruiser bestehende Karawane wieder auf ihrem Weg die Weihrauchstraße entlang. Wir holperten über eine Geröllpiste, dann rollten wir auf einer zweispurigen, asphaltierten Straße entlang. Die modernen Straßen in Arabien folgen, wenn sie nicht in bis dahin unerschlossenes Gebiet führen, den alten Karawanenrouten. Bei dem Gefühl der Araber für die Landschaft und ihrem Gespür für den besten Weg kann man nur schwer eine bessere Alternative finden.

Nur indem wir der Weihrauchstraße durch Arabien folgten, verstanden wir, welche Überlegungen bei der Wahl ihres Verlaufs zugrunde gelegt worden waren. Sie folgte der einfachsten Streckenführung, selbst wenn man dadurch Umwege machen mußte und die Reise sich um Tage verlängerte. Auch hatte man

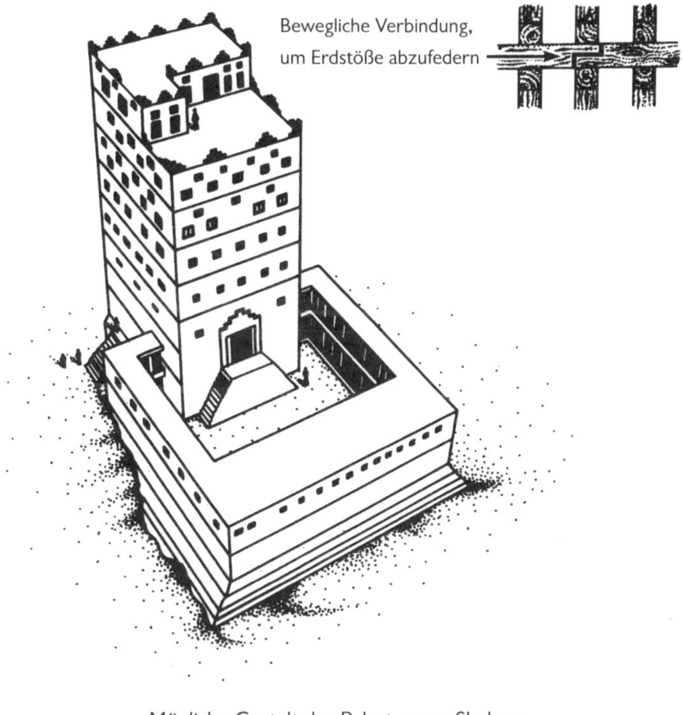

Mögliche Gestalt des Palastes von Shabwa

die durch verschiedene Geländeformationen bedingte unterschiedliche Entwicklung der Kamelfüße in Betracht gezogen. Kamele, die durch die Sandflächen des Rub al-Khali streiften, hatten große, weiche Füße wie Untertassen; felsige Ebenen führten dazu, daß die Kamele kleine, harte Sohlen hatten. Mit der Zeit fiel das den Beduinen auf, und sie züchteten mehr als vierzig »Häuser« oder Varianten der Tiere, von denen jede ganz genau darauf abgestimmt war, über welchen Untergrund das Tier laufen mußte und was man von ihm erwartete. Im Unterschied dazu wurde Husseins »Sohn eines Kamels«, der Land Cruiser, sowohl mit Sand fertig, wenn man den Reifendruck auf 1,6 atü reduzierte – das entsprach den weichen Füßen –, als auch mit hartem Untergrund, wenn man den Druck auf über 3 atü erhöhte.

Die Weihrauchstraße führte konstant über festen, aber nicht mit Geröll bedeckten oder felsigen Untergrund. Wann immer es möglich war, verlief sie zwischen dem Sand der offenen Wüste und den Bergen, die sich abrupt aus dieser Wüste erhoben. Auf unseren Satellitenbildern konnten wird Durchbrüche von mehreren Kilometern Weite bis hinunter zu ein paar Metern erkennen. Und wenn es mal keinen Durchbruch gab, dann führte die Straße eher in die Berge hinein, als daß man das Risiko eingegangen wäre, die Kamele mit ihren harten Sohlen in die Dünen zu führen.

Als wir nach dem Verlassen von Schabwa eine Strecke zurückgelegt hatten, für die Kamele wohl acht Tage gebraucht hätten (für uns, mit einer Reihe von Abstechern, zwei Tage), kamen wir auf das Gebiet des Königreichs von Qataban und begaben uns nach Timna, der bis jetzt noch nicht ausgegrabenen Hauptstadt dieses Reiches. Außer den mächtigen Fundamenten des Palastes und einem immer noch erhaltenen Stadttor war dort wenig zu sehen. Genau wie in Schabwa diente das Tor auch hier dazu, Steuern einzutreiben. Plinius schreibt, daß ein großer Teil des Weihrauchs »dem König dieser Menschen entrichtet werden mußte ... Auch die Priester und die Minister des Königs erhielten einen festgelegten Teil des Weihrauchs, darüber hinaus nahmen sich auch die Wachen und ihre Helfer sowie die Torwächter und ihre Diener ihren Teil. So war es nun einmal, auf dem ganzen Weg mußten sie zahlen, an einem Ort für Wasser, an einem anderen für Lebensmittel oder um lagern zu dürfen.«[3] Und so ging es immer weiter. Die Karawanen wurden auf ihrem Weg, den Plinius mit 2 437 500 mühseligen Schritten von Timna bis zu den Gestaden des Mittelmeeres angibt, bei jedem Halt geschröpft.

Die Stadt Timna war heruntergekommen, ihr Glanz und Ruhm vom unaufhaltsamen Sand der Ramlat Sabateyn abgeschliffen. In dem Tal im Süden – das hinein in die Berge, weg von der Wüste führt – wurde immer noch Landwirtschaft betrieben, die durch ein Kanalsystem ermöglicht wurde, das bis in die Tage des Königreichs Qataban zurückdatiert wird. Von dem Trümmerhügel in Timna herab konnten wir das heutige Dorf Aseilan sehen, wo ein Onkel von unserem Wüsten-Hussein eine Stellung innehatte, die wir als Bürgermeister bezeichnen würden. Und war es nicht an der Zeit, daß uns die Gastfreundschaft der Wüste zuteil wurde? Wie Ricardo bewundernd festgestellt hatte, war Wüsten-Hussein den weltlichen Genüssen zugetan. Zwischen den Mahlzeiten kaute er Kat-Blätter, hielt in der einen Hand eine Zigarette und in der anderen ein Dose Cola oder Mineralwasser. Manchmal, wenn er zum Beispiel nach seiner Waffe griff, dann hielt er seine Zigarette, die Dose und die Kat-Zweige in einer Hand. Jetzt trieb ihn die Aussicht auf das Mittagessen dazu, mit dem Wagen querfeldein zu rasen. »Essen, bis ich voll bin wie ein Benzintank – und dann werdet ihr sehen, daß er sogar noch extra voll sein kann.«

Husseins Onkel hieß uns willkommen, schickte nach frischem Tee und führte uns in sein einladend kühles *Mifraj*, wo wir uns unter der hohen Decke auf einer Unzahl von blauen Kissen ausruhen sollten. Nach kurzer Zeit setzte man uns *bint al-Shahan* – »Tochter der Speisen« – vor, einen geleeartigen Brei aus Weizenmehl, gekochter Butter und Honig. Mit der Zeit gesellten sich weitere Gäste zu uns, die mit Toyotas, Nissans und alten Land Rover ankamen. Die Männer stellten ihre Waffen an der Tür ab und schüttelten uns mit ernstem Gesicht die Hand. Weitere Tabletts und Platten wurden hereingebracht, auf einer befand sich fast ein ganzes Schaf. Und je mehr Essen aufgetischt wurde, desto mehr Leute kamen dazu, bis das *Mifraj* von ein paar Dutzend Männern in langen Gewändern und mit Dolchen am Gürtel wimmelte. Sie aßen schnell, wie es bei den Beduinen üblich ist.

Dann waren alle wie auf ein geheimes Kommando hin still. Ein Mann mit einem großen Turban und einem Bündel Papiere in der Hand erhob sich und richtete seine Worte feierlich an die Versammelten. »Er verliest eine Anklage«, flüsterte Berg-Hussein. Er machte mit dem Kopf eine Bewegung in Richtung zweier niedergeschlagen wirkender Jugendlicher, die, wie sich herausstellte, auf frischer Tat bei einem Akt von Vandalismus erwischt worden waren. Die Gerichtsverhandlung nahm ihren Lauf. Man behandelte die Sache als Stammesangelegenheit, die nicht unter die Gesetze des jemenitischen Staates fiel.

Ein gebeugter, alter Mann ergriff das Wort, wobei seine Stimme vor Zorn und Aufregung zitterte. Er brüllte laut heraus. Ein anderer Mann sprang plötzlich auf die Beine und griff nach seinem Dolch. Im Raum konnte man die Spannung knistern hören. Mit einer schnellen Bewegung riß der Mann seinen Dolch aus der Scheide, fuhr mit ihm gefährlich durch die Luft und warf ihn vor sich auf den Teppich. Dann sank er zurück auf den Boden. Diese Handlung, bei der ich erwartet hatte, daß jeder nach seiner Waffe greifen würde, war in Wirklichkeit ein uralter Ausdruck der Resignation. Der Mann war der Vater der beiden Angeklagten und zeigte mit dieser Handlung seine Bereitschaft, sich dem Urteil der in Mitleidenschaft gezogenen Familie zu unterwerfen, die sich jetzt in den Hof vor dem *Mifraj* zurückzog, um über eine angebrachte Bestrafung zu entscheiden.

Wir verließen die Versammlung. Wüsten-Hussein war betrübt, daß wir Zeugen einer solch bedrückenden Situation geworden sind, doch wir versicherten ihm, daß wir von der ernsthaften Abwicklung der Angelegenheit durch das Gericht beeindruckt waren. An diesem Nachmittag, als wir einige weniger interessante archäologische Fundstädten des Königreichs Qataban in Augenschein nahmen, wollten wir mehr über die

Regeln und Sitten der jemenitischen Gesellschaft erfahren. Wir wußten, daß die Regierung in den großen Städten, besonders im Bergland, das Sagen hatte, doch darüber hinaus schien das Land noch feudalistische Strukturen aufzuweisen, die von manchmal rivalisierenden, manchmal verbündeten Scheichs und ihren schwer bewaffneten Gefolgsleuten bestimmt wurden. Grundpfeiler dieses Feudalismus waren das allgemeine Vertrauen in die Weisheit des Koran und eine Vielzahl von gegenseitigen Kontrollen. Dadurch, daß jeder über Waffen verfügte, ergab sich zum Beispiel ein stabiles Gleichgewicht der Kräfte.

Eine feudale Demokratie? Gott weiß, im Jemen gibt es genügend Probleme – die Wirtschaft hat unter der Unsitte des Kauens von Kat-Blättern zu leiden, und die Gesellschaft kämpft mit dem Problem der Überbevölkerung – doch die beiden Husseins waren stolz darauf, daß in ihrem Land Versammlungs- und Redefreiheit herrscht, es ist die einzige Demokratie in Arabien. Als wir an einem Plakat mit dem Bild des jemenitischen Präsidenten vorbeikamen, das an einer Lehmziegelmauer klebte, verdeutlichte uns Wüsten-Hussein seine Einschätzung noch einmal: »Wenn ich will, dann kann *ich* ein Plakat ankleben. So viele Plakate mit meinem Bild, wie ich will, und werde *deshalb* nicht ins Gefängnis geworfen.«

Es gab tatsächlich Parallelen zu den gesellschaftlichen Strukturen des antiken Jemen, die auch von der Unabhängigkeit örtlich begrenzter Reiche geprägt waren, die dem Ansturm des Chaos trotzen mußten. Das Herzstück einer solchen Gesellschaft war eine ökonomische Einheit, *Sha'b* genannt. Ein Sha'b konnte nicht mehr als ein paar Dutzend Quadratkilometer groß sein und war dennoch politisch unabhängig. Man stelle sich zum Beispiel einen Bezirk in Amerika vor, der wenig oder gar keine gesetzliche Einbindung in einen der Staaten hat. Üblicherweise hatte ein Sha'b ein religiöses und ein Verwaltungszentrum, das *Hajar* genannt wurde. Ein Merkmal des Hajar war das Heiligtum, in dem sich ein *Betyl* befand, ein unbehauener Felsbrocken, der die Schutzgottheit des Sha'b symbolisierte.[4] Der auf Zeit ernannte Führer trug manchmal den bescheidenen Titel *Bikr*, das bedeutet »Erstgeborener«, manchmal aber auch

Malik, was König heißt, obwohl er nur ein König von sehr wenig war. Ob nun König oder nicht, die Herrschaft über einen Sha'b wies eine sehr starke gemeinschaftliche und durch allgemeine Beratung geprägte Struktur auf, wie man an der Gerichtsverhandlung in Aseilan noch hatte sehen können. Die bestimmende Kraft war dort der Wille des Volkes gewesen und nicht der von Husseins Onkel oder irgendeines anderen Individuums.

Auf der nächsten Ebene der Entwicklung schlossen sich häufig zwei oder drei Sha'bs zusammen und bildeten ein Groß-Sha'b, dessen Gebiet dann gut mehrere tausend Quadratkilometer umfassen konnte. Diese ethnologisch-kulturellen Einheiten wurden durch eine Gottheit und die Stammesgemeinschaft zusammengehalten und durch ein Bewußtsein für ihre territoriale Abgeschlossenheit, die sich häufig an einem gemeinschaftlichen Bewässerungssystem orientierte, mit dem man in der Regenzeit die Fluten eines großen Wadi in Kanäle umleitete. Dem Groß-Sha'b stand ein *Qayl*, ein Stammesfürst, vor.

Schließlich entstanden Gemeinschaften von Groß-Sha'bs und normalen Sha'bs. Sowohl Qataban als auch Saba gehörten dazu, Staaten, deren Existenz zu einem Teil in den organisatorischen Notwendigkeiten des Handels über weite Entfernungen hinweg begründet war. Doch niemals gaben die einzelnen Gemeinschaften ihre Autonomie auf. Den großen Reichen des antiken Jemen fehlte grundsätzlich »eine formale und legale Machtstruktur«, der sich die launischen Maliks in ihren Sha'bs unterworfen hätten.[5] Man könnte es mit der Regierung der Vereinigten Staaten vergleichen, die nur wenig Kontrolle über die fünfzig Einzelstaaten hat – vom FBI und dem Obersten Gerichtshof einmal abgesehen –, aber dennoch in der Lage ist, der restlichen Welt gegenüber mit einer Stimme zu sprechen. Diese Fähigkeit war unabdingbar, um den Weihrauchhandel zu organisieren und die Gewinne daraus aufzuteilen. An der Spitze eines solchen Zusammenschlusses von einzelnen Gemeinschaften stand ein *Mukarrib*. Zuerst glaubte man, dieser Titel würde »Priesterkönig« bedeuten, dann »Fürst der Fürsten«, aber in letzter Zeit wird er eher mit »Vereiniger« übersetzt.

Die Königin von Saba – oder ihr Gemahl – könnte ein Mukarrib jener frühen Tage gewesen sein, der sich auf einem unsicheren Posten an der Spitze einer Pyramide von Sha'bs und Groß-Sha'bs befunden hat, die im wesentlichen ihre eigenen Weg gingen. Als Mukarrib zu herrschen bedeutete, einer Vielzahl von zänkischen Bikrs, Maliks und Qayls gegenüberzustehen und mit ihnen Geschäfte zu machen.

Aus dem, was uns die beiden Husseins erzählt und was wir selbst beobachtet hatten, konnten wir feststellen, daß diese sozialen Strukturen noch heute in der jemenitischen Gesellschaft präsent waren. Es war keine Übertreibung, daß unser Beschützer Scheich Naser »König der Wüste« genannt wurde; er war der Malik seines Sha'bs, so wie Husseins Onkel es in seinem Dorf Aseilan und dem dazugehörigen Gebiet war. Im Jemen existierten immer noch die manchmal streitsüchtigen Gemeinschaften von Stämmen, und der Präsident des Landes nahm in der Auseinandersetzung mit ihnen die Rolle eines Mukarrib ein – einschließlich der nur sehr geringen »formalen und legalen Machtbefugnisse«.

Im letzten Tageslicht nahmen wir einen Hügelrücken in Augenschein, auf dem sich zerstörte und schon vor langer Zeit ausgeraubte qatabanische Grabstätten befanden. Danach machten wir uns auf die Suche nach einem Lagerplatz für die Nacht. Ich sah eine Reihe von Stellen, die mir geeignet erschienen, doch Ali, der mit seinem Pickup vor uns fuhr, ließ sie links liegen, bis seine Scheinwerfer auf eine Düne fielen, die wie eine einer Sandburg ähnelnden Stadt aus dem Film *Arabische Nächte* aussah und deren gewundene Befestigungsanlagen und Kuppeln sich gegen den blauschwarzen Himmel abzeichneten. Ali legte den kleinsten Gang ein und fuhr, ohne anzuhalten, in weiten Kurven zu einer Senke direkt unter dem Kamm. Wir folgten mit durchdrehenden Rädern, Wegrutschen und einer persönlichen Erfahrung für mich, niemals Scherze zu machen, wenn ein Beduine mit seinem Wagen im Sand steckenbleibt. Und noch etwas, was man bei einem Beduinen tunlichst unterlassen sollte: Tippe ihm nie von hinten auf die Schulter. Wenn du Glück hast, dann schaut er dich nur erschrocken an, hast du Pech, dann befindest du dich in Lebensgefahr. Und diskutiere mit ihm nie, auch nicht in der besten Absicht, über die verschiedenen Religionen. Es gibt nur eine einzig wahre, und der gehörst du nicht an.

Ali, der strahlend aus seinem Pickup stieg, sagte: »Schau dich um. Das ist wunderbar. Gefällt's dir?« Das Ziel seiner Suche war nicht mehr oder weniger als ein beeindruckender Aussichtspunkt gewesen. Äcker und flackernde Lichter im Tal des Wadi Beihan im Süden, und im Norden reihte sich, vom Mondlicht erhellt, eine Düne der Ramlat Sabateyn an die andere, bis hin zur sich unendlich ausbreitenden Rub al-Khali. Kann man sich einen besseren Hintergrund für ein Omelett zum Abendessen vorstellen, das von Ricardo noch mit Kräutern und Käse verfeinert wurde. Wir waren alle in guter Stimmung, sogar der immer düster dreinschauende junge Mohammed – außer dem Wüsten-Hussein, der mürrisch auf den Dachgepäckträger seines Toyota kletterte und sich schlafen legte.

»Hat heute schlechte Kat-Blätter gekaut. In diesem Teil des Jemen gibt es kein gutes Kat«, erklärte Ali. »Ich glaube, da sind Pestizide drin.«

Hussein hatte wirklich eine schlechte Nacht, doch beim Frühstück (wiederum Eier, die langsam zu verderben begannen) hellte sich seine Miene auf, als Mohammed erzählte, was er geträumt hatte. Es war ihm erschienen, daß er schon bald 100 000 amerikanische Dollar finden würde.

»Das ist schön, sehr schön, doch wo?« wollte Wüsten-Hussein wissen.

»Vielleicht hier, vielleicht, wo wir als nächstes hinkommen«, gab Mohammed zurück.

»Ein neuer Wagen für uns«, rief Ali begeistert. »Das wäre prima.«

»Ja«, stimmte Mohammed zu, »und vielleicht neue Reifen für Hussein.« Hussein grinste, doch nur verhalten, denn offensichtlich sollte der glückliche Fund nicht gerecht geteilt werden.

»Und was ist mit uns?« fragte David.

»Was bekommen wir?« wollte auch Ricardo wissen.

»Ihr? Nichts ... doch vielleicht lassen wir euch nicht in der Wüste zurück, wenn wir losgehen, unsere Dollars ausgeben.«

»Oh?«

»Ihr laßt uns zurück?« fragte Ricardo.

»Nun, ich denke, wir werden euch mitnehmen«, versicherte Ali.

Abgesehen vom Schatz des jungen Mohammed war unser nächstes Ziel Hajar bin Humeid, ein Ort, dem weder bei Plinius noch bei einem der arabischen Schriftsteller des klassischen Altertums die Ehre zuteil wurde, erwähnt zu werden. Dennoch haben dort gemachte Funde im Jahre 1951 nachhaltig die Arbeit der Archäologen im südlichen Arabien beeinflußt. Im Februar jenes Jahres verließ der junge Archäologe Gus Van Beek, der gerade an der John Hopkins University promoviert hatte, mit hundert Dollar in der Tasche das Versorgungsschiff einer Ölgesellschaft, das im Hafen der damaligen Britischen Kronkolonie Aden angelegt hatte. Er machte sich auf den Weg ins Landesinnere, wo er seinen Archäologenkollegen Don Dragoo treffen wollte. Don hatte die Aufsicht über die Grabungen, und Gus analysierte die Funde, in der Hoffnung, eine gesicherte Chronologie erstellen zu können. Bestehende Vermutungen, wann die alten Zivilisationen im südlichen Arabien entstanden und verschwunden waren, differierten um bis zu tausend Jahre.[6]

Ricardo programmierte das Satellitennavigationsgerät, damit es uns zum Hajar bin Humeid führe, was es tatsächlich auch fehlerfrei tat und freudige Piepser von sich gab, als wir hundert Meter von einem Trümmerhügel entfernt waren, der sich östlich vom Wadi Beihan erhob. Wir stellten fest, daß in den letzten paar hundert Jahren die Wasserfluten, die sich während der Regenzeit in das Wadi ergossen, die Ausgrabungsstätte stark ausgewaschen hatten – was ein Glücksfall war, denn so lagen die vertikalen Schichten der einzelnen Bebauungsphasen offen. Teile des Fußbodens und der Mauern ragten aus dem Abbruch hervor.

Diese Trümmerhügel entstehen, wenn immer wieder auf dem Abraum vorheriger Ansiedlungen neue Gebäude entstehen, die sich dann mit der Zeit immer höher auf diesem künstlich geschaffenen Berg von Trümmern erheben. Der Gebrauch von

Lehmziegeln verstärkt diesen Effekt noch, denn wenn nur ein einziges Stockwerk zusammenbricht, dann wächst der Hügel gleich um ungefähr einen Meter in der Höhe an. Dazu kommt noch alles, was zur Tür oder aus dem Fenster hinausgeworfen wird. Darauf baut dann die nächste Familie ihr Haus, und so geht das immer weiter, in diesem Fall bis zu einer Höhe von fünfundzwanzig Metern – im Prinzip eine von Menschen geschaffene Erhebung.

Um hinter die Geheimnisse eines solchen Trümmerhügels zu kommen, nehmen die Archäologen häufig eine Probebohrung vor, Sondierung genannt. Doch in Hajar bin Humeid konnten Don Dragoo und Gus Van Beek darauf verzichten. Die Chronologie dieses Trümmerhügels konnte durch bequeme Stufenausgrabungen an der Vorderseite des durch die Wasserfluten bewirkten Einschnittes nachgewiesen werden.

Dragoo fand unterschiedliche Arten von Töpferwaren in neunzehn unterschiedlichen Schichten, angefangen mit der jüngsten (doch immer noch alten) Schicht A bis hin zur ältesten S, die sich im sterilen Schlamm befand. Mit einem neuen Klassi-

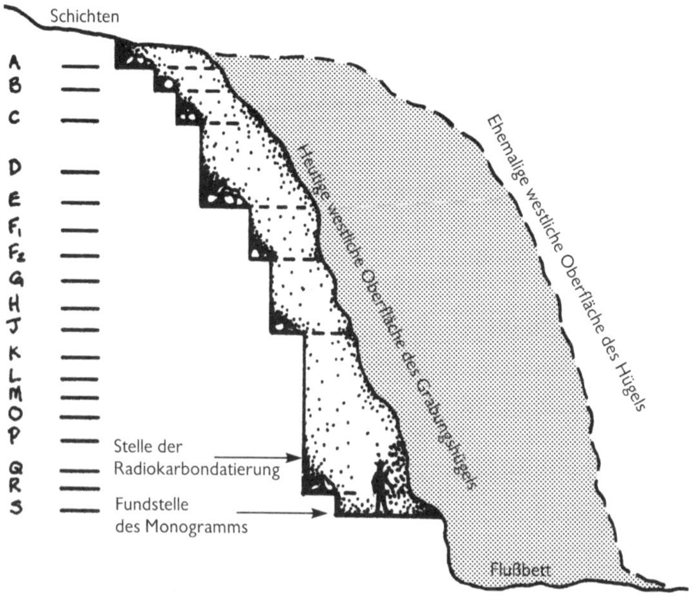

Längsschnitt des Grabungshügels in Hajar bin Humeid

fizierungssystem konnte Van Beek Hunderte von Tonscherben nach ihrer Form, dem verwendeten Material, der Oberflächenbehandlung, der Glasur und der Ornamentik klassifizieren – und legte damit zum ersten Mal eine Entwicklungslinie in der Töpferei im südlichen Arabien fest. Es war eine beeindruckende Leistung, noch übertroffen durch den Fund eines verkohlten Dachbalkens in Schicht Q, der zum Gegenstand der damals neu entwickelten Radiocarbondatierungsmethode wurde. Hier der Bericht des U.S. Geological Survey Radiocarbon Labatory:

W-437 Holzkohle aus der Schicht 2, Phase 2, Areal 4 [gleichbedeutend mit Schicht Q] von den Hajar Bin Humeid Ausgrabungen im westlichen Verwaltungsgebiet von Aden, Südarabien. Gefunden von D.W. Dragoo und G.W. Van Beek, 1951.

2 807 Jahre plus/minus 160 Jahre.

Wieder zurück in den USA (und Mitarbeiter des Smithsonian Instituts), war Gus Van Beek von dieser Nachricht begeistert, denn damit hatte er einen Anhaltspunkt, um seine Reihe von Töpferwaren zeitlich festzumachen. Die Datierung mittels der Radiocarbonmethode gab einer einzelnen Tonscherbe eines Kruges, die man in der Schicht S, einen Meter fünfzig unter dem so datierten Dachbalken in der Schicht Q, gefunden hatte, eine besondere Bedeutung. Auf ihr befand sich ein erhabenes Monogramm, das Albert Jamme als die Buchstaben K, H, L und M in der südarabischen Schrift identifizierte. Wenn man diese Konsonanten um die Vokale ergänzt, dann ergibt das den Namen Kahalum, wahrscheinlich der Besitzer des Kruges und dessen Inhalts.

Dies sind die elegant zusammengesetzten Buchstaben:

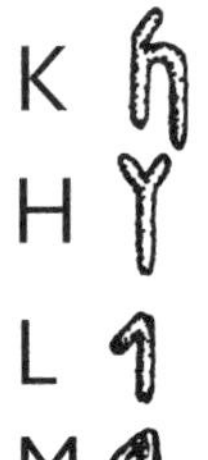

Monogramm von Hajar bin Humeid aus der Schicht S

Nehmen wir uns einen Moment Zeit und überlegen, welche Schlüsse man mit Hilfe der Logik und der Arithmetik daraus ziehen kann.

Beginnen wir mit der Radiocarbondatierung für die Schicht Q – 2 807 Jahre vor dem Jahr 1956, als die Untersuchung durchgeführt worden ist, bedeutet 852 vor unserer Zeit (mit einer möglichen Abweichung, die den Zeitraum von 692 bis 1010 v. Chr. umfaßt).

Als nächstes rechnen wir für die Schicht S 150 Jahre hinzu, was sehr konservativ gedacht ist. Damit datiert das Monogramm ungefähr auf das Jahr 1000 v. Chr. (es kann aber durchaus auch aus dem Jahr 1160 v. Chr. stammen, wenn wir den Ungenauigkeitsfaktor der Radiocarbondatierung mit einbeziehen).

Schließlich müssen wir in Betracht ziehen, daß das Monogramm eine künstlerisch ausgeführte Komposition der vier Buchstaben ist, also kaum in den Anfängen der Benutzung eines Alphabets zu finden sein wird. Damit können wir die *Entstehung* dieses Alphabets mindesten zwei Jahrhunderte früher ansetzen – im Bereich von 1200 v. Chr.

Gus Van Beek hatte in Hajar bin Humeid den Beweis gefunden, daß das südarabische Alphabet – und somit per definitionem die südarabische Zivilisation, denn üblicherweise definiert sich Zivilisation als eine Kultur, die eine Schrift hat – im zwölften vorchristlichen Jahrhundert oder sogar noch früher anzusiedeln ist.[7] Diese Entdeckung hatte viele Konsequenzen, und eine davon, die Gus sofort in den Sinn kam, war, daß damit der Weg frei war für eine im zehnten Jahrhundert in Fleisch und Blut existierende Königin von Saba. Er freute sich und war erleichtert. Wenn die Datierung der Schicht Q um ein paar Jahrhunderte jünger ausgefallen wäre, dann hätte sie die Existenz der Königin von Saba in ernsthafte Zweifel gezogen, denn dann hätte es in ihrer Zeit keine Schrift und also auch keine Zivilisation gegeben.

Van Beeks Bericht und seine Ergebnisse wurden von seinen amerikanischen Kollegen gut aufgenommen, doch im Ausland wurden sie kritisiert, verspottet und nicht anerkannt. In einer Besprechung in einer französischen Zeitschrift kam die Inschriftenforscherin Jacqueline Pirenne zu dem Schluß, er habe ganz entscheidend seine Grabungsschichten durcheinandergebracht. Ihrer Meinung nach konnte das Monogramm keinesfalls aus einer Zeit vor 700 v. Chr. stammen, denn die Buchstaben seien eindeutig aus dem griechischen Alphabet abgeleitet, das ungefähr auf das Jahr 800 v. Chr. zu datieren sei. Die hehre Académie Française unterstützte diese Einschätzung, wie auch Wissenschaftler in England, Italien und Deutschland. Ihrer Meinung nach gab es vor 800 v. Chr. im südlichen Arabien keine Zivilisation, also kann *es dort auch keinen erwähnenswerten sabäischen Staat und keine Königin von Saba* gegeben haben.

Van Beek und Jamme antworteten darauf mit dem Vorschlag, daß die Buchstaben in dem Monogramm von Hajar bin Humeid nicht auf das griechische Alphabet zurückzuführen seien.

Der Ursprung dieser Schrift liegt immer noch etwas im dunklen, doch möglicherweise ist sie aus einer der ältesten semitischen Schriften entstanden, der proto-sinaischen Schrift, die ungefähr ins siebzehnte Jahrhundert v. Chr. zu datieren ist und einige kanaanitische Einflüsse aufweist. Es hat den Anschein, als hätte sie sich nicht später als im dreizehnten Jahrhundert v. Chr. von ihren nördlichen Vorläufern abgespalten, zu einer Zeit, als in den kanaanitischen und hebräischen Dialekten die Konsonanten zusammengezogen wurden.[8]

Die europäischen Gelehrten rümpften die Nase und beharrten darauf, daß die südarabische Schrift an das Griechische erinnere – was sie zugegebenermaßen auch tut – und deshalb vom griechischen Alphabet abgeleitet worden ist. Und das blieb jahrzehntelang der Stand der Dinge.

1993, während meines ersten Besuchs im Jemen, fotografierte und studierte ich die Inschriften mit Ehrfurcht und Traurigkeit, denn die vorherrschende Meinung war, daß sie alt seien, aber keinesfalls alt genug, um mit der Königin von Saba in Verbindung gebracht zu werden.

Doch heute können zwischen neuen Radiocarbondatierungen und weiteren Inschriften Querverbindungen hergestellt werden, und es gibt immer mehr Beweise, die Van Beeks und

Jammes bahnbrechende Erkenntnis unterstützen. Eine Gruppe von der *American Foundation for the Study of Man* berichtet von Daten aus dem Wadi al-Jubah, die diese Einschätzung erhärten. Ihre Ergebnisse werden von einem französischen Grabungsteam in Schabwa gestützt, die die Genauigkeit von Van Beeks Einordnung der Töpferwaren aus Hajar bin Humeid bestätigen und somit auch seine frühe Datierung einer südarabischen Zivilisation. Es hat den Anschein, als ob der junge Gus die ganze Zeit recht gehabt hätte. Wenn auch einige Gelehrte immer noch Schwierigkeiten mit diesen Erkenntnissen haben, liegt es doch auf der Hand, daß fast fünfzig Jahre lang die europäischen Wissenschaftler mit ihren Einschätzungen völlig daneben lagen. Für uns bedeutet es, daß alles, was wir im Jemen gesehen haben – und was noch auf der Weihrauchstraße vor uns lag –, gut aus der Zeit von Salomon und der Königin von Saba stammen kann.

Direkt westlich von Hajar bin Humeid trafen wir auf einen intakten, mit Steinen gepflasterten Abschnitt der Weihrauchstraße. Als sie durch ein langgezogenes Tal anstieg, blockierte ein Erdrutsch mit kühlschrankgroßen Felsbrocken unseren Weg. David, Ricardo und ich gingen zu Fuß auf gut ausgebauten Serpentinen weiter bis auf eine Höhe von knapp 900 Metern zum Mablaqah-Paß, wo ein fünfundzwanzig Meter langer Einschnitt in die Felsen die Kamele am weiteren Aufstieg gehindert hatte. Der von Menschenhand hergestellte Einschnitt hatte die Karawanen gezwungen, die Kamele eines hinter dem anderen laufen zu lassen, so daß man ihre Lasten in Augenschein nehmen und natürlich mit einer Steuer belegen konnte.

Wir gingen zurück und gesellten uns wieder zu den Husseins, Ali und Mohammed. Ein weiter Umweg brachte uns auf die andere Seite des Mablaqah-Passes – und in Schwierigkeiten.

Unsere Reise die Weihrauchstraße entlang war nur grob geplant, damit wir auf Vorschläge der Jemeniter eingehen konnten, die wir treffen würden. Allein Wüsten-Hussein hatte eine unvorstellbare Zahl von hilfreichen Onkeln und Cousins. Auf ihre Vorschläge hin haben wir Abstecher gemacht, um Inschriften zu begutachten, über Gräber nachzugrübeln und in hervor-

Abb. 1: Die Königin von Saba auf einer persischen Miniatur aus dem Jahre 1590. Auf der rechten Seite, auf einem Zweig sitzend, befindet sich ein kleiner Vogel, ein Wiedehopf, der die Nachricht von Salomon im Schnabel hat.

Abb. 2: Wenn man einen genauen Blick auf das Kleid der Königin von Saba wirft, erkennt man einen Vogel und die Köpfe einiger anderer Tiere. Ein Hinweis auf ihre Abstammung aus dem Reich der Dschinnen.

Abb. 3: Ein äthiopisches Gemälde auf Leder, das die Reise der Königin von Saba nach Jerusalem zeigt, ihr Festmahl mit Salomon und den schicksalhaften Griff nach dem Wasser.

Abb. 4: »Ich bin schwarz aber gar lieblich.« Die Königin von Saba auf einer Miniatur aus Conrad Keysers *Bellifortis*.

Abb. 5: Die Königin von Saba, wie sie Salomon einschüchtert. Bibelfenster der Kathedrale von Canterbury.

Abb. 6: Die Königin von Saba hält Einzug in Jerusalem. Teilansicht des Freskos von Piero della Francesca, 1452.

Abb. 7: Ausschnitt mit Salomon und der Königin von Saba

Abb. 8: Plakat für die Barnum-und-Bailey-Show *A Tribute to Balkis* im Jahre 1903/04. Die Tänzerinnen der Königin verhalfen dem Begriff der magischen Verzauberung zu neuer Anerkennung.

Abb. 9: Plakat der Show der Ringling Brothers aus dem Jahre 1915: *Solomon and the Queen of Sheba.*

Abb. 10–11: Betty Blythe als Königin von Saba in dem Film der Fox *The Queen of Sheba* aus dem Jahre 1921.

Abb. 12: Szenenfoto aus dem Film *The Queen of Sheba.*

Abb. 13: Eine Händlerin aus dem Jebel Saber Gebiet des Jemen.

Abb. 14 und 15:
Früher Morgen in Jerusalem (1980). Ein zufällig vorbeikommender koptischer Mönch löste eine zwanzig Jahre andauernde Suche aus.

Abb. 16 und 17: Palmyra in Syrien. Ein Sandsturm tobt durch den Tempel des Bel. Liegt hier das Grab der Königin von Saba?

Abb. 19: Ausschnitt des Gebietes um Ma'rib. Man kann deutlich die Kanäle des Bewässerungssystems erkennen.

Abb. 18: Eine Aufnahme von Landsat 5 der Ramlat Sabateyn, eines Teilgebietes der arabischen Rub al-Khali.

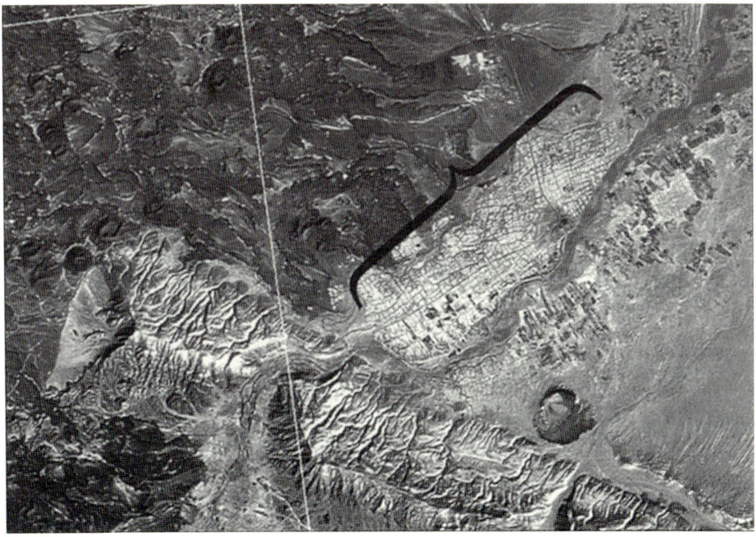

Abb. 20: In der Ramlat Sabateyn. Wir genießen ein opulentes Mahl aus gebratener Ziege und Heuschrecken. Auf der rechten Seite sitzt unser Führer durch die Wüste, Ali al-Sharif.

Abb. 21:
Unser Fahrer, der »Wüsten-Hussein« al-Ajlan.

Abb. 22:
Der »Berg-Hussein al-Arhabi«

Abb. 23 und 24:
Mahram Bilqis, der Mondtempel der Königin von Saba bei Ma'rib.

Abb. 25: Die aus dem Felsen herausgehauene Kirche des heiligen Georg in Lalibela in Äthiopien.

Abb. 26: Äthiopische Mönche, die zum Klang von Trommeln und Sistra singen und tanzen.

Abb. 27: Im Hafen von Dschibuti am Indischen Ozean liegt die Dhau *Fatah Alkyar* (»Bringer guter Sachen«) und wird für die Fahrt in den Jemen vorbereitet.

Abb. 29: Der Fuß des Steuermanns.

Abb. 28: Der Steuermann.

Abb. 30: Sirwah im Jemen. Die halbrunde östliche Mauer des bemerkenswert gut erhaltenen Tempel des Almaqah. Mana al-Nasirah steht am rechten Bildrand, um die Dimensionen zu veranschaulichen.

Abb. 31: Eine sabäische Frau auf einer Beerdigungsstele, die erst vor kurzem im Mahram Bilqis bei Ma'rib ausgegraben wurde.

ragend angelegte Brunnen zu blicken, die so tief waren, daß man bis fünf zählen konnte, bis ein Stein die Wasseroberfläche erreichte. An diesem Donnerstagnachmittag fuhren wir auf der Suche nach »Luqman« durch eine entlegene Schlucht, einen Ort, der nur den Einheimischen – Wüsten-Hussein konnte sich noch blaß daran erinnern, ihn als Kind besucht zu haben –, aber nicht den Archäologen bekannt ist.[9] Die Schlucht selbst findet man auf einer archäologischen Karte des Jahres 1951, doch keinen Hinweis auf Ruinen. Vielleicht hat die Forschergruppe nicht das Ende der Schlucht erreicht, und vielleicht gab es einen Grund dafür.

Wir fuhren im sandigen Bett der Schlucht entlang, bis es von Felsen blockiert war. Wir fanden einen Pfad und ließen Ali, Mohammed und die Fahrzeuge zurück. Durch einen Hohlweg kamen wir zu einer Seltenheit in Arabien, einem Wald. Knorrige Bäume von der Art, wie sie in Märchen beschrieben wird, hoben sich gegen die goldene Nachmittagssonne ab. Der Effekt verzauberte uns, ein magischer Platz, verborgen in den Bergen der Wüste.

Wir waren überrascht, rechts neben dem Weg steinerne Gebäude zu erblicken, die schon lange verlassen und ohne Dach waren. Die einzig vergleichbaren Gebäude, die mir einfielen, befanden sich an dem rituellen Jagdplatz von Yala, über sechzig Kilometer westlich. Italienische Archäologen hatten sie mittels der Radiocarbonmethode auf 980 v. Chr. bis 1395 v. Chr. datiert.

Durch die Zweige über unseren Köpfen sahen wir, daß die Schlucht abrupt in einer beeindruckenden, 350 Meter hohen Felswand aus von Adern durchzogenem Gneis endete.

Wir erreichten Stufen, behauene Steinstufen, den Beginn einer monumentalen Treppe, wie es die Archäologen nennen. Sie zog sich nach links aus dem Wald und die Wand der Schlucht hinauf. »Wartet mal«, rief Ricardo und schaltete das Satellitennavigationsgerät an. »Das halten wir fest.« Er gab die Position ein.

Als wir die Stufen hinaufstiegen, kamen wir zu einem anmutigen Wasserfall, der von der Felswand an der Stirnseite der Schlucht in einen schönen, ovalen See herabstürzte. Ein See, der

der *Arabischen Nächte* würdig gewesen wäre, wo sich riesige Paläste häufig in magischen Teichen spiegeln. Und tatsächlich entdeckten wir vor uns Ruinen, die an der abschüssigen Wand der Schlucht klebten. Als wir uns ihnen näherten, hörte ich Ricardo sagen: »Momentane Breite 45 Grad, 35 Minuten, 10,1 Sekunden, Länge 14 Grad, 51 Minuten und genau 42 Sekunden.« Zu diesem Zeitpunkt hatten wir auf der Treppe, wie er schätzte, achtzig Meter zurückgelegt und ungefähr 600 Stufen überwunden.

Wir konnten noch nicht einmal vermuten, wohin diese Stufen geführt hatten, denn was immer sich dort befunden hatte, war in die Luft gesprengt und geplündert worden, und das vor nicht allzu langer Zeit. Die Steine waren mit einem feinen weißen Staub bedeckt, der entstanden war, als sie zerstört und in die Luft geschleudert worden waren. Wenn man von der Masse der Trümmerstücke ausging, dann mußten sich hier ein oder zwei imposante Gebäude befunden haben, doch jetzt waren nur noch einige Mauerreste vorhanden. Was für ein Verlust. Selbst mit allen Mitteln der Archäologie würde schwer festzustellen sein, ob sich an diesem Ort ein Tempel oder, nicht unwahrscheinlich an diesem schönen Platz, ein Sommerpalast der Qatabanier befunden hatte.[10]

Im schwindenden Tageslicht machten wir einige Aufnahmen, stiegen dann die Treppe hinab und gelangten wieder in den schattigen Wald. Wüsten-Hussein konnte sich jetzt genauer entsinnen, wie er als Junge hier gewesen war, und erinnerte sich an eine weitere Fundstätte in einer Höhle hoch in der Felswand östlich von uns. »Dort haben sie ihre Stempel und Tussauds gemacht.«

»Ihre Siegelstempel? Und was noch?«

»Tussauds. Leute.«

»Tussauds?«

»Kennst du, mußt du kennen, es ist ein englisches Wort«, sagte er mit einem Anflug von Ärger. »Das bedeutet Kopien von Leuten.«

Wie in Madame Tussaud's Wachsfigurenkabinet in London! Statuen. Und wenn es da einen besonderen Ort für die Herstellung von Skulpturen und Siegeln gab, dann waren sie wahrscheinlich nicht aus Stein, sondern eher mit einer Art von Gußform hergestellt. Die Qatabanier hatten Münzen geprägt. Sollte dort vielleicht ihre Prägestätte gewesen sein? Wir könnten am nächsten Tag zurückkehren und nach Schlacke, Rußablagerungen und Spuren von Bronze, möglicherweise sogar Gold suchen.

Dann sah ich vor uns drei Fahrzeuge die Schlucht versperren und acht wütende und schwerbewaffnete Stammeskrieger Ali und Mohammed bedrohen. Die Stammeskrieger sahen uns und riefen zu uns herüber. »Schlechte Leute«, murmelte Wüsten-Hussein; Berg-Hussein wies uns an zurückzubleiben. Er würde zu Ali gehen und hören, was los war.

Es stellte sich heraus, daß die »schlechten Leute« der Ansicht waren, irgendeinen Anspruch auf die Schlucht zu haben, wobei man sich des Gedankens nicht erwehren konnte, daß sie diejenigen gewesen waren, die die bedeutende archäologische Fundstätte in die Luft gejagt hatten und dies jetzt verheimlichen wollten. Auf unserer Seite führte hauptsächlich Ali das Gespräch, und er plusterte sich bei dieser Gelegenheit mächtig auf, ganz anders, als es sonst seine ergebene, katzenhafte Art war.

Wenn du in Arabien dich nicht gerade durch Reden in Schwierigkeiten bringst, dann bist du dabei, dich aus Schwierigkeiten herauszureden, und nachdem ich schon einer Unzahl von Verhandlungen beigewohnt hatte, achtete ich auf zwei Schlüsselworte: *imkin* und *mumkin*.

Imkin bedeutet »vielleicht« und *mumkin* »wahrscheinlich«. Wenn häufig das Wort *imkin* fällt, dann ist es sehr unwahrscheinlich, daß man bekommt, was man will. *Imkin* ist die höfliche Form eines »Nein«. Doch wenn man ab und zu *mumkin* hört, dann steigen deine Chancen. Wir waren erleichtert, als wir das erste *mumkin* vernahmen. Dann, ein paar Minuten später, wieder. Nicht viel später waren wir wieder unterwegs, doch nicht, ohne daß uns böse Blicke hinterhergeschickt wurden.

Als wir ein ganzes Stück jenseits des Mablaqah-Passes unser Nachtlager aufschlugen, war Ali sehr zufrieden mit sich. Er teilte uns mit, was besprochen worden war: »Zuerst sagte ich ihnen, wenn sie dorthin kämen, wo ich lebe, dann würde ich sie als Gäste behandeln, also wenn wir hierher kommen, sollten sie uns auch wie Gäste behandeln. War nicht schwer. Ganz und gar nicht. Dann brachte ich sie dazu nachzudenken, nachzudenken, was passieren würde ... wenn sie Hand an euch legen und Schlimmes mit euch anstellen und mein Boß, Scheich Naser, davon erfährt. Ich ließ sie darüber nachdenken, daß sie nicht in ihre Schlucht hineinschauen und eine Menge Waffen sehen wollen. Kleine Waffen. Große Waffen. Schließlich fragte ich sie: ›Was wollt ihr? Was wollt ihr?‹ Sie dachten nach und sagten dann: ›Komm niemals wieder. Bring niemals wieder jemanden hierher.‹ Und ich sagte: in Ordnung.«

Da er ehrenvoll einem Kampf ausgewichen war, fragte Ali: »Bin ich nicht ein wunderbarer Redner?« Wir alle lächelten und nickten, doch ich bemerkte, daß die Husseins nervös waren. Die Kunde breitet sich aus, und die Straße, die vor uns lag, obwohl asphaltiert und gut zu befahren, galt als gefährlich.

Nachdem wir am nächsten Morgen eine halbe Stunde unterwegs waren, mußten wir an einer Straßensperre halten, die zu unserer Erleichterung von Regierungstruppen errichtet worden war.

»Wer sind die?« fragte einer der Soldaten und schaute uns dabei an.

»Amerikaner«, antwortete Wüsten-Hussein.

»Uh, uh!« meinte der Soldat, wobei das »uh« wie das Winseln eines Straßenköters klang. »Seid vorsichtig, uh,uh!«

»Yallah!« stieß Hussein zwischen zusammengepreßten Zähnen hervor. Je nachdem, wie das *yallah* betont wurde, konnte es ein gemütliches »Auf geht's« bedeuten, oder es konnte die Aufforderung sein, das zu tun, was wir jetzt taten: wie der Teufel die Straße entlangrasen und nur dann langsamer – aber auch nur ein bißchen – zu werden, wenn unser Toyota mit den abgefahrenen Reifen durch die Kurven der Bergstraße schleuderte. Wir hatten eigentlich vorgehabt, nicht weitab von der Straße drei archäologische Fundstätten zu besuchen, doch das war damit hinfällig.

Irgendwann an diesem Morgen überquerten wir die längst

vergessene Grenze des Königreichs Qataban – und befanden uns im Land der Königin von Saba.

Wüsten-Hussein blinzelte mit den Augen. Vor uns sahen wir Gestalten umherlaufen. Eine Straßensperre, aber diesmal eindeutig nicht von Regierungsfahrzeugen. Hussein drosselte die Geschwindigkeit. Die Gestalten bedeuteten ihm zu halten. Er trat aufs Gaspedal, fegte hindurch und ließ, wer immer auch heftig gestikulierend im Rückspiegel zu sehen war, hinter sich.

Wir kamen an einem Feld vulkanischen Gesteins vorbei, worauf mit weißer Farbe regierungsfeindliche Parolen geschrieben waren. An dieser Stelle, so erklärte Berg-Hussein, war ein Bus mit französischen Abenteuertouristen entführt und zu einem Versteck in die Berge gebracht worden, wo man sie festhielt, um Lösegeld zu erpressen. Wüsten-Hussein umklammerte zum ersten Mal mit beiden Händen das Steuerrad und verzichtete auch auf seine übliche Limonade, Zigaretten und die Kat-Blätter. Dennoch war es schwer, an diesem ruhigen und sonnigen Tag auf der gut ausgebauten Straße an eine Entführung zu denken. Weg von der Straße, in den zerklüfteten Bergen im Westen, ging das Leben in den verstreuten Dörfern mit ihren Lehmziegelhütten seinen seit uralten Zeiten ruhigen Gang. In östlicher Richtung lagen die stummen, sonnendurchglühten Dünen der Ramlat Sabateyn.

Die Straße bog um einen flachen Hügel, und wir kamen schleudernd zum Stehen. Direkt vor uns stand ein Lastwagen, auf den ein Flakgeschütz montiert war, das direkt auf unsere Windschutzscheibe zeigte. Einige Dutzend schwerbewaffneter Stammeskrieger sprangen aus dem Straßengraben und umzingelten uns – und waren enttäuscht. »Heute«, so übersetzte uns Berg-Hussein, »wollen sie ein paar Angehörige eines anderen Stammes fangen. Um eine alte Rechnung zu begleichen, wie man im Film sagt. Hamdullalah, wir können weiter.« Normalerweise, so erklärte er uns, wären wir eine gute Beute, doch nicht heute.

Ein paar Minuten und Kilometer später fuhren wir zwischen zwei Vulkankegeln hindurch über einen niedrigen Paß, der Bab al-Balaq genannt wird – möglicherweise eine Abwandlung von

Bab al-Balqis ... »das Tor der Königin von Saba«. Wir blickten über eine bräunliche Wüstenebene, durch die sich das Wadi Adana zieht und in der es einige wenige grüne Flecken gibt. Die Quecksilbersäule von Ricardos Thermometer bewegte sich auf fünfundvierzig Grad Celsius zu. Kleine Windhosen aus Staub fegten wie wirbelnde Derwische über die Erde und brachen dann in sich zusammen, als ob sie die Hitze völlig außer Atem gebracht hätte. Wenig deutete auf den Glanz hin, der sich einst auf dieser Ebene erhob und die Karawanenführer verblüffte, wenn sie die Stadt erblickten, die vielleicht das sagenhafte Kitor war, in Arabien bekannt als Ma'rib und in Latein als Maryab bezeichnet.

Ein Zitat, das Plinius dem Älteren zugeschrieben wird, lobte Maryab als »die Königin aller Städte und ein Diadem auf der Stirn des Universums«. Mit den Worten von Agatharchides von Knidos war hier einst die Hauptstadt eines Landes »göttlicher und mystischer Freuden«.[11]

14
Die Stadt der göttlichen und mystischen Freuden

Die Zeit, der Sand und Plünderer hatten ihren Tribut von Ma'rib gefordert. Nach dem Niedergang der Zivilisation von Ma'rib, im späten sechsten Jahrhundert v. Chr., waren die Ausläufer der Ramlat Sabateyn über die nicht länger bestellten Felder gekrochen, waren in die Gebäude eingedrungen und hatten die Monumente geschleift. Im Tempel des Mondgottes schmolzen die einstmals stolzen Sabäer über Dungfeuern Statuen und Inschriftentafeln aus Messing, Bronze und wahrscheinlich auch aus Gold ein. Sie benutzten das Baumaterial, das sie aus den Mauern von Ma'rib gewannen, und errichteten auf der ehemaligen Stadt in endloser Folge eine Reihe von grobschlächtigen Ansiedlungen, von denen sich jede auf den Trümmern der vorherigen gründete. Einige der Steinblöcke wurden in Siedlungen gebracht, die vierzig oder fünfzig Kilometer entfernt lagen. Diese Plünderungen setzten sich über die Jahrhunderte fort und haben auch heute noch nicht aufgehört. Ein Luftbild aus den dreißiger Jahren zeigt deutlich, daß zu diesem Zeitpunkt noch große Teile der Stadtmauer vorhanden waren. Heute findet man kaum noch eine Spur davon. Die Steine wurden für das aufstrebende neue Ma'rib benutzt, das wir als graue Dunstglocke am Horizont sehen konnten.

Doch nicht alles ist zerstört oder weggeschleppt worden. Ma'rib war zu bedeutend dafür. Einige Ruinen haben überdauert, und Archäologen können nur vermuten und davon träumen, was dort begraben liegt. Lediglich der Bruchteil eines Prozents von Ma'rib, der verheißungsvollsten – und deprimierendsten – archäologischen Stätte in Arabien, ist bis heute erforscht worden.

Wir brauchten einige Zeit, bis wir die Größe und die Lage der Stätte sowie die Bedeutung ihrer Monumente erfaßt hatten.

Während der nächsten Tage nahmen wir die Überreste in Augenschein und stellten uns vor, was alles zerstört worden war und was noch unter der Erde liegen mochte. Hier ist nun eine Beschreibung unserer Pfade, auf denen wir die Überreste eines mächtigen Dammes (A) immer wieder besuchten, der sich quer durch das Wadi Adana erstreckte, eines Trümmerhügels (B), der sich an der Stelle des königlichen Palastes des Herrscherhauses Salhan befand, und des Tempels des Mondgottes (C), der lange als Mahram Bilqis bekannt war.

Ein großer Damm und der Garten der zwei Paradiese

Das Flußbett ist ausgetrocknet, die Erde von Rissen durchzogen. Das Wadi Adana ist der Schlüssel dafür, daß die Zivilisation von Saba am Rande der Wüste erblühen konnte. Damals wie auch noch heute gehen zwei- bis dreimal im Jahr im westlichen Hochland des Jemen ergiebige Regenfälle nieder. Das Wasser kommt zuerst spärlich, dann immer heftiger das Wadi herunter, das sich durch die zerklüfteten Berge windet, durchquert die Ebene von Ma'rib und versickert in den durstigen Sandflächen

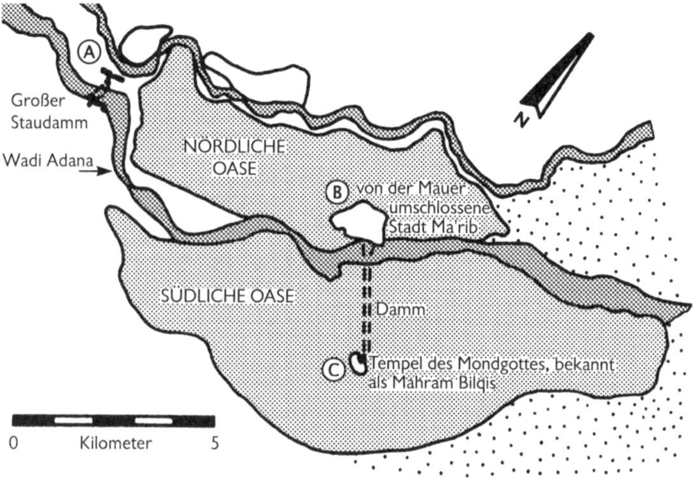

Karte der Ebene von Ma'rib

der Ramlat Sabateyn. Doch alles, wozu dieser Wasserstrom führt, ist ein kurzes Aufblühen von Winden und Leimkraut, die die Nahrung für die lebhafte Wüstenspringmaus und die kleinen Wüstenfüchse abgeben. Zu Beginn der Jungsteinzeit wurden die Wasserströme des Wadi Adana durch eine Reihe aufeinanderfolgender Dämme verlangsamt und gebändigt. Der größte dieser Dämme, erbaut im fünften Jahrhundert v. Chr., hatte eine Spannweite von 680 Metern und war damit halb so lang wie der Boulder Staudamm.

Der Große Damm von Ma'rib, der inzwischen schon längst vom Wasser zerstört ist, war eine massive Erdbarriere, deren Böschung mit Steinplatten ausgekleidet war, die man mit Kalkmörtel verfugt hatte. Er war so gebaut, daß er den jahreszeitlich bedingten Sturzfluten standalten konnte, die das Wadi mit einer Rate von 1 700 Kubikmetern pro Sekunde – was mehr als 2 000 Tonnen Wasser und Schlamm pro Sekunde bedeutet – entlangschossen. Der Damm war nicht darauf ausgelegt, ein Wasserreservoir zu bilden, sondern diesen unbändigen Strom in zwei Schleusenkanäle zu leiten, einen nördlichen und einen südlichen, die in zwei Rückhaltebassins mündeten. Von dort aus wurden die Fluten durch zwei breite Kanäle weiter beruhigt,

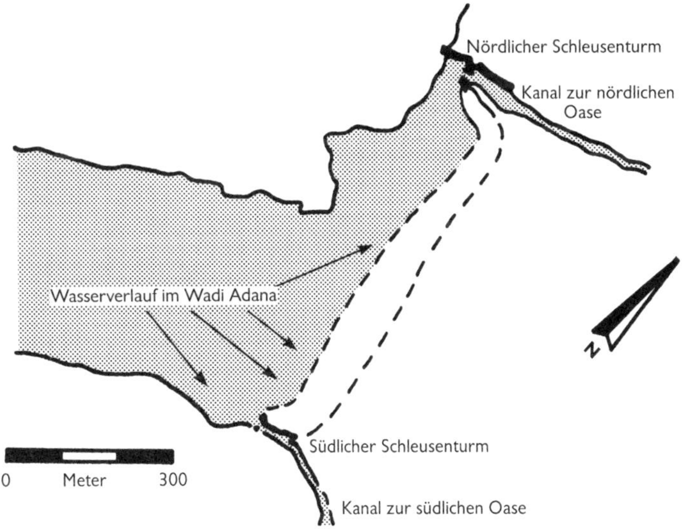

Der Große Damm von Ma'rib

bevor sie in ein weites Netz aus kleinen Bewässerungskanälen geleitet wurden, das bis zu vierzig Kilometer weit in die Ramlat Sabateyn hineinreichte. Alles in allem konnte man so 9600 Hektar Land bestellen, was ausreichte, um eine Stadt von 30000 bis 50000 Einwohnern zu ernähren.

Diese von Menschen geschaffene Oase – der »Garten der zwei Paradiese« – war zweigeteilt, eine im Norden des Wadi Adana und eine weitere im Süden. Es wird berichtet, daß, »wenn eine Frau oder ein Diener mit einem Korb auf dem Kopf unter den Bäumen entlang lief, dieser sich in kurzer Zeit mit Früchten füllte, ohne daß man sie pflücken oder vom Boden aufheben« mußte.[1] Obwohl etwas ungewöhnlich, ist dieses Bild doch eine zutreffende Darstellung für eine der größten landwirtschaftlichen Errungenschaften der Geschichte. Als Jürgen Schmidt vom Deutschen Archäologischen Institut in den achtziger Jahren Forschungen auf der Ebene von Ma'rib anstellte, schrieb er bewundernd: »Hier wurde das perfekteste Bewässerungssystem der Antike angelegt, ein ausgeklügeltes und technisch hochstehendes Beispiel der Baukunst.«[2] Er war beeindruckt davon, daß dieses System in der Lage war, zu jeder Zeit, ob Tag oder Nacht, ohne Vorwarnung mit plötzlichen, heftigen Fluten fertig zu werden; er stellte fest, daß man erst im zwanzigsten Jahrhundert den Stand der genialen wassertechnischen Anlage der Sabäer wieder erreicht hatte, doch nicht darüber hinausgekommen war.

Berg-Hussein, David, Ricardo und ich kletterten auf den immer noch intakten, fünfzehn Meter hohen südlichen Kanalturm des Großen Dammes. Die Einheimischen nennen diesen Turm Marbat al-Dimm, den »Ort, wo die Katze angebunden wurde«, eine Anspielung auf ein Ereignis in der Sage von der Königin von Saba, bei dem alle Katzen aus Saba die roten Ratten nicht daran hindern konnten, den Damm und seine Stützen zu zerstören. Wir wunderten uns über die Robustheit des Bauwerks und stellten uns, den Blick Richtung Süden gewandt, den grünen und fruchtbaren Garten der zwei Paradiese vor, wie er sich vor uns, so weit wir sehen konnten, ausbreitete. Ricardo fühlte sich beflissen anzumerken: »Was für eine Frau!«, fügte dann aber noch hinzu »vielleicht«. Es war ihm bewußt, daß, wohin wir unseren Blick auch wendeten, wir immer nur die *letzten* Ruinen von Ma'rib sahen, von denen der Große Damm das beste Beispiel war. Nach Inschriften auf den Kanaltürmen datierte man ihren Bau in die Mitte des sechsten vorchristlichen Jahrhunderts, ungefähr 300 Jahre nach der Zeit der Königin von Saba.

Wir hatten gehofft, wenn wir das Wadi Adana hinaufgingen, Überreste von Dammkonstruktionen früherer Zeiten zu finden – aus der Zeit der Königin von Saba –, bevor der Große Damm errichtet worden war. Doch am Fuß des Kanalturms lief Wüsten-Hussein, die Kalaschnikow im Anschlag, nervös auf und ab. Wenn dieser Teil des Jemen so etwas wie ein heutiger Wilder Westen war, dann, so hatte er uns zu verstehen gegeben, befänden wir uns in Dodge City und noch dazu im falschen Teil der Stadt. Wüsten-Hussein hatte uns gewarnt: »Wir müssen vorsichtig sein, auf jeden Fall. Sieht aus, als sei niemand hier, aber sie sind hier. Ich war einmal mit einem Holländer hier, dummer Holländer. Die Schießerei begann, er behielt den Kopf nicht unten und bekam eine Kugel in die Schulter. Kostete uns eine Stunde, eine ganze Stunde, uns den Weg freizuschießen! Was für eine Aufregung! Ich bin heut nicht in Stimmung für Aufregung.«

Jürgen Schmidt hatte in ruhigeren Zeiten da gestanden, wo wir jetzt standen (ich hatte seine Berichte und Karten bei mir), und darüber nachgedacht, wie die Wasserfluten in einem Wadi ansteigen und dann den fruchtbaren Schlamm ablagern. Ohne Zutun der Menschen wurde der Schlamm des Wadi Adana in die Ramlat Sabateyn geschwemmt. Als aber der Mensch eingriff, wurde der Schlamm statt dessen auf die bewässerten Felder verteilt. Wann war dies zum ersten Mal geschehen? Wann wurde

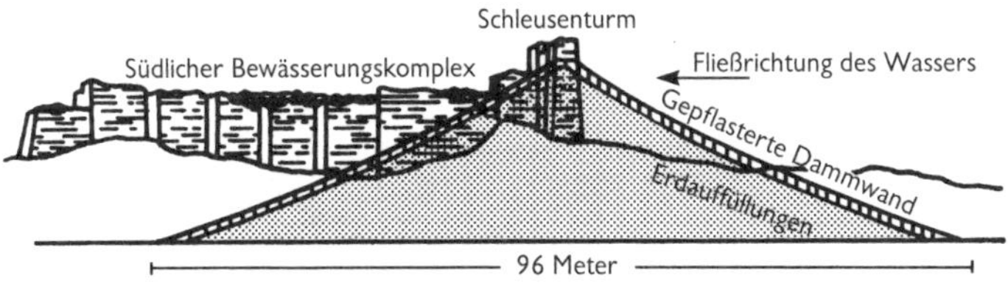

Der Große Damm (Rekonstruktion im Querschnitt)

der Wasserstrom des Wadi Adana zum ersten Mal geteilt? Auf seiner Suche nach den Anfängen der Landwirtschaft in Ma'rib untersuchte Schmidt die Schlammablagerungen in dem Garten der zwei Paradiese und stellte zu seiner Verblüffung fest, daß sie dreißig Meter tief reichten. Ausgehend von einer Ablagerung von 0,7 Zentimeter pro Jahr, veranschlagte er einen Zeitraum von 2700 Jahren künstlicher Bewässerung, die bis in das Jahr 2200 v. Chr. zurückreichte und somit mehr als ein Jahrtausend vor der Zeit der Königin von Saba lag.

Um seine außerordentlich frühe Datierung abzusichern, untersuchte Schmidt das trockene rote Bett des Wadi Adana flußabwärts des Großen Damms und fand dort Überreste von frühen, einfachen Anlagen, den Fluß zu teilen, die zwischen 2400 und 1500 v. Chr. in Gebrauch waren.

Der nächste Schritt, den die Sabäer unternahmen, war gewaltig: Ungefähr um 1500 v. Chr. sperrten sie das Wadi Adana *vollständig* mit einem Damm ab, der bis 940 v. Chr., also während der Zeit von Salomon und der Königin von Saba, seinen Zweck erfüllte. Es ist schwer, den Ertrag der bewässerten Felder zu ermitteln, doch vorsichtig geschätzt, waren sie in der Lage, ungefähr 20000 Menschen zu ernähren (demgegenüber betrug die Einwohnerzahl von Ma'rib zur Zeit seiner Blüte 30000 bis 50000 Menschen).

Daraus folgt, daß Ma'rib schon lange vor den Tagen der Königin von Saba eine bedeutende Stadt war mit einem landwirtschaftlich ertragreichen Umland, auf dessen Ernte man sich ver-

Sorgfältig behauene Steine der Bewässerungsmauern »A« (2400 v. Chr.)

lassen konnte. Den Sabäern ging es auch ohne den Handel mit Weihrauch und Gewürzen außerordentlich gut. Kam dieser Handel noch dazu, dann ist ihnen, wie der Mythos von »Kitor im Osten« berichtet, der Neid der anderen Länder gewiß gewesen.

Im neuen Ma'rib wohnten wir in dem netten, aber baufälligen *Garten der zwei Paradiese*, einem Hotel mit breiten Korridoren und höhlenartigen Toiletten. Der Anspruch des Hotels auf Großartigkeit zeigte sich an den Spiegeln im Badezimmer, die so hoch angebracht waren, daß man selbst auf Zehenspitzen gerade mal seinen Scheitel sehen konnte. Während der Tage, die wir dort verbrachten, übernachteten nur ein paar holländische und französische Touristen sowie einige Arbeiter von den Ölfeldern in dem Hotel. Unser Abendessen nahmen wir an einem verlassenen Tisch in einem Saal ein, in dem einige hundert Gäste Platz gefunden hätten. Das Lammkebab war ziemlich schmackhaft und die dazu servierten Pommes Frites hervorragend, was gut war, denn es war das einzige auf der Speisekarte. Möglicherweise würden eines Tages die Busse und mit ihnen die Massen von Touristen kommen, doch bis jetzt war es noch nicht soweit. Was konnte man auch erwarten, wenn die einzige Möglichkeit, von hier nach Sanaa zu kommen, darin bestand, sich einem bis an die Zähne bewaffneten Konvoi anzuschließen? Mehr noch, es gab Gerüchte, daß, wenn man zu weit in die Ebene von Ma'rib hinauswanderte, man Gefahr lief, gesteinigt, erschossen oder entführt zu werden.

Um der schlimmsten Hitze zu entgehen, zogen wir uns jeden Mittag in die *Zwei Paradiese* zurück, um unsere Hausaufgaben zu machen und den beiden Husseins ausreichend Zeit zu geben, in Scheich Nasers *Mifraj* Kat-Blätter zu kauen. Um die Mittagszeit verdunkelte sich häufig der Himmel. Dann zogen Sandstürme, von der offenen Wüste kommend, über die Stadt und füllten den verfallenen, leeren Swimmingpool des Hotels mit entwurzeltem Unterholz und abgestorbenen Ästen. Beim Geräusch klappernder Fenster studierten und markierten wir unsere Satellitenbilder von Ma'rib, auf denen die antiken Kanäle und Bewässerungsgräben als ein Gitter von blauen Linien erkennbar waren.*

Auf den Koordinaten 45° 20' 09,2" Breite und 15° 25' 23,8" Länge befand sich ein beeindruckender Trümmerhügel, wahrscheinlich der Ort, an dem sich das königliche »Haus des Salhan in Krieg und Frieden« befunden hatte, ein Palast, der sehr gut jener der Königin von Saba gewesen sein kann.[3]

Der Palast des Salhan im von Mauern umgebenen alten Ma'rib

Die beiden Husseins waren der Meinung, daß wir für unseren Ausflug zu dem Trümmerhügel im alten Ma'rib zusätzlichen Schutz bräuchten, deshalb quetschte sich ein Söldner der Askari mit seiner halbautomatischen Waffe noch zusätzlich auf den Rücksitz unseres Toyota. Wie immer, wenn wir uns auf die Ebene von Ma'rib hinausbegaben, so auch an diesem Tag, überschritten wir für uns unerkennbare Grenzen. Wir fuhren durch ein Gelände, das keine Besonderheiten aufwies, und doch kamen wir in ein Gebiet unsichtbarer Gefahren, wie wir an der Anspannung der beiden Husseins sehen konnten. Ein paar Kilometer weiter würden sie sich ohne besonderen Grund wieder entspannen.

Über der Ebene hing dichter Nebel, ein Leichentuch aus Feuchtigkeit und aufgewirbeltem Staub, das sich nach dem mittäglichen Sandsturm gebildet hatte. Wüsten-Hussein verlangsamte das Tempo und kniff die Augen zusammen, um herauszufinden, wohin er fahren sollte. Der Nebel war von einer geheimnisvollen grünlichen Färbung, und in ihm zu fahren war wie in einem Traum, in dem man nach etwas sucht, aber nicht recht weiß, was es ist oder ob es überhaupt existiert. Wir erreichten das Ende der Fahrspur, und vor uns erhob sich der Trümmerhügel des Salhan. Der Nebel dämpfte das Zuschlagen der Wagentüren und das Geräusch unserer Schritte, als wir ausstiegen und einen verwitterten Hügel aus Dreck, Sand und Zi-

* Siehe Abb. 18 im Bildteil in der Mitte des Bandes.

vilisationsresten hinaufstiegen. Im zwölften Jahrhundert n. Chr. stand der Reisende Nashwan ibn Said an dieser Stelle und beschrieb riesige Säulen mit mehr als dreieinhalb Metern Umfang, die sich aus der Erde erhoben, doch selbst damals schon nicht höher als die Länge eines Speers. Seit jenen Zeiten sind die Säulen längst unter einer Anzahl von darauf errichteten Gebäuden verschwunden, die, mit der Zeit des frühen Islam beginnend, bis in die – so gesehen – erst kürzlich erfolgte Eroberung des Jemen durch die Ottomanen reicht. Was immer von Salhans Palast (wenn er sich wirklich an dieser Stelle befunden hat) übrig war, befand sich jetzt unter fünfzehn oder mehr Metern Schutt aus späterer Bautätigkeit. Dennoch fand man Spuren von ehemaliger Größe. Umgestürzte Säulen, obwohl nur vom halben Umfang derer, die ibn Said beschrieben hat, lagen am Fuß des Hügels. Eine Reihe davon hatte man verkehrt herum wieder benutzt – für eine Moschee, die aber inzwischen auch verlassen war. Die Kapitelle waren rechtwinklig und schlicht, ganz anders, als man es aus dem klassischen Altertum gewohnt ist. Die sabäische Architektur, wenn man von den wenigen vorhandenen Bruchstücken ausgeht, hat wohl ausgewogene Proportionen gehabt und muß beeindruckend gewesen sein.

Um den Hügel herum, soweit wir es in dem Nebel feststellen konnten, hatte sich einstmals eine große Stadt erstreckt. »Maryaba, was bedeutet ›Herrscher aller Menschen‹«, schrieb Plinius

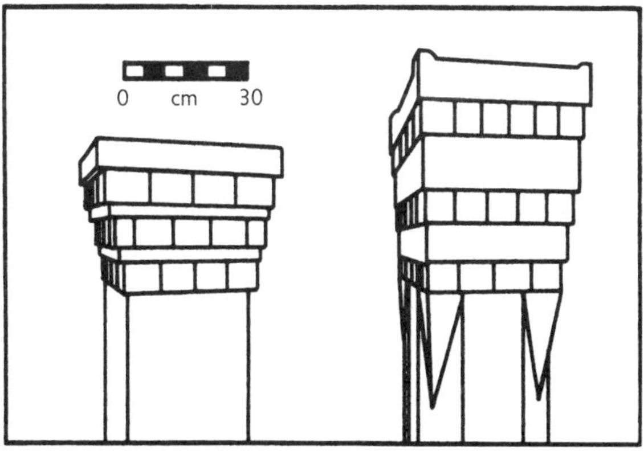

Säulenkapitelle in Ma'rib

der Ältere, »hatte einen Umfang von zehn Kilometern.« Doch obwohl dies eine Übertreibung war – eher waren es vier Kilometer –, umschlossen die Mauern des sechstorigen Ma'rib eine Fläche von 110 Hektar.

Wir wanderten auf dem Hügel herum, auf dem es eigentlich nicht viel zu sehen gab. Südwestlich davon durchquerten wir eine Senke, die vielleicht ein Marktplatz gewesen war. Verstreute Kalksteinblöcke waren alles, was von den Fundamenten von Hunderten rechtwinkliger Lehmziegelgebäude übriggeblieben war, die einstmals eine Höhe von fünfundzwanzig Metern erreicht hatten; die ersten Hochhäuser auf der Erde. Sie sind schon lange vergangen, die Lehmziegel wurden von den nicht häufigen, aber heftigen Regenfällen der Wüste aufgelöst.

Dennoch ist es den Archäologen gelungen, die wahrscheinliche Aufteilung und das Aussehen eines typisch sabäischen Turmhauses zu rekonstruieren. Von der Straße aus führte eine Treppe zu einer stabilen Holztür, die mit Messingbeschlägen befestigt war. Innen befand sich im Erdgeschoß ein Gewirr von kleinen Räumen mit hohen Türschwellen, in denen Korn, Feuerholz und Futter lagerten. Wasser wurde in großen Fässern

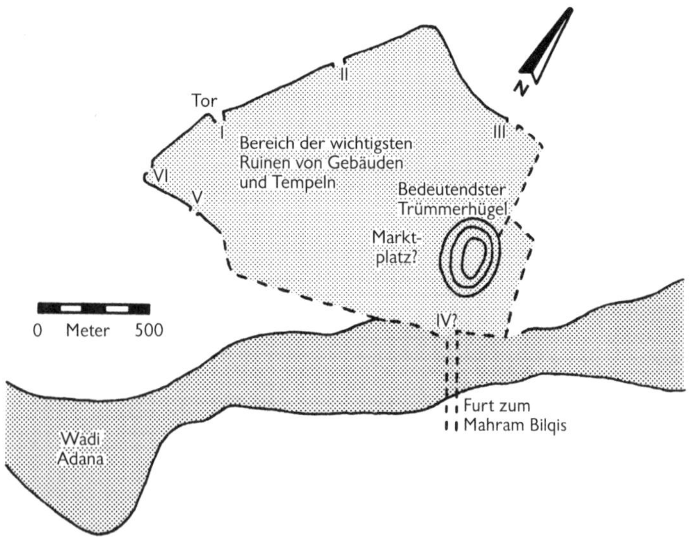

Übersichtsplan des alten Ma'rib

und ausgekleideten Zisternen aufbewahrt. Die Ställe für die Tiere befanden sich auf dieser und der nächsten Ebene. (In den heutigen jemenitischen Turmhäusern steigen die Ziegen zu ihren Ställen im ersten Stock hinauf.) Die Gebäude hatten zwei, drei oder sogar sechs weitere Stockwerke, um Platz für die Schlafzimmer, Küchen und einen oder mehrere zeremonielle Räume der großen Familien zu schaffen: einen Empfangsraum oder *Diwan*, einen *Maswad* oder Ehrenraum, ein *Manzar*, ein Zimmer, aus dem man am besten die Oase und die weit entfernte Wüste überblicken konnte, und schließlich ganz oben das *Mifraj*, das weitläufige Reich der Männer der Familie und ihrer Gäste.[4] Größere Familien mögen einen oder mehrere Schreine mit Weihrauchaltären und Götterstatuten besessen haben. Gemäß den Notwendigkeiten des Lebens gab es in den oberen Stockwerken Toiletten, von denen aus der Unrat entweder durch Rohre innerhalb oder außerhalb des Hauses auf die Straße fiel, wo einmal oder zweimal am Tag ein Arbeiter der sabäischen Gesundheitsbehörde Kalk auf den sich anhäufenden Abfall streute. Einmal pro Woche wurde der Abfall mit einem Wagen abgeholt und zu den abgeschlossenen Öfen des in der Nähe liegenden Badehauses gebracht. Die so entstandene Asche wurde im Garten der zwei Paradiese als effektiver Dünger benutzt.

Das Entscheidende bei diesem Baustil war die Höhe der Häuser, wodurch die bessergestellten Sabäer dem Lärm und den Gerüchen des Alltagslebens entrückt waren, einen guten Blick über ihr Land hatten und gleichzeitig damit ihr Ansehen und ihren Reichtum zur Schau stellten.

Als das größte der Turmhäuser der Stadt verfügte wohl der Palast des Salhan, neben einer Reihe von flankierenden Nebengebäuden, über einen oder mehrere beeindruckende, von Säulen gesäumte und luftige Innenhöfe. Wenn er im typisch sabäischen Stil gebaut war, dann war er wohl schlicht, dennoch wird es einige Anzeichen orientalischen Prunks gegeben haben, zum Beispiel alabasterne Oberlichter, durch die das Licht auf Mauern aus mehrfarbigen Steinen und Fußböden mit feingewebten Teppichen fiel.[5] Der Mittelpunkt des Palastes war wohl die Versammlungshalle, wo sich der Thron befand … jener Thron, den der Legende nach Salomons Dschinnen auf magische Weise nach Jerusalem brachten, so daß alle sehen konnten, wie er neben Salomons eigenem verblaßte. Tat er das wirklich? Salomons Besorgnis (und Neid?) läßt vermuten, daß der Thron der Königin von Saba vielleicht doch der prächtigere war.[6]

Befand sich unter unseren Füßen ein sabäischer Thron, als wir an diesem nebelverhangenen Tag durch das alte Ma'rib liefen?

Doch solange diese einstmals großartige Stadt nicht zumindest teilweise ausgegraben ist, wird sie immer nur ein Bild vor unserem geistigen Auge bleiben. Und so war es immer gewesen, selbst im Altertum. Trotz all des Ruhms der Stadt Ma'rib gibt es keinen Augenzeugenbericht von den Gebäuden innerhalb ihrer Mauern oder dem Treiben auf dem Marktplatz und der Pracht und den Geheimnissen ihres Palastes. Am nächsten von allen Fremden kam im Jahre 24 v. Chr. Aelius Gallus, erster Präfekt von Ägypten, mit seinen Legionären an Ma'rib heran. Er hatte von Kaiser Augustus den Auftrag, die Herkunft des arabischen Weihrauchs und Goldes zu ergründen. Die Experten sind sich unsicher, ob Aelius' Freund, der Geschichtsschreiber Strabon, ihn begleitete oder ob sein Bericht aus zweiter Hand stammt. Auf jeden Fall war Aelius Gallus wahrscheinlich auf Sichtweite an Ma'rib herangekommen und hatte sogar eine Belagerung versucht, bevor er und seine Truppen, von der Wüste ausgezehrt und dezimiert, den Rückweg nach Ägypten antraten.

Obwohl Strabons Bericht das Beste ist, was wir haben, ist er doch sehr ungenau. Er schreibt, daß »das Land grundsätzlich fruchtbar ist und im besonderen Orte aufweist, an denen Honig hergestellt wird und, abgesehen von Pferden, Maultieren und Schweinen, keine Haustiere vorhanden sind. Mit Ausnahme von Gänsen und Hühnern findet man alle Arten von Vögeln.«[7] Er merkt über die Dörfer und Städte dieses ländlichen Gebietes an, daß »dort Könige herrschten, daß sie wohlhabend und von schöner Gestalt seien und sowohl über Tempel als auch Paläste verfügten«. In Ma'rib »lebt er selbst [ein König] und sein Hofstaat in verweichlichtem Luxus, doch die Masse der Untertanen beschäftigt sich zum Teil mit Ackerbau und zum Teil mit dem Handel von Duftstoffen«.

Das Leben war unbeschwert: »Die Menschen sind faul und nehmen das Leben leicht«, so leicht, daß sie sich bemühen mußten, klar im Kopf zu bleiben, wenn sie ihren Handel mit Weihrauch, Myrrhe und Zimt ausübten. »Wenn sie durch die süßen Düfte benommen wurden, dann versuchten sie diese Benommenheit zu überwinden, indem sie den Geruch von Teer und Ziegenhaar einatmeten.«

Der König von Ma'rib, so teilt uns Strabon mit, »spricht Recht über seine Untertanen ... doch das Gesetz verbietet ihm, den Palast zu verlassen, und wenn er es dennoch täte, dann würde ihn der Pöbel, gemäß irgendeines Orakels, auf der Stelle zu Tode steinigen«.

Diese letzte Feststellung ist seltsam, doch nicht gänzlich unvorstellbar. Strabon beschreibt eine Art *Zauberer von Oz*,[8] wie man sie aus späteren, afrikanischen Kulturen kennt, bei denen die Untertanen nie ihren Herrscher zu Gesicht bekommen und darum glauben, er sei furchteinflößend und allmächtig.[9] Die Unsichtbarkeit verstärkt die Macht. Wird im Gegensatz dazu

Ein Händler und eine würdige Dame von Ma'rib

ein König zu menschlich, verliert er seine Macht, und der Pöbel macht, was er will. Wenn dies wirklich bei den Sabäern so war – und bis in die Zeiten zurückreicht, wo sie erstmals begriffen, welchen Gewinn sie mit ihrem Weihrauch und den anderen Duftstoffen erzielen konnten –, wer konnte dann eine so weite Reise unternehmen und hatte das Vertrauen, Verträge über den Fernhandel abzuschließen?

Warum sollte das nicht eine unternehmungslustige und kluge Königin gewesen sein?

Das ist natürlich reine Vermutung. Die Absonderung des Königs von seinem Volk mag eine sabäische Sitte gewesen sein, die sich erst wesentlich später, näher an der Epoche von Strabon, herausgebildet hat. Doch da Ma'rib wie eine Tafel ist, auf der nur wenig geschrieben steht, läd die Vergangenheit zu Spekulationen ein. Wer weiß schon, wer oder was hier war? Strabon schreibt, daß er davon gehört habe, daß in der Stadt die Sabäer

Szenen aus dem sabäischen Leben: Eine Festtafel und eine Karawane

sich »einer Unmenge von Gegenständen aus Gold und Silber erfreuten, als da wären Sofas, Dreifüße und Schüsseln, auch Trinkgefäße und sehr prunkvolle Häuser, deren Türen, Mauern und Decken mit Elfenbein und Gold verziert sind, worin Edelsteine eingelegt seien«.

Wenn nur ein Teil davon wahr ist und noch ein Teil dieses Teils vorhanden ist, welch große Entdeckungen warten dann auf die Archäologen!

Unter den klassischen Autoren herrscht allerdings Übereinstimmung. »Im Ganzen gesehen, sind sie das reichste Volk auf Erden«, schrieb Plinius über die Völker Arabiens. Und von diesen »sind die Sabäer die wohlhabendsten«.

Mahram Bilqis, die heiligen Hallen der Königin von Saba

Einstmals führte ein geheiligter Pfad von der Südseite der Stadtmauer von Ma'rib durch das Bett des Wadi Adana zu einem hochaufragenden Säulengang und einer Eingangshalle, durch die man in ein riesiges Oval trat, das von Mauern umgeben war. Die ersten Forscher waren so überwältigt – und verwirrt – von diesem Oval, daß nicht einer von ihnen seine Ausmaße exakt angegeben hat. Erst 1998 hat eine Untersuchung der *American Foundation for the Study of Man* unter der Leitung des kanadischen Archäologen Bill Glanzman mit einem Laservermessungsgerät ermittelt, daß der ovale Tempel an seiner breitesten Stelle 95,8 Meter maß und die Mauern sechzehn Meter hoch waren. Die umschlossene Fläche betrug 5 107,8 Quadratmeter, ein Areal, zweieinhalbmal so groß wie das Parthenon.

Anhand einer Reihe von Inschriften konnte man dieses Bauwerk als den Tempel Awwam, was »Ort der Zuflucht« bedeutet, identifizieren und belegen, daß er dem Gott Almaqah geweiht war, wahrscheinlich (aber nicht sicher) der Gott des Mondes. Lange Zeit rätselte man über das Geschlecht, die Zuordnung zu bestimmten Gestirnen und andere Charakteristika der sabäischen Götter, und immer wenn jemand mit einer stimmigen

Erklärung kam, legte ihm ein anderer einen ebenso stimmigen Stein in den Weg. Almaqah wurde zum Beispiel lange Zeit als ein männlicher Mondgott angesehen, meist symbolisiert durch zwei gebogene Hörner, zwischen denen sich eine Scheibe befand.

In letzter Zeit kam allerdings die Vermutung auf, daß die Scheibe nicht den Mond, sondern die Sonne darstellt und daß Almaqah weniger ein Himmelsgott, sondern eher eine Kriegsgottheit ist wie Herakles oder vielleicht auch ein Fruchtbarkeitsgott wie Dionysus. Wie auch seine wahre Identität sein mag, eine Inschrift im Tempel klärt uns darüber auf, daß die Sabäer die »Kinder von Almaqah« waren.

Während der offizielle Name des Tempels Awwam lautet, wurde er lange Zeit – und auch noch von den heutigen Jemeniten – allgemein als Mahram Bilqis bezeichnet, »die heiligen Hallen der Bilqis« – der Königin von Saba. Die Eingangshalle des Mahram Bilqis erkennt man an acht quadratischen Säulen, die sich aus dem Sand erheben. Als wir uns der Stelle in Wüsten-Husseins Toyota näherten, waren Straßenjungen aus Ma'rib auf die Säulen geklettert und spornten sich gegenseitig an, von einer

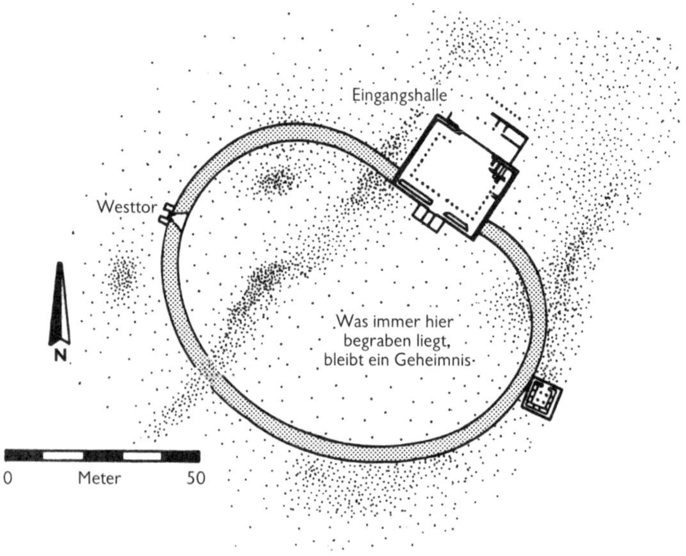

Plan des Tempels Mahram Bilqis

zur anderen zu springen.* Wir winkten ihnen zu und gingen eine geschwungene Düne hinauf, von wo aus wir auf die Krone der den Tempel umgebenden Mauer stiegen. Von dort aus konnten wir das sorgfältig ausgeführte Mauerwerk in Augenschein nehmen, das drei Meter stark kasemattenartig angelegt war (die Hohlräume waren voller Trümmerstücke). Uns stellten sich viele Fragen. Hatte das Oval unter uns die Aufgabe gehabt, Tausenden von Pilgern Obdach zu bieten? Lagen unter dem Sand vielleicht eines oder mehrere königliche Gräber verschüttet, möglicherweise sogar das der Königin von Saba? Hatte sich im Mittelpunkt des Ovals ein heiliger Teich befunden? Oder lag hier vielleicht ein heiliger Felsquader verborgen, ein Vorläufer der islamischen Kaaba in Mekka? Wir hatten keine Ahnung, genauso wie jeder andere, ob nun Amateur oder Fachmann.

Während wir so auf der Mauer entlangliefen, tauchten auf einmal die Jungs von den Säulen auf und rangelten miteinander darum, uns gefälschte Steinfiguren zu verkaufen – oder vielleicht waren sie auch nicht gefälscht.

Einer der Jungs nervte David damit, daß er ein Foto von ihm und seiner Kalaschnikow machen sollte. David lehnte ab. Dann forderte der Junge Geld, wobei er die Waffe in Anschlag brachte und eine Salve abfeuerte. »He«, rief David, »hör auf damit. Nimm das Ding runter!« Einer seiner Kumpel, mit einem bösen Gesichtsausdruck und wild dreinblickend, zog ein Messer. Von innerhalb des Tempelovals eilte Berg-Hussein zu uns auf die Mauerkrone und erklärte auf arabisch: »Nein, nein, er ist euer Gast!«

Der bewaffnete Junge, kaum älter als zehn oder zwölf Jahre, gab nicht nach. Glücklicherweise verstand David nicht, was Husseins heftige arabische Worte bedeuteten. »Komm, erschieß ihn! Mach schon, versuch es! Schieß! Und dann wirst du sehen, was ich mit dir mache, was meine Leute mit dir und deiner Familie machen. Ich bin Hussein al-Arhabi aus Arhab!«

Arhab muß einen schrecklichen Ruf haben, denn diese

* Siehe Abb. 24 im Bildteil in der Mitte des Bandes.

Drohung zeigte Wirkung. Der Junge senkte die Waffe und erklärte: »Ich wollte nur an seinem Kopf vorbeischießen.« Er und seine Freunde verkrümelten sich.

Die Geheimnisse des Mahram Bilqis zu erforschen war lange ein gefährliches Unternehmen gewesen. Der erste westliche Besucher war der französische Apotheker Joseph-Thomas Arnaud, der neugierig auf die exotischen Gewürze war, mit denen die Königin von Saba gehandelt hatte. Das war im Jahre 1843. 1869 lockte das Geheimnis der Königin den geschickt verkleideten Joseph Halevy nach Ma'rib, dem 1892 der deutsche Schriftsachverständige Eduard Glaser folgte, der sich an der Bibelstelle orientierte, in der die Königin von Saba auftaucht, und der sich fragte: »Wie konnte ich da unschlüssig sein? Vom ersten Tag an, an dem ich meinen Fuß auf arabischen Boden setzte, war all mein Streben und Verlangen darauf ausgerichtet, Ma'rib zu erreichen ... um die Überreste ihrer Pracht zu bewundern und den Schleier zu lüften, der ihre legendäre Vergangenheit mit in den Wahnsinn treibender Hartnäckigkeit verbirgt.«[10] Alle drei Entdecker bezeichneten die Angehörigen der verschiedenen Stämme in Ma'rib als sprunghaft und gastfreundlich und waren glücklich darüber, den Ort mit grob gezeichneten Plänen von Mahram Bilqis und eigenhändigen Kopien seiner Inschriften wieder zu verlassen.

Es dauerte bis 1951, als der Tempel die erste Schaufel eines Archäologen sah. Im April dieses Jahres erschien am Horizont der Ramlat Sabateyn eine Kolonne von Dodge-Lastwagen und Geländefahrzeugen. Sie waren in den USA eingeschifft und in der britischen Kronkolonie Aden an Land gebracht worden. Wendell Phillips, ein draufgängerischer und brillanter junger Amerikaner, noch keine dreißig Jahre alt, saß im Führungsfahrzeug. Indem er sich an die Möchtegernabenteurer in den wichtigsten amerikanischen Unternehmen wandte, war es ihm gelungen, erhebliche Mittel aufzutreiben und die *American Foundation for the Study of Man* zu gründen, ein erstklassiges Team zusammenzustellen und einen umfassenden Angriff auf die Altertürmer des südlichen Arabiens zu unternehmen. Phillips vereinigte in sich »die Selbstsicherheit eines eisenharten Abenteurers, die Abgebrühtheit eines Spielers und die Gerissenheit eines amerikanischen Hinterwäldlers«, schreibt der angesehene Archäologe Nelson Glueck, und Lowell Thomas fügt hinzu: »In dem nur wenig bekannten Arabien ist Wendell eine Mischung aus Aladin, Sindbad dem Seefahrer und Ali Baba.«[11]

Phillips beeindruckte die Scheichs und Stammesleute in Ma'rib. Er kannte die arabische Mentalität und war ein schneller Revolverschütze, eine Kunst, die er unter Beweis stellte, indem er Blechbüchsen auf die Dünen stellte und sie mit seinen Kugeln durchbohrte. Seine typische Kleidung waren Cowboystiefel, ein tiefgeschnallter Revolvergurt mit zwei Colts darin, deren Griffe mit Perlmutt eingelegt waren, ein arabisches Kopftuch und eine Pilotensonnenbrille. Er war stolz, »die erste amerikanische Expedition« nach Ma'rib zu leiten, er »hoffte, eine gesamte Zivilisation rekonstruieren zu können und vielleicht die Geschichte einer Königin ans Licht zu bringen, die durch ihren Besuch bei Salomon Ruhm erlangt hatte«.

Mit sechzig Ochsen und einer Kompanie von hundertachtzig jemenitischen Arbeitern ging Phillips die Sandmassen an, unter denen der Eingang des Mahram Bilqis begraben lag. Zuerst sah man nur die Spitzen der Säulen, doch schon bald waren sie in ganzer Höhe (5,3 Meter) freigelegt, dazu noch Mauern, in denen sich Fensterattrappen befanden, die mehr an den Architekten Frank Lloyd Wright als an das Altertum erinnerten.

Die Forscher fanden Artefakte, darunter die Arme und den rechten Fuß, später dann die gesamte Bronzestatue (einstmals möglicherweise vergoldet) eines aufrecht stehenden Mannes, der mit einem Mantel aus Löwenfell bekleidet war. Auf diesem Mantel befand sich eine Inschrift mit seinem Namen: Ma'adkarib. In seiner rechten Hand könnte sich ein Stab oder Zepter befunden haben, und seine linke hielt immer noch ein offizielles Siegel, als wollte er damit ein Dokument abstempeln. Seine Funktion als hoher Regierungsbeamter wird bestätigt durch etwas, das entweder eine aufwendig gearbeitete Kappe oder eine dreifach gewundene Zopffrisur ist, die durch ein doppeltes Band gehalten wird.

Sie fanden überall Inschriften, die mit roter Farbe aufgemalt, in Stein gemeißelt und in Bronze gehämmert waren. Der Schriftsachverständige der Expedition, Pater Albert Jamme, war ganz aus dem Häuschen. Er eilte von einer Inschrift zur nächsten, verteilte auf jeder flüssiges Latex, ließ es trocknen und zog es dann ab, was für die Entschlüsselung von alten Buchstaben viel besser ist, als eine Fotografie anzufertigen.

Es fällt uns schwer zu begreifen, daß gerade diese Tätigkeit die Expedition in Schwierigkeiten brachte. Ein einheimischer Richter, Kadi Zeid Inan, war sich sicher, daß es nur einen Grund für jemanden, der nicht verrückt war, gab, seine Zeit in den Ruinen zu verschwenden, und das waren versteckte Schätze. Gold und Perlen. Wie konnte er Jammes Begeisterung begreifen, wenn alles, was ihn interessierte, nur Gummiabdrücke und Steine waren?

Der verwirrte Kadi Zeid Inan verlangte und erhielt seine eigene Sammlung von Latexstreifen, nur um festzustellen, daß die unverständlichen Gummibuchstaben nicht das waren, was er sich erhofft hatte. Sie brachten ihm keinen Reichtum, machten ihn nicht glücklich. Also verlangte der Richter das reine Rohlatex, fünfundfünfzig Fünfliterkanister. Phillips und Jamme lehnten zuerst ab, hatten sie doch kaum genug für ihre Belange.

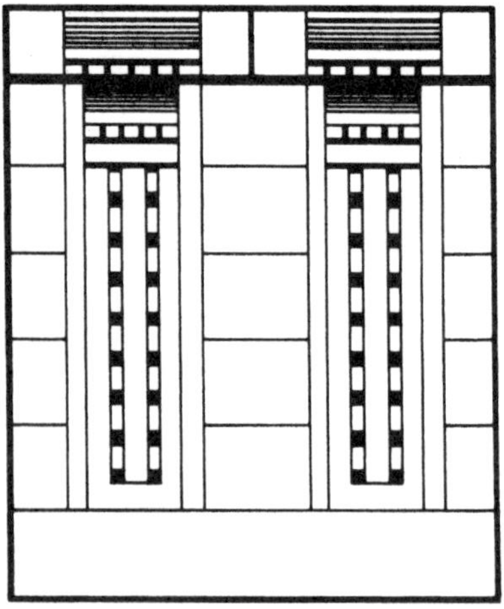

Eine Mauer des Tempels Mahram Bilqis mit Fensterattrappen

Doch als sie sich einem Trupp Soldaten unter dem Kommando des Kadi gegenübersahen, gaben sie das Latex mit dem Gefühl heraus, daß ihre Schwierigkeiten jetzt erst begännen.

Da nur wenige jemenitische Beamte eine Vorstellung von Archäologie hatten, waren der Kadi und andere, die in dem Team der *American Foundation* ungläubige Glücksritter sahen, in der Überzahl und taten ihr Bestes, die Expedition zu sabotieren. Sie hielten dringend benötigten Nachschub zurück. Sie schnitten sie von der Außenwelt ab. Als Phillips um die Fortsetzung der Expedition kämpfte, hielten sie Jamme tatsächlich als Gefangenen fest. Kadi Zeid Inan, so tobte Phillips, war »die Ausgeburt der Bosheit«, und es half auch nichts, daß man wußte, daß er nach der Pfeife des jemenitischen Königs Ahmed tanzte, eines intriganten, paranoiden, drogenabhängigen Herrschers. Um seine Bediensteten darüber im unklaren zu lassen, welchen obskuren Dingen er in seinem Palast in den Bergen nachging, hatte König Ahmed angeordnet, daß sie undurchsichtige Brillen mit Bleigläsern zu tragen hätten. Doch selbst dann hörten sie ihn trotz des Quietschens und Knarrens seines elektrischen Schaukelbettes mit den Dschinnen in seinem Zimmer reden. Und wenn es keine Dschinnen waren, dann waren es Giftschlangen, die dem König das Neueste über die

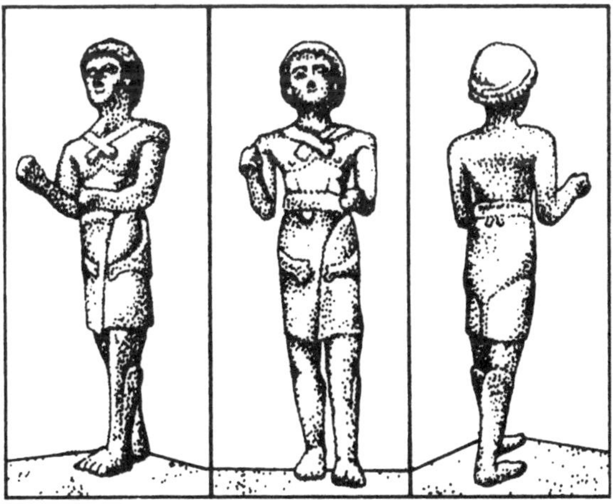

Bronzestatue von Ma'adkarib

Unzufriedenen im Jemen berichteten und von deren Plänen, ihn zu ermorden.

König Ahmed pflegte in regelmäßigen Abständen seine Untertanen zu beeindrucken und einzuschüchtern, indem er mit einem Tiger rang. Vor dem Palast versammelte sich die Menge und blickte zu einem Fenster hoch im Turm, wo man kurz einen orangefarbenen Schemen sehen konnte, dann Ahmed – und natürlich war er der Sieger in einem Kampf auf Leben und Tod mit einem ein Meter großen, ausgestopften Tiger aus dem Kaufhaus Harrods, den ihm eine ausländische Delegation geschenkt hatte.

Die Anweisungen und Launen von König Ahmed verschlimmerten die Situation in Ma'rib. Phillips schickte ein Telegramm an den neu gewählten Präsidenten der Vereinigten Staaten, Dwight D. Eisenhower:

SEHR VEREHRTER HERR PRÄSIDENT: DIE EXPEDITION ZUR HAUPTSTADT MARIB DER KÖNIGIN VON SABA BEFINDET SICH IN EINER VERZWEIFELTEN LAGE – STOP – MEIN NACHSCHUBKONVOI MIT VON DER MARINE GELIEFERTEN MEDIZINISCHEN VERSORGUNGSGÜTERN, ESSEN UND TREIBSTOFF KANN AUFGRUND EINES VERBOTS VON KÖNIG AHMED NICHT ZU UNS GELANGEN – STOP – BITTE NEHMEN SIE UMGEHEND PERSÖNLICH MIT DEM KÖNIG KONTAKT AUF, DAMIT ER SEINE SOLDATEN ABZIEHT UND MIR ERLAUBT, MEINE AMERIKANISCHEN WISSENSCHAFTLER UND TECHNIKER ZU EVAKUIEREN – STOP – WENN SIE NICHT SOFORT HANDELN, DANN BEFINDEN SICH AMERIKANISCHE BÜRGER IN GROSSER GEFAHR – MEINEN HERZLICHEN DANK
WENDELL PHILLIPS

Obwohl sehr beunruhigt, setzten die Wissenschaftler der *American Foundation* ihre Ausgrabungen am Mahram Bilqis fort. Die Eingangshalle des Tempels wurde freigelegt, und das Team machte sich an die Untersuchung des großen Ovals, wobei sie davon überzeugt waren, zu einer Schicht vorzudringen, die der Zeit der Königin von Saba zuzuordnen wäre. Phillips erinnerte sich später: »Noch fünf Tage und ich wäre bis zu der Königin vorgestoßen. Was hätten wir wohl gefunden? Der Name der Königin ist nicht bekannt. Doch zumindest hätten wir Beweise für ihre Herrschaft gefunden.« Zu diesem Zeitpunkt führte er eine beängstigende Unterhaltung mit seinem ägyptischen Vorarbeiter Jama al-Gufty. Während die Soldaten sie von den Mauern des Mahram Bilqis herab beobachteten, fragte Phillips den Ägypter:

»Jama, auf wen von uns haben sie es besonders abgesehen?«

»Dr. Jamme steht wahrscheinlich ganz oben auf ihrer Liste. Sie hassen ihn, weil er so hart arbeitet und keine Furcht zeigt.«

»Jama, was, glaubst du, wird passieren?«

»Sahib, Dr. Jamme wird wahrscheinlich der erste sein. Einer der Soldaten wird ihm einen lächerlichen Befehl geben, und er wird ihn nicht sofort ausführen. Einer der Soldaten wird seine *jambiya* ziehen, und die anderen werden es ihm nachtun. Sie werden Jamme in Stücke hacken, und wenn du oder einer von uns ihm zu Hilfe eilt, dann haben sie endlich den lang ersehnten Grund, einige von uns umzubringen. Sie werden dich von der Mauer oder dem Wachturm herab mit ihren Gewehren erschießen.«

Phillips kam zu der Überzeugung, daß auch nur einen halben Meter tiefer zu graben reiner Selbstmord wäre. Der einzige Ausweg bestand darin, im Schutze der Dunkelheit die beiden verbliebenen fahrtüchtigen Wagen der Expedition zu beladen, wobei bei dem einen die Batterie nichts mehr taugte und bei dem anderen »das hintere Differential jeden Moment seinen Geist aufgeben konnte«. Mit Glück würde das Benzin bis nach Aden am Indischen Ozean reichen.

Am Morgen des 22. Februars 1952 lenkte das Team der *American Foundation* Kadi Zeid Inan ab und schaffte es, ihn außer Sichtweite der Fahrzeuge zu locken. Wenn irgend etwas schiefgelaufen wäre, so schrieb Phillips später, »dann hätte ich keinen Augenblick daran gezweifelt, daß ich in der Lage gewesen wäre, um die Leben der Expeditionsteilnehmer zu schützen, die Handvoll jemenitischer Soldaten, die sich in der Nähe unserer Fahrzeuge befand, niederzuschießen, denn das Überraschungsmoment war auf meiner Seite sowie ein Colt in jeder Hand«.

Die Expedition floh durch die Wüste.

Der hinters Licht geführte und tobende Kadi schickte schreiende und mit ihren Gewehren fuchtelnde Stammeskrieger auf Kamelen und Pferden hinter ihnen her. Eines von Phillips' Fahrzeugen machte Schwierigkeiten, es war jenes mit der schwachen Batterie, doch sie hatte noch genug Saft für einen letzten Versuch. Die Stammeskrieger fielen zurück. Das Differential des zweiten Wagens hielt bis nach Aden durch.

Es dauerte lange Zeit, bis Archäologen wieder erlaubt wurde, in den Jemen zu kommen, und selbst dann konnten sie nicht sicher sein, ob sie ihre momentanen Ausgrabungen im nächsten Jahr würden fortsetzen können. Nachdem Phillips weg war, erschien ein schmieriger Kurier und erklärte im Namen von König Ahmed: »Diese Altertürmer [von Ma'rib] waren ein Fenster, durch das uns die Augen der Welt beobachtet haben. Dieses Fenster haben wir nun geschlossen.«

Schon bald war das Gebiet, das Phillips und sein Team akribisch freigelegt hatten, wieder vom Sand bedeckt. Was sich innerhalb des großen Ovals von Mahram Bilqis befindet, bleibt weiterhin ein Geheimnis.

15
In Stein gehauen

Das Fenster in die jemenitische Geschichte mag nach Phillips' überstürzter Flucht zugeschlagen worden sein, doch nicht, ohne daß ein paar wichtige Belege, die, zuerst in Frühstücksflockenpäckchen verpackt, auf den Fluchtfahrzeugen transportiert worden waren, ihren Weg in die USA gefunden hatten. Seine Latexabdrücke hatte Pater Jamme zwar nicht retten können, doch er besaß noch von Hand angefertigte Kopien und Fotografien von nahezu zweihundert Inschriften aus Mahram Bilqis. Es kostete ihn ein Jahrzehnt, sie zu übersetzen und zu verstehen. Es war eine einsame und nervenaufreibende Arbeit, denn es gab niemanden außer ihm selbst, mit dem er darüber hätte diskutieren können. Genauso aber ging es allen Gelehrten, die sich mit der Syntax und den Nuancen der südarabischen Schrift beschäftigten.

Was Jamme da so fleißig ins Englische übersetzte, war enttäuschend und aufschlußreich zugleich. Die Inschriften an den Mauern von Mahram Bilqis waren keine erhabenen Gedichte oder Philosophie, nichts, was mit der Bibel vergleichbar wäre. Es waren formalisierte Sätze, die häufig den Namen dessen nannten, der ein Opfer darbrachte und die damit verbundene Bitte an die Gottheit Almaqah anführte. Nach Nennung seines Namens erklärte der Geber, was er der Mondgottheit darbringen wollte: üblicherweise natürlich die Inschrift selbst (deren Ausführung etwas kostete), dazu eine Statue oder eine Verschönerung des Tempels. Das Ganze erinnerte an ein gewöhnliches Geschäft. Einer der Spender hat »dem Herrn Almaqah, dem Herrscher von al-Alam, gegeben, was er Ihm versprochen hatte«. Der Spender fährt dann fort, den Mondgott für das Gewähren einer Gnade zu loben, was alles mögliche einschloß, von einem geheilten Knochenbruch bis zu einem Erfolg bei einer militärischen Operation. Diese Inschriften endeten gewöhnlich mit einem einfachen »Bei Almaqah«, manchmal fuhr der Spender aber fort und forderte von dem Mondgott noch weitere Begünstigungen. Üblich waren auch Verwünschungen und Verfluchungen, die in der häufigen Phrase Ausdruck fanden, »die Feinde und Gegner zu vernichten und niederzuwerfen«.

Besonders war Jamme interessiert an Inschriften, die mit einem S-förmigen Symbol begannen, das wahrscheinlich eine abstrakte Darstellung eines Knüppels (oder, wie es ein deutscher Archäologe bezeichnet hat, eines Totschlägers) war. Dieses Symbol tauchte ausschließlich bei königlichen Inschriften auf. Eines der Beispiele beginnt:

'Ilsarah, Sohn des Sumhu'aly Darih, König von Saba, hat Almaqah die gesamte Mauer von dem Punkt dieser Inschrift an bis zur Mauerkrone, einschließlich aller Alkoven und Türme auf dieser Seite, geweiht, da Almaqah von 'Ilsarah dies durch ein Orakel gewünscht hat und weil Almaqah ihm gewährt hat und weiterhin gewähren wird, was er ihm versprochen hat ... Bei Almaqah

Dieser spezielle Text ist bedeutend, da er Zeugnis über eine der wichtigsten Bauphasen von Mahram Bilqis ablegt. Daraus erfahren wir auch, daß der Tempel ein dort ansässiges Orakel hatte. Doch am wichtigsten ist, daß wir damit den Namen eines Königs und seines Vaters haben, der (wie uns eine andere Inschrift sagt) auch auf dem Thron von Saba gesessen hat. Jamme entdeckte eine Menge solcher Inschriften, einige strotzten nur so vor königlichen Namen, wie die Tafeln an unseren öffentlichen Gebäuden, auf denen verzeichnet ist, wem dieses Bauwerk gewidmet ist. Jamme analysierte diese Informationen, setzte sie miteinander in Bezug und war schließlich in der Lage, die Dynastien in allen Einzelheiten bis ins Jahr 185 v. Chr. zu rekonstruieren. Weitere Fragmente dieser Genealogie reichen sogar einige Jahrhunderte weiter zurück.

Nach der Veröffentlichung von Pater Jammes wegweisendem Werk *Sabaean Inscriptions from Mahram Bilqis* wurde seine grundlegende Arbeit über die Genealogie von anderen Inschriftenkundlern fortgesetzt, die Inschriften an anderen Orten gefunden hatten. Zu ihnen gehörte auch Kenneth Kitchen von der Universität Liverpool. Er war im wesentlichen ein Ägyptologe, doch er stellte fest, daß er das, was er über das Wie und Warum von dynastischen Abfolgen gelernt hatte, auf die nur wenig bekannten Königreiche im südlichen Arabien am Roten Meer übertragen konnte. Mitte der neunziger Jahre des letzten Jahrhunderts hatte er genügend Informationen, um eine brauchbare Chronologie von ungefähr 115 sabäischen Königen und *Mukarribs* (ein Mukarrib ist ein frühzeitlicher Herrscher, ein »Vereiniger«) aufzustellen.

Die Frage war, wie würde sich eine Königin von Saba in diese Aufstellung einordnen? Bis vor kurzem hätte die für die Königin von Saba ins Auge gefaßte Herrschaftszeit, Mitte des zehnten vorchristlichen Jahrhunderts, sie herausfallen lassen, denn es wurde als gesichert angesehen, daß die ältesten Namen der Aufstellung nicht weit vor 500 v. Chr. anzusiedeln waren. Kitchen war mit dieser Festlegung nicht zufrieden, denn damit mußte man eine große Anzahl von Herrschern in eine ziemlich kurze Zeitspanne hineinquetschen, wobei die durchschnittliche Regierungszeit weniger als zehn Jahre betragen hätte. Doch heute ist diese Komprimierung nicht mehr nötig oder angebracht, denn die von Gus Van Beek gemäß den Entdeckungen in Hajar bin Humeid erstellte Chronologie zeigt, daß die südarabische Schrift zumindest bis ins Jahr 1200 v. Chr. zurückdatiert. Vor diesem neuen zeitlichen Hintergrund lieferte Kitchen eine grobe Aufstellung, wer möglicherweise wann regiert haben könnte. Das war ein schwieriges und auch auf Vermutungen gestütztes Unterfangen, denn wenn die Sabäer eine Zeitrechnung hatten, dann tauchte diese nicht in ihren Inschriften auf, und so schwebten ihre Herrscher frei in der Zeit.

So wird es auch immer bleiben, den Mukarrib Karibil Watar I. ausgenommen. Auf einer riesigen Steinplatte in Sirwah, einer archäologische Grabungsstätte in den Bergen westlich von Ma'rib, prahlt die Inschrift mit seinen Feldzügen, auf denen er 30 000 Menschen getötet und nicht weniger als 73 000 gefangengenommen haben soll. Ein raubgieriger Mukarrib, dieser

Karibil. Und ein Mann, der einen Ruf hatte, denn Kitchen ist davon überzeugt, daß es dieser »Karibi« ist, der in assyrischen Texten erwähnt wird, die sicher auf das Jahr 685 v. Chr. datiert werden können.[1] Dieser Bezug oder diese Synchronität, wie es die Archäologen nennen, erlaubte es Kitchen, seine Chronologie an einem Punkt festzumachen. Er setzte die Herrschaftszeit von Karibil Watar I. ungefähr zwischen 695 und 660 v. Chr. an und arbeitete sich von diesem Punkt in der Geschichte zurück, indem er frühere Herrscher einsetzte, so lange er die Namen von Mukarribs hatte.

Gus Van Beek, Pater Albert Jamme, Kenneth Kitchen ... diese Detektive der Zeit arbeiteten an ihren Fällen mehr als vierzig Jahre und verschoben dabei das Aufkommen der arabischen Schrift, die Daten einzelner Herrscher und die Entstehung der Zivilisation bis in die Zeit von Salomon und der Königin von Saba. Hier ist, nun endlich, der Anfang dessen, was Kitchen als »Versuch einer bestmöglichen Chronologie« bezeichnet, wobei ihm deren hypothetischer Charakter völlig bewußt ist. Er meint dazu: »Hier gibt es keine absolute Gewißheit!«

Datum v. Chr.	Nr.	Herrscher in Saba	Dauer d. Herrschaft
Ca. 1200–1000	XI-15	Vielleicht 15 frühe Herrscher am Anfang der Entwicklung von Handelsbeziehungen	240 Jahre
Ca. 1000–990	1	Karibil A	40 Jahre
Ca. 990–970	**2**	**Yada'il Yanuf, Sohn des Karibil**	**20 Jahre**
Ca. 970–955	**3**	**Dhamar'alay A**	**15 Jahre**
Ca. 955–940	**4**	**Yakrubmalik A, Sohn von Dhamar'alay**	**15 Jahre**
Ca. 940–925	**5**	**Yada'il Bayyin I., Sohn von Dhamar'alay**	**15 Jahre**
Ca. 925–905	6	Sumhu'alay Dharih I., Sohn von Yada'il	20 Jahre

Und so weiter bis ins Jahr 577 n. Chr.
Die Zeit von König Salomon – und damit auch der Königin von Saba – ist fett gedruckt.

Doch es taucht keine Königin auf. Statt dessen gibt es Dhamar'alay oder einen Yakrubmalik. Keine Königin – wenn sie nicht den Thron mit ihrem Mann oder als Regentin mit ihrem Sohn oder einem anderen nahen Verwandten geteilt hat. Beide Möglichkeiten sind denkbar. Kitchen vertritt die Ansicht, daß sie eine »ausführende Königin« war, eine Abgesandte, der die Autorität verliehen wurde, eine schwierige Handelsmission in weit entfernten Ländern durchzuführen. Wenn man darüber nachdenkt, ergibt das einen Sinn. Welcher damalige Herrscher hätte sein Reich für drei oder mehr Monate verlassen und dann bei seiner Rückkehr erwarten können, daß kein anderer auf seinem Thron saß? Es war besser, eine Königin zu schicken, besonders wenn sie die Fähigkeiten und den Eifer besaß wie die ihr nachfolgenden arabischen Königinnen (von Zabiba bis Zenobia).

»Es gab da diese besondere Frau, die man die Königin von Saba nannte – sie regierte nach dem Tod ihres Ehemannes über die Sabäer.« Diese Worte aus einer traditionellen jemenitischen Erzählung zeigen eine für mich wahrscheinlichere Möglichkeit auf, nämlich daß die Königin von Saba eine Regentin war. Nach Kitchens Chronologie folgte in der Ära von Salomon (in der Tabelle in Fettdruck hervorgehoben) in drei Fällen der Sohn dem Vater auf den Thron. Wenn nur einer dieser Söhne beim Tode des Vaters noch nicht das entsprechende Alter erreicht hätte, hätte man einen Regenten eingesetzt, und dieser Regent könnte seine Mutter gewesen sein. Der Legende nach herrschte die Königin von Saba siebzehn Jahre lang – und es gibt keinen Hinweis darauf, daß ihre Herrschaft mit ihrem Tod endete. Das ergibt einen Sinn, wenn sie ihren jungen Sohn erzogen und dann für ihn den Thron geräumt hat. Nehmen wir einmal an, die Witwe von Dhamar'alay herrschte, bis ihr ältester Sohn Yakrubmalik alt genug war, den Thron zu besteigen.

Die tiefstehende Sonne hob die in Stein gehauenen Buchstaben von Mahram Bilqis deutlich hervor. Die militanten Jugendlichen hatten sich aus dem Bereich des Tempels verzogen, und wir nahmen uns die Zeit, nach Inschriften, die nicht vom Sand bedeckt waren, zu suchen und sie zu fotografieren. Abseits des Tempels fand ich eine Steinplatte mit deutlich herausgearbeiteten, drei Zentimeter großen Buchstaben.

An der Außenseite des Tempels bewunderten wir eine Inschrift mit weit auseinanderstehenden, eleganten Buchstaben, die mehr als dreißig Zentimeter maßen.

Dies war eine aus einer Reihe von Inschriften (dazu gehört auch die, die mit den Worten »'Ilsarah, Sohn des Sumhu'aly Darih« beginnt), die Zeugnis über den Bau der ovalen Mauer ablegt, der sich über sechshundert Jahre hinzog. Warum so lange, mag man sich fragen? Es ist schwer zu begreifen, doch was man heute von Mahram Bilqis noch sieht, ist nichts im Vergleich zu der einstigen Pracht. Bevor die Mauerkrone zusammengefallen ist und der Fuß der Mauer im Sand begraben wurde, erhob sie sich sechzehn Meter hoch, das sind mehr als fünf Stockwerke.

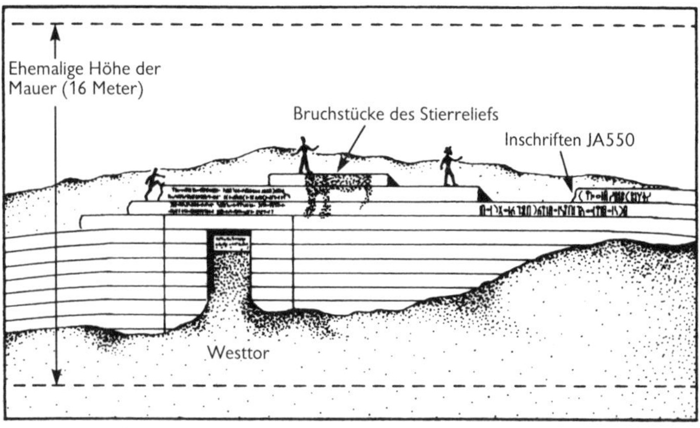

Höhe der äußeren Mauer von Mahram Bilquis

Ricardo meinte, die Mauer könne vielleicht zu Verteidigungszwecken gedient habe, wie der Name *Awwam*, »Zufluchtsort«, nahelegt. Ich fragte mich, ob man damit die Sicht auf die umgebenden Berge verstellen wollte, so daß die Priester und Pilger ihren Blick nach oben zu den Gottheiten der Sonne, des Mondes und der Sterne richten mußten. Wenn das zutraf, dann konnte der Tempel den Sabäern auch als ein astronomisch-astrologisches Observatorium gedient haben.

Es wird der Tag kommen – vielleicht schon bald, vielleicht aber erst in vielen Jahren –, dann ist der Tempel vollständig ausgegraben, man hat noch mehr Inschriften entdeckt, und sein Geheimnis ist entschlüsselt. Bis jetzt haben Inschriftenforscher wie Albert Jamme und Kenneth Kitchen, indem sie jede mögliche Information aus dem vorhandenen Material gezogen haben, nicht nur etwas über die Abfolge der Herrscher erfahren, sondern auch über das Alltagsleben, den Landbau, die Tempelriten und – was sehr wichtig ist – die Geographie und damit über weitere Städte und Dörfer im sabäischen Herrschaftsgebiet.

Während seines Aufenthaltes in Ma'rib durchstreifte Pater Jamme auch die verbotenen Berge im Westen, wo er weitere Inschriften entdeckte und kopierte. In Sirwah besagt ein Text, daß ein

> König von Saba ...
> Almaqah, dem Herrn der Steinböcke von Sirwah,
> sechs Statuen geweiht hat, die aus Bronze waren,
> und das zu seiner eigenen Sicherheit
> und der Sicherheit des Hauses von Salhan.[2]

Das war interessant, den hier trat ein sabäischer König in Erscheinung und das Herrscherhaus der Salhan in Verbindung mit einem Ort außerhalb von Ma'rib. Meiner Meinung nach stützte das eine überzeugende, doch vage Vermutung, daß Sirwah *vor* Ma'rib die Hauptstadt des sabäischen Reiches gewesen war.[3] Wenn dies zuträfe, dann muß Ma'rib, obwohl beeindruckend und Handelszentrum in den Tagen der Königin von Saba, nicht der Ort ihrer Residenz gewesen sein.

Obwohl man uns davon abgeraten hatte, hofften wir doch, als letzte Station auf unserer Fahrt die Weihrauchstraße entlang

Sirwah besuchen zu können.[4] Fast niemand begab sich dorthin, und dafür gab es gute Gründe. Der Stamm, der diese Gegend kontrollierte, hatte schon Dutzende von Touristen und Ölarbeiter sowie ein Filmteam der BBC gekidnappt. Wir wußten, daß sie zur Zeit die Söhne von vier Ministern als Geiseln festhielten, in der Hoffnung, sie gegen Stammesbrüder auszutauschen, die wegen früherer Entführungen im Gefängnis saßen. Mit einem Zögern erklärte unser Schutzherr, Scheich Naser, daß wir *imkin* (möglicherweise, nur möglicherweise) Sirwah besuchen könnten.

An unserem letzten Tag in Ma'rib aber wurde aus dem *imkin* ein *aiwa* – sicher! –, und an einem sonnigen, windstillen Morgen packten wir, die beiden Husseins und Ali al-Sharif unsere Sachen zusammen und fuhren hinauf in die Berge, um zu erforschen, was immer noch von Sirwah übrig war. Die einzigen Bilder von dort, die ich gefunden hatte, waren ein paar grobkörnige Schwarzweißaufnahmen aus dem Jahre 1947. Sie zeigten ein beeindruckendes Bild. Hohe Befestigungen und, ebenso wie beim Ma'rib, einen Haupttempel, der Almaqah geweiht war. Doch zu Beginn der fünfziger Jahre war das Mauerwerk des Tempels geplündert worden, um in einem der jemenitischen Bürgerkriege Verteidigungsanlagen zu errichten. Dieser Bürgerkrieg war ein Vorläufer der heutigen Auseinandersetzungen zwischen der Regierung und den Aufständischen im Gebiet um Sirwah, der mit Kanonen und Mörsern geführt wurde.

War es eine Dummheit, sich nach Sirwah zu begeben? Ganz sicher, doch wir hielten uns an die Worte der beiden Husseins, die, als wir Wochen zuvor aus den jemenitischen Bergen hinab in die Wüste fuhren, sagten: »Die ganze Reise ist gefährlich ... Wir fahren weiter, kein Zweifel!« Wir waren nun schon so weit gekommen, und man begehrt nichts so sehr, wie das, was man nicht haben kann, besonders wenn es darum geht, durch eine Stadt zu laufen, durch die möglicherweise die Königin von Saba spaziert ist.

Am späten Morgen des 23. Juni 1997, wir waren gerade dabei, den Parkplatz des Hotels der zwei Paradiese zu verlassen, dröhnte ein Düsenjäger – Ricardo meinte, es sei eine F-4 – aus dem wolkenlosen blauen Himmel über der Wüste heran. Über unseren Köpfen zog das Flugzeug eine weite Kurve und verschwand hinter den westlichen Bergrücken.

Einige Sekunden später vernahmen wir eine Explosion. Ich blickte auf meine Uhr, es war fünf nach elf. Ein paar Minuten später erhob sich von irgendwo hinter den Bergen eine Rauchwolke, die langsam verwehte. Ali al-Sharif eilte zu Scheich Nasers *Mifraj*, um zu fragen, ob jemand wisse, was hier vorgehe. Es gab verschiedene Meinungen darüber. Der Scheich vermutete, daß die jemenitische Regierung, die hartnäckig auf der Freilassung der entführten Ministersöhne beharrte, die Geduld mit den Leuten in Sirwah verloren hatte.

Es stellte sich heraus, daß genau dies zutraf. Die Regierung hatte die Nase voll und Sirwah an diesem Tag bombardiert.

»Das darf doch nicht wahr sein, das darf einfach nicht wahr sein«, stöhnte David.

»Da gehen die Ruinen dahin?« fragte Ricardo. »Dreitausend Jahre und ... puff?«

»Vielleicht nicht schlecht!« erklärte der Wüsten-Hussein. »Das ist Archäologie! Steck Dynamit in den Berg, und schau nach, was herausgeflogen kommt!«

16
Die Geheimnisse der Wüste

Innerhalb einer Stunde wimmelte es im neuen Ma'rib von Elitetruppen in blauen Tarnanzügen, die sich für einen Angriff auf Sirwah bereit machten. Heruntergekommene russische Hubschrauber, ebenfalls mit blauem Tarnanstrich, flogen ein und aus. So wie bei nahezu allem, was im Jemen passiert, war auch hier unklar, was eigentlich vorging. Wir wunderten uns über den blaugescheckten Tarnanstrich. Wollten sie sich in einer Fata Morgana verstecken?

Wir ließen ein paar Stunden verstreichen und statteten dann zusammen mit den beiden Husseins Scheich Naser in seinem *Mifraj* einen Besuch ab. Die hektischen Ereignisse des Tages waren nicht in der Lage, den Scheich von seinem nachmittäglichen Genuß der Kat-Blätter abzuhalten.

»Sie haben also Sirwah bombardiert?«

Der Scheich nickte.

»Jemand verletzt?«

Der Scheich zuckte mit den Schultern. Nicht, daß er wüßte.

»Auf jeden Fall besteht jetzt wohl keine Chance mehr, nach Sirwah zu fahren.«

Er nickte. Nein, nach Sirwah könnten wir nicht. »Aber ihr könnt vielleicht woanders hin.«

»Können wir?«

Der Scheich zupfte Blätter von einem Zweig und schob sie zu dem schon ansehnlichen Ballen in seinem Mund. Er griff sich einen weiteren Zweig und nahm dann einen Zug aus der gemeinschaftlichen Wasserpfeife. »Wie wäre es, wenn ihr ins Wadi Raghwan fahrt?«

Er dachte dabei an zwei weniger wichtige Fundstätten nördlich von Ma'rib, wo es wenig zu sehen gab und die gar nichts mit der Königin von Saba zu tun hatten. »Gibt es nichts anderes?« fragte ich ihn. »Etwas Besseres?«

Er schwieg lange Zeit, und das einzige Geräusch war das Blubbern der Wasserpfeife. Der Scheich blickte abwesend in die Luft und faßte dann Ali al-Sharif ins Auge, der, wie eine Katze zusammengerollt, uns gegenüber saß. »Ali bringt euch nach al-Alam. Da wohnen die kleinen Menschen. Es wird euch gefallen. Dort gibt es Bauwerke.«

»Wo liegt das?« fragte Ricardo.

»Draußen in der Wüste«, antwortete der Scheich.

»Stadt der kleinen Menschen«, bestätigte Ali. »Wir müssen früh aufbrechen. Um fünf Uhr morgens.«

Im schwachen Licht des anbrechenden Morgens ließen wir Ma'rib hinter uns und folgten Alis Pickup Richtung Norden. Uns durch die Dünen quälend, brachten wir dreißig, vierzig, fünfzig Kilometer hinter uns. Ricardo schaltete sein Satellitennavigationsgerät ein und hielt es mit ausgestrecktem Arm aus dem Fenster. »Wir fahren nach Norden.«

Zehn Minuten später. »Jetzt geht es nach Westen.«

Nach weiteren zwanzig Minuten. »Nun wieder zurück.«

Ali nahm nicht den direkten Weg, sondern bewegte sich von einem Orientierungspunkt zum nächsten. Es hatte den Anschein, als sei er die Strecke zwar schon gefahren, aber nicht sehr häufig. Wenn er langsamer wurde, das Gelände vor uns in Augenschein nahm, dann die Richtung wechselte und schließlich wieder schneller fuhr, versuchten wir herauszufinden, nach was er wohl Ausschau gehalten hatte: auffallende Geländeformationen, wie zum Beispiel eine Düne, die wie ein Elefant aussah, oder eine Senke mit etwas Vegetation darin.

Nach einem langen, gleichförmigen Wegstück hupte Ali und gestikulierte aus dem Fenster heraus. Er hatte einen flachen Kalksteinhügel ausgemacht, den wir gut hätten verfehlen können, wenn wir nur einen halben Kilometer weiter nördlich oder südlich entlanggekommen wären. Vor uns lag al-Alam, die Stadt der kleinen Menschen. Als wir neben seinem Pickup anhielten, grinste Ali. Wir waren nicht überaus begeistert, denn da war nichts außer dem flachen Kalksteinhügel. Kein Anzeichen von Menschen, noch nicht einmal von einer Stadt.

Wir wußten, daß die Beduinen in der Vergangenheit schon häufig natürliche Felsformationen für prachtvolle Zeugnisse vergangener Kulturen gehalten haben. In den zwanziger Jahren wurde Harry Philby von seinen Führern weit in die Rub al-Khali gebracht, um ihm die niedergebrannten Mauern von Wabar (auch bekannt als Ubar) zu zeigen, einer Stadt, die durch den Zorn Gottes zerstört worden war. Schwarze Perlen, so versicherten sie, lägen in der Wüste verstreut, ein Zeugnis vom Reichtum Wabars. Die Stelle erwies sich als der Krater eines Meteoriteneinschlags aus dem neunzehnten Jahrhundert, und die schwarzen Perlen waren durch die Hitze entstandene Glaskügelchen.

Pflichtgemäß speicherte Ricardo unsere Position: 45° 37' 14,1" nördliche Breite und 15° 57' 29,6" östliche Länge. Wir waren 92 Kilometer gefahren, und die Entfernung betrug Luftlinie von Ma'rib 70 Kilometer.

Wir erklommen den Hügel. Wüsten-Hussein und Ali meinten, es wäre das beste, wenn sie im Wagen blieben wegen der Stammeskrieger, die sich in diesem Teil der Rub al-Khali herumtrieben. Ali erklärte: »Es sind Jahan und Dahn. Scheißkerle. Sie bringen dich ohne Grund um.«

Nachdem wir uns rutschend und stolpernd durch den losen Sand bis zum Kamm des Hügel hochgearbeitet hatten, waren wir außer Atem – und trauten unseren Augen kaum. Uns stockte der Atem, als wir sahen, was von der Stelle, wo wir unsere Fahrzeuge geparkt hatten, unseren Blicken verborgen gewesen war. Auf einer Hochebene vor uns erstreckten sich bis zu den roten Dünen hinter den Hügeln Hunderte und Aberhunderte von Steinkuppeln.

Al-Alam war keine vergessene Kolonie kleiner Menschen. Es war eine ausgedehnte Totenstadt.

Die Kuppeln waren hüfthoch, die Türöffnungen zeigten nach Westen, und es gab keine Fenster. Obwohl die meisten der Dächer eingefallen waren, gab es keine Anzeichen auf eine mutwillige Zerstörung oder Plünderungen. Wir hielten nach herumliegenden Artefakten Ausschau, fanden aber nur einen Schaber aus Stein. Keine Tonscherben. Wir vermuteten, daß die Totenstadt von al-Alam der Jungsteinzeit zuzuordnen sei und irgendwo zwischen 5000 und 3000 v. Chr. eingeordnet werden mußte.[1]

Dutzende und mehr Gräber standen da in Linien. Es gab kreisförmig angeordnete Grabstätten, und es gab weit verstreute Gräber. Wir machten eine Unmenge von Aufnahmen. Knapp unter dem höchsten Punkt von al-Alam standen einige Gräber so eng zusammen, als wollten sie ein einziges Bauwerk bilden, dessen Inneres einstmals von einem Fenster (dem einzigen, das wir dort fanden) erhellt worden war. Das, so vermuteten wir, mußte der Totentempel gewesen sein.

»Schau mal hierher!« machte mich Ricardo aufmerksam. »Was ist das?« Wir blickten nach Süden und sahen Linien aus schwarzen Felsbrocken, die sich Hunderte von Metern durch die Wüste hinzogen. Mit Ausnahme von zwei parallelen Linien, die an eine Fahrspur auf einem Waldweg erinnerten, wiesen nicht zwei von ihnen in dieselbe Richtung.

Von weit entfernt hörten wir Wüsten-Hussein hupen. Es war zehn Uhr morgens, und die Temperatur betrug schon fünfundvierzig Grad Celsius. Wir sollten uns auf den Weg machen.

»Peilung«, dachte ich laut. »Der Linien. Wir sollten bei den Linien eine Peilung durchführen.«

Das taten wir dann auch. Ich mit einem Kompaß und Ricardo mit seinem Satellitennavigationsgerät.

»Die beiden parallelen Linien rechts liegen auf 168 Grad.«

Hatte dies etwas zu bedeuten? Das könnten wir später überprüfen, überlegte ich mir. Doch Ricardo drückte heftig die Tasten seines Satellitennavigationsgerätes und erklärte dann, daß die Linien nach Timna, einstmals die Hauptstadt des Königreichs Qataban, wiesen. Als wir vor zehn Tagen dort gewesen waren, hatte Ricardo die Position der Ruinen in seinem Gerät gespeichert.

»Sind die Linien direkt auf Timna ausgerichtet oder nur so ungefähr?«

»Direkt. Keine Abweichung. Keine meßbare Abweichung.«

Schnell bestimmte Ricardo noch die Position von zwei weiteren Linien: 186 Grad und in westliche Richtung weisend 283 Grad.

Wüsten-Hussein betätigte erneut die Hupe.

Wir eilten den Weg zurück, den wir gekommen waren. Zur allgemeinen Erleichterung war keiner der furchteinflößenden Jahan oder Dahn in Sicht. Doch unsere Fahrzeuge könnten sich überhitzen, wenn es noch heißer würde. Schnell machten wir uns auf den Weg – doch nicht nach Süden, Richtung Ma'rib, sondern Ali fuhr nach Osten. »Er sieht, daß euch gefällt, was er euch zeigt«, erklärte Wüsten-Hussein, »deshalb will er euch noch mehr zeigen. Wir waren in dem weißen al-Alam. Jetzt fahren wir zu dem schwarzen al-Alam. Doch dort bleiben wir nur ein paar Minuten.«

Zwanzig Minuten später erhob sich vor uns ein düsterer schwarzer Bergrücken: das schwarze al-Alam. An seinem Fuß führten weitere Linien aus Steinen in die Wüste hinein. Der Wüsten-Hussein hatte den Wagen noch nicht zum Stehen gebracht, als Ricardo schon mit seinem Satellitennavigationsgerät hinaussprang und eine der Linien entlanglief. Er speicherte den Verlauf der Linie, um eine genauere Peilung zu bekommen.

»Sie verläuft auf 298 Grad oder, wenn man so will, dem umgekehrten Wert«, rief er und war schon unterwegs, eine zweite Linie zu vermessen.

»Dort oben«, meinte Ali und deutete auf den Kamm des Bergrückens, »könnt ihr sehen, wie vor langer Zeit die kleinen

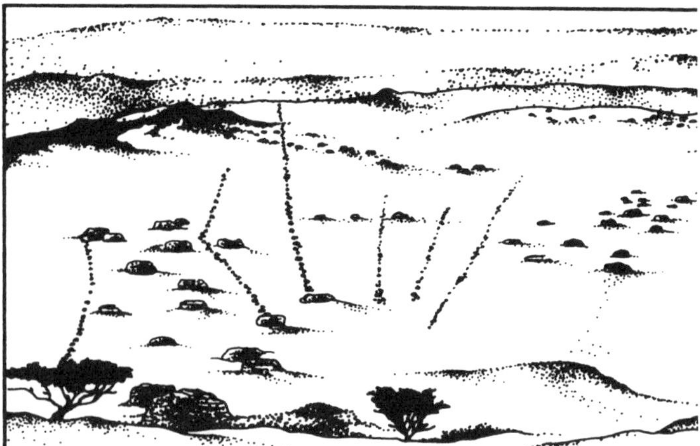

Jungsteinzeitliche Gräber und Linien aus

Menschen Wächter aufgestellt haben, um die großen Menschen zu verjagen!«

Auf dem Kamm des schwarzen al-Alam befanden sich, gleichmäßig verteilt, tonnenförmige Steinmonumente. Aus der Ferne schienen sie sechzig Zentimeter im Durchmesser und einen Meter zwanzig hoch zu sein. Waren es Markierungspunkte für astronomische Beobachtungen? Gab es eine Verbindung zu den langen Linien aus Steinen? Wir wären gerne dort hinaufgeklettert, um eine genaueren Blick darauf zu werfen, doch ... »Das ist ganz toll und sehr beeindruckend«, sagte Ali. »Aber jetzt müssen wir los.«

Im Rückspiegel des Land Cruiser verschwand das schwarze al-Alam hinter den Erhebungen des Geländes, und Wüsten-Hussein seufzte: »Jahan und Dahn. Diese Leute sind so schrecklich. Wir haben Glück, daß sie heute anderen Geschäften nachgehen und sich nicht um uns kümmern.«

Die Rückfahrt verlief viel schneller, da wir nicht erst unseren Weg suchen mußten. Ali hatte sich den Weg gemerkt und fuhr jetzt direkt nach Ma'rib. Am Nachmittag war ich wieder in meinem Zimmer im Garten der zwei Paradiese. Unter einem Deckenventilator, der sich von Umdrehung zu Umdrehung quälte, breitete ich unsere Satellitenbilder und Pilotenkarten aus. Mit Hilfe meines verbeulten, aber verläßlichen Kompasses

Steinblöcken im weißen al-Alam

übertrug ich Punkt für Punkt Ricardos Daten aus dem weißen und dem schwarzen al-Alam. Ich bemühte mich, *nicht* darauf zu achten, in welche Richtung die Linie liefen. Ich wollte keine falsche Eintragung riskieren – selbst wenn es unabsichtlich geschah. Hier das Ergebnis:

Ursprung	Peilung	Zeigt in Richtung	Abweichung
Schwarz	67°	al-'Uqla, Zeremonienort in der Nähe von Shabwa, Hauptstadt von Hadramaut	1°
Weiß	168°	Timna, Hauptstadt von Qataban	Nicht meßbar
Weiß	186°	Nicht feststellbar	?
Weiß	187°	Harabat, eine bedeutende Stadt in Qataban	Nicht meßbar
Weiß	283°	Qarnaw, Hauptstadt von Ma'in, ein Königreich nördlich von Saba	Nicht meßbar

Von den fünf Peilungen, die wir vorgenommen hatten, zeigten vier auf wichtige archäologische Stätten entlang der Weihrauchstraße. (Die übriggebliebene konnte man nicht einfach abschreiben, denn sie deutete möglicherweise auf eine noch unentdeckte archäologische Fundstätte.) Ich zog David und Ricardo hinzu, um meine Markierungen zu überprüfen. Als wir über den Linien brüteten, kamen uns die Karawanen durch die Ramlat Sabateyn in den frühen Tagen in den Sinn, die sich nie auf natürliche Orientierungspunkte in der sich stetig verändernden Wüste verlassen konnten. Vielleicht, so überlegten wir, waren die Linien Wegweiser. Einmal in der richtigen Richtung unterwegs, konnten die Karawanen anhand der Sterne ihren Weg finden. Doch wie diese Linien mit einer solchen Präzision ausgelegt werden konnten, war uns schleierhaft. Wir standen hier vor einem Navigationsproblem, mit dem sowohl die Karawanenführer als auch die Kapitäne auf See in früheren Zeiten zu kämpfen hatten. Beide verließen einen Hafen, um über die offene See zu einem anderen Hafen zu gelangen. Nur daß die Ramlat Sabateyn ein Meer aus Sand war.

Zweitausend oder mehr Jahre vor Lebzeiten der Königin von Saba lebten am Rande der Ramlat Sabateyn Menschen, die Güter im Überfluß hatten, und die Wüste hinderte sie nicht daran, Handel zu treiben – und, als die Zeit gekommen war, ihre Zivilisation aufzubauen.

Einen Tag später befanden wir uns auf der Heimreise zu den viel grüneren Hügeln Brasiliens und Kaliforniens. Wir würden die ausgedörrten Wüsten Arabiens nicht vergessen, denn wir hatten große Freude daran gehabt.

Wir hatten das Glück gehabt, den Jemen in einem Moment zu besuchen (schwer zu glauben), als relative Ruhe herrschte, und Gebiete des Landes zu erforschen, die davor und auch danach für Fremde nicht zugänglich waren. Trotz all der mitgeführten Waffen war nicht ein Schuß abgefeuert worden, zumindest nicht auf uns. Wir konnten uns glücklich schätzen, die archäologischen Stätten von Luqman und al-Alam gesehen zu haben, die, wie wir herausfanden, den Archäologen unbekannt gewesen sind.[2]

Weiterhin sind wir zu einem Zeitpunkt der Weihrauchstraße Arabiens gefolgt, in der die alten Vorstellungen durch eine neue Sichtweise abgelöst wurden. Eine neue zeitliche Einordnung ersetzte die alte:

Ereignis	Theorie der frühen 90er Jahre	Heutige Theorie
Jungsteinzeitliche-Siedlungen und örtlich begrenzter Handel	Angenommen, aber nicht bewiesen	5000 bis 3000 v. Chr.
Entwicklung der künstlichen Bewässerung	1000–800 v. Chr.	ca. 2400 v. Chr.
Entwickeltes Alphabet der südarabischen Schrift	600 – 500 v. Chr.	1500 bis 1200 v. Chr.
Beginn des Fernhandels	ca. 800 v. Chr.	ca. 1000 v. Chr.
Reise der biblischen Königin von Saba	Leider gab es da noch keine Schrift und somit auch keine Zivilisation	ca. 950 v. Chr.

Am wichtigsten aber ist, daß durch diese neue Theorie die Königin von Saba, zusammen mit dem Königreich Saba, zu einer wirklichen Person der Geschichte wurde, die sich nach Norden wandte, um lukrative Handelsbeziehungen zu knüpfen.

Nach unserer Rückkehr aus Arabien bedauerte ich nur, daß wir eine bestimmte Straße nicht gefahren waren – die Straße nach Sirwah, wenn wir dort nach dem Bombardement und der Belagerung überhaupt noch etwas vorgefunden hätten. Heutzutage war es die Zuflucht eines aufständischen Stammes. War es einstmals die Stadt einer legendären Königin?

Nach einem Monat in Los Angeles schickte ich Mohammed Osman, unserem Mann in Sanaa, ein Fax. Lichtete sich der Rauch über Sirwah? Könnten wir einen neuen Versuch unternehmen? Die Antwort kam in der typisch arabischen Art:

Danke für Ihr Fax!!! das ist eine wirklich SCHWIERIGE FRAGE!!!!! Denn man weiß nie, wann der Zugang erlaubt ist!!! Für Ihren Besuch im JUNI bestätigten wir, daß Sie diesen Ort besuchen können!!! DOCH PLÖTZLICH BRACH EIN KRIEG ZWISCHEN DEN STÄMMEN AUS!!!! Und das kann man nicht voraussehen, niemals!!!!

Es tut mir wirklich sehr leid, doch ich kann so etwas nicht versprechen, da es gerade EINEN TAG vor oder nach Ihrer Ankunft passieren kann, daß Krieg ausbricht!!!!

Inschallah

V

Eine Reise enthüllt die Macht und den Einfluß der Königin von Saba

17
Vom Ruhm der Könige

Wenn ich nachts aufwachte oder im Verkehrsstau auf die Rücklichter der Autos vor mir starrte, dann fragte ich mich manchmal, und ich bin sicher, meine Familie und Freunde taten das schon lange, ob meine Suche nach der Königin von Saba nicht etwas sehr exzentrisch ist? Sicherlich war sie das, und das Beunruhigendste daran war, daß sie mir als die natürlichste, vernünftigste, zwingendste und notwendigste Suche auf der ganzen Welt erschien.

Daß ich es nicht nach Sirwah geschafft hatte, war dabei die größte Enttäuschung, doch eine Stimme sagte mir, daß ich nicht ruhen würde, bis ich es wieder versucht hätte. Und da war auch noch das afrikanische Land, dessen Männer, Frauen und Kinder die Königin von Saba als Teil ihres kulturellen Erbes verehren und das ich noch erforschen mußte. Die Äthiopier zweifeln nicht an der Wahrheit ihres hochverehrten *Kebra Nagast* – »Vom Ruhm der Könige« –, des Nationalepos, in dem der Königin von Saba die Ehre zuteil wird, eine Dynastie begründet zu haben, die erst im zwanzigsten Jahrhundert mit der Herrschaft von Haile Selassie, König der Könige, der Löwe von Judäa – und 235. direkter Nachfolger der Königin von Saba, endete. Die überarbeitete Verfassung von Äthiopien aus dem Jahre 1955 legt fest, daß die königliche Linie »ohne Unterbrechung von den Tagen des Menelik I., Sohn der Königin von Äthiopien [die die Königin von Saba ist] und des König Salomons von Jerusalem, bestanden hat«.

Als meine Begleiter für eine Reise nach Äthiopien wählte ich: meine Tochter Cristina, ihre Freundin Susan Mathieson, eine Kostümdesignerin für Theater und Film, und meinen alten Weggefährten, den Psychoanalytiker David Meltzer, der wie immer sofort dabei war, wenn es um eine Expedition in ein fernes

Land ging. Ricardo de Monte Rosa bedauerte, daß er sich uns diesmal nicht anschließen konnte; der eingefleischte Lebemann wollte heiraten.

Wir flogen nach Frankfurt/Main und von dort weiter in die äthiopische Hauptstadt Addis Abeba, wo wir unseren Führer Dawit Alemayehu trafen. In der »Königin von Saba Lounge« (ohne Zweifel die beste Bar in Afrika) des Hilton besprachen wir unsere Pläne. Dawit, im gleichen Alter wie Cristina und Susan, war von Sportschuhen und dem Detroit Techno Sound begeistert, doch auch ebenso mit der äthiopischen Tradition der Königin von Saba vertraut. Auf der Suche nach ihr würde er uns zu Orten führen, von denen er gehört, die er aber noch nicht selbst gesehen hatte.

Früh am nächsten Morgen setzte uns eine Turbopropmaschine der äthiopischen Fluggesellschaft auf einer Landepiste weit nördlich von Addis Abeba in den einsamen Lasta-Bergen ab. Die Jahreszeit der kalten, heftigen Regenfälle war fast vorbei, und es waren wieder Flüge möglich. »Afrika!« rief Cristina aus und atmete tief die kristallklare Luft ein. Ihr Blick fiel auf eine Landschaft aus sanften Bergspitzen und ergrünendem Weideland, auf dem in einiger Entfernung Frauen und Kinder ihre Herde beaufsichtigten. Die abschüssige, tiefgefurchte Straße in die nächstgelegene Stadt hatte sich noch nicht von der Regenzeit erholt. Von den Rädern unseres Wagens schossen Schlammfontänen in die Höhe, und der Kleinbus schleuderte in regelmäßigen Abständen von einer Seite auf die andere, was Susan jedesmal dazu brachte zu murmeln: »Es ist besser, wenn ich nicht gerade jetzt sterbe, wo niemand etwas davon mitbekommt.«

»Sing ein Lied«, schlug Cristina vor. »Das lenkt dich ab.«

Mit einem heftigen Einatmen begann Susan: »Country roads, take me home ...« Dawit kannte ein paar Zeilen des Liedes und stimmte mit ein. Beide kannten auch den gesamten Text von Bob Marleys Song »Get up, stand up, stand up for your rights«.

Wir begegneten zwar keinen anderen Autos, aber wir fuhren an Leuten vorbei, die zu Fuß unterwegs waren. Zuerst nur ein paar, dann immer mehr, die über Land auf den Rücken eines grünen Hügels zu wanderten, wo sich Rauch aus einer Ansammlung von Hütten erhob. Heute war Markttag in Lalibela.

Der Markt wurde auf einem festgestampften Plateau an der nördlichen Stadtgrenze abgehalten und hätte in dieser Form auch sehr gut in der Zeit vor Christi Geburt stattfinden können. Aus entfernten Tälern waren Schafe und Ziegen herbeigetrieben und Nahrungsmittel und andere Güter auf den Rücken von Eseln, oder von Männern, Frauen und Kindern getragen, angebracht worden. Es gab kein Gehupe, in ganz Lalibela sahen wir nur ein weiteres Fahrzeug. Es gab keine Werbung, nichts, was mit Elektrizität funktionierte, und niemand verkaufte Musikkassetten. Es waren die zum Überleben notwendigen Dinge, die zum Verkauf oder Tausch standen: Hühner, Korn, handgefertigte Werkzeuge und Tücher. Der Markt dröhnte vom Feilschen, Rufen und Lachen. Es gab Bettler, die hochtrabend murmelten: »Christo ... Christo ... Geld.«

Ein langer Schatten der Vergangenheit fiel auf eine lärmende Gruppe von Händlern, die an einen Ort außerhalb des eigentlichen Markplatzes verbannt waren. Sie waren Töpfer und somit Ausgestoßene. Dawit erklärte uns, daß dies damit zusammenhängt, daß sie ihre Waren mit Feuer herstellen, einem Element des Teufels. Sie dürfen keine Ehe mit den anderen Dorfbewohnern eingehen, ja sie noch nicht einmal berühren. Sie sind die Nachkommen der biblischen Thubalkain.

Die Verbindungen zwischen Lalibela und dem Alten Testament sind festgeschrieben in der *Kebra Nagast*. Von diesem Schriftstück wird behauptet, daß es in der Bibliothek der Kathedrale der heiligen Sofia im Konstantinopel des dritten nachchristlichen Jahrhunderts entdeckt worden ist, doch es handelt sich wahrscheinlich um eine Niederschrift der mündlich tradierten Geschichte Äthiopiens aus dem vierzehnten Jahrhundert. In der *Kebra Nagast* wird von der Reise Makedas, einer jungfräulichen Königin von Saba, in die Heilige Stadt Jerusalem berichtet. Dort schleicht sich Salomon mit einer gehörigen Portion Verschlagenheit in ihr Bett und macht sie sich gefügig. Später in dieser Nacht hat Salomon einen prophetischen Traum von:

einer hellen Sonne, die vom Himmel herabscheint und großen Reichtum über Israel bringt. Nachdem sie dort eine Zeitlang verweilt hatte, verschwand sie und flog hinweg in das Land Äthiopien und strahlte dort in gleißendem Licht für immer, denn es war ihr Wunsch, dort zu bleiben. Und der König sagte: »Ich wartete, ob sie zurück nach Israel käme, doch sie kam nicht wieder ...«

Als der König Salomon im Schlaf dieser Vision ansichtig wurde, war seine Seele verwirrt, doch seine Aufmerksamkeit wurde durch einen Blitz abgelenkt, und er erwachte mit unruhigem Geist ... Noch mehr aber verwirrte König Salomon die Königin, denn sie war tatkräftig und hatte eine schöne Gestalt.[1]

Nach der *Kebra Nagast* ist Salomon von diesem Traum beunruhigt und muß sich eingestehen, daß nun Äthiopien anstatt Israel das von Gott erwählte Land sein könnte.

Ein afrikanisches Zion?[2]

Und dieser Umstand, diese Vision findet ihren überwältigenden und überzeugenden Ausdruck in einer Reihe von Kirchen, die im zwölften Jahrhundert n. Chr. in die Felsen von Lalibela geschlagen wurden. Diese Kirchen sind so wunderbar, daß der portugiesische Pater Francisco Alvares meinte: »Es bereitet mir Ungemach, mehr darüber zu schreiben, denn ich bin überzeugt, daß, wenn ich dies täte, man mir nicht glauben würde.«

»Schaut euch um. Was seht ihr?« fragte Dawit. Nachdem wir den Morgen auf dem Markt verbracht hatten, gingen wir durch die Stadt zurück.

»Einen Fluß – oder besser gesagt, in der Regenzeit wäre es wohl ein Fluß?« vermutete Cristina.

Ein nahezu trockenes Flußbett zog sich in einem sechs Meter tiefen Einschnitt durch die ziegelrote Erde und den grauen Felsen dahin. Es nahm irgendwo in östlicher Richtung hügelaufwärts seinen Anfang, durchschnitt die Straße und verschwand den Hügel hinunter im Westen.

»Das ist der Jordan. Das Flußbett ist von Menschen gegraben worden, so daß auch die Äthiopier einen solchen Fluß besitzen. Kommt!«

Er führte uns einen ausgetretenen Pfad hinauf zu einer Stelle, wo der Boden jäh abfiel, und dort, in der Mitte einer großen Grube, erhob sich eine Kirche. Sie war nicht aus Mauerwerk errichtet, sondern aus dem Gestein herausgemeißelt, das den Untergrund von Lalibela bildet. Das gesamte Gebäude war auf die Weise entstanden, wie ein Bildhauer eine Figur aus einem Steinblock modelliert. Vor uns stand eine Meisterleistung der Hoffnung, des Glaubens und ein beeindruckendes Monument einer knochenbrecherischen Arbeit. Ein Gebet aus Stein.

»Man sagt«, erklärte uns Dawit, »daß hier Menschen und Engel Seite an Seite gearbeitet hätten, um dies und weitere Bauwerke nach dem Willen des Königs von Lalibela zu schaffen. Es hat nur fünfundzwanzig Jahre gedauert.«

Eine in den Felsen gehauene Treppe führte mehr als fünfzehn Meter hinab, wo wir um die Kirche herumgehen und uns erstaunt umsehen konnten.

»Dort oben«, machte uns Dawit aufmerksam, »Einsiedler.«

In der steilen Felswand, die die Kirche umgab, befanden sich ein halbes Dutzend kleiner Höhlen, jede Heimstatt für einen tief gebeugten, mit einer gelben Kutte bekleideten Mönch. Ich hatte von solchen Einsiedlern gelesen, doch war der Meinung gewesen, daß sie nach der Hochkonjunktur der Säulenheiligen am Ende des zehnten Jahrhunderts von der religiösen Bühne verschwunden seien. Doch da waren sie, entsagten den fleischlichen Genüssen und widmeten ihr Leben Gott.

Einer von ihnen war völlig weggetreten, ein anderer lächelte und winkte uns zu, als wir vorbeigingen. In Lalibela gab es eine Vielzahl solcher Höhlen, in manchen lebten Menschen, in anderen befanden sich nur noch die Knochen früherer Bewohner.

Dawit bat uns, bevor wir die Kirche betraten, die Schuhe auszuziehen und »den Staub dieser Welt« von unseren Kleider zu klopfen. Der Steinboden glänzte von den unzähligen bloßen Füßen, die im Laufe der Jahrhunderte darübergelaufen waren. Die Mauern waren dunkel vom Weihrauch, und durch die vier kleinen Fenster hoch oben drang nur wenig Licht.

Aus dem Halbdunkel trat in einer prächtigen Kutte der für die Kirche verantwortliche Priester auf uns zu und erhob ein reich verziertes Kreuz, um uns zu segnen. Es war ein Ritual, das sich den ganzen Nachmittag und auch am nächsten Morgen jedesmal wiederholte, wenn wir eine der dreizehn aus dem Fels gehauenen Kirchen von Lalibela betraten. Insgesamt betrachtet, stellten die Kirchen den besten Beweis für ein neues Jerusalem dar, entstanden, als die Sonne am Himmel Salomons »sich ins Land Äthiopien begab, wo sie mit aller Kraft und großer Helligkeit auf ewig schien«. Da gab es den mit Stroh ausgestreuten Schrein von Bet Lehem (Bethlehem) und die Kirche von Bet Golgota (Das Haus von Golgatha), in der sich wiederum die Iyasus-Zelle befand, das Grab von Jesus. Direkt dahinter befand sich ein ausgehöhlter Felsenturm, das Grab von Adam. Das afrikanische Zion in Lalibela war sowohl geographisch als auch symbolisch verbunden durch einen Irrgarten von Tunneln, Treppen und Holzbrücken, die alle eine Bedeutung hatten. Außerhalb des Bet Gabriel-Rufa'el (Haus der Erzengel Gabriel und Raphael) erinnerte eine steile Rampe maßstabsgerecht an »den Weg in den Himmel«. Ohne zu zögern, rannte Dawit sie hinauf und hinunter. Andererseits vermied er auf unserem unterirdischen Erkundungsgang sorgfältig Tunnel, die in einer Sackgasse endeten, denn das waren Wege in die Hölle.

Die Kirchen von Lalibela waren intakte, immer noch in Gebrauch befindliche Relikte der Vergangenheit. Von den insgesamt 2 500 Einwohnern der Stadt waren 500 koptische Mönche, Priester oder Nonnen. Am zweiten Tag unseres Aufenthalts beobachteten wir kurz nach Tagesanbruch den Priester von Bet Lehem, wie er den Rücken eines kleinen Mädchens mit einem Kreuz berührte, um die Dämonen zu vertreiben, die es schwach und fiebrig gemacht hatten. Die gerade aufgegangene Sonne brachte das rote und goldene Meßgewand des Priesters zum Leuchten und hob sein faltiges, doch ernsthaftes Gesicht genauso hervor wie die weitgeöffneten Augen des Kindes, die Vertrauen und Unschuld ausdrückten. Die Sonne erhellte auch die Gemälde in der Kirche, die am Tag zuvor in der Dunkelheit verborgen gewesen waren. Jesus, Maria und eine Ansammlung von Heiligen und Engeln waren Zeuge des Exorzismus. Schlangen glitten zwischen den himmlischen Gestalten umher, und in einem Fall wand sich eine sogar um einen der Heiligen, ob sie ihn schützen oder erdrücken wollte, ist schwer zu sagen. Schlangen, gute und böse, sind Bestandteil der Vermengung von Judentum, Christentum und afrikanischer Tierverehrung, die den Glauben der äthiopischen Kopten prägt. Das Ritual war beendet, der Priester tätschelte das Kind und unterhielt sich freundlich mit den Eltern. Wir machten uns auf den Weg und folgten dem Dröhnen von Trommeln zur Bet Giorgis (Haus des Heiligen Georg), der zuletzt erbauten Felskirche von Lalibela.

Wir überquerten wieder den Jordan, und uns wurde bewußt, daß ganz Lalibela aus einem Traum heraus entstanden war, der König Salomon, nachdem er mit der Königin von Saba geschlafen hatte, beunruhig hatte.

Dawit erzählte uns, daß, als ein Dutzend der Kirchen fast fertiggestellt waren, der heilige Georg verärgert und in voller Rüstung auf einem weißen Pferd erschienen sei und dem König von Lalibela vorgeworfen habe, keine Kirche zu seinen Ehren erbaut zu haben, wobei er darauf hinwies, daß er nicht nur eine Gestalt aus dem Heiligen Land, sondern auch der Schutzheilige von Äthiopien sei. Der König versprach ihm die schönste aller Kirchen, und nur um sicher zu gehen, beaufsichtigte der heilige Georg den Bau (oder besser gesagt, das Herausschlagen aus dem Fels).

Der Weg zu Bet Giorgis führte über einen offenen Abhang, der mit weiß gekleideten Gestalten übersät war, viele davon Leprakranke. Dahinter, in die Erde eingebettet, befand sich eine kreuzförmige Felsenkirche.* An einem Hufabdruck vorbei, der von dem Roß des Heiligen stammen soll, stiegen wir eine Treppe hinunter in die Aushöhlung vor dem Portal der Kirche, wo gerade eine Andacht stattfand. Wir schauten und hörten zu, wie zu apokalyptisch anmutenden Trommelschlägen Mönche in Ge'ez, der rituellen Sprache der äthiopischen Kirche (sie unterscheidet sich von der Alltagssprache Amharisch), beteten und sich dabei in einem Tanz wiegten, von dem sie glaubten, es sei der des Königs David vor der Bundeslade gewesen. In ihren rechten Händen hielten sie Gebetsstäbe, und mit den linken schüttelten sie die *Sistrums*, wobei ein Klirren entstand, das die

* Siehe Abb. 25 im Bildteil in der Mitte des Bandes.

Höhle mit silbernem Geläut erfüllte. Dawit flüsterte uns zu, daß ein solcher Gottesdienst den ganzen Tag und auch noch die Nacht andauern konnte.

Ich war bewegt von der Gewißheit des Glaubens und der Inbrunst, die diese Versammlung und 32 000 weitere Menschen in ganz Äthiopien erfüllte. Eine Welt, berührt von Engelsschwingen, eine Welt, bestimmt von einer antiken Königin, eine Welt, die die irdische Welt dauernder Armut, häufiger Trockenheit und Bürgerkriege transzendierte. Jenen, die sich bedingungslos ihrem Glauben hingaben, erklärten die äthiopischen Kopten, daß je armseliger der Körper, desto stärker die Seele sei. Aus diesem Grund geißelten viele der Mönche ihre Körper durch extremes Fasten und mit tagelangen, stehend geleisteten Gebeten, wobei sie mit dem Rücken an ihren T-förmigen Stützen lehnten. Der demütig Betende wird mit Visionen belohnt, die ihm erlauben, direkt mit Gott zu sprechen, oder Gott selbst erscheint ihm in der Verkleidung eines geheimnisvollen Boten.

Zwei Stunden später, als Cristina und ich auf dem Weg zu unserem Hotel durch das Gebiet ein paar Kilometer westlich von Lalibela liefen, wurden wir von zwei Bettlern angesprochen. Wie die koptische Darstellung von Schlangen war der erste tugendhaft, der zweite verschlagen. »Ich werde für dich beten«, sagte der erste, »und Gott wird mir antworten, denn Lalibela ist der Mittelpunkt der Welt.« Ich griff in meine Tasche nach einer Handvoll Münzen. Den zweiten Bettler bekamen wir gar nicht zu Gesicht, denn er hielt sich in den dichten Büschen neben der Straße verborgen. »He du«, zischte er, »hör zu. Ich war in Chicago. Ich hab im Sheraton gewohnt. Gib mir hundert Dollar.«

Während Cristina und ich uns in Bet Giorgis umsahen, hatten Dawit, David und Susan eine Einladung angenommen, der Behausung des Priesters der Kirche Bet Golgota einen Besuch abzustatten. Sie wurden von der Frau des Priesters, Getachew, begrüßt, die das Einkommen ihres Mannes (Almosen von Besuchern und Pilgern) durch die Herstellung eines milchigen, wodkaähnlichen Schnapses aufbesserte. Dazu kochte sie fermentierte Hirse in einer Apparatur aus Lehmtöpfen, Bambus und ein paar Stücken Kupferrohr auf. Sie klagte, daß sie »durch die Flamme verbrannt wäre«. Ihre Augen und die Haut wiesen Brandspuren auf und waren durch das Feuer dunkel geworden. Wie die Töpfer jenseits des Marktplatzes war auch sie eine Ausgestoßene. Ihr Los war, so erklärte sie uns, zu ertragen, was das Leben ihr abverlangte, und zu versuchen, ihre Kinder zu ernähren und ihnen etwas Hoffnung für die Zukunft zu geben. Doch sie glaubte kaum daran, denn sie konnte sich nicht an eine Zeit erinnern, in der in ihrem Land nicht Trockenheit, Seuchen und Bürgerkrieg geherrscht hätten. »Ich habe die Hölle auf Erden erlebt.«

Der Schnaps, den sie herstellte, wurde in einer strohgedeckten Hütte, die als Bar fungierte, weiter unten in der Straße verkauft. Als Dawit, David und Susan dort ankamen, war nur ein Gast anwesend, eine Frau, die dasaß und ihre Füße in zwei Schüsseln mit Henna gestellt hatte. Sie mache dies einmal im Monat aus Gründen der Schönheitspflege und wegen der Magie (haltet euch fern, Dämonen). Nach einiger Zeit gesellte sich ihr ihre Tochter hinzu, eine atemberaubend schöne junge Frau. Das Modell einer Königin von Saba, ging es Susan durch den Kopf, mit Ausnahme, daß sie eindeutig Probleme hatte. Sie war schrecklich schüchtern und zu verängstigt, um weiter in die Schule zu gehen, so erklärte ihre Mutter.

»Ist dir etwas Böses zugestoßen?« fragte Susan, und Dawit übersetzte es ins Amharische.

»Ja«, antwortete ihre Mutter und erzählte, daß ihre Tochter 3 000 Birr (ca. 350 Euro) gespart hatte und sie von Leuten, die sie für ihre Freunde hielt, darum betrogen worden sei. In diesem Moment eröffnete Dawit Mutter und Tochter, daß David ein Arzt sei, der ihre Träume deuten könne.

Bevor David noch protestieren konnte, sprudelte es schon aus der jungen Frau heraus: »Ich träume von schrecklichen Menschen. Toten Menschen.«

»Was machen sie?« fragte David und fühlte sich unwohl dabei, hatte aber den Eindruck, vielleicht helfen zu können. Bei seinen früheren Reisen in Arabien hatte er den Beduinen medizinische Hilfe geleistet und ihnen bei familiären und psychischen Problemen geholfen.

»Sie ... die Toten ... sie versuchen mich zu füttern. Doch ich kann nicht ... ich will nicht essen.«

David glaubte, daß die Toten möglicherweise Projektionen ihrer hinterlistigen Freunde waren. »Die bösen Menschen in deinem Leben – möchtest du sie umbringen?«

»Ja«, sagte sie zitternd.

David erklärte ihr ausführlich, daß Gedanken keine Menschen töten können – eine schwierige Angelegenheit in einer Kultur, in der Verfluchungen und Zaubersprüche zum täglichen Brot gehören. Er und Susan ermutigten die junge Frau, in die Zukunft zu blicken und nicht in der Vergangenheit zu leben. Er gab ihr einen Rat, von dem er hoffte, es wäre ihrem Zustand und ihrer äthiopischen Art, die Wirklichkeit und die übernatürlichen Dinge zu betrachten, angemessen.

»Kannst du schreiben?«

»Ja, das kann ich.«

»Dann schreibe jeden Tag auf, was du in der Nacht geträumt hast. Mach das eine Woche lang, dann lege weg, was du geschrieben hast. Hast du das verstanden?«

»Ja.«

»Warte einen Monat ab, dann lies deine Träume wieder durch, und denke über sie nach. Dann wirst du mehr über dich selbst erfahren. Leuchtet dir das ein?«

»Ja.«

»Danach verbrenne deine Träume.«

»Ja«, meinte sie leise. »Das werde ich machen.«

Ihre Mutter wollte aufstehen, doch das klappte nicht, da ihre Füße in den Hennaschüsseln steckten. Die Tränen liefen ihr die Wangen herab. »Du bist ein Bote Gottes. Gott hat dich geschickt. Gott segne dich.«

18
Die heilige Stadt Aksum

Ein Sturm braute sich über den Bergen von Lasta zusammen und verfolgte uns bis in die heilige Stadt Aksum, wo nach Überzeugung der Äthiopier die Königin von Saba gekrönt wurde und regiert hat.

Unsere Turbopropmaschine sank durch die dichten Wolken und holperte über eine Lehmpiste genau in dem Moment, als der Himmel seine Schleusen öffnete und es zu regnen begann. Das sei nicht gut, meinte Dawit, denn Regenfälle außerhalb der üblichen Zeit konnten die Ernte verzögern oder gar vollständig vernichten. Wir fuhren nach Aksum, das deutlich größer und moderner war als Lalibela. Begleitet vom Schaben und Schlagen der Scheibenwischer, erblickten wir die Königin-von-Saba-Grundschule und, einige Häuser weiter, die Königin-von-Saba-Videothek. Sie lag neben dem »Berühmten Friseur«, nicht zu verwechseln mit dem »Netten Friseur« weiter unten in der Straße. »Aksum ist größer, als ihr glaubt«, erklärte uns Dawit. »Doch eines werdet ihr hier nicht finden, eine Moschee. In Aksum sind Moscheen nicht erlaubt. Wenn man in Mekka eine Kirche erlaubt, dann wird es vielleicht einmal eine Moschee in Aksum geben.«

Aksums erster Schritt zur Heiligkeit fand vor langer Zeit statt und der Legende nach, als die Stadt unter der Schreckensherrschaft eines Schlangenkönigs zu leiden hatte, der manchmal den Namen Awre, manchmal Wainaba trägt.

Seine Augen waren wie eine sengende Flamme, seine Augenbrauen schwarz wie ein Rabe, und sein Körper ist wie aus Eisen und Blei ... und jeden Tag brachte man ihm zu essen: zehn Kühe und zehn Ochsen, eintausend Ziegen, einhundert Schafe und Zehntausende von Vögeln, und er hatte ein Horn, das drei Ellen lang war.[1]

Es kam der Tag, so wird berichtet, an dem eine mutige und schöne junge Frau namens Makeda sich Awre-Wainaba näherte, ganz ruhig Maß nahm und ihm den Kopf abschlug. Freudig und dankbar machten die Einwohner von Aksum Makeda zu ihrer Königin. Ihrer Königin von Saba.[2] Schon bald begab sie sich auf die Reise nach Jerusalem, um sich dort mit König Salomon zu verbünden, bis dieser sich in ihr Bett schlich und, wie schon erwähnt, die Sonne Gottes dazu brachte, Jerusalem zu verlassen und »nach Äthiopien zu fliegen«. Auf ihrer Rückreise gebar Makeda an einer Quelle in Maibella (dem heutigen Eritrea) einen Sohn. Sie gab ihm den Namen Menelik, was wörtlich »der Sohn des Königs« bedeutet. Menelik wuchs in Aksum auf, und als er erwachsen war, war er ein so gut aussehender Mann, wie seine Mutter eine schöne Frau war. Im Alter von zweiundzwanzig begab er sich nach Jerusalem, um dort seinen Vater zu besuchen und Lehrer und Handwerker anzuwerben, auf daß Äthiopien sich weiterentwickele und zu einer zivilisierten Nation werde.

Doch das war nicht alles, was er in Jerusalem machte. Mit der Hilfe seines Gefährten Azirah besaß der junge Menelik die Tollkühnheit, sich mit der Bundeslade davonzumachen. »Sie nahmen sie innerhalb eines Lidschlags an sich, wobei der Engel des Herrn bei ihnen war und sie anleitete.«[3]

Als Salomon von dem Diebstahl erfuhr, erhob er ein lautes und langes Wehklagen. Trauer überfiel ihn, er war untröstlich und verlor viel Zeit, bis er Menelik nach Ägypten verfolgte, wo er erfahren mußte, daß die Bundeslade mit einem großen Vorsprung auf dem Weg nach Aksum war.

Da befragte Salomon die Engel des Herrn, die ihm versicherten, daß kein gewöhnlicher Dieb, sondern sein eigener Sohn die Bundeslade an sich genommen hatte. Niedergeschlagen nahm Salomon diese Nachricht hin und warnte seine Begleiter, daß sie bei ihrem Leben den Mund über das, was passiert war, halten sollten.[4] Dann kehrte er nach Jerusalem zurück.

An dem Tag, als Menelik die Bundeslade im Triumphzug nach Aksum brachte, richtete die Königin von Saba, so steht es in der *Kebra Nagast*, für alle Bewohner ein riesiges Fest aus, das bis auf den heutigen Tag jedes Jahr Ende November gefeiert wird.

Als die heftigen Regenfälle sich auf einen dichten Sprühregen reduziert hatten, begaben wir uns in eine Art Gefängnishof, in dem sich die große, kreisförmige Kirche der heiligen Maria von Zion befand sowie die viel ältere Klosterkirche des Hauses Zion und die Gedächtniskapelle, ein wenig beeindruckender, von den Elementen stark mitgenommener Bau, der etwas an einen verlassenen Pavillon nach einer Weltausstellung erinnerte. Die Metallverzierungen waren verrostet, die Farbe verblichen und abgeplatzt, und das Dach hatte ganz bestimmt Löcher. Dort drinnen, so glaubten die äthiopischen Kopten, befinde sich, eingeschlossen in einem inneren Heiligtum, dem heiligsten aller Heiligtümer, die Bundeslade. Ein einsamer Mönch, zugleich Einsiedler und Wächter, paßt auf diese höchste Reliquie auf. Heute um Mitternacht, wie in jeder Nacht des Jahres, würde er Weihrauch verbrennen und seine Nachtwache beginnen. Es ist ihm nicht erlaubt, in Gegenwart der Bundeslade zu schlafen. Erst nach fünfzehn Stunden, um drei Uhr am nächsten Nachmittag, gönnt sich der Mönch eine Pause von seiner täglichen Verrichtung.

Bei ganz seltenen Gelegenheiten ist es einigen wenigen auserwählten Priestern und Mönchen erlaubt, das Heiligtum zu betreten, Psalme zu rezitieren und Inschriften zu studieren. Diese haben die Bundeslade als eine einzelne, polierte Steintafel beschrieben, auf der die Zehn Gebote in Hebräisch eingemeißelt sind. Die Tafel sei ungefähr achtzig Zentimeter lang und vier Zentimeter dick. Sie liege in einer schmucklosen, mit einem Deckel versehenen Kiste, deren Wände sieben Zentimeter dick seien und aus massivem, gehämmertem Gold bestünden. Manchmal beginne die Bundeslade zu glühen, und dann ergreife Furcht den Wärter und jeden anderen, der sich in dem Raum befindet. Niemand wage, die Lade anzufassen. Selbst wenn das Tageslicht diesen heiligsten aller heiligen Orte erfülle, falle es schwer, die Bundeslade anzusehen. Ihre Oberfläche sei auf unheimliche Weise glatt wie ein Spiegel oder Wasser.

Wir liefen um das Heiligtum herum; sich ihm weiter zu

nähern war verboten. Unsere Füße sanken in die aufgeweichte heilige Erde Äthiopiens ein. Der Regen hatte alle die vertrieben, die klug waren, und so befanden wir uns allein in dem Hof. Als sich der Vorhang teilte und eine ausgemergelte Gestalt in einer zitronengelben Kutte aus der Kapelle mit der Bundeslade trat, blieben wir sofort wie angenagelt stehen. Es war der Mönch, der die Lade bewachte und der, wenn überhaupt jemand, die Geheimnisse der Lade von Aksum kannte. Er blickte in den Himmel, rieb sich die Augen und schien sich an der frischen, feuchten Luft zu erfreuen. Zuerst schien er uns nicht zu bemerken, doch als er uns sah, schoß er sofort zurück in die Kapelle. Wir warteten ab, sogar als sich der Sprühregen zu einem erneuten Wolkenbruch verdichtete.

In der Kapelle der Tafel befand sich entweder ein großes Mysterium oder ein großer Schwindel. Nur schwer konnte man sich etwas vorstellen, was dazwischen lag. Wenn man beweisen könnte, daß die Lade von Aksum unerklärliche Kräfte hätte oder eine Schrift trüge, die vor das erste Jahrtausend v. Chr. zu datieren wäre, könnte hier – oder vielleicht auch nicht – der Grundstein der bedeutendsten Religionen der westlichen Hemisphäre liegen, egal, ob er seinen Weg durch den Wagemut Meneliks, Sohn des Salomon und der Königin von Saba, oder durch jemand anderen in späterer Zeit gefunden hat.

Das Gefühl sagte mir, daß ich (wenn auch niemand sonst) im Königin-von-Saba-Hotel in Aksum nächtigen sollte, das in einem britischen Reiseführer unter der Kategorie »billig und mies« aufgeführt ist.

»Fünf Dollar?« protestierte Dawit auf amharisch an meiner Stelle. »Sein Buch sagt einen Dollar fünfzig!« Woldo, der Chef des Hotels, zuckte mit den Schultern und sagte etwas davon, daß billig und mies unter Umständen seinen Reiz hat und er deshalb den Preis angehoben habe. Er stellte heraus, daß ich für fünf Dollar das Zimmer Nummer Eins bekäme, was auf jeden Fall eine bessere Unterkunft sei als die anderen, billigeren Zimmer in dem Flur bei den Ziegen. Er führte uns durch einen Perlenvorhang hinter der Bar über einen Hof, auf dem verschlissene Wäsche zum Trocknen aufgehängt war, eine Betontreppe hinauf, wobei wir mehrmals über Schlafende hinwegsteigen mußten. Im Zimmer Nummer Eins befand sich ein durchgelegenes Bett, ein ramponierter Stuhl, und es war in einem ekelhaften Grünton gestrichen. Woldo zeigte auf ein hell angemaltes Zirkuspferd, das sich direkt auf dem Balkon vor dem kleinen Fenster befand, und meinte wohl, dies würde den Preis des Zimmers rechtfertigen. Ich rümpfte die Nase. Das Zimmer war erst vor kurzem mit Insektenvernichtungsmittel ausgesprüht worden. Woldo sagte etwas auf amharisch, was Dawit übersetzte: »Für meine Gäste tue ich alles.« Die beiden ließen mich allein.

Über die Mähne des Zirkuspferdes hinweg konnte ich auf der gegenüberliegenden Straßenseite sehen, wie der letzte Kunde den »Netten Friseur« verließ. Der »Nette Friseur« schaltete die herabhängende nackte Glühbirne seines Laden aus, und die Straße versank in Dunkelheit. Dennoch pulsierte in Aksum das Leben, und in die Stadt kehrte niemals wirklich Ruhe ein. Von irgendwoher erklang das Lachen einer Frau, und das Geräusch der Kugeln eines Poolbillards hörte man bis spät in die Nacht. Von Zeit zu Zeit huschten die Lichtkegel von Scheinwerfern über die Zimmerdecke, und Lastwagen begaben sich auf den Weg nach Addis Abeba, Asmara und in den Sudan. Schon seit unerdenklichen Zeiten war Aksum immer ein Knotenpunkt von Handelswegen gewesen.

Gegen Morgen kündigten Trommeln vom Hof der Kirche der heiligen Maria von Zion her den neuen Tag an.

Ich traf mich mit den anderen, die sich für ein besseres Hotel entschieden hatten, und wir erkundeten Aksum weiter. Am Stadtrand befand sich ein Wasserreservoir, das man der Königin von Saba zuschrieb, eineinhalb Kilometer südlich lag ein Feld mit umgestürzten Stelen, wo sich früher ein Palast mit hundert Räumen befunden haben soll, in dem sie gelebt habe. »Das dort«, so zeigte uns Dawit, »ist ihr Grab. Möglicherweise.« Der entscheidende Punkt war, daß alles, was wir sahen, aus einem Reich von Aksum stammte, das seine Blütezeit weit nach Christi Geburt erlebt hatte, doch seine Wurzeln reichten zurück bis ins siebte vorchristliche Jahrhundert. Könnte seine Geburtsstunde aber noch früher angesetzt werden? Die Archäologen zweifeln daran, doch sie sind sich nicht sicher. Bis jetzt haben sie nicht mehr als drei Prozent des antiken Aksum untersucht.

Was später an diesem Nachmittag unserer Aufmerksamkeit erregte, war die am wenigsten auffällige Grabungsstätte in Aksum. Nachdem wir über einen aufgeweichten Acker gelaufen waren, standen wir vor einer Wellblechhütte. Der Bauer war mit seinem Pflug auf eine längliche Steintafel gestoßen, die in Ge'ez und in der südarabischen Schrift, die in Saba benutzt wurde, beschrieben war. Die Steintafel steckte noch halb in der Erde, genau da, wo man sie gefunden hatte, denn die Inschrift verhieß, nachdem die Großtaten des Königs Ezana von Aksum gepriesen worden waren, jedem den sofortigen Tod, der wagen würde, diese Tafel zu bewegen. Hier lag der greifbare Beweis einer Verbindung zwischen Arabien und Äthiopien vor uns. Die Schriften dieser beiden Länder tauchten nicht nur gemeinsam auf einer Stele auf, sondern zeigten auch eine graphische Übereinstimmung. In der südarabischen Schrift sah der Name »Königin von Saba« so aus:

In Ge'ez dagegen so:

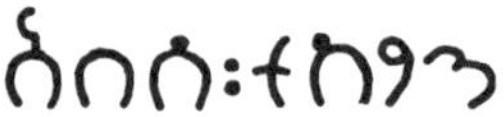

Diese Übereinstimmung erklärt sich daraus, daß irgendwann im ersten vorchristlichen Jahrtausend das südarabische Alphabet seinen Weg nach Äthiopien gefunden hat, wo die Buchstaben abgerundet und ausgeschmückt worden sind. In der arabischen Fassung der Schrift gibt es keine Vorschriften für die Vokale, und es bleibt jedem überlassen, seine eigenen Vermutungen anzustellen, wie die Worte ausgesprochen wurden. Im Äthiopischen löste man dieses Problem, indem den südarabischen Konsonanten durch kleine Haken und Kreise Vokale zugeordnet wurden.

Am nächsten Morgen fuhren wir auf einem arabisch-äthiopischen Verbindungsweg ostwärts, Richtung Rotes Meer. Dawit, der die Gegend nicht kannte, hatte einen Freund aus Aksum, Nekahiwot Tsehaya, gebeten, uns als Führer zu dienen. Wir waren alle guter Laune. Susan unterhielt uns mit einem Potpourri aus Broadwaymelodien. David und Dawit stimmten in die Refrains ein. Cristina und ich konnten uns keine Liedertexte merken. Unter einem wolkenlosen Himmel suchten wir uns unseren Weg durch zunehmend schroffere Berge. Nach zwei Stunden Fahrt auf der guten Straße nach Asmara bogen wir auf einen ungeteerten Weg ab, der uns zu einem entfernten niedrigen Hügel brachte, wo die archäologische Grabungsstätte von Yeha lag. Halbwegs auf dem Hügel erstreckte sich ein kleines Dorf zu einem Platz und einer Kirche hin, die nicht früher als in den fünfziger Jahren erbaut worden war – mit Ausnahme eines einzelnen, alten Steinblocks, den man hoch oben in die Fassade eingefügt hatte. Darauf waren sechs Steinböcke im Halbrelief eingemeißelt, Steinböcke mit stolz geschwungenen Hörnern, niedergeschlagenen, rentiergleichen Augen, Nasen und zierlichen Hufen. Sie stimmten mit ähnlichen Darstellungen von Steinböcken in Ma'rib und auch anderswo im Königreich von Saba überein.

Daß dieses Bruchstück sorgfältig bewahrt worden ist und man es nicht zerschlagen oder auf den Abfall geworfen hatte, zeigt, daß die Menschen eher mit Achtung als mit Zorn ihrer Vergangenheit gegenüberstehen. In Äthiopien haben wir es mit einem Gott, den Heiligen und einer Schöpfung zu tun, die direkt auf das Christentum, das alttestamentarische Judentum

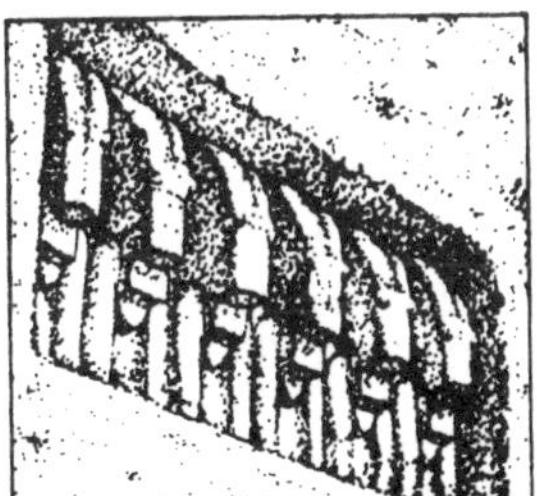

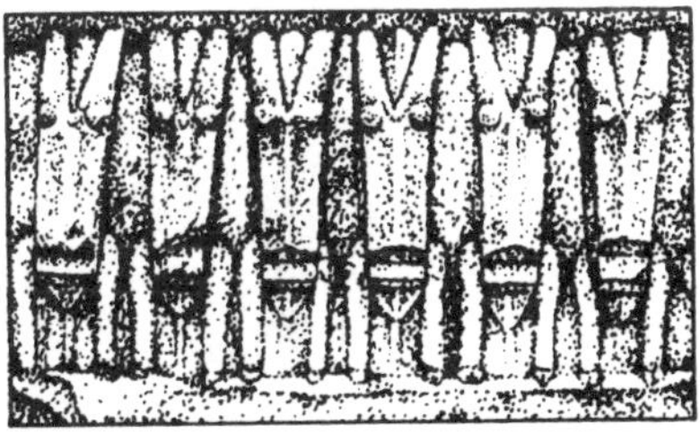

Sabäische Steinbockdarstellungen in Yeha, Äthiopien (links), und in Ma'rib, Jemen (rechts)

und was immer davor stand, zurückgehen. So auch der Steinbock – dessen religiöser Ursprung in Arabien liegt.

Direkt hinter der Kirche stellten wir fest, daß der Steinblock mit den Steinböcken (und einer Reihe von weiteren Bruchstücken, die auf dem Hügel verstreut lagen) einmal Teil eines immer noch vorhandenen Tempels gewesen war. Seine roten Mauern erhoben sich noch bis zu einer Höhe von zwölf Metern, ein großer Steinkasten, der einstmals mit dem Geruch von Weihrauch und Gebeten erfüllt war.

Der Tempel von Yeha ist das älteste größere Gebäude in Äthiopien. Anhand von Inschriften in südarabischer Schrift, die hier gefunden worden sind, kann man diese Grabungsstätte auf sechshundert v. Chr. datieren, doch diese Schätzung kann man angesichts der revidierten Chronologie des antiken Arabien und seiner Schrift gut zweihundert Jahre nach hinten verschieben. Der Baustil und die ausgefeilte Konstruktion des Gebäudes – die Anordnung der Säulen und die Verbindungsstücke – sind eindeutig nicht arabisch, sondern sabäisch. In seiner Epoche war es einzigartig in Äthiopien, ein monumentales, steinernes Bauwerk in einem Land, in dem es bis zu diesem Zeitpunkt nur kleine Ziegel- und Holzgebäude gab.

Später erfuhr ich, daß es widersprechende Theorien für die Errichtung eines solchen Tempels in der äthiopischen Wildnis gab. Eine Theorie behauptet, daß die dort ansässige Kultur von den neuen Entwicklungen in der arabischen Architektur, Malerei und Schrift begeistert war und diese sklavisch kopiert hätte. Eine andere, mir einleuchtendere Theorie besagt, der Tempel

Ruine und Rekonstruktion des Tempels von Yeha

von Yeha sei der Mittelpunkt eines Außenpostens gewesen, den man aus den gleichen Gründen angelegt habe, aus denen die Königin von Saba nach Jerusalem gereist war: um den Handel mit Weihrauch und Gewürzen auszudehnen. Und es war nicht der einzige Beleg für das Eindringen der Sabäer nach Äthiopien. Nicht weit entfernt, in Cohito, gab es einen Damm, der genauso konstruiert war wie der Große Damm in Ma'rib. An anderen Stellen gab es Inschriften und Altäre, die dem Almaqah, dem Mondgott der Sabäer, gewidmet waren.

Von Yeha kehrten wir zurück zur Hauptstraße und fuhren ungefähr eine Stunde lang nach Osten zum Fuß der steil abfallenden Felswand eines Tafelberges. Hoch über uns lag Debra Damo, das älteste Kloster Äthiopiens. Der übliche und einzige Weg, dort hinaufzukommen, bestand darin, ein achtzehn Meter langes Seil hinaufzuklettern, das von einem schmalen Felssims herabhing. Ein umgekehrtes Abseilen. Vor langer Zeit war ich gerne in den Felsen herumgeklettert. Sollte ich mir das antun? Warum sollte ich es nicht probieren, überlegte ich mir. Mit Hilfe von Trittmulden im Felsen arbeitete ich mich drei Meter hoch und machte dann eine Pause, um Luft zu holen.

»Alles in Ordnung?« wollte Dawit von unten wissen.

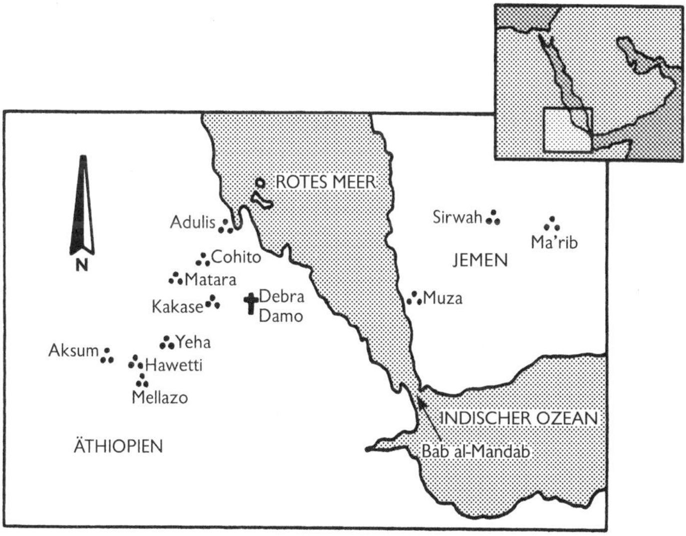

Ansiedlungen der Sabäer in Äthiopien

»Bis jetzt ja. Ist das hier sicher?«

»Nein. Nicht besonders«, fiel Nekahiwot ein. »Leute pilgern hierher, fallen herunter und brechen sich Knochen.«

Stück für Stück hangelte ich mich einen Meter höher.

»Viele Leute«, meinte er weiter, »sterben.«

Es war nicht unbedingt die beste Entscheidung, doch ich setzte meinen Weg nach oben fort, bis ich mich, ausgepumpt wie nie zuvor in meinem Leben, auf den Sims hoch oben an der Felswand schob. Ich hatte nicht den Gedanken: »Mann, ich habe es geschafft«, sondern: »Mein Gott, wie komme ich nur wieder hinunter?«

Ein Mönch half mir auf und führte mich den Sims entlang zu einer Flucht von Steinstufen, die dorthin führte, wo sechzig Mönche wie in der Frühzeit des Christentums lebten. In der kärglichen, einfachen Kirche von Debra Damo stellte die einzige Neuerung seit den Tagen von Byzanz eine »Tome Fanta! Mucho gusto!« Batterieuhr dar, die den Mönchen zeigte, wann und wie lange sie beten mußten. Wenn ein Mönch einmal das Seil hinaufgeklettert war, dann kletterte er nur höchst selten, wenn überhaupt, wieder hinab. In den vergangenen Jahrhunderten ist die Frage aufgekommen, wie der allererste Mönch die steile Felswand hinaufgekommen ist? Die übliche Erklärung ist, daß eine hilfreich gesinnte Schlange über die Felskante geglitten war und als Ersatz für ein Seil gedient habe. (Wie die Schlange selbst hinaufkam ist, wird nicht erklärt.)

Die Mönche in Debra Damo sind autark. Sie haben ihre Gärten und eine annehmbare Viehherde. Ihr Leben ist asketisch, so wie ihre Kirche – nicht wahrgenommen, aber dennoch ein wichtiger Stein im göttlichen Gebäude. Das entspricht genau dem Stil des Mahram Bilqis in Ma'rib.

Einige der Mönche lebten und beteten außerhalb der Kirche. Sie vermieden jeglichen Kontakt mit Menschen, wohnten in Höhlen in der Felswand und ernährten sich von den kargen Rationen, die ihnen an einem Seil heruntergelassen wurden. Wenn ein Korb wieder heraufgezogen wurde und Brot und Wasser darin unberührt waren, dann wußten die Mönche, daß einen aus ihrer Mitte der Tod ereilt hatte. Es gab keine andere Möglichkeit, es festzustellen. In diesem Kloster, so wurde mir klar, herrschte eine Gläubigkeit, die jenseits von allem lag, was ich mir vorstellen konnte oder gesehen hatte. Der einzig weltliche Ausgleich war eine beeindruckende Aussicht ostwärts über die Bergrücken, die sich erst im Dunst über dem Roten Meer verlor. Westlich lag das halbe Dutzend von Bergrücken, die wir auf unserem Weg von den Ruinen des sabäischen Tempels in Yeha hierher überquert hatten.

Dieser Blick rückte mir eine Sache bezüglich der Königin von Saba ins Bewußtsein. Wenn das entfernt liegende Yeha aus dem siebten oder achten vorchristlichen Jahrhundert datierte, wie lange hatten die Sabäer dann gebraucht, um einen Brückenkopf in Afrika zu errichten, das Hinterland zu erkunden, die einheimische Bevölkerung zu unterwerfen und sie schließlich dazu zu bringen, eine Kolonialstadt und einen Tempel zu errichten? Wahrscheinlich lange genug, um die Anwesenheit der Sabäer in Äthiopien auf das zehnte Jahrhundert v. Chr. zu datieren.

Wenn die Archäologie diese Theorie bestätigen würde, dann könnten sowohl der Jemen als auch Äthiopien eine Königin von Saba im zehnten Jahrhundert für sich reklamieren.[5] Wenn auch der Jemen ihre Heimat war, so hatte sie doch eine Kolonie in Äthiopien. Und hier läge die Antwort auf die oft gestellte Frage: »War sie eine Schwarze?« Die Antwort müßte lauten »Kam sie aus Arabien, dann wahrscheinlich nicht. Viele ihrer Untertanen in Äthiopien sind allerdings Schwarze.«

Von der Kirche von Debra Damo ging ich zurück – ein Weg der Furcht – zum Eingang des Klosters an der Felskante. Zwei Mönche hielten mich fest, während ich mit einer Hand nach dem frei hängenden Seil griff, dem einzigen Weg aus ihrer Welt hinaus. Ich packte es mit einer Hand, und meine Fingerknöchel traten weiß hervor. Dann ließ ich mit der anderen die beiden Mönche los und schwang hinaus auf die Felswand zu.

»Amuhseguhnalhoo!« sagte ich und betonte das amharische Wort für Danke bestimmt falsch. Sie schenkten mir ein gütiges Lächeln und verschwanden aus meinem Blick.

Der Abstieg war noch schlimmer als der Aufstieg. Meine Füße verfehlten öfter eine Trittmulde.

Ich rutschte. Meine Handflächen brannten, bluteten.

»Wie weit?«

»Die Hälfte«, rief Cristina, und dann stimmten alle mit ein: »Sechs! Nur noch fünf! Drei, zweieinhalb, zwei Meter. Laß los! Jetzt kannst du springen!«

Als wir nach Aksum zurückfuhren, legten sich schon die Schatten über die Berge und Täler des östlichen Äthiopiens. Bei Nacht erschien mir die Straße viel steiler, als es am Morgen der Fall gewesen war. Kurze Zeit nachdem wir die Abzweigung nach Yeha passiert hatten, begann Susan, aus einer plötzlichen Eingebung heraus, Rossinis »Due Gatti« recht ordentlich zu singen. Dawit und Nekahiwot stritten währenddessen darüber, *wie genau* Salomon die Königin von Saba verführt und sie mit Menelik, dem ersten König ihres Landes, geschwängert hatte.

Salomon, so führte Dawit an, hatte in seinem Harem siebenhundert Ehefrauen und dreihundert Konkubinen.

Susan brach ihren Gesang mitten im Lied ab. »So ein Schwein!« rief sie aus. Sie sang weiter, doch nicht lange. »So ein Schwein!« wiederholte sie deutlich aufgebrachter.

Dawit nickte. Nach der *Kebra Nagast*, so erklärte er, war die ganze Sache ein abgekartetes Spiel gewesen. Bei jener Begegnung hatte Salomon ihr ein stark gewürztes und gesalzenes Essen servieren lassen, und sich den Anschein gebend, er traue ihr nicht, hatte er sie versprechen lassen, daß sie nichts von dem nehme, was ihm gehöre. Wenn sie es dennoch täte, so erklärte Salomon, hätte er das Recht, sie sich mit Gewalt zu unterwerfen. Die Königin von Saba war verwundert darüber, willigte aber ein, denn sie wußte ganz genau, daß sie ein ehrlicher Mensch und darüber hinaus ohne Zweifel eine reiche Königin war. Sie begab sich zu Bett, doch schon bald erwachte sie wieder, und ihre Kehle war wie ausgedörrt. Sie nahm sich ein Glas Wasser, trank es aus und dann schloß sich eine Hand um ihr Handgelenk. Es war Salomon, der sofort erklärte, daß *dieses Wasser ihm gehöre* – und nun auch die Königin.

»Aber«, so meinte Dawit, »denkt jetzt nicht, sie sei ganz unschuldig daran gewesen, denn das Glas Wasser befand sich in Salomons Zimmer, ein Stück den Flur hinunter.«

»Nein«, widersprach Nekahiwot, »dem war nicht so. Sie hat ihr Bett nicht verlassen. Sie schliefen im gleichen Raum, und das Wasserglas stand auf dem Tisch zwischen den Betten.«

»Das stimmt nicht. Das Wasserglas befand sich in einem anderen Raum.«

»Nein, nein, du hast unrecht.«

»Dann beantworte mir dies. Wenn sie so hintergangen worden ist, wie kommt es dann, daß die Königin von Saba noch weitere sechs Monate in Jerusalem geblieben ist, bevor sie abreiste?«

»Er zwang sie dazu.«

»Dawit, das stimmt nicht.«

Und so ging es weiter; eine schicksalhafte Begegnung warf ihren Schatten noch drei Jahrtausende in die Zukunft.

19
Von Dschibuti aus mit einer Dhau

Die Initialen bestanden aus den kunstvoll ineinander verschlungenen Buchstaben *FE*, das Monogramm der *Chemin de Fer Franco-Ethiopien*. Der Zug selbst war eine Ruine. Die Farbe war wie von einem Sandstrahler abgeschmirgelt, die Fenster hatten Sprünge oder waren ganz zerbrochen, und die Roßhaarfüllung quoll aus den kaputten Sitzen.

Ich konnte immer noch beschließen, nicht weiterzumachen und statt dessen den Abendflug der Air Ethiopia nach Deutschland zu nehmen und dann weiter nach Hause, doch die Königin des Weihrauchs und der Gewürze trieb mich weiter. Ich hatte sie in den hintersten Ecken der biblischen Welt gesucht, nur nach Sirwah war ich nicht gekommen. War Sirwah einen zweiten Versuch wert? Aus Addis Abeba schickte ich ein Fax an Mohammed Osman im nahe gelegenen Jemen. Hier seine knappe Antwort:

Ich habe mit Mr. Naser über Sirwah gesprochen. ES IST IMMER NOCH NICHT MÖGLICH, DORTHIN ZU GELANGEN. Es tut mir leid, aber es ist nicht zu ändern.

Trotzdem habe ich Mohammed angerufen. Ich war ja nicht weit entfernt. Was wäre, wenn ich auf gut Glück in der Hoffnung in den Jemen käme, daß sich die Voraussetzungen und Umstände vielleicht bessern könnten? Ich stellte mir vor, wie er den Telefonhörer von seinem Ohr nahm und ihn entgeistert anstarrte; kapiert dieser Kerl es nicht? »Mr. Nicholas, SIRWAH WIRD BOMBARDIERT!!!«

»Vielleicht können wir ein letztes Mal nachfragen?«

»Ich werde sehen, was ich tun kann«, seufzte Mohammed.

Eine halb eingerostete Pfeife bemühte sich, einen Ton hervorzubringen und damit die baldige Abfahrt des Zuges vom Bahnhof in Addis Abeba anzukündigen. Auf dem Bahnsteig dankte ich Cristina, Susan und David für ihre Unterstützung und bekräftigte, daß es das beste sei, wenn ich allein weiterreiste. Wenn etwas schiefginge, dann war es eine Sache, meinen Kopf zu riskieren, eine ganz andere, jemand anderen in Gefahr zu bringen. Wir umarmten uns und sagten auf Wiedersehen. Ich stieg in den ersten Waggon, eine Kombination von Lokomotive und Passagierwagen. Mit einem Adagio von Stöhnen, Schnaufen und metallisch klingenden Protesten kroch der Zug los.

Die vor uns liegende Strecke war unmittelbar nach dem Zweiten Weltkrieg gebaut worden und zu ihrer Zeit die teuerste in der Welt gewesen, denn sie wand sich durch ein Gebirge mit über dreitausend Meter hohen Bergen und führte dann hinab durch eine brütende, gnadenlose Wüste, die von tiefen Schluchten durchzogen war. Der Schienenstrang endete in Dschibuti am Indischen Ozean, im dem Jemen am nächsten gelegenen afrikanische Hafen. Mit Glück konnte man die Strecke in vierundzwanzig Stunden schaffen.

»Bonjour«, begrüßte mich der der hin und her schwankende Schaffner. »Je vous souhaite la bienvenue.«

»Merci.«

Er wechselte zu Englisch und teilte mir mit: »Das hier ist der schlechteste Zug auf der ganzen Welt.«

»Nun, das kann nicht sein«, gab ich zurück. Ich hatte lange Zeit geglaubt, es gäbe keine schlechten Züge. (Es ist wahr, einige Züge könnten etwas Pflege brauchen, doch sie waren schließlich Relikte aus einer anderen Zeit. Und das in heldenhafter Weise.)

Er kümmerte sich nicht um die gefährlich schwankenden Gepäckstücke. »Dann sagen Sie mir, wo gibt es einen noch schlimmeren Zug?«

»Vielleicht in China? Oder Indien? Ich weiß es nicht …«, und ich verstummte.

»Attendez …«, meinte er und ging weiter durch den Waggon.

Susan und Cristina hatten mir einen Karton halbvoll mit

Müsliriegeln mitgegeben. Ich mampfte einen, dann noch einen. Mein Abendessen. Draußen vor dem Fenster fielen die letzten Sonnenstrahlen zwischen die Wellblechhütten am Rande der Stadt. Der *Franco-Ethiopien* ratterte über eine Reihe von hohen Schwellen und verschwand in der Nacht. Ich döste vor mich hin. Immer, wenn der Zug an einer Reihe von aufeinanderfolgenden kleinen Bahnhöfen langsamer wurde und kreischend zum Stehen kam, erwachte ich halb in der Dunkelheit (im Wagen gab es kein Licht) und nahm ein sich stetig veränderndes Bild von Passagieren wahr. Auf dem Sitz mir gegenüber wurde eine alte Frau mit einem kleinen Mädchen in ihrem Schoß zu einem einbeinigen Gottesmann (ob Priester oder Mullah, konnte ich nicht sagen) mit einer Plastiktüte, auf der die Werbung einer Modellagentur in Dubai stand. Ich bekam einen Krampf in meinen Fuß. Als ich ihn bewegte, stieß ich unbeabsichtigt gegen einen ausgezehrten Mann, der sich unter meinem Sitz ausgestreckt hatte.

Irgendwann gegen elf Uhr abends hatte ich den Eindruck, der Zug bewege sich schon seit einiger Zeit nicht mehr. Resignierte Fahrgäste unterhielten sich leise auf amharisch, französisch, arabisch und portugiesisch. Doch nicht auf dänisch. Die drei dänischen Studenten, die sich weiter hinten im Gang unterhalten hatten, waren nicht mehr da. Ich war jetzt der einzige *faranji* in dem Waggon, wahrscheinlich im gesamten Zug. Ich streckte mich, um wach zu werden, und ging hinaus auf einen von einer Kerosinlampe erhellten Bahnsteig. Der Schaffner erklärte mir, daß die Lokomotive kein Wasser mehr hätte, was der Grund dafür war, daß eine Prozession von Dorfbewohnern eine wacklige Leiter hinauf- und herunterkletterte und Eimer um Einer Wasser in den Kessel füllte.

»Voilà, zweihundert Liter«, stellte er fest und scheuchte alle wieder in den Zug.

Als ich zu meinem Platz zurückkehrte, pitschte und platschte es. Voilà, die zweihundert Liter waren durch den Kessel in das Fahrgastabteil geflossen. Die Fahrgäste zogen ihre Schuhe aus, und unter meinen Sitz hervor erklang ein Murren in einer mir unbekannten Sprache. Eine Pumpe hatte versagt. Die Ersatzpumpe mußte von einer aufgegebenen Lokomotive auf einem Schrottplatz in Addis Abeba herbeigeschafft werden.

Viele Stunden, eine Pumpe und weitere zweihundert Liter Wasser später war die Lokomotive wieder auf ihrem Weg. Ich war kurz davor einzuschlafen, als mich ein Gewehrschuß wieder weckte. Der einbeinige Gottesmann mir gegenüber war durch einen heruntergekommenen Soldaten ersetzt worden, der jetzt mit seinem Gewehr zum Fenster hinaus schoß.

»Vertreibt die Banditen aus Somalia«, erklärte der Schaffner, als er das nächste Mal vorbeikam. »Vous êtes fatigué?« Er deutete auf die Schatten, die in der Morgensonne auf das Unterholz neben der Strecke fielen. Es waren die Schatten der Soldaten auf dem Dach des Waggons.

Alle paar Stunden aß ich einen Müsliriegel und kümmerte mich nicht um meine klebrigen, schmutzigen Finger. Das Abteil war überbelegt, schmutzig, und es stank. Kurz nach sieben Uhr am Abend liefen wir mit zehn Stunden Verspätung in Diredawa ein, wo wir erfuhren, daß die Lokomotive und die Fahrgäste über Nacht eine Ruhepause einlegen würden, bevor man am nächsten Tag die Wüste in Angriff nähme. Ich fand ein billiges, doch gemütliches Hotel und freute mich über genügend Platz, meine Arme ausbreiten und mich rückwärts in ein großes Bett mit sauberen Laken fallen lassen zu können.

Es war immer noch dunkel, als ich am nächsten Morgen zurück zum Bahnhof lief und die Fahrt weiterging. Nicht lange nach Tagesanbruch überlegte ich mir, ob ich mein Fenster geschlossen lassen und in der Wüstenhitze schwitzen sollte oder ob ich es öffnen und mich von dem Staub einnebeln lassen sollte. Ich entschied mich für den Staub, denn damit entging ich dem Gestank des Dieselmotors und den beißenden Gerüchen, die aus der einzigen, verstopften Toilette drangen. Danach war mein Hals so entzündet, daß ich kaum noch schlucken konnte. Riesige Ameisenhügel standen in der ansonsten leblosen Landschaft, durch die der Zug kroch. Die beiden mir gegenüberliegenden Sitze waren von einer mächtigen Frau mit Beschlag belegt, die ihre Beine ausgestreckt und ihre Füße auf den Sitz links neben mir gelegt hatte.

In dem winzigen Ort Aysha wurde wieder Wasser aufgefüllt. Ein verrückter, heruntergekommener Mann, der Blätter kaute (ich vermutete Kat), stieg ein, bahnte sich seinen Weg den überfüllten Gang rauf und runter und schrie aufgeregt herum. In Dewele stieg eine überwältigend schöne Frau ein. Sie hatte dunkle Augen, war schlank und trug ein einfaches, mit einem schwarz-weißen Muster bedrucktes Kleid und eine schwarze Stola über ihren Schultern. Sie hatte kein Gepäck, nur eine Einkaufstasche. Die mächtige Frau schaute sie böse an und verteidigte die beiden Sitze, die sie einnahm, und den dritten, auf dem ihre Füße ruhten. Die dunkeläugige Frau begegnete ihrem Blick ohne Feindseligkeit, quetschte sich dann auf den Sitz auf der anderen Seite des Ganges und schaute in die öde Landschaft hinaus, aus der sie gekommen war. Sie erschien mir wie eines der Wesen dieser Landschaft, eine Säbelantilope oder eine Wüstenkuh. Schön anzusehen, aber kraftvoll und einfallsreich – wie eine Königin ... von Saba vielleicht?

Ich mußte damit aufhören, alles und jedes mit dieser Frau in Verbindung zu bringen.

Am späten Nachmittag hielten wir an einem Ort an, von dem ein grobes Schild meinte, es sei Nazaret. Er war nicht auf meiner Michelin-Karte verzeichnet. Offensichtlich hatten wir Äthiopien verlassen und befanden uns in Dschibuti, was bis 1977 eine französische Kolonie gewesen ist. Selbst jetzt patrouillierten noch französische Soldaten auf dem Bahnsteig.

Mürrische einheimische Polizisten stiegen in den Zug und liefen ihn der Länge nach ab, um die Reisedokumente zu kontrollieren. Sie befragten die Frau mit der schwarzen Stola und führten sie dann plötzlich weg. Wohin? Warum? Konnte ich etwas tun? Unter ein paar Bäumen neben den Gleisen sah ich zwei große, mit Ketten verbundene Käfige, in denen sich Männer, Frauen und Kinder befanden. Waren das Flüchtlinge? Gefangene? Eine halbe Stunde verging. Es ertönte ein Pfiff, und wir waren dabei abzufahren. Im letzten Augenblick brachten die Polizisten aus Dschibuti die Frau mit der schwarzen Stola zurück zu ihrem Platz, gaben ihr, mit wiedergefundener Höflichkeit, ihre Papiere zurück und entschuldigten sich für die

Umstände. Die fette Frau mir gegenüber machte sie für die Verzögerung verantwortlich und bebte und schimpfte vor Zorn. Ein altes Weib mit Goldzähnen stimmte mit ein. Die Königin von Saba schaute erst die eine, dann die andere gemessen an und sprach dann ruhig und selbstsicher mit ihnen. Ein Polizist, der dabei war zu gehen, legte den Finger über seine Lippen und gab ihnen den Rat: »Mesdames, ça suffit!«

Der Zug ratterte in die aufkommende Abenddämmerung. Die Schienen wurden von Telefonmasten gesäumt, und auf nahezu jedem saß ein Geier.

Mehrere Stunden später, wir hatten inzwischen zwölf Stunden Verspätung, machte der Schaffner seine letzte Runde durch die Wagen. »Oui?« fragte er mich und meinte damit, ist das nicht wirklich der schlimmste Zug auf der Welt? »Non«, antwortete ich, doch mit einem kleinen Zögern. Er nickte, ob erfreut oder enttäuscht, konnte ich nicht sagen. Er befahl, die Fenster zu schließen, um die Steine und Ziegel abzuhalten, die üblicherweise auf den Zug geworfen wurden, wenn er durch den Bender-Jilid-Distrikt in Richtung des Hauptbahnhofs von Dschibuti fuhr.

Der Zug leerte sich schnell. Im nachhinein erfuhr ich, daß keinen Monat später es *faranjis* verboten war, den *Chemin de Fer Franco-Ethiopien* zu benutzen, und was weiter aus dem Zug geworden ist, ist mir nicht bekannt.

Au revoir, père chemin.

Als sich die Menge durch das baufällige Gebäude des »Sous-Chef du Gard« schob, verlor ich die Königin von Saba aus den Augen. Kaum hatte ich die Straße erreicht, wurde ich von einer Stimme angesprochen, die zugleich hoch und rauh war: »Monsieur … votre charabanc.« Das war Moussie, ein Taxifahrer, der mir innerhalb weniger Minuten seine Dienste anbot, um mir eine Schiffspassage nach Arabien zu besorgen. Nach einigen Diskussionen kamen wir überein, daß wir, das heißt ich, er und sein salzzerfressener Peugeot, als erstes am nächsten Morgen eine Runde durch den Hafen von Dschibuti machen würden.

Ein Dutzend trübseliger Trampfrachter lagen im Hafen, doch keiner war auf dem Weg nach Arabien, dennoch bot mir ein Kapitän an, mich von einem seiner Seeleute mit einem Dinghi zu einem einsamen jemenitischen Strand bringen zu lassen. Es wäre allerdings teuer, denn das Dinghi benötigte eine Reihe von Reparaturen.

Moussie und ich machten uns die Mühe und besuchten den Hafenmeister, der mir etwas Hoffnung machte. »Kommen Sie Samstag, dann werden Piraten da sein. Wir erledigen Papierkram. Sie fahren mit ihnen.«

Piraten? Er hatte gescherzt. Ich war mir sicher, daß er einen Scherz gemacht hatte. Nun gut, bis Samstag waren vier Tage Zeit, vier sehr lange Tage, wenn man zufällig in Dschibuti ist. Moussie und ich entschieden, zweimal am Tag am Hafen vorbeizuschauen. Natürlich könnte ich immer noch die ganze Sache vergessen und nach Hause fliegen. Am Donnerstag gab es einen Flug nach Paris. Doch nein, wenn es denn sein sollte, würde ich bis Samstag und auf die Piraten warten. Und das aus zwei nicht besonders guten Gründen. Erstens war ich entschlossen, in den Jemen zu gehen, selbst wenn meine Chancen, Sirwah zu erreichen, gleich Null waren, und zweitens wollte ich mir selbst ein Bild davon machen, wie leicht es für die Sabäer gewesen sein mußte, das Rote Meer bei ihrer Kolonisation Äthiopiens zu überqueren. Wie uns der antike Historiker Artemidorus berichtet, waren die Sabäer »mit dem Handel von Wohlgerüchen sowohl aus ihrem eigenen Land als auch jenen aus Äthiopien beschäftigt. Um die letzteren zu bekommen, überquerten sie die Meerenge in Lederbooten.« Mein Boot, so hoffte ich, würde aus Holz sein, eine traditionelle Dhau.

An diesem Nachmittag und am nächsten Morgen hatten wir kein Glück. Moussie und ich hatten für einen Kaffee angehalten und planten, später noch einen Versuch zu unternehmen, als mir eine innere Stimme sagte, es jetzt gleich zu tun.

»Moussie, le Peugeot cherche les pirates?«

»Encore une fois? … Noch mal?«

»Oui.«

»Fou.«

Wir fuhren wieder unsere Runde und stellten fest, daß mit der morgendlichen Flut die *Fatah Alkyar* (»Bringer guter Sachen«), eine Achtzehn-Meter-Dhau, eingelaufen war und versteckt neben einem Trampfrachter lag. Sie war auf dem Weg in den Jemen!

Mohammed Ali, der wortkarge Kapitän des Schiffs, sagte uns, daß, sobald sie 1600 Sack äthiopischen Sesam geladen hätten, er und seine Mannschaft auf dem Weg zu dem Hafen Mocha am Roten Meer wären. Könnte ich mitkommen?

Kapitän Ali zog die Augenbrauen zusammen und blinzelte. Moussie bat mich um den Gegenwert von zwanzig Dollar in Dschibuti-Francs, faltete die Banknoten eng zusammen und reichte sie Kapitän Ali, der sie wortlos und kaum eines Blickes würdigend zurückgab. Wir legten noch den Gegenwert von fünf Dollar drauf. Mit einem kaum wahrnehmbaren Nicken steckte er das Geld ein und kümmerte sich um das Beladen.

Die *Fatah Alkyar* hatte einen spitz zulaufenden Bug und ein ebensolches Heck, und ihre hölzernen Planken waren nicht aufgrund eines Anstrichs schwarz, sondern wegen ihres Alters. Sie war ursprünglich als Segelschiff gebaut, doch irgendwann wurde der Mast entfernt, und an seiner Stelle befand sich jetzt ein primitiver Dieselmotor in der Mitte des Schiffes. Die zerfetzten und schmierigen T-Shirts der Mannschaft stammten aus den späten neunziger Jahren. Auf zweien stand »High Traffic Area«, und von »Chattanooga Billiards«, »Emerald Printing San Diego« und »Who Else?« gab es jeweils eins.

Die *Fatah Alkyar* sank mit jedem Sack, der, auf Schultern getragen, an Bord gebracht wurde, tiefer ins Wasser. Alles in allem, so überschlug ich, waren es zweiundsiebzig Tonnen Sesam. Moussie schaute erst mich an, dann das Boot. Ich sollte mich, so meinte er, auf »un voyage difficile« einstellen.

Es war ein schöner Tag. Klar und wolkenlos.

Moussie begab sich in seinen Peugeot, und bevor er die Scheibe hochkurbelte, wiederholte er: »Un voyage difficile.« Dann fuhr er los.

Ich war nicht der einzige Passagier der *Fatah Alkyar*. Ein aufgedunsener, mürrischer Händler aus Somalia schlurfte an Bord.

Auf seinem T-Shirt, das über seinem Bauch spannte, stand: »Jazz It.« In seinem Kielwasser befanden sich zwei verschleierte Frauen und sein persönliches Gepäck, das aus einem Dutzend schmieriger gelber Plastikkanister von zwanzig Litern Fassungsvermögen bestand. »Tequila«, hörte ich ihn Kapitän Ali zuraunen, doch vielleicht war es auch eine ähnlich klingende arabische Warnung, sich vor Allah in acht zu nehmen.

Kurz nach drei Uhr nachmittags stach die beängstigend tief im Wasser liegende Dhau mit Kurs auf die Landzunge Ras el Bir in See. Wir vier Passagiere mußten uns in einen Unterstand unter dem Deck vorne am Bug quetschen. Mit Kissen, Teppichen und Decken hatte sich der Händler »Jazz It« auf einer niedrigen Bank ein Nest gebaut, saß nun darin und wählte sorgfältig die Blätter an einem Kat-Zweig aus, die er mit seinen plumpen Fingern abriß und in den Mund schob. Das Kat aus Somalia, das er kaute, so behauptete man, sei viel schlechter als das Kat im Jemen. Die beiden Frauen kauerten zu seinen Füßen, wo auch das Dutzend Kanister mit »Cooking Oil« (die einzigen zwei Worte, die er auf englisch kannte) stand. Auf dem Deck über uns saß mit untergeschlagenen Beinen Kapitän Mohammed Ali, der seine Mannschaft mit Pfiffen und knappen, kleinen Gesten dirigierte. Hinter ihm steuerte der Erste Maat die *Fatah Alkyar*, indem er auf seinem rechten Fuß hin und her hüpfte, während sein linker die Ruderpinne bewegte. Hinter uns versank die Sonne in einer ziemlich bedrohlichen Wolkenbank. Nachdem wir um Ras el Bir herum waren, nahmen wir Kurs gen Norden zum Bab Al-Mandab (»Tor der Tränen«), die Meerenge, die ins Rote Meer führt. Unsere Reise fand ohne Karten, ohne Sextanten und ohne Rettungseinrichtungen statt. Der Erste Maat, der über geringe Englischkenntnisse verfügte, versicherte uns: »Kapitän Ali ist sehr gut. Hat nie studiert. Nie in der Schule. Kann das Boot aber bis nach Indien bringen. Wie in alten Zeiten.«

In der uns umgebenden Dunkelheit flog plötzlich ein glänzender Fisch an meinem Kopf vorbei und wurde ins Boot gezogen, wo zwei Männer der Mannschaft sich um einen kleinen Herd kümmerten. Sie hatten Angelschnüre ausgelegt, und nun hatten wir ein Abendessen und auch Frühstück für alle.

Ein Wind von achtern ließ die See unruhig werden, und schon bald hatten die Wellen weiße Kappen. Die *Fatah Alkyar* schlingerte und rollte, und häufig schlugen die Wellen über die Bordwand. Von Zeit zu Zeit sahen wir die Lichter und Rümpfe von Frachtern und Tankern, die sich entlang einer der meistbefahrenen Schiffahrtsrouten der Welt bewegten. Ich vertraute darauf, daß sie unsere kümmerlichen, nur knapp über dem Wasserspiegel befindlichen Lichter bemerkten.

Es begann leicht, später dann stärker zu regnen. In eine verschlissene Decke gehüllt, versuchte ich mein Bestes, etwas Schlaf zu finden. Ich hatte mich in einer Ecke zusammengerollt, um bei der unruhigen See nicht hin und her zu rutschen.

Eine Welle, größer als alle zuvor, brach über uns herein. Die Frauen des somalischen Händlers schrien auf, als sie über das Deck geschleudert wurden. Auch ich verlor meinen Halt, und wir prallten aufeinander. Ich sprang auf, wobei ich vergaß, daß der Unterstand ziemlich niedrig war, und knallte mit dem Kopf gegen einen Balken.

Das kleine Schiff geriet außer Kontrolle. Der Maschinenraum war überflutet, und der Dieselmotor setzte aus. Blut lief mir über die Stirn. Ich wischte es mir aus den Augen und schaute auf die Uhr. Viertel nach zwölf. Die Mannschaft machte sich daran, eine Pumpe und Schläuche zum Einsatz zu bringen.

Gott sei Dank hatte die Mannschaft Licht, um zu arbeiten. Licht? Der Strom war weg und der Mond von den Sturmwolken verdeckt. Dennoch erhellte alle paar Sekunden ein helles Licht das Deck der *Fatah Alkyar*.

»Jazirat?« fragte ich ein Mannschaftsmitglied, das neben mir stand.

»Jazirat, nam!« antwortete er. »Ja, eine Insel!« Der Leuchtturm befand sich am Eingang der Hafeneinfahrt.

Vor uns lagen Felsen. Und hinter mir erklang ein heftiges Trommeln. Ich drehte mich um und sah den Händler mit dem Gesicht am Boden liegen und sich krümmen. Seine Arme und Beine zuckten unkontrolliert. Entweder hatte er zu viele Kat-Blätter gekaut, oder die Blätter waren mit Pestiziden behandelt worden. Die Aussicht auf einen Schiffsuntergang tat ihr übriges.

Immer und immer wieder schlug er seinen Kopf auf das Deck.

20
Der Weg nach Sirwah

Der Dieselmotor des kleinen Schiffs hustete, stotterte und gab dann seinen Geist auf.

Ein Satz aus *Moby Dick* ging mir durch den Kopf: »Denk an die Haie der Meere ...« Und danach der Titel eines Buchs, das ich in Dschibuti durchgeblättert hatte: »*Die siebenundvierzig Haiarten im Roten Meer*.«

Was konnte ich machen? Im Moment nicht mehr, als darauf zu vertrauen, daß die Mannschaft der *Fatah Alkyar* uns da hindurchbringen würde. Der Erste Maat hielt das Boot im Wind. Das überladene Schiff würde gewiß umschlagen, wenn es von einer großen Welle längsseits erwischte würde.

Als man das Wasser aus dem Maschinenraum gepumpt hatte, schaffte es die Mannschaft, den Dieselmotor wieder zum Leben zu erwecken, und diesmal hielt er durch. Wir drehten von dem Leuchtturm und der felsigen Insel ab.

Der Sturm dauerte die ganze Nacht. Im Morgengrauen glitten wir schließlich in den Schutz der Wellenbrecher des jemenitischen Hafens Mocha. Es lag dem Kapitän und seiner Mannschaft – und ich denke, den meisten Jemeniten – im Blut, weite Strecken über Land oder Meer zurückzulegen und sich dabei gegen die Elemente zu behaupten. Es lag ihnen aber auch im Blut, hart, ja sogar gnadenlos, zu verhandeln. Als man achtern und bugseits die Leinen festgezurrt hatte, wurden die vier Passagiere der Dhau von Männern begrüßt, die den Anschein erweckten, Zollbeamte zu sein, doch in Wirklichkeit Leute waren, die sich anboten, mit den *tatsächlichen* Zollbeamten zu verhandeln, die noch nicht auf dem Kai waren.

»Wir fahren einfach mit meinem Motorrad.«

»Einen Moment mal.«

»Du mußt mir nichts zahlen, *sadik* (Freund), ganz wie du willst.«

Da mir kaum eine Wahl blieb, fuhr ich kurz danach mit meinem neuen Freund an den verfallenen weißen Villen der holländischen Kaffeehändler aus dem siebzehnten Jahrhundert vorbei, die es nach Mocha gezogen hatte (und uns dabei den Mokka bescherten). Unser Ziel war ein niedriger, ungestrichener Betonklotz, die Behausung von zwei mit eingefallenen Augen an ihren von Zigaretten versengten Schreibtischen sitzenden Beamten. Der Fußboden war mit Glasscherben übersät. Die Scherben waren staubig; niemand hatte sich jemals die Mühe gemacht, hier sauberzumachen.

»Wo kommen Sie her?« fragte einer.

»Aus den US.«

»Wo ist dieses US? Ich kenne den Ort nicht!« meinte der zweite.

»Amerika ...«

»Aha«, fiel der erste ein, erstaunt über die unzureichenden Kenntnisse, die ich über mein eigenes Land hatte. »Sie meinen USA! Dann sagen sie auch USA! Das müssen Sie sagen!«

Mit einem mürrischen Fingerschnippen verlangte er meinen Paß, den er, nach eingehendem Studium und einer Gebühr im Gegenwert von zehn Dollar, mit einem Stempel versah. Er warf ihn seinem Kollegen zu.

»Jetzt müssen Sie uns dreihundertundfünfzig Rial [sieben Dollar] dafür zahlen, daß wir ein Foto machen«, bestimmte der andere.

»Oh, kein Problem. Hier, sehen Sie«, sagte ich und griff in meine Brieftasche nach einem Paßfoto, »ich habe Bilder für Sie.«

»Nein, nein.« Er machte mit der Hand eine aufgebrachte Geste. »*Wir* machen die Bilder.«

Das erwies sich als undurchführbar, denn sie hatten keine Kamera. Und auf diese Weise kam ich durch den Zoll: Zehn Dollar für einen Stempel und sieben Dollar dafür, daß sie *kein* Bild von mir gemacht hatten. »Und was haben Sie noch da drin?« wollte mein persönlicher Begleiter wissen, schaute in meine Brieftasche und versicherte mir gleichzeitig: »Sadlik, sadlik, ich mach *dies*« – mache *was*, wunderte ich mich – »ausschließlich für Sie und für die USA.« Wir einigten uns auf vier Dollar für die Fahrt auf dem Motorrad.

Doch das war alles nichts gegenüber dem, was dem Händler, seinen beiden fragwürdigen Frauen und dem noch fragwürdigeren »Speiseöl« widerfuhr. Die beiden Zollbeamten verließen ihre Schreibtische und gingen nach draußen, um die gelben Kanister in Augenschein zu nehmen. Sie murmelten geheimnisvoll und schüttelten ihre Köpfe. Der erste legte seinen Arm um die Schultern des Händlers und schlug vor, einen Spaziergang hinter das Gebäude zu machen, aus dem Blickfeld der anderen heraus. Als sie zurückkehrten, war der Händler sichtlich mitgenommen, und der Zöllner grinste über beide Backen. Der Händler zuckte zusammen, als der zweite Zöllner ihn mit einem Augenzwinkern zu einem weiteren Spaziergang einlud. Mein Gott, dachte ich mir, so ein Unglück, und das morgens um halb sieben Uhr. Das hier waren Leute, die es gut mit Salomon hätten aufnehmen können.

Das Gemeinschaftstaxi, das mich von Mocha ins Landesinnere nach Taiz und dann weiter nach Sanaa brachte, war ein Glücksgriff, denn der Preis betrug einen Dollar für hundert Meilen. Die Landschaft war beeindruckend und die Mitreisenden in Ordnung, wenn man von dem Kauen der Kat-Blätter und dem Zigarettenrauch absah. In Sanaa eilte ich zu Mohammed Osmans Büro. Er war nicht da, doch man sagte mir, daß er bald aus dem Ministerium für Tourismus zurückkäme. In der Hoffnung, daß er wegen meiner Angelegenheit dort wäre, wartete ich. Ich hatte Kopfschmerzen, und das nicht nur, weil ich mir den Kopf auf der Dhau angestoßen hatte. Brütete ich etwas aus, einen Schnupfen? Oder lag es nur an dem vielen jemenitischen Kaffee auf der Fahrt hierher? Ich blätterte in der letzten Ausgabe der *Jemen Times*, einer wöchentlich erscheinenden englischsprachigen Zeitung, die dafür bekannt war, Regierungsmitglieder – und zwar alle – des Kat-Blätter-Kauens, der Entführung von Ausländern und allgemein des schlechten Benehmens anzuprangern. Auf der zweiten Seite befanden sich folgende Frage und Antwort:

Frage: Wie erkennt man im Jemen einen Leprakranken?

Antwort: Im Jemen muß sich eine mit Lepra infizierte Person von seiner Frau scheiden lassen, seine Erbschaft aufgeben, darf keine Moschee betreten, und ein Händeschütteln darf nur mit einem langen Stock durchgeführt werden. Es existieren merkwürdige Geschichten über Leprakranke, denen man nicht erlaubt hat, im Regen spazierenzugehen. Einige Leute glauben wirklich, daß die Krankheit durch den Regen in den Boden gelangt, von den Pflanzen aufgenommen wird und Menschen ansteckt, die diese Pflanzen essen. In einigen Gebieten des Jemen ist es den Leprakranken nicht erlaubt, das Licht einzuschalten, denn man befürchtet, daß sich die Krankheit durch den elektrischen Strom überträgt.

»Ah, Nicholas, du bist hier«, rief Mohammed. »Und das ist gut! Deine Papiere, ich werde sie morgen früh bekommen. Ja, du kannst nach Sirwah.«

Ich war sprachlos und begeistert. Und fiebrig, stellte ich fest. Meine Augen brannten, und später dann bekam ich Schüttelfrost. Zum Abendessen im Café des Taj-Sheba-Hotels aß ich nur die Hälfte meines Bilqis Burgers. Ich war krank, doch was ich auch hatte, es konnte warten, genauso wie die Rißwunde an meinem Kopf, die ich fürs erste mit etwas Gin aus einer der Miniflaschen, die man im Flugzeug erhält, behandelte.

Wie er versprochen hatte, erschien Mohammed Osman früh am nächsten Morgen mit den Papieren des Ministeriums und der Zusicherung, daß ich vom Provinzgouverneur in Ma'rib die weiteren Bewilligungen in meinem Hotel bekäme. Aufgrund der kurzen Zeit stand weder der Wüsten- noch der Berg-Hussein zur Verfügung, um mich zu begleiten, statt dessen stellte mir Mohammed Abschalom vor, einen netten Kerl, der nur ein paar Worte Englisch sprach. Sein Name ließ mich stutzen. In der Bibel war Abschalom Salomons hinterlistiger Bruder, und hätte er sich durchsetzen können, wäre es wohl die Geschichte von Abschalom und der Königin von Saba geworden. Später erst fand ich heraus, daß der richtige Name meines Führers eigentlich Abu Salem, »Vater des Friedens«, lautete. Das klang schon viel besser. Wir beschlossen, sofort nach Ma'rib aufzubrechen, wo uns Scheich Naser Zaid einen zusätzlichen einheimischen Führer zur Verfügung stellen und für die schriftliche Erlaubnis des Gouverneurs sorgen würde. Spätestens am Nachmittag wären wir dann auf dem Weg nach Sirwah.

Wie aber zu erwarten war, kam es ganz anders. In Ma'rib zuckte Scheich Naser nur mit den Schultern. Die schriftliche Erlaubnis des Gouverneurs für die Fahrt nach Sirwah war noch nicht eingetroffen und würde es wahrscheinlich auch nicht. *Es war einfach keine gute Idee, dorthin zu fahren*. Doch wenn ich unbedingt wollte, dann könne er ein oder zwei Möglichkeiten ausloten. Abu Salem sollte dabei als Mittelsmann dienen.

Ich mietete mich in das wohlbekannte Hotel *Garten der zwei Paradiese* ein. Immer noch vom Fieber geschüttelt, wanderte ich in den dunklen Korridoren über die schmutzigen und verblichenen Teppiche, blieb stehen, ging weiter und wartete. Sirwah war nicht so wichtig, versuchte ich mir einzureden. Das Leben ginge weiter, auch wenn ich nicht zu dem letzten möglichen Ort auf der Erde gelangte, wo ich einen Hinweis auf die Königin von Saba finden konnte.

Sieben Uhr abends. Ich war der einzige Gast in dem düsteren, höhlenartigen Speisesaal des Hotels und bestellte ein alkoholfreies Bier und Pommes-frites.

Acht Uhr. In der Hotelhalle studierte ich den fotokopierten Bericht des ägyptischen Archäologen Ahmed Fakhry aus dem Jahre 1947, in dem er seine Reise nach Sirwah beschreibt, und stellte mir vor, wo ich entlanglaufen und was ich fotografieren würde.[1] Ich legte meine immer noch glühende Stirn auf meine Hand und hoffte auf Kühlung. Dann faltete ich den Bericht zusammen und begab mich auf mein Zimmer.

Kurz nach neun Uhr klopfte es an die Tür, und ich sprang auf. Ich öffnete, und da stand Abu Salem, der lächelte und sagte: »Peek-neek!« »Peek-neek!« Wir eilten in die Nacht hinaus und kauften Kekse, Bananen und Fanta, denn wir würden in Sirwah picknicken.

Um halb sechs am nächsten Morgen verließen wir Ma'rib und nahmen einen Umweg durch Hohlwege und ausgewaschene Bachbetten, um dem Ärger mit Kontrollposten aus dem Weg zu gehen. Wir waren zu fünft in einem klapprigen Pickup, der von Ali gefahren wurde – nicht der Ali al-Sharif von früheren Abenteuern, sondern es war ein untersetzter, stoppelbärtiger Ali mit dunklen Piratenaugen. Abu Salem befand sich mit zwei Leibwächtern auf der Ladefläche. Einer war der englisch sprechende Najib, an den Namen des anderen kann ich mich nicht erinnern. Sie stammten aus der Gegend von Sirwah und waren nach Ma'rib beordert und von Scheich Naser in meinem Namen angeheuert worden. Die Überlegung war, daß es für ihre Stammesgenossen peinlich, wenn nicht sogar ehrlos war, jemanden zu entführen, der unter dem Schutz ihres eigenen Stammes stand.

Unser Weg führte uns aus der Wüste in ein Gebiet erloschener Vulkane, die sich gegen den von violett bis rot leuchtenden Morgenhimmel abhoben.

»Hier, nimm«, sagte der Ali mit den Piratenaugen. »Vielleicht brauchst du sie.« Er reichte mir eine Kalaschnikow. Der Pickup kam ins Schleudern, als er nach einem zusätzlichen Magazin und einem bierdosengroßen Zylinder suchte. »Und nimm das hier.« Als er mir die Sachen reichte, verriß er das Steuer wieder. Abu Salem und die Leibwächter schlugen auf die Fahrerkabine des Wagens.

Der Zylinder hatte eine zehn Zentimeter große Öffnung, die mit einem aufgeschraubten Deckel verschlossen war. Verblüffend. Ali grinste, als ob er von mir dasselbe erwarten würde, als ich dieses Ding, was immer es war, in der Hand hielt. Der einzige Weg herauszufinden, was es war, so beschloß ich dummerweise, war, den Deckel abzuschrauben und nachzusehen, was sich darin befand. Ich hatte noch nicht einmal eine Umdrehung vollendet, als Ali mit einem Schrei »La! La! La!« auf die Bremse stieg, wobei der Wagen hinten ausbrach, sich von der Ladefläche her ein Geschrei erhob und weitere Schläge auf das Wagendach folgten. Er nahm den Behälter und schraubte ihn mit einer theatralischen Bewegung zu. Er steckte den Behälter in meine Hosentasche, legte den ersten Gang ein, und dann waren wir wieder unterwegs.

Jetzt ging mir auf, was der Behälter möglicherweise war. Aus meiner Militärzeit erinnerte ich mich an eine amerikanische Handgranate, die ich grob auf ein Stück Papier zeichnete und es Ali zeigte.

»Gleich-gleich?« fragte ich.

»Gleich-gleich«, bestätigte er und schüttelte zuerst grimmig den Kopf, dann gluckste er vor Vergnügen, um schließlich laut loszulachen. Tatsächlich amüsierte das, was beinahe passiert wäre, ihn so, daß er wieder auf die Bremse trat, was zu erneuten Protesten der drei auf der Ladefläche führte. Er sprang aus dem Wagen und führte vor, wie der Nazrani fast eine tschechische Handgranate zur Explosion gebracht hätte. Wenn er, Ali, nicht so gut aufgepaßt hätte, dann hätte der Fremde sie alle direkt ins Paradies befördert. »Bumm! Aiee! Khalas!« Najib malte das Ganze theatralisch aus. »Fast den ganzen Wagen hoch gejagt. Ha! Ha!« Er und der zweite Leibwächter (allerdings nicht der aschfahle Abu Salem) waren von dieser Vorstellung begeistert und imitierten die Explosion weiterer Handgranaten, was in Abständen den ganzen Tag lang immer wiederholt wurde.

Der Piraten-Ali schwang sich schließlich auf den Fahrersitz, schlug mir auf den Rücken, tätschelte die Handgranate in meiner Tasche, überzeugte sich davon, daß meine Kalaschnikow gesichert war, und fuhr dann weiter nach Sirwah, wobei die schartigen Reifen über den Basalt knisterten. Die Sonne erhob sich über den Rücken eines Vulkans, und der Schatten unserer kleinen Truppe mit ihren Schnellfeuergewehren huschte über eine Landschaft, die grüner und weniger rauh wirkte als die von Ma'rib. Wir waren jetzt höher in den Bergen, der Tag würde nicht so heiß werden und durch eine leichte Brise recht erfrischend sein. In 1 800 Metern Höhe überquerten wir einen nicht allzu steilen Paß und kamen in ein breites Tal, das nahezu kreisförmig von Bergen umgeben war. Weit entfernt, in der Mitte des Tals, lag ein kleines Hochplateau im Sonnenlicht. Ich war mir nicht sicher, aber es sah so aus, als befänden sich auf dem Hochplateau Wälle mit Zinnen.

»Sirwah?« fragte ich.

»Sirwah«, bestätigte Ali.

21
Das Haus des Südwinds

Als wir von der Paßhöhe hinunterfuhren, verschwand Sirwah aus unserem Blickfeld. Ich fragte mich, in welchem Zustand dieser Ort wohl war. Die Bilder, die Ahmed Fakhry 1947 gemacht hatte, waren verschwommen, aber beeindruckend gewesen. Doch 1962 hatten in Sirwah heftige Kämpfe zwischen den Royalisten und den Rebellen stattgefunden, und erst vor ein paar Monaten waren wir aus einiger Entfernung Zeugen eines Luftangriffs der Regierungstruppen geworden.

Bedrückende fünfzehn Minuten später, eigentlich ziemlich schnell, erhob sich Sirwah in Form eines Hügels auf der Linken und eines Hochplateaus auf der Rechten vor uns. Ein Bauwerk, genannt al-Qasr (die Burg), hatte einst den Hügel überragt. Doch jetzt waren nur noch gut ein Meter hohe Mauern übrig, der Rest war Schutt. »Khalas«, meinte der Piraten-Ali. Vorbei.

Das Plateau – al-Kharibeh (Ort der Ruinen) – sah fast noch genauso aus wie auf Fakhrys Bildern, immer noch bewacht von in die Höhe ragenden hellgelben Mauern. Beeindruckender, als ich es mir vorgestellt hatte. Doch wir konnten nicht gleich dorthin, nicht ohne die Erlaubnis von Scheich Ahmed von Sirwah; ein »schlechter Mann, ein sehr schlechter Mann«, hatte mich ein Regierungsbeamter gewarnt und mir erzählt, daß der Scheich unterschiedslos unzählige Ausländer und jemenitische Bürger entführt hatte. Gerade wie es ihnen gefiel, hatten er und sein Stamm Ölpipelines in die Luft gesprengt und irgendwann einmal genug Waffen zusammen, um die Hauptstraße von Sanaa nach Ma'rib abzuriegeln.

Knapp zwei Kilometer hinter den Ruinen trat nun Scheich Ahmed ohne große Begleitung aus einem bescheidenen, weiß getünchten Haus. Obwohl er in keiner Weise beeindruckend war, vermittelten seine unter den dichten Augenbrauen liegenden dunklen Augen eine bedrohliche Ausstrahlung. Dennoch lächelte er von Zeit zu Zeit, lachte sogar und war immer besonnen. Da er meine Ankunft erwartet hatte, lud er mich zum Frühstück ein, das auf einem Teppich unter einer großen Akazie eingenommen wurde. Kleine Kinder brachten Kaffee, frisch gebackenes Brot und einen schmackhaften Pudding aus dem Haus.

War das der gefürchtetste Mann des Jemen? Ich erinnerte mich, daß die Anschuldigung: »Er entführt Ausländer ...« üblicherweise, selbst bei seinen Feinden, mit den Worten endete: »... doch er tut ihnen niemals etwas an«, denn er benutzt sie als Tauschobjekte für ein neues Krankenhaus, eine Schule oder den Bau einer Straße. »Wie nennt ihr so jemanden, Robin Hood?« meinte jemand zu mir, denn obgleich durch die Ölpipeline, die durch Scheich Ahmeds Gebiet verläuft, ein Vermögen verdient wird, erhält er von der Regierung nur sehr wenig davon.[1]

Mit dem Leibwächter Najib als Übersetzer unterhielt ich mich mit Scheich Ahmed mehr über die Vergangenheit als die Gegenwart. Ich fragte ihn nach den Wegen in und aus seinem Tal heraus, und er räumte ein, daß die Weihrauchstraße einstmals durchaus an Ma'rib vorbei nach Sirwah geführt haben könnte – ein Hinweis darauf, daß Sirwah früher die Hauptstadt der Sabäer gewesen sein mag. Als ich die Malkat (»Königin von«) Saba erwähnte, horchte er auf und lud mich zu einem Spaziergang durch einen gepflegten Obstgarten ein, um dabei einen Blick auf Steinsäulen mit zahlreichen Inschriften in südarabischer Schrift zu werfen. Die Ränder der eingemeißelten Buchstaben waren noch so scharf wie vor zweitausend oder mehr Jahren, denn Sirwah liegt außerhalb der Reichweite des vernichtenden Wüstensandes. Scheich Ahmed wies mich auf die unterschiedliche Ausführung der Buchstaben hin, die wahrscheinlich auf unterschiedliche Entstehungsperioden hindeutete.

Ich fragte ihn, ob er glaube, daß Sirwah vor Ma'rib die Hauptstadt der Sabäer – und deshalb die Stadt der Malkat Saba gewesen sei. Zu meiner Überraschung schüttelte er den Kopf und ließ mich durch Najib wissen, daß die beiden Städte zur gleichen Zeit ihre Blüte gehabt hätten. In Ma'rib hätte sich der Winterpalast der Könige und Königinnen von Saba befunden, der Palast von Sirwah sei ihre Sommerresidenz gewesen.

Das war durchaus nachvollziehbar.

Ma'rib war wohl eine Markt- und Handelsmetropole gewesen, erfüllt von den Rufen der Händler und den Flüchen der Kameltreiber, während Sirwah ein königliches Refugium – ein »Ort der Freude« war, wie es der Chronist Abu Mohammed al-Hamdani nannte.[2] Sirwah mag auch ein religiöses Zentrum gewesen sein, Heimstätte der Götter, wie Delphi. Eine Inschrift, die bei Fakhry überliefert ist, nennt den Ort »die heilige Enklave des Herrn der Steinböcke von Sirwah« (dieser Herr war der omnipräsente Mondgott Almaqah).

»Sirwah ist die Nummer eins«, erklärte Scheich Ahmed und zeigte den erhobenen Daumen, »und nun mußt du es selbst sehen.« Er vertraute mich seinem aufgeweckten Neffen Mana al-Nasirah an, und wir beide machten uns auf den Weg zu den Ruinen. Mein Gefolge beschloß, zurückzubleiben, zu dösen, Kaffee zu trinken und möglicherweise ein Komplott zu schmieden.

»Al-Bina?« fragte ich Mana und benutzte Fakhrys Bezeichnung für die Überreste des ehemaligen Wasserreservoirs von Sirwah. Mana kannte diesen Ort, und wir liefen zu einem etwa einen halben Hektar großen, von einer niedrigen Mauer umgebenen Bereich nordwestlich des Plateaus. Mit dem nur sehr begrenzten Wasservorrat konnte Sirwah nie mehr als ein paar Tausend Menschen versorgen und wurde auch darin von Ma'rib und der riesigen Bewässerungsanlage in den Schatten gestellt.

Nun zum Hochplateau al-Kharibeh. Soweit ich wußte, existierte kein wissenschaftlich exakter Plan dieser Fundstätte, es gab nur hastig hingeworfene Skizzen. Dem ersten westlichen Besucher von Sirwah – Joseph Halevy – hatte man aufgelauert und übel mitgespielt, und die Besuche nachfolgender Forscher maßen in Tagen, wenn nicht sogar nur Stunden. Aus ihren Angaben hatte ich einen Plan angefertigt, der mich bei meinem Besuch leiten sollte. Ich wollte mir soviel wie möglich am Morgen ansehen und, wenn es keine Probleme gäbe, am Nachmittag für eine genauere Untersuchung noch einmal zurückkehren.

»Schau her! Sehr, sehr alt, glaube ich!« rief mir Mana zu, als wir zum Plateau hochkletterten.

Er zeigte auf eine Inschrift, die sich auf der halbverschütteten Nordmauer von al-Kharibeh befand. Sie war ungewöhnlich verwittert und ausgewaschen; man konnte nur ein paar Buchstaben erkennen. Was mir auffiel, war das strahlende Sonnensymbol zusammen mit wilden Schriftzügen über der eigentlichen Inschrift. Meiner Einschätzung nach konnte es ein sehr früher Buchstabe des südarabischen Alphabets sein, der später dann nicht mehr gebräuchlich war.

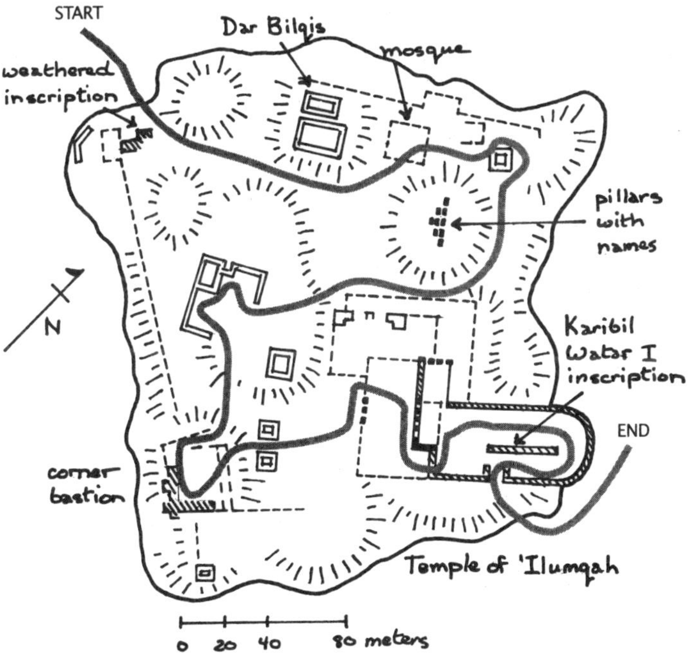

Handschriftliche Planskizze von Sirwah

Auf dem Weg das Plateau hinauf kamen wir zu einem Bauwerk, das allgemein *Dar* (Haus von) *Bilqis* genannt wird. Fakhry berichtet 1947, daß es fast vollständig erhalten sei. Bedauerlicherweise ist es in der Zwischenzeit zu einem unansehnlichen Trümmerhaufen verfallen, was wahrscheinlich hauptsächlich auf die Kampfhandlungen während des Bürgerkriegs im Jahre 1962 zurückzuführen ist. Eine von Fakhry kopierte Inschrift (die ich aber nicht finden konnte) datiert das Gebäude auf 300 n. Chr. – was der weitverbreiteten Annahme (die auch von Fakhry angeführt wird) widerspricht, dies sei der Palast der Königin von Saba gewesen. Dennoch schließt diese Datierung nicht die Möglichkeit aus, daß auf ihrem Palast dieses oder jenes Gebäude auf dem Plateau errichtet worden sind.

Das nächste Gebäude auf unserem Weg war eine verlassene Moschee.

»Nicht sehr alt. Mein Großvater hat noch darin gebetet. Da haben hier noch Leute gelebt. Jetzt nicht mehr. Das Wasser wurde salzig. Wasser schlecht.«

Nahe der Moschee war ein tiefer, gut gemauerter Brunnenschacht, der aus sabäischer Zeit stammte. Tausende Seile, an denen Tausende von Eimer hingen, hatten tiefe Kerben am Brunnenrand hinterlassen, der einstmals eine gut beschützte, verläßliche Trinkwasserquelle im Falle einer Belagerung gewesen war.

Auf unserem Weg Richtung Süden veränderte sich Sirwah von einer kärglichen Ruine zu einem beeindruckend gut er-

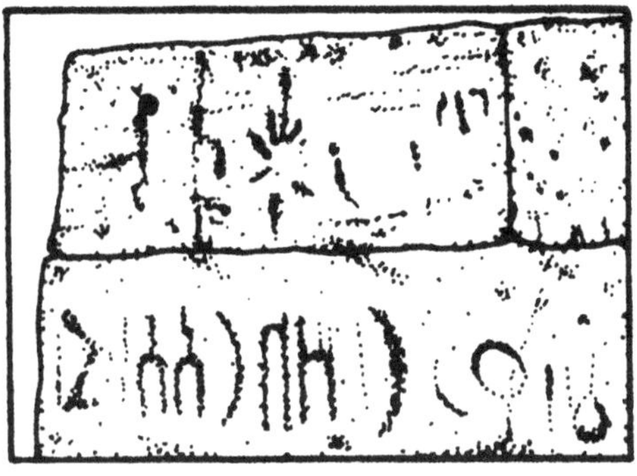

Inschrift in Sirwah

haltenen Beweis des Glanzes der Sabäer, der allem überlegen war, was sonst noch in Südarabien die Zeitalter überdauert hatte. Für mich war die von Sirwah ausgehende Faszination vergleichbar mit der von Petra in Jordanien und Palmyra in Syrien.

Ich achtete nicht darauf, wo ich hintrat, strauchelte und stieß mir das Knie an.

»Alles in Ordnung?«

»Selbstverständlich!«

Ich war von zwei Säulen abgelenkt worden, die sich zwischen Trümmern erhoben, die von einem ehemaligen Tempel stammen könnten. Fahkry hatte acht Säulen gezählt, auf jeder war ein einziger Name eingemeißelt. Ich sah im ersten Moment nur einen einzige Buchstaben *W*, direkt unterhalb der Bruchstelle der Säule; es war sehr wahrscheinlich der Rest der von Fakhry beschriebenen Afrawn Säule (Säule B). Ich erinnerte mich an einen anderen, gut bekannten Fall, wo im Mittleren Osten Säulen mit einem Namen versehen worden waren. Von Salomons Tempel berichtet das Erste Buch der Könige: »Und er richtete die Säulen auf vor der Halle des Tempels. Und die er zur rechten Hand setzte, hieß er Jachin, und die er zur linken Hand setzte, hieß er Boas.«[3]

Die südwestliche Befestigung

Am Nachmittag würde ich nach weiteren Bruchstücken von Säulen mit Namen suchen.

Wir gingen hinüber zu einer intakten Eckbastion der Mauer, die einst das gesamte Plateau umgeben und geschützt hatte. Zentimeterweise schoben wir uns bis zur Kante vor. Die Bastion erhob sich siebzehn Meter über den Boden, davon waren knapp zehn Meter sorgfältig ausgeführtes Mauerwerk, worauf sich sieben Meter grobe Ausbesserungen anschlossen, die wahrscheinlich aus dem Mittelalter oder späterer Zeit stammten.

Mana und ich überquerten das Plateau in östlicher Richtung und gingen zu Sirwahs monumentalem Tempel von Almaqah. Mana lief voraus, ich machte mehrmals eine Pause, um Fotos und Skizzen anzufertigen. Dies war die beeindruckendste antike Stätte, die ich in ganz Arabien zu Gesicht bekommen hatte.

Ich ging an Säulen vorbei, die früher einen weitläufigen Vorhof gesäumt hatten, lief dann an einer zweiten Säulenreihe entlang und betrat das Allerheiligste des Tempels. In mir machte sich das Gefühl von etwas nicht greifbar Schrecklichem breit, das hier einst präsent gewesen war; dunkle Rituale, Lieder in einer Sprache, die wir lesen, aber nicht sprechen können, Orakel und Gottesanrufungen und Weihrauchopfer. Lange Reihen von Steinböcken, das heilige Tier der Sabäer, standen da als stumme Zeugen.

Der Tempel war ein verschachteltes Gebäude; es würde Stun-

Der Tempel des Almaqah, von Westen aus gesehen

den dauern, seine Struktur, seinen Grundriß und seine Bedeutung zu ergründen. Was sofort ins Auge fiel, war die östliche Mauer, die einen imposanten Steinhalbkreis bildete.

»Wie der Mond?« fragte ich Mana und zog mit meinem ausgestreckten Arm den Halbkreis nach.

»Mond, ich glaube, ja. Und auch in den Tieren erkennt man den Mond«, erklärte er und deutete auf die geschwungenen Hörner der Steinböcke.

»Dach?« wollte ich wissen.

»Kein Dach, damit man den Himmel sehen kann. Den Mond.«

An diesem Ort wandten die Sabäer ihren Blick zum Himmel, wo ihre astralen Gottheiten residierten. Und hier errichteten sie dem Irdischen und Grausamen ein Denkmal. Eine riesige Steinplatte – versehen mit der längsten bekannten Inschrift auf sabäisch – teilt den Tempel von Almaqah in zwei Hälften. Ein »Text des Sieges« verzeichnet die gewalttätigen Eroberungen des Mukarrib Karibil Watar I., als er im späten fünften vorchristlichen Jahrhundert die Grenzen des sabäischen Staates ausdehnte. Die Inschrift berichtet überschwenglich von

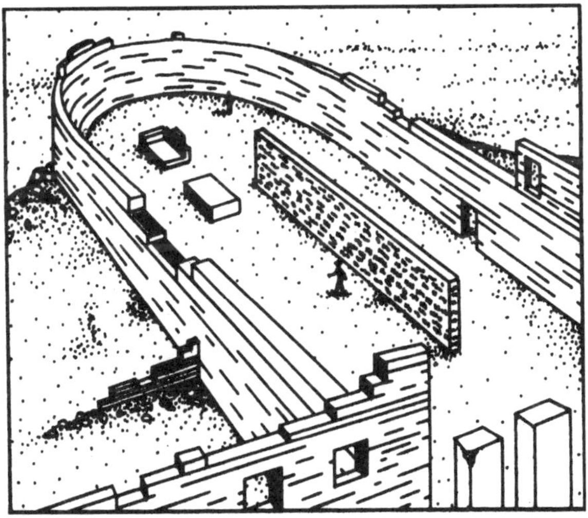

Innerer Bezirk des Tempels von Almaqah (die im Mittelalter hinzugefügten Gebäudeteile wurden weggelassen)

Plünderungen und Brandschatzungen weit entfernter Städte und der Ermordung und Gefangennahme ihrer Einwohner.

Abgesehen von dem grausamen Inhalt, bestand die Frage, aus welcher Zeit diese Inschrift stammte. Ich rief mir ins Gedächtnis, daß der Tempel, so wie er hier stand, kurz nach Karibils Herrschaft, also mindestens dreihundert Jahre nach der biblischen Königin von Saba, erbaut worden ist. Trotzdem war er Zeuge einer fortgeschrittenen Zivilisation in der Frühzeit, denn die Fähigkeit, ein solch beeindruckendes Bauwerk zu errichten – die großen Steinquader zu behauen und aneinanderzufügen und so eine halbkreisförmige Kasemattenmauer zu konstruieren –, erwirbt man sich nicht von heute auf morgen. Als Ahmed Fakhry an der Stelle gestanden hatte, an der ich mich jetzt befand, war er zu dem Schluß gekommen, daß, »wenn wir die Bauweise des Tempels betrachten«, klar werde, »daß die Baumeister zu diesem Zeitpunkt ihre Kunst vervollkommnet hatten und, bevor sie in der Lage waren, ein solches Monument zu schaffen, sie sich eine große Erfahrung erworben haben mußten, für die mehrere Jahrhunderte notwendig waren«.[4]

Am Nachmittag kehrte ich auf das Plateau zurück und verbrachte noch einige Stunden dort. Nirgendwo sonst konnte ich mehr über die Welt der Sabäer erfahren.

Als wir schon längst zurück bei Scheich Ahmed hätten sein müssen, verließen Mana und ich Almaqahs Heiligtum und stiegen vom Plateau hinunter zur Talsohle. Von dort konnte ich noch einmal die Größe des Tempels und seine architektonische Schönheit bewundern. Die weit geschwungene Mauer wies

Westöstlicher Teil des Tempels von Almaqah in Sirwah

keine Bruchstellen oder Risse auf, obwohl sie durch unzählige Erdbeben erschüttert worden war.*

Mich erstaunte allerdings, daß die östliche Tempelmauer viel höher war, als ich erwartet hatte, denn der Tempelbezirk reichte dort über den abfallenden Hang des Plateaus hinaus. Von *außen* konnte ich achtzehn Lagen Mauerwerk zählen, innen waren es aber nur *vier*. Das hieß, unterhalb des Tempels befanden sich vierzehn Lagen Mauerwerk, die … was verbargen?

Was verbarg sich dort unseren Blicken? Ein Altar, ein Grab? Oder nur Schutt, der aufgehäuft worden war? Damals, im Jahre 1947, hatten die Leute in Sirwah Fakhry erzählt, daß, obgleich teilweise aus Felsgestein bestehend, das Plateau von al-Kharibeh

… durch magische Kräfte entstanden sei, um die Schätze der Königin Bilqis zu verbergen; und mir wurden auch Geschichten von Leuten erzählt, die nur hierhergekommen waren, um nach diesen Schätzen zu suchen, wobei sie Magie einsetzten, doch alle waren gescheitert. Wie in anderen Gegenden des Ostens enden diese Geschichten üblicherweise damit, daß solche Schätze auf ihre Entdeckung durch eine bestimmte glückliche Person warten und nie von irgend jemand anderem, weder durch Zauberei noch durch Gewalt, erlangt werden können. Auch wird immer berichtet, daß einigen der Suchenden erhebliches Leid widerfuhr, da die Zauberkräfte der Alten, die über die Schätze wachten, viel mächtiger sind als die heutige Magie.

Ich hoffte, daß diese bestimmte, vom Glück begünstigte Person ein Archäologe sein würde und kein Plünderer. Der Schatz mußte nicht aus Gold oder Perlen bestehen, neue Erkenntnisse wären eine ausreichende Belohnung.

Über das hinaus, was ich an dem Morgen in Sirwah gesehen und erfahren hatte, kannte ich die historischen Lobeshymnen auf diesen Ort. In *Al-Ikil* (»Die Krone«), geschrieben ungefähr 930 n. Chr. von Mohammed al-Hasan al-Hamdani, einem Bericht über Sanaa und Ma'rib, ist eine Stelle über Sirwah eingeflochten: »Keines der öffentlichen Gebäude ist vergleichbar mit

* Siehe Abb. 30 im Bildteil in der Mitte des Bandes.

Sirwah. Der Ruhm von Sirwah durchzog weite Bereiche der arabischen Literatur. Doch nur wenig davon hat überlebt.« Al-Hamdani zitiert den älteren Dichter Amir al-Khaisey: »Es gab Könige, die tausend Monate herrschten, und sie errichteten in Sirwah das ›Haus des Südwinds‹. Wenn der Wind sich bewegte, dann bewegte sich auch das Haus. Es war von runder Form, und die Fensterscheiben waren in hölzerne Rahmen eingepaßt. Der Glanz war eine Augenweide.«

Das Haus des Südwinds. Wie betörend mußte dies gewesen sein – und was eine Metapher für die Legende der Königin von Saba, eine Legende, die sie zugleich deutlich hervorhebt und unserem Blick entzieht. Die unzähligen Berichte ermöglichten einen Blick auf eine Person, die vielleicht eine historische Gestalt war, doch sie verbergen sie gleichzeitig vor unseren Augen. Jeder dieser Berichte hat seine glitzernden Fensterscheiben – Fenster der Wunder und der Phantasie –, die mit ihrem Glanz die Augen blenden und im kühlen Dunkel des Hauses die Königin von Saba verbergen. Fast können wir hineinblicken – doch nicht wirklich – und sie auf ihrem berühmten Thron sitzen sehen.

Das Haus des Südwindes ist wirklich keine schlechte Metapher für all diese Mythen – und für die Bedeutung dieser Mythen. Obwohl die »glänzenden Scheiben« möglicherweise die dem Mythos zugrunde liegende Realität verfälschen und verbergen, bewahren sie doch diese Realität, indem sie sie in ein phantastisches Gebilde einkleiden und eine Form von Unterhaltungsliteratur daraus machen. Wenn es nicht die packende Geschichte – ausgeschmückt mit Dschinnen, einem sprechenden Vogel, einem Glasfußboden – der Königin von Saba und ihrer Reise zu Salomon gäbe, wäre die Erinnerung an sie nach ein paar Generationen verschwunden, beispielsweise ersetzt durch die Taten eines späteren Herrschers, des großspurigen Karibil Watar I. Doch so erinnert an ihn nur eine selbstverherrlichende Steintafel in Sirwah, während die Königin in aller Welt bekannt ist, da ihre Geschichte die beeindruckendere ist.

In Sirwah selbst findet man keine Überreste vom Haus des Südwinds, doch können Reste davon durchaus unter anderen Trümmern begraben liegen, wie auch weitere Schrifttafeln oder gar ein königliches Archiv. Ja selbst ein Thron, ein Fund, der auf einmal unglaublich romantisch, aber dennoch möglich erscheint. Die Mukarribs und Könige von Saba verfügten ganz sicher über mehr als einen Thron, und hier oder in Ma'rib könnte sehr gut ein solcher verborgen sein. Den Legenden nach war der Thron der Königin von Saba mit geschnitzten Blumensträußen verziert, in die unzählige Edelsteine eingearbeitet waren, und sein Baldachin reichte bis zum Himmel hinauf. In der Realität – wie archäologische Fundstücke nahelegen – war er wohl ein beeindruckendes Symbol dieser reichen, mächtigen und von Überfluß geprägten Kultur.[5]

Wie wir im nächsten und letzten Kapitel ihrer Geschichte sehen werden, hätte eine Königin von Ma'rib und Sirwah gute Gründe gehabt, ihren Thron zu verlassen und sich auf eine weite Reise zu begeben. Es wäre allerdings nicht die traumverlorene, mystische Suche gewesen, die den Mythos so anziehend macht. Es wären eher sehr weltliche, ökonomische Gründe gewesen, die alle etwas mit Weihrauch, Kamelen, Sätteln und Schiffen zu tun gehabt hätten.

Ausgestattet mit der Macht ihres Throns und Königtums, verließe die Königin von Saba das Haus des Südwinds (egal, ob real oder mystisch oder beides) und würde selbst zu diesem

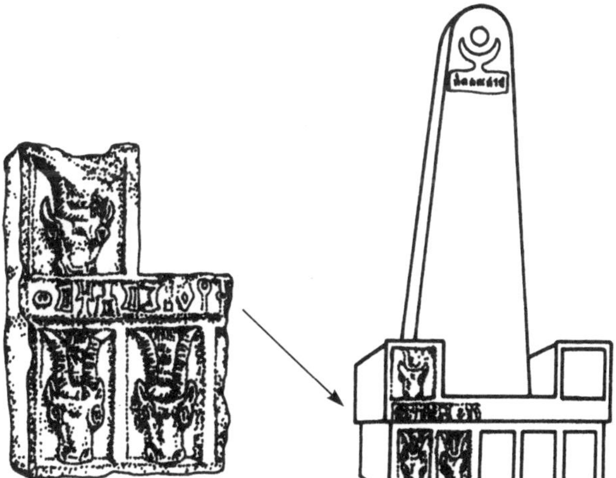

Rekonstruierter Steinbockthron

Wind, dem Wüstenwind der nordwärts Richtung Jerusalem rauscht.

»Yallah, yallah … (Wir beeilen uns besser)«, drängte Mana al-Nasirah. Wir waren lange in Sirwah umhergewandert, und ich hatte mein Glück genutzt, eine ganze Menge von Fotos zu machen. Ich bereute dies, als wir wieder zu Scheich Ahmeds Haus gelangten und der Piraten-Ali (plötzlich neben mir) meine Kamera an sich nahm.

Mit einer Handbewegung forderte mich der Scheich auf, einzutreten und mich zu einem halben Dutzend seiner Stammesgenossen zu gesellen, die dort warteten. Ihre Waffen lehnten gegen die weiß getünchten Wände von Scheich Ahmeds *Mifraj*.

Man hatte eine Ziege geschlachtet.

Beim Essen war die Stimmung angespannt.

Die Konversation wurde von langen Pausen unterbrochen. Ich verlor ein paar Worte des Lobes über Mana al-Nasirah und regte an, daß er eine Rolle dabei spielen könnte, wenn man Archäologen den Zutritt zu Sirwah erlauben würde, und was dies wiederum Gutes für das Tal bedeuten würde. Ich muß einräumen, daß mir beim Anblick der gerahmten Fotos von Muammar al-Gaddafi und Saddam Hussein, die an der Wand über meinem mit einem weißen Burnus bekleideten und übergeschlagenen Beinen dasitzenden Gastgeber hingen, mulmig war. Scheich Ahmed verfolgte meinen Blick, murmelte »Saddam« und machte eine Geste, als ob Saddam jemandem die Kehle durchschnitt.

»Bill Clin-ton.« Wieder machte er mit der Hand die Bewegung des Kehledurchschneidens. »Bill Clin-ton.«

»La (nein)«, schluckte ich und fuhr so beiläufig wie möglich fort: »Bill Clinton ist in Ordnung.«

»Saddam Hussein ist die Nummer eins! Bill Clinton die Nummer zwei!«

»La«, widersprach ich. »Bill Clinton ist die Nummer eins!«

Zu meiner Rechten zuckte Abu Salem deutlich zusammen. Hatte ich das wirklich gesagt, wenn ich genausogut eine unverfängliche Antwort hätte geben können? Ich sah (oder hoffte zu sehen) ein Lächeln über das Gesicht des Scheichs zucken.

Ein Junge brachte einen Armvoll Kat-Zweige. Es ist überflüssig zu erwähnen, daß Scheich Ahmed zuerst zugriff.

Eine nicht enden wollende Zeitspanne war nur das Rascheln und Abreißen der Blätter, das Schmatzen von Lippen und ein genüßliches Kauen zu vernehmen.

Scheich Ahmed, dessen Augen schon etwas verschleiert waren, brach schließlich das Schweigen und fragte mich bedächtig: »Mr. Nich-olas, wie würde es *Ihnen* gefallen, *Nummer eins*, Malik (König) von Sirwah, zu sein? Bleiben Sie eine Woche. Und länger. Bleiben Sie, so lange Sie wollen, in den Ruinen.«

»La, la«, gab ich zurück. »Ich kann nicht Malik von Sirwah sein. Sie sind liebenswürdig, zu liebenswürdig. Es gibt nur einen Malik in Sirwah. Sie, Scheich Ahmed, Sie sind der Malik von Sirwah. Nummer eins.«

Der gefährlichste Entführer im ganzen Jemen nahm meine 35-mm-Kamera und schaute mich für Sekunden, die mir wie Minuten erschienen, durch den Sucher an. Dann ließ er die Kamera sinken und gab sie mir zurück. Sofort flüsterte mir der Führer Abu Salem ins Ohr: »Khalas Sirwah?«

»Khalas Sirwah«, stimmte ich zu. Ich stand auf und schüttelte Scheich Ahmed die Hand. Ich dankte ihm für seine Gastfreundschaft und dachte mir, daß er nicht ganz so übel war für einen schlechten Mann (dennoch würde ich Mr. Clinton nicht empfehlen, ihn zu besuchen).

Gegen Mitte des Nachmittags waren Abu Salem und ich zurück in Ma'rib und hatten den Piraten-Ali und unsere Leibwächter wieder abgesetzt. Kurz danach fuhren wir wie der Teufel auf einer asphaltierten Straße ins jemenitische Hochland hinein zum Flughafen von Sanaa und meinem Heimflug entgegen. Wir hätten warten und uns einem bewaffneten Konvoi anschließen können, doch das taten wir nicht, denn wen, außer unseren Gastgeber, der uns mit Frühstück und Mittagessen bewirtet hatte, sollten wir fürchten? Nach nicht ganz einer Stunde verlangsamten wir unsere Geschwindigkeit ein wenig vor einer

Straßengabelung, an der die Königin des Südens wohl auf dem Weg zu ihrer schicksalhaften Begegnung mit Salomon nach Norden abgebogen wäre. Heute war der Weg, den sie hätte nehmen müssen, von zwei Panzern und einem Dutzend Kat-benebelten Soldaten versperrt. Die Stämme, deren Gebiet hinter der Sperre begann, waren, so erklärte Abu Salem, in Aufruhr.

Wir drehten nach links ab, verließen die Route der Königin von Saba und rasten weiter nach Westen. Es herrschte Stille im Wagen, denn ich wollte Abu Salem nicht vom Fahren ablenken.

Als die Ramlat Sabateyn im Rückspiegel verschwand und wir über das jemenitische Hochland hinweg waren, fragte mich Abu Salem: »Kuglich?«

»Kuglich? Was bedeutet kuglich?«

»Sirwah. Sind Sie kuglich über die Fahrt nach Sirwah?«

»Ich bin kuglich …«

22
Die Königin von Saba und Salomon

Die Lichter von Sanaa verschwanden in der Tiefe, und der Vollmond glitt durch die silbern schimmernden Wolken, als der Nachtflug nach Frankfurt Richtung Norden abdrehte. In gut zwanzig Stunden wäre ich in Los Angeles, eine halbe Erdumkreisung entfernt. Weit unter mir und vor langer Zeit hätten die Sabäer wohl Almaqah gedankt, wenn es ihre Karawane zur nächsten, zwischen den Dünen verborgenen Quelle geschafft hätte.

Ich war erleichtert und glücklich, erleichtert, daß ich mich nicht immer noch als unfreiwilliger Gast bei Scheich Ahmed befand. Ich war glücklich, in Sirwah gewesen zu sein, und in größerem Rahmen, daß ich mich genau zu dem Zeitpunkt mit der Königin von Saba beschäftigt hatte, als Forscher ihre Kultur bis ins zehnte vorchristliche Jahrhundert zurückdatiert hatten, die Zeit von Salomon. Da der König und die Königin nicht länger durch Hunderte von Jahren getrennt waren, erschien ihr biblisches Aufeinandertreffen in einem neuen Licht der Authentizität.

Die Wolken über dem jemenitischen Hochland lagen bald hinter uns, und unter uns erstreckten sich die vom Mond beschienenen Weiten Saudi-Arabiens. Ich schaltete die Leselampe an und brachte mein ramponiertes Notizbuch auf den neuesten Stand. Ich notierte, was als nächstes und was gleich zu tun sei, so zum Beispiel, erneut einen Blick ins Erste Buch der Könige zu werfen und darüber hinaus nochmals die Bibel nach Aussagen über die Königin von Saba durchzusehen, die über ihr Erscheinen an Salomons Hof hinausgingen. Dies nahm ich zuerst in Angriff, und es brachte auf unerwartete Weise Licht in die Sache. An mehr als einem Dutzend Stellen werden im Ersten Buch Mose die Sabäer als Händler, Plünderer, als groß gewachsen und mit Weihrauch und Gold gesegnet beschrieben. Doch man widmete ihnen selten mehr als eine Nebenbemerkung. Das ist ein Hinweis auf den Wahrheitsgehalt der Bibel, denn das Buch der Bücher schweigt, wo es nichts Genaueres wußte. Die nachfolgenden Geschichtsschreiber – Herodot, Strabon, Plinius und andere – vermittelten uns kurze Einblicke in ein fernes Land, doch es sind nur Momentaufnahmen. Die Römer haben vielleicht den Begriff *Arabia Felix* (»Glückliches Arabien«) geprägt, doch ihre Landkarten zeigten nur eine leere Fläche, und sie hatten keine Ahnung, was sie dort erwartete. Es liegt in den Händen der Archäologen – heute und in Zukunft –, die verlorene Welt der Sabäer wiederzuentdecken. Ihre Bemühungen, immer noch eine Pionierarbeit (eine einsame Kerze, gemessen an dem, was wir über den antiken Mittelmeerraum wissen), haben den Aufstieg der Sabäer umrissen – der, wie wir sehen werden, zu Zeiten Salomons vor einem Wendepunkt stand.

Die Geschichte beginnt mit einer blanken Tafel, einer Tafel, die von der Natur blankgewischt wurde.

Vor achttausend Jahren war Arabien die Hölle auf Erden. Soweit man weiß, lebten damals keine Menschen auf der Halbinsel, sondern nur die genügsamsten Tiere und Pflanzen, denn zwölftausend Jahre zuvor hatte sich die Erdachse verschoben – man nennt dieses Phänomen »Milankovic-Schwankung« –, und diese Verschiebung hat zu einem Gegenteil einer Eiszeit geführt. In dem Savannenstreifen, der sich um die Erde zieht, sind die Temperaturen bis auf über sechzig Grad angestiegen. Die Wolken verschwanden vom Himmel. In ganz Arabien trockneten Tausende von Seen aus, die Bäume gingen zugrunde, und das Wild starb. Die neolithischen Mensch flohen, wenn sie konnten, in den »Fruchtbaren Halbmond« im Norden, einen Vegetationsgürtel, der sich vom östlichen Mittelmeerufer bis zum Golf von Persien erstreckte und in dem ein Überleben möglich war.

Vor ungefähr acht- oder zehntausend Jahren erholte sich die Erde wieder. Die Erdachse nahm ihre vorherige Position ein und bereitete das Feld, auf dem die Sabäer, als ihre Zeit gekommen war, den Aufstieg ihrer Kultur verewigen würden.

Die Grundlage dieses Aufstiegs war eine, durch milde Temperaturen und saisonale Regenfälle bedingte, überraschend schnelle Einwanderung der Abenteuerlustigen, der Armen und Ausgestoßenen aus dem »Fruchtbaren Halbmond«. Kunde von ihrer Wanderung geben die Felszeichnungen, auf denen das Vieh abgebildet ist, das sie mit sich führten. Diese Leute waren erfolgreich, und nach weniger als zweihundert Jahren loderten ihre Lagerfeuer in ganz Arabien.

Forscher tendierten dazu, diese Siedlungsbewegung mit der Theorie in Abrede zu stellen, daß nur eine viel spätere Einwanderung – von wesentlich weiter entwickelten Völkern – den Weg für ein hochentwickeltes Gemeinwesen hätte ebnen können. Doch dem war nicht so. Wie kürzlich aufgezeigt wurde, verfügten die Sabäer über eine eigenständige Zivilisation, deren Entwicklungsstufen heute offengelegt und nachgewiesen sind.

Weit draußen, in den Dünen der Ramlat Sabateyn, haben David Meltzer, Ricardo de Monte Rosa und ich die vorsabäische Totenstadt von al-Alam erkundet. Wir waren von der großen Zahl der Gräber beeindruckt und überrascht von den Felslinien, die zu weit entfernten, vorzeitlichen Orten deuteten – al'Uqla, Timna und Mar'in. Die aus einer Zeit von 5000–3000 v. Chr. datierenden, in verschiedene Richtungen weisenden Linien bewiesen uns, daß es zu dieser Zeit schon einen Handel mit Luxusgütern wie Salz, Obisian und möglicherweise auch Weihrauch gegeben hat und daß die Karawanenführer in der Lage waren, in den weit ausgedehnten Wüsten mit sich verändernden Sanddünen ihren Weg zu finden.

In den Siedlungen am Rande dieses Wüstengebiets gibt es vielfältige Beweise von Ackerbau, wobei die Felder von plötzlichen, manchmal gewaltigen Fluten bewässert wurden. Ein künstliches Bewässerungssystem hat um 3200 v. Chr., vielleicht auch schon früher, existiert. Verstreut im Bereich dieses im Prinzip gemeinschaftlichen Bewässerungssystems, lebten die einzelnen Familien in runden Hütten, die aus lose aufgetürmten Felsbrocken, Ästen und ungebrannten Ziegeln erbaut waren.

Im Laufe der Zeit schlossen sich ein Dutzend oder mehr dieser Hütten zusammen, erhielt eine gemeinsame Umgrenzungsmauer und wurden zu Weilern, jeder mit nicht mehr als hundert Einwohnern, und in jedem herrschte ein unabhängiger Häuptling.[1]

Generation um Generation gaben die Vorväter der Sabäer weiter, was sie über die Sterne und das Überleben in einem kargen Land wußten.

Die Jahrhunderte vergingen, und wenig änderte sich außer dem unmerklichen Übergang der Jungsteinzeit in die Bronzezeit, festzumachen an dem Gebrauch von Töpferwaren und Werkzeugen, die sowohl aus Metall als auch aus Stein gefertigt wurden. Und irgendwann begannen sich die Menschen im südlichen Arabien an dem Geruch des brennenden Harzes der verkrüppelten Bäume – Weihrauch – und der verkümmerten Büsche – Myrrhe –, die auf den steilen Hügeln in ihrer Umgebung wuchsen, zu erfreuen. Diese Menschen lebten abgeschieden, dennoch waren ihre Wurzeln, die im Norden lagen, nicht gänzlich in Vergessenheit geraten. Als Beispiel für einen immer noch vorhandenen Kontakt kann das nachgewiesene Wort für Weihrauch – *shim.gig* – angesehen werden, das auf einer sumerischen Schrifttafel aus dem Jahr 2350 v. Chr. auftaucht. Sogar noch früher, 2500 v. Chr., zeugt eine Inschrift von dem Kontakt zu *Saba.um* und *Gu.te.bu.um*, die wahrscheinlich früheste Bezugnahme auf Saba und das benachbarte Qataban. Auf dem Meer fuhren fremde Seeleute an den Küsten Arabiens entlang, doch es ist zu bezweifeln, daß sie die zerklüfteten Küstengebirge überquerten. Wenn sie Waren aus dem Landesinneren erhielten, dann wurden diese von den Mannschaften der Schiffe vermutlich bei Küstenstämmen eingetauscht (oder in Kommission genommen). Im wesentlichen wohl von einem Stamm, der als die Leute von Punt bekannt ist.[2]

Etwa um 1500 v. Chr. trat eine Reihe von bedeutenden Umständen und Entdeckungen ein, die die Vor-Sabäer und Sabäer dazu brachte, ihre Trägheit abzulegen und aktiv zu werden.

Der erste, zugegebenermaßen recht schwache Hinweis auf einen Wandel ist der Umstand, daß der ägyptische Pharao Thutmosis III. (regierte in der ersten Hälfte des 15. vorchristlichen Jahrhunderts) sich eine Frau mit dem ausländisch klingenden Namen Menwai nahm, deren Gesichtzüge verdächtig südarabisch wirken.[3] Das entsprach ganz der Denkweise der antiken Welt, wo die Angelegenheiten des Staates und des Handels durchaus für eine solche Vereinigung verantwortlich gewesen sein könnten. Vielleicht waren die Ägypter nicht mehr in der Lage, nach Gutdünken das Rote Meer hinunterzufahren und sich einfach von den Reichtümern Arabiens zu bedienen, sondern mußten sich mit der dortigen Zivilisation arrangieren, die an Macht gewann und sich des Wertes dessen, was sie besaß, bewußt wurde – und auch wußte, daß die Ägypter ebendiese Waren nicht besaßen.

Zu dieser Zeit oder bald danach entwickelten die Araber des Südens die Schlüsselvoraussetzung einer jeden Zivilisation und Grundlage eines jeden Handels: die Schriftsprache. Wie vor kurzem nachgewiesen wurde, war diese Schrift aus den ägyptischen Hieroglyphen über den Zwischenschritt des Protosinaiischen[4] entstanden, und die Buchstaben der südarabischen Schrift können durchaus von einem einzigen, einsamen und genialen Schreiber von ihren ungleichmäßigen Schnörkeln in eine ausgereifte Erscheinungsform transformiert worden sein. Ein Alphabet ermöglichte die Buchführung und Verträge, die man auf Tierhäuten oder Palmmatten festhielt, aber auch das Versiegeln von Gütern mit aufgestempelten Monogrammen, von denen einige überaus prächtig gearbeitet waren.

Der größte Teil des Handels ging wohl nur über kurze Entfernungen und war sehr beschwerlich. Pferde und Esel waren in der Lage, schwere Lasten zu tragen, doch sie mußten fast täglich zur Tränke. Solche Karawanen konnten nicht in gerader Linie die Wüste durchqueren, sondern bewegten sich wohl eher im Zick-Zack vorwärts, um jede mögliche Quelle, Wasserloch oder Brunnen auszunutzen.

Immer mit der Furcht vor einem ausgetrockneten Wasserloch lebend, das ihren Tod bedeuten konnte, erblickten die Karawanenführer irgendwann einmal in weiter Entfernung ein merkwürdig plumpes Tier, das sich in den ausgedörrten Gebieten heimisch zu fühlen schien. Im dreizehnten oder zwölften Jahrhundert v. Chr. wurden solche Tiere eingefangen und gegen ihren lautstarken Protest domestiziert, um Milch und Fleisch zu liefern. Man sah sie allerdings als nutzlos für den Transport an, denn der große Höcker war sowohl für Packsättel als auch für einen Reiter ungeeignet.

Der Handel durch die Wüste wurde durch eine einzigartige Erfindung revolutioniert: Ein brauchbarer Kamelsattel, ein Gestell, das die schwere Last vom Höcker des Tieres auf seine Flanken verlagerte. Wo diese Erfindung ihren Ursprung hatte, ist nicht bekannt, doch unter den Händlern im Mittleren Osten breitete sich schnell die Begeisterung für ein Tier aus, das in der Lage ist, fünf- bis sechsmal mehr zu tragen als ein Esel, eine konstante Geschwindigkeit von zwölf bis fünfzehn Kilometern in der Stunde einhalten kann und tagelang, ja sogar wochenlang, ohne Wasser auskommt und dann in nur zehn Minuten seinen Bedarf von weit über einhundert Litern deckt (dabei erhöht sich sein Körpergewicht um ein Drittel). In den Nasenlöchern des Kamels wird der Sand ausgefiltert, und es schwitzt nur, wenn es fast schon tot ist. Die Karawanen konnten nun direkt durch die Wüste ziehen und mußten nicht mehr jede Wasserstelle ausnutzen.[5]

Der Weg war frei in weit entfernte Länder und zu den großen Handelsplätzen im »Fruchtbaren Halbmond«.

Zum Wohle der Sabäer konnten nun riesige Mengen von Gütern von diesen reizbaren, arroganten Tieren mit dem stinkenden Atem befördert werden. Ein lukrativer Handel zeichnete sich ab – doch es scheint, als ob es da auch Schwierigkeiten gegeben hätte. Dies wird deutlich in der Stelle im Ersten Buch der Könige, Kapitel 9, Vers 26–28, die kurz vor der Ankunft der Königin von Saba spielt. Eine prahlerische Darstellung zeigt, wie die Könige von Judäa und Tyre, Salomon und Hiram, in Gezeon-Geber (in der Nähe des heutigen Elat) einen Hafen am Roten Meer für ihre Handelsflotte angelegt haben. Ihre Schiffe konnten keinen anderen Auftrag haben, als südlich entlang der Küsten von Afrika und Arabien Handel zu treiben.

Die Anzahl und die Besitzverhältnisse an diesen ausschwärmenden Handelsschiffen ist unklar (die Schiffe könnten Hiram gehört haben, der Hafen Salomon). Doch ob die Flotte nun groß oder klein war, sie forderte die Sabäer dazu heraus, über ihre Grenzen hinauszugehen und eine Handelsroute über Land zu etablieren. Sie hatten die Waren, die Transportmöglichkeiten und den Willen, beides zu nutzen. Alles war, wie es sein sollte. Doch wenn sie nicht schnell handelten, dann würden die Schiffe von Judäa und Tyre zu den Küsten Arabiens segeln und mit Engelszungen und harter Hand den sabäischen Handel mit dem Norden ihrer Kontrolle unterwerfen. Die Wohlgerüche und Gewürze Arabiens waren dort, wo sie herkamen, ziemlich wertlos, das Glück würde dem lachen, der den Handel damit anfachte und kontrollierte, ob zur See oder auf dem Landweg.

Das Erste Buch der Könige berichtet uns, daß es die Königin von Saba war.

Die Königin von Saba, Tochter der königlichen Städte Ma'rib und Sirwah, ist vermutlich irgendwann zwischen 955 und 935 v. Chr. nach Norden gereist. Ihre Karawane ist wahrscheinlich im kühlen Winter unterwegs gewesen, oder wenn es überaus dringlich war, hat man sich auch mutig der Sommerhitze gestellt, indem man bei Tag rastete und in der Nacht bei Fackellicht weiterzog. Eine solche Reise war geprägt durch das endlos erscheinende Schwanken der Kamele, die von Sandstürmen blutunterlaufenen Augen, und überall lauerten Schakale, vierbeinige und zweibeinige. Banditen erschienen aus dem Nichts, fielen über die weit auseinandergezogene Karawane her und verschwanden wieder.

Freilich wäre die Reise nicht unerbittlich hart gewesen. So ruhig und leblos die Wüste bei Tage erscheint, kriechen bei Nacht alle möglichen Tiere unter den Steinen hervor und kommen aus dem Schutz von Gestrüpp und Kakteen hervor. Nachtvögel singen, und das Mondlicht liegt über den Dünen. In Yathrib (das heutige Medina), Dedan, Taima, Qurayya und anderen Oasen gab es Schatten, Datteln und kühles Wasser – aber auch Zölle, die auszuhandeln und zu entrichten waren. Ein einziger Stamm, der nicht mit der Zahlung einverstanden war, konnten die Reise behindern und, wenn er wollte, die Karawane vernichten. Die

Krieger eines solchen Stammes wären in der Überzahl, hätten Wasser und natürliche und angelegte Befestigungen auf ihrer Seite. Die Karawane der Königin von Saba war verwundbar. Wie klug und zäh muß diese Frau gewesen sein, um die 2400 Kilometer quer durch die arabische Halbinsel zurückzulegen?

Nach sechzig oder mehr Tagen in der Wüste wäre die Karawane der Königin von Saba, eingehüllt in eine Wolke goldenen Staubs, von den vorgeschobenen israelischen Siedlungen, wahrscheinlich den Festungen Horvat Halluqim oder Mesed Hatia in der südlichen Negev, aus gesehen worden. Die Nachricht von der Karawane wäre nach Jerusalem und an den Hof von König Salomon gebracht worden.

Die beste und einzig wirkliche Quelle, die über das berichtet, was als nächstes geschah, ist die Stelle im Ersten Buch der Könige, jene gut sechzig Zeilen und knapp achthundert Worte (für diese Zeit allerdings ziemlich lang). Beim ersten Durchlesen erscheint der Text ziemlich langweilig, und wenn man nicht darauf achtet, dann überliest man leicht die entscheidenden Passagen. Schaut man aber genauer hin, dann findet man dort unterschwellige und nicht so unterschwellige Querverweise, die uns etwas über Liebschaften, die Form des biblischen Handels und über die Art der Macht und Herrschaft, sowohl menschlicher als auch göttlicher Herkunft, in jener Zeit mitteilt.

1. Und da das Gerücht von Salomo und von dem Namen des Herrn kam vor die Königin von Reicharabien, kam sie, Salomo zu versuchen mit Rätseln.

Lange ging man davon aus, daß die »Rätsel« der Königin gedacht waren, Salomons Weisheit zu ermessen. Es gibt Vorbilder für eine solche Lesart, die zurückgehen bis auf einen sumerischen Bericht über eine Handelsmission, bei der Enmerkar, dem Herrscher von Aratta, solche Fragen gestellt worden sind. Doch die Königin von Saba ist bestimmt nicht die weite Strecke gereist, um das damalige Äquivalent von Kinderspielchen zu treiben. Wenn sie auch Salomon das eine oder andere Rätsel aufgegeben haben sollte, so war der eigentliche Grund mit fast hundertprozentiger Sicherheit der Fernhandel. Wenn man bedenkt, wie weit Israel von Saba entfernt lag, um was sonst hätte es gehen können? An dieser Stelle erfahren wir auch sofort, was sie zu diesem Treffen mitgebracht hatte.

2a. Und sie kam gen Jerusalem mit sehr vielem Volk, mit Kamelen, die Spezerei trugen und viel Gold und Edelsteine.

Die Bibel tendiert zur Dreiheit, und hier haben wir einen Vorläufer von »Gold, Weihrauch und Myrrhe«, die dem Jesuskind von den Weisen gebracht werden, von denen einer oder mehrere möglicherweise aus Saba stammten. Man beachte die Wertverschiebung. Im zehnten Jahrhundert v. Chr. mußte Weihrauch erst noch zur begehrtesten und teuersten Handelsware werden, wir können nur vermuten, daß die »Spezereien« der Königin von Saba auch Weihrauch mit einschlossen. Ein Jahrtausend später waren zwei der drei wertvollen Geschenke Wohlgerüche.[6] Man beachte auch, daß die Königin von Saba seltene Luxusgüter mit sich führte – Handelsware –, nicht schön eingepackte Geschenke.

2b. Und da sie zum König Salomo hineinkam, redete sie mit ihm alles, was sie sich vorgenommen hatte.

Es liegt nicht offen zutage, doch an dieser Stelle geht es um Sex. Der Hinweis darauf liegt in dem hebräischen Wort, das mit »hineinkam« übersetzt ist. Dieses Wort ist בּוֹא (*bw'*) und steht in einem Dutzend von vergleichbaren Fällen im Alten Testament für »Betreten eines Zeltes oder Hauses, um Geschlechtsverkehr zu haben«.[7] Oder wie es ein Lexikon diskret umschreibt: »Coire cum femina«. In Jerusalem hatte es den Anschein, die Königin von Saba gäbe sich Salomon freiwillig hin – und es ist auch möglich, daß die beiden durch Leidenschaft und den Zauber des Hoheliedes des Salomon übermannt wurden. Nüchtern gesehen, war ihre Liebschaft eine Staatsangelegenheit. In jenen Tagen wurden im Mittleren Osten Bündnisse zwischen Stämmen üblicherweise mit einer intimen Verbindung, oftmals einer

Heirat, besiegelt. Wer immer Salomon (im Ersten Buch der Könige, 11 und 13) ob seiner achthundert Frauen und zweihundert Konkubinen (aber nur zweier Kinder?) lobt, preist weniger seine Tüchtigkeit im Bett als vielmehr seine Fähigkeiten als Herrscher.

3. Und Salomon sagte es ihr alles, und war dem König nichts verborgen, das er ihr nicht sagte.

Um was immer es ging – Rätsel, Handel, eine Allianz –, es war beschlossen, wobei Salomon in der ganzen Angelegenheit eine bemerkenswert passive Rolle einnimmt. Hatte er keine Fragen oder Ansprüche an die Königin von Saba? War er nicht derjenige mit dem großen Reich, der Macht und der militärischen Stärke? Die nächsten Zeilen geben eine Antwort:

4. Da aber die Königin von Reicharabien sah alle Weisheit Salomos und das Haus, das er gebaut hatte,
5. und die Speise für seinen Tisch und seiner Knechte Wohnung und seiner Diener Amt und ihre Kleider und seine Schenken und seine Brandopfer, die er in dem Hause des Herrn opferte, konnte sie sich nicht mehr enthalten
6. und sprach zum König: Es ist wahr, was ich in meinem Lande gehört habe von deinem Wesen und von deiner Weisheit.
7. Und ich habe es nicht wollen glauben, bis ich gekommen bin und habe es mit meinen Augen gesehen. Und siehe, es ist mir nicht die Hälfte gesagt. Du hast mehr Weisheit und Gut, denn das Gerücht ist, das ich gehört habe.
8. Selig sind deine Leute und deine Knechte, die allezeit vor dir stehen und deine Weisheit hören.

Was war über die Königin gekommen? Oder, um genauer zu sein, was war über den Schreiber dieser Zeilen gekommen? Nachdem sie einen Landstrich durchquert hatte, der zu dieser Zeit die reinste Hölle gewesen sein muß, plapperte sie drauflos, bis sie keine Luft mehr bekam. Sie erzählt über das Essen, den Palast, die Mundschenke und das Glück von Salomons Untertanen.

Irgendwas ist da schiefgelaufen.

Hier läuft ein Zeremoniell ab, dessen genaue Natur nicht bekannt ist. Eine Möglichkeit ist, daß es nicht die Königin von Saba ist, die spricht, sondern die heidnische Göttin Astarte. Der Verfasser – oder, was wahrscheinlicher ist, ein späterer Bearbeiter – hat möglicherweise die beiden Frauengestalten vermischt und beide an dieser Stelle eingefügt, um sie mit den Wundern, wirklichen oder nur imaginären, von König Salomons Hof zu verblüffen (mehr darüber, wenn wir uns dem nächsten Vers zuwenden).

Ein weiterer Grund für die Übertreibung mag in der Unsicherheit und Nervosität des Verfassers liegen, der nicht abschätzen konnte, wer von beiden mehr Macht besaß, Salomon oder die Königin von Saba. Die Zeilen wollen uns versichern, es sei Salomon. Doch die archäologischen Funde deuten darauf hin, daß es die Königin von Saba war – und als Beweis kann ein Vergleich der beiden Städte dienen.

Mit hoch aufragenden Bergen im Westen und den glühenden Sandwüsten im Osten befand sich der Staat Saba in einer sicheren, segensreichen Isolation. Ma'rib, Sirwah und die kleineren Siedlungen waren blühende Oasen, die von weitläufigen Kanälen bewässert wurden. Die sabäische Wirtschaft basierte auf einer vorhersehbaren landwirtschaftlichen Produktion; der Handel mit Wohlgerüchen und Gewürzen war nur ein zusätzlicher Verdienst.

Salomon demgegenüber hatte es mit gefährlichen und weniger gefährlichen Feinden zu tun: den Kanaanitern, den Edomiten, den unzufriedenen Israeliten Rezon und Hadad, ja sogar mit seinem Bruder Abschalom. Die ihn umgebenden Berge Judäas wiesen nur wenige natürliche Ressourcen auf und waren besser für Ziegen geeignet denn für Landwirtschaft.

Obgleich Jerusalem zu Salomons Zeit ein Verkehrsknotenpunkt war, war es doch einer im Hinterhof, eine Ansammlung von einstöckigen Hütten und Zelten, mit vielleicht einem Palast und einem Tempel auf einem einsamen Bergrücken. Eine Stadt mit einer Ausbreitung von kaum mehr als fünf Hektar und 900 bis 1 200 Einwohnern.

Die Stadtmauer von Ma'rib, der Stadt der Königin von Saba, umschloß hundert Hektar oder mehr. Zu diesem Zeitpunkt konnte der »Garten der zwei Paradiese« mehr als 20 000 Menschen ernähren.

Die Königin von Saba verfügte über beachtenswerte irdische Macht, die erste – und einzige – Frau in der Bibel, auf die dies zutrifft. Im Unterschied dazu war Salomon wohl ein König, aber ein König von nicht gerade viel, bestenfalls von einer Vereinigung von Stämmen, die ihr Leben in den Bergen Judäas fristeten. Immer häufiger findet man in Zusammenhang mit Salomon die Bezeichnung »Häuptling der Bergvölker«, um seine Stellung zu beschreiben. Dieser Vergleich mag einigen Widerspruch auslösen, doch er wird gestützt durch neue Erkenntnisse der Archäologie, sowohl im Jemen als auch in Israel, über das zehnte vorchristliche Jahrhundert. Auch die Legenden unterstützen das: die Stadt Kitor (Ma'rib) und der riesige Damm der Königin von Saba waren mit Steinen und Schweiß erbaut, Salomons Jerusalem ist eine Illusion von Geschichtenerzählern und erbaut von Dschinnen.

Eine Königin, für die die größten Luxusdinge etwas Alltägliches waren.

Ein König und seine Untertanen, die über Ziegen und Bienen, Milch und Honig dichteten.

Doch die Israeliten dichteten gut – und das machte den bleibenden Unterschied. Die Königin von Saba hat Salomon an materiellem Reichtum übertroffen, ja sogar in den Schatten gestellt, aber was, so könnten wir fragen, bleibt, wenn Dämme brechen und Paläste zu Staub zerfallen.

Die israelitische Kunst des Geschichtenerzählens und der Reflexionen über ihre Religion überragen alles, was man in den Inschriften der Sabäer findet, oder auch alles andere in der Welt am Anfang des ersten Jahrtausends v. Chr. Ihre Prosa und Gedichte waren – und sind noch – spannend, erhebend und voller Phantasie. (Nehmen Sie sich einfach die Zeit, den Prediger Salomon und das Hohelied Salomons zu lesen.) Die Israeliten mögen in schlammigen Dörfer mit grob gebauten Steinhäusern gelebt haben, doch sie wohnten auch in den wundervollen Städten der Worte – Worte, die von ihrer Geschichte, ihrer Identität, den moralischen Qualen und ihrem Gott Jehova erzählen.

9. Gelobt sei der Herr, dein Gott, der zu dir Lust hat, daß er dich auf den Stuhl Israels gesetzt hat; darum daß der Herr Israel liebhat ewiglich, hat er dich zum König gesetzt, daß du Gericht und Recht haltest.

Die Königin von Saba lobt Salomons Gott – und dies ist nicht so unwahrscheinlich, wie es erscheinen mag, denn unter Umständen hatte sie festgestellt, daß die Israeliten einen Gott verehrten, der ihrem Almaqah nicht unähnlich war, eine Gottheit, die überall im südlichen Teil Arabiens präsent war. Die Sabäer waren vielleicht wie die Israeliten von der Vorstellung eines einzigen Gottes eingenommen, so wie vierhundert Jahre zuvor die Ägypter unter der Herrschaft von Echnaton (eigtl. Amenophis IV.). Das Leben in der Wüste hat solche Vorstellungen begünstigt. Vielleicht liegt es an der Klarheit der Luft, der kargen und überwältigenden Landschaft – oder auch am genauen Gegenteil, dem Fehlen von verborgenen Winkeln und dunklen Ecken, die von den unzähligen Gottheiten der Religionen bewohnt werden, die in Wald- oder Dschungelgebieten entstanden sind. Das Gesicht Jehovas – und auch das von Almaqah, soweit wir sagen können – war das Gesicht der Wüste: böse und beruhigend, sowohl voller Gnade als auch gnadenlos.

Und tatsächlich gründen sich der Gott der Königin von Saba und Salomons Gott auf ein und dieselbe semitische Quelle. Im Alten Testament ist Gott zugleich Jehova und El (*'el* oder *'il[u]*), ein Wort, das in etwa die Bedeutung »Sei stark« hat und möglicherweise in jenen Zeiten die Phase des Viertelmondes bezeichnete. Almaqah kommt aus dem gleichen Wortstamm und könnte »Er ist stark« bedeuten. Dennoch gibt es einen Unterschied. Almaqah war nie mehr als eine Mondgottheit; der Gott der Israeliten wurde zum Schöpfer der Himmelsgestirne und ist deshalb allen anderen überlegen, was natürlich auch den Mond einschließt. Das zeigt sich im Buch Hiob, wenn Jehova metaphorisch »den Mond vollständig bedeckt und seinen Schleier über ihn breitet«. Darauf folgt die Warnung davor, daß man sich sein Herz »vom Mond, der über den Himmel wandert, stehlen läßt«.

Doch wir sollten festhalten: Obwohl sich die Königin von Saba überaus wohlwollend geäußert hat, ist »dein Gott« nicht zu »unser Gott« geworden. Sie vertraut Almaqah, dem Mond, der über den Himmel zieht. Sie kam als Heidin nach Jerusalem und verließ es auch als solche, aber als eine »rechtschaffene Heidin« nach der Ansicht von späteren christlichen Theologen, denn sie erkannte die Würde von Jehova in einer Welt an, in der viele Götter um die Macht stritten. Diese Anerkennung war willkommen, denn im Zeitalter Salomons und noch Jahrhunderte danach war die Vorstellung von einem einzigen Gott noch nicht allzu fest bei den Israeliten verwurzelt; das biblische Gebot lautete: »Du sollst keine anderen [wichtigeren] Götter neben mir haben«, und nicht: »Du sollst keine anderen Götter haben.«

Im Zusammenhang mit dieser Bestätigung könnte die Königin von Saba – beabsichtigt oder rein zufällig – zu einem Abbild der Göttin Astarte (den Israelis als Ashtoreth bekannt) geworden sein, Jehovas großer Gegenspielerin und Verführerin von Salomon. Die Königin von Saba bzw. Astarte wäre dann eine Himmelskönigin gewesen, die in das irdische Jerusalem kam und Salomon anlächelte und sowohl ihn als auch seinem Gott huldigte – selbst wenn sie durch diese Handlung ihre Macht verlor (wie in Kapitel 11 dargestellt). Das ist eine überzeugende Theorie, denn der Einzug der Königin von Saba nach Jerusalem hat etwas Göttliches an sich. Trotzdem ist die Verbindung von Astarte mit der Königin von Saba als *wichtigstes* Element des Textes zweifelhaft. Eine Gleichsetzung von Königin und Göttin ergibt als ein *zusätzliches* Element mehr Sinn, eine Hervorhebung oder Ausdeutung, die von einem Bearbeiter zu einem tatsächlichen Treffen hinzugefügt worden ist, bei dem es ausschließlich um ganz irdische Angelegenheiten ging, nämlich die Handelsbeziehungen.

Als die Geschichte von Salomon und der Königin von Saba auf ihr Ende zugeht, wird sie von einem Einschub unterbrochen, der an dieser Stelle keinen Sinn hat und viel besser hinter Kapitel 9, Vers 28, im Ersten Buch der Könige (direkt vor der Ankunft der Königin) passen würde. Es ist merkwürdig, daß diese offensichtlich falsche Interpolation nie korrigiert worden ist. Vielleicht blieb sie an dieser Stelle, um den Leser daran zu erinnern, daß Salomon und Hiram von Tyre sich so nahestanden, daß ihre Handelsschiffe eine Bedrohung für die Karawanen der Königin von Saba waren. Um klarzumachen, was weiter zwischen der Königin von Saba und Salomon geschah, ist die oben genannte Passage durchgestrichen.

10. Und sie gab dem König hundertundzwanzig Zentner Gold und sehr viel Spezerei und Edelgestein. Es kam nicht mehr so viel Spezerei, als die Königin von Reicharabien dem König Salomo gab.
11. ~~Dazu die Schiffe Hirams, die Gold aus Ophir führten, brachten sehr viel Sandelholz und Edelgestein.~~
12. ~~Und der König ließ machen von Sandelholz Pfeiler im Hause des Herrn und im Hause des Königs und Harfen und Psalter für die Sänger. Es kam nicht mehr solch Sandelholz, ward auch nicht mehr gesehen bis auf diesen Tag.~~

13a. Und der König Salomo gab der Königin von Reicharabien alles, was sie begehrte und bat, außer was er ihr von selbst gab.

Wenn wir die durchgestrichenen Zeilen einmal dahingestellt sein lassen, dann ist vollständig klar, um was es ging. Es wird ständig wiederholt, welche Güter die Königin von Saba nach Jerusalem brachte, und ihr Wert wird angegeben: 120 Zentner Gold sowie Edelsteine und mehr Spezereien, als die Israeliten jemals wieder zu Gesicht bekamen. Und es ist mehr als ein großzügiges Geschenk, es sind Luxusgüter, die in den Handel gelangen sollen. Es ist zu bezweifeln, daß alle diese Waren aus dem Reich der Königin von Saba stammten. Es gibt Gold im Jemen, doch sie kann sehr gut mehr davon auf ihrem Weg nach Norden bei den Minen von Mahd al-Dhabad – der »Wiege des Goldes« – in den Bergen hinter Mekka erworben haben. Edelsteinvorkommen gibt es nur sehr wenige im südlichen Arabien.

Die Edelsteine, die die Königin Salomon überreichte, stammen möglicherweise aus Äthiopien (Bernstein und Granate) im Westen oder sogar aus so entfernten Ländern wie Indien (Achate und Smaragde) und Afghanistan (Lapislazuli) im Osten.

Sogar ein Teil der Gewürze der Königin könnten Importwaren gewesen sein, die die Sabäer weiterverkauften. Die besten Bäume zur Gewinnung von Weihrauch – aus denen man den »silbernen« Weihrauch erhält – wachsen wild im Dhofar-Gebirge in Oman, das östlich von Saba, auf der anderen Seite der Wüste liegt. Die Königin von Saba hatte ihren Auftritt in der Bibel als eine perfekte Handelskönigin. Ihre Karawane war über und über beladen mit Reichtümern – und wenn diese nicht aus ihrem eigenen Reich stammten, mußte man das Salomon nicht auf die Nase binden.[8]

Was konnte Salomon angesichts solcher Reichtümer bieten? Materiell nicht viel. Im Ersten Buch der Könige, Kapitel zehn, wird gesagt: »Außer was er ihr von selbst gab.« Doch unter dem Aspekt von »gab der Königin von Reicharabien alles, was sie begehrte und bat«, könnte Salomon, der Häuptling der Bergstämme, den Karawanen der Königin die Passage durch israelitisches Gebiet zu den lukrativen Märkten in Damaskus, Sidon und Tyre sowie dem Hafen von Gaza, mit seiner Anbindung an die Schiffahrtsrouten im Mittelmeer, gewährt haben. Obwohl die Einzelheiten ihres Abkommens immer ein Gegenstand der Spekulation bleiben werden, können wir sicher sein, hätte Salomon es gewollt, wäre er in der Lage gewesen, ihr erhebliche Schwierigkeiten zu bereiten, denn sie war schließlich weit von ihrer Heimat entfernt.

Doch das tat er nicht. Er gab ihr alles, was sie wünschte, eine Aussage, die möglicherweise mehr meint als nur ein Handelsabkommen. Eine Staatsangelegenheit könnte hier wohl mit einer Herzensangelegenheit besiegelt worden sein, wie in der äthiopischen Überlieferung von Zeugung und Geburt Meneliks berichtet wurde.

13b. Und sie wandte sich und zog in ihr Land samt ihren Knechten.

Die Bibel und mit wenigen Ausnahmen auch alle anderen Legenden stimmen darin überein, daß, nachdem die Königin von Saba Jerusalem verlassen hatte, sie niemals mehr ihre Macht mit dem König der Israeliten maß oder sich seiner Gesellschaft erfreute.

Bevor sie in ihre Heimat zurückgekehrt ist, hätte sie noch gut andere mittelasiatische Königreiche besuchen können, doch wahrscheinlich tat sie das nicht, sondern vertraute auf Salomon als ihren Mittelsmann. Er hatte in seinem Reich schon eine neue Ordnung durchgesetzt, eine Veränderung gegenüber den Tagen der Richter, als »jedermann tat, wozu er gerade Lust hatte«. Wenn er in der Lage war, ein Dutzend zersplitterte Stämme zu vereinen, dann ist er auch ein guter, ja sogar idealer Partner für die Ausbreitung des sabäischen Fernhandels gewesen.

Dieser Handel dauerte über 1200 Jahre an und breitete sich während dieser Zeit immer weiter aus.

Beeindruckend ist dabei die Machtverschiebung zwischen Salomon und der Königin von Saba – was uns allerdings nicht verwundern sollte. In den Überlieferungen außerhalb der Bibel waren ihre Macht und Herrschaft – und die damit verbundene Herausforderung männlicher Dominanz – ein immerwährendes, stets gegenwärtiges Thema. Sogar im Ersten Buch der Könige, Kapitel zehn, wird immer wieder ihr großer Reichtum betont. Der einzige Mißton liegt in ihrem unterwürfigen Lob von Salomons Mundschenken und seinem Hof, ein allzu deutlicher Versuch des Erzählers, Salomon mehr Gewicht zu geben.

Was wirklich beunruhigend an der Geschichte von Salomon und der Königin von Saba ist, hat nichts mit der Macht der Sabäer zu tun, sondern es ist der in der heutigen Zeit lautstarke Versuch der Minimalisten, dies alles – einschließlich der Existenz von Salomon selbst – als Phantasieprodukt abzustempeln, das Jahrhunderte später geschaffen wurde, um den Söhnen und Töchtern Israels eine bedeutende Vergangenheit anzudichten. Sie fragen: Wo wird außerhalb der Bibel etwas über Salomon berichtet? Wo sind die archäologischen Beweise für sein Jerusalem? Die Rationalisten meinen dagegen: Die archäologischen

Beweise sind unter Umständen verlorengegangen, als man in späterer Zeit die alten Monumente als Steinbrüche benutzte, oder sind vielleicht unter Privathäusern verborgen, deren Bewohner nicht erfreut darüber wären, wenn man den Fußboden ihres Wohnzimmers aufrisse. Doch sollte nicht zumindest *irgend etwas* aus dem Jerusalem des zehnten Jahrhunderts aufzufinden sein, auch wenn es nur eine einzige Tonscherbe wäre?

Geduld ist angesagt, und wir müssen uns daran erinnern, daß das Fehlen von Beweisen nicht gleichzeitig der Beweis für die Nichtexistenz ist.

Noch vor ein paar Jahren war die Existenz vom Ma'rib der Königin von Saba (und des antiken Sirwah) in gleicher Weise fraglich. Ja, es gab eine sabäische Zivilisation, und natürlich war sie bedeutend, doch nicht vor 600 oder 700 v. Chr. Diese Annahme erfreute sich weiter Zustimmung – und war, wie wir heute wissen, völlig falsch. Im zehnten Jahrhundert war Ma'rib eine große, prosperierende, gebildete Stadt, mit einem Vorrat von Luxusgütern, die man teuer auf den Märkten im Norden verkaufen konnte, die durch das Wohlwollen – und natürlich auch durch entsprechende Abgaben – des israelischen Königs zugänglich waren.

Unter diesen Umständen war die Königin von Saba wohl kaum ein Hirngespinst, das aus der Wüste erschienen ist, oder die Inkarnation von Astarte, die vom Himmel herab Salomon anlächelt (obwohl die Stelle in der Bibel unterschwellig darauf abzielt). Sie war eine irdische Abgesandte, die die ökonomischen Interessen ihres mächtigen – und überaus realen – Volkes vertrat. Dieses Volk, das nun in den Mittelpunkt des Interesses rückt, läßt den biblischen Bericht über die Begegnung zur Schilderung eines tatsächlichen Ereignisses werden – und bestätigt damit auch Salomon als eine historische Gestalt.

Es ist die alte Geschichte einer guten Frau, die einem dubiosen Mann hilft, seinen Ruf aufzupolieren.

Es steht außer Frage, daß es noch mehr über die Königin von Saba und Salomon zu enthüllen gibt. Jerusalem birgt immer noch seine Geheimnisse, und die gewissenhaften, auf lange Zeit angelegten Ausgrabungen im südlichen Arabien haben gerade erst begonnen. Entlang der Verbindungswege zwischen den beiden Königreichen könnte ein günstiger Sturm wichtige Landmarken der alten Karawanenstraße dem Sand entreißen. Oder in einem Londoner Auktionshaus taucht auf einmal ein Fundstück »aus dem Besitz eines anonymen Sammlers auf« (das bedeutet, gestohlen), das ein Licht auf den König oder die Königin wirft.

Und versteckt in einer Wüste, die wie jede andere Wüste aussieht, mag etwas verborgen sein, von dem alle Archäologen nur träumen.

Das ist unvorhersehbar. Es kann schon morgen passieren.

Ein Spaten, der sich in den Sand bohrt, kann auf einen Stein treffen – und das Grab der Königin von Saba finden.

Epilog: Das Grab der Königin von Saba

Am Ende bleibt nichts außer dem Wispern des Wüstenwindes und dem Klingen einer Kamelglocke.

Sprichwort der Beduinen, ein Nachruf auf die Sabäer

Am Ende besiegelte ausgerechnet der Weichrauch, der Grund für die Vormachtstellung und den Ruhm der Sabäer war, ihr Schicksal, auf eine Art, die niemand hatte erahnen oder sich vorstellen können.

Lange Zeit hatte sich in den Tempeln von Rom bis Babylon der Weihrauch als »Nahrung der Götter« in dichten Schwaden gen Himmel erhoben. In Marmorpalästen und Villen parfümierten sich in Seide gehüllte Frauen mit dem in Flüssigkeit aufgelösten Harz; in weit abgelegenen Provinzen benutzten die römischen Legionäre ihn, um damit »Schädelbrüche zu behandeln ... Blutungen zu stillen und die Schmerzen von Geschwüren zu lindern«. In zugleich heiligen als auch profanen Riten gingen erstaunliche Mengen von Weihrauch bei den Totenverbrennungen der Reichen in Flammen auf. Plinius der Ältere teilt uns mit, daß eine gesamte Jahresproduktion arabischen Weihrauchs Poppaea Sabina, Neros Gemahlin, auf diese Weise zu den Göttern begleitete. Und Plinius merkt sarkastisch an: »Es ist der selbst im Angesicht des Todes gezeigte Luxus, der Arabien ein solches Glück beschert.«[1]

Als Plinius dies schrieb, begann sich gerade die neue Religion des Christentums im römischen Imperium auszubreiten und damit auch die Maßgabe, die Toten zu begraben und nicht zu verbrennen. Der Grund dafür war, daß die neue Religion physische Auferstehung und ein ewig währendes körperliches Leben verhieß. War es nicht genug von Gott verlangt, wenn er verstreute Knochen zusammensuchen mußte? Warum sollte man die Sache noch komplizierter machen, indem man den Körper zu Asche verbrannte? (Für die ganz Ungeduldigen galt, je intakter der Körper, desto schneller der Aufstieg in den Himmel.)

Mit dem Übergang vom Römischen Imperium zum Heiligen Römischen Reich setzte sich auch die Erdbestattung durch, und der Bedarf an Weihrauch ließ stark nach.

Im südlichen Arabien konzentrierten sich die Sabäer wieder auf die Landwirtschaft, doch auch damit gab es Probleme. Die Sedimentablagerungen in den fast dreitausend Jahren unentwegter Bewässerung hatten in Ma'rib dazu geführt, daß die Felder nun schon genauso hoch waren wie das Bett der höchsten Kanäle und so eine durch Schwerkraft bewerkstelligte Bewässerung schon bald nicht mehr möglich schien. Schwere Regenfälle im Herbst 340 v. Chr. führten zum Bruch des Großen Damms in Ma'rib, und eine Inschrift in einem der Schleusentürme berichtet, daß zum Wiederaufbau 30 000 Arbeiter notwendig waren. Und irgendwann zwischen 600 und 630 n. Chr. wurde der Damm dann endgültig zerstört.

Die einstmals so prächtigen Städte Ma'rib und Sirwah und das Königreich, über das von ihnen aus geherrscht wurde, wurden zur Heimstatt von Eidechsen und klagenden Eulen. Der Untergang der stolzen sabäischen Kultur war so umfassend und vollständig, daß selbst *die Lage der königlichen Gräber – eines jeden davon – in Vergessenheit geraten ist*. Bis auf den heutigen Tag ist die Lage der Gräber von einhundertfünfzehn Mukarribs und Königen ein Geheimnis.

Wo auch immer sich diese Gräber befinden mögen, es ist sehr wahrscheinlich, daß sie schon vor langer Zeit geplündert wurden. Im antiken Arabien tummelte sich eine Unzahl von Grabräubern. Ein Fluch des Gottes Attar (eine Inkarnation von Astarte) war ein zu geringer Schutz vor denen, die die Ruhe der Toten störten. Auch der Koran des aufkommenden Islam verfluchte Grabräuber in hundertfacher Weise, doch demgegenüber stand das Abenteuer, eine Grabstätte zu finden, und der damit verbundene materielle Gewinn, wenn man sie ausraubte.

In seiner Abhandlung über die Ruinen im Jemen schreibt Abu Mohammed al-Hamdani ungefähr 920 n. Chr.:

Als mein Großvater Gouverneur von al-Yaman war, hat er gewöhnlicherweise die *jahilaya* [vorislamische Gräber] nach Schätzen durchsucht und geplündert ...

Als ich mir Zugang zu etwas verschafft hatte, das wie eine Höhle aussah ... kam ich in das Grab von ibn al-Yaman, worin sich eine Steintafel mit einer Inschrift befand ...

... der Spaten traf einen versiegelten Eisensarg ... Darin lag ein alter Mann, dessen Haar und Bart so weiß wie Ysop und dessen Körper verwest war. Er war in edle Kleider gehüllt, und über seinem Kopf befand sich folgende Inschrift: »Ich bin Junaydah ibn al-Junayd ... Ich lebte hundert Jahre, nur um das zu werden, was du jetzt vor dir siehst. O Schande über das Leben und jene, die es verdienen; Schmach über jene, die seinen Verlockungen erliegen.[2]

In diesen Zeilen vermittelt uns al-Hamdani eine Vorstellung von dem, was man in einem sabäischen Grab vorfinden könnte: einen Sarkophag mit Grabbeigaben und eine moralisierende Inschrift, die über die Person des Verstorbenen Aufschluß gibt. Diese Art der Beerdigung wurde bestätigt durch die Entdekkung einzelner, nicht königlicher Gräber der Sabäer, nur daß da die Grabinschriften nicht moralisierend, sondern Verfluchungen von Grabräubern waren. Oftmals gab es auch Hinweise auf das alltägliche Leben des Verstorbenen in Form eines Reliefs, das Jagdszenen, Darstellungen des Ackerbaus oder anderes dieser Art zeigte.

In den frühen fünfziger Jahren fand eine Forschergruppe unter der Leitung von Wendell Phillips einen ersten Hinweis auf die Bestattungsriten der sabäischen Könige. Unter den Blicken ihrer staatlichen Aufseher legten sie den Vorhof des Mahram Bilqis in Ma'rib frei. Es gab dort aber keine Gräber. Dann richteten sie ihre Aufmerksamkeit auf ein kleines, mit vier Säulen ausgestattetes Gebäude, das außerhalb des Tempels an dessen östlicher Mauer angebaut war. Nach den bedacht formulierten Worten von Gus Van Beek war dies:

Ein Mausoleum mit fast quadratischem Grundriß, das aus sorgfältig behauenen Kalksteinen erbaut war ... An der Wand entlang befanden sich übereinander zehn Grabkammern mit einer Gesamtkapazität von insgesamt sechzig Toten, und zumindest zwei Grabkammern befanden sich noch unter dem Fußboden ... Ob diese Kammern als Begräbnisstätten oder als Beinhäuser genutzt wurden, weiß man nicht. Tatsache ist, daß man in allen südarabischen Gräbern nur sehr wenige Knochenreste gefunden hat, doch dies mag an den Grabräubern früherer Zeit liegen. Grabbeigaben wurden in die Gräber gelegt, und Opfer wurden vor den Grabstätten dargebracht, was auf einen Glauben an ein Leben nach dem Tode hindeutet und an das Gedenken an die Toten innerhalb der Gemeinschaft. Wir können durchaus annehmen, daß diese Begräbnisrituale und religiösen Vorstellungen schon zur Zeit der Königin von Saba existierten, und vielleicht haben die Archäologen eines Tages das Glück, die Grabstätte der Königin selbst zu entdecken.[3]

Bevor die Umstände das Team zwangen, durch die Wüste zu fliehen, fand es – und ließ es im Mausoleum zurück – zwei Bruchstücke, die möglicherweise einmal eine Steintafel waren. Erst später ging jemandem auf, wie wichtig diese waren. Auf ihnen stand geschrieben: »*... Yata' [a]mar Bayyin, Sohn des Yakrubmalik Watar*« und »*... Sumhu' alay Ya[nuf] ...*«[4] Das waren Namen, die traditionell Mitgliedern des sabäischen Königshauses vorbehalten waren. Stellte das Mausoleum somit ein königliches Grab dar? Bedauerlicherweise (das Team befand sich zu diesem Zeitpunkt im wahrsten Sinne des Wortes unter Druck) kann sich niemand mehr an die genauen Umstände der Entdeckung erinnern. Die zwei Bruchstücke, die zu einer Grabplatte zu gehören schienen, konnten durchaus auch Teile einer Inschriftenplatte sein, die nichts mit einem Grab zu tun hatte, auf der aber Könige erwähnt wurden.

Seit den fünfziger Jahren besuchten Archäologen den Mahram Bilqis, doch nur, um sich umzusehen. Es gab keine Grabungserlaubnis. Sehnsüchtig sinnierten sie darüber, was wohl innerhalb und außerhalb des Tempelovals in der Erde verborgen lag. Obwohl das umgebende Gebiet offensichtlich glatt und unbeeinträchtigt war, konnte man doch eine seltsame dunkelgraue Färbung feststellen. Das konnte ein Hinweis auf Erdarbeiten sein, wo eine tiefere Schicht vor langer Zeit durch menschliche Grabungstätigkeit an die Oberfläche gebracht worden war. Aber die Verfärbung mußte auch nichts bedeuten.

In den frühen neunziger Jahren beruhigte sich die Lage im Jemen, und das Deutsche Archäologische Institut machte zusammen mit der American Foundation for the Study of Man (gegründet von Wendell Phillips und nach seinem überraschenden Tod von seiner engagierten Schwester Merilyn weitergeführt) der Regierung einen Vorschlag. Ein amerikanisches Team würde innerhalb des Ovals Ausgrabungen vornehmen, und die Deutschen sollten das Gebiet außerhalb der Mauern untersuchen. Der Vorschlag wurde akzeptiert, und unter der Leitung von Burkhard Vogt, die Deutschen waren als erste vor Ort, fand man nur Zentimeter unter der dunkelgrauen Verfärbung des Bodens Dachbalken eines ersten von unzähligen, mehrstöckigen, labyrinthartig angelegten Mausoleen. Es war eine versunkene Totenstadt, durchzogen von Gassen und mit Treppen, die zu Eingängen auf verschiedenen Stockwerken der Gebäude führten. Obgleich Grabräuber das Innere der Gräber schon vor langer Zeit verwüstet hatten, fand man noch Tausende in ihre Leichentücher eingehüllte sabäische Tote. Von vielen waren allerdings nur noch Staub und Knochen übrig, andere waren gut konserviert.

Vogts Mitarbeiter, Holgar Hitkin und Iris Gerlach, legten eine Unmenge von Grabbeigaben frei und katalogisierten sie: Miniaturtiere, Inschriftentafeln mit religiösen Texten, Figuren im ägyptischen Stil und Skarabäen sowie Schminktiegel. Wo immer sabäische Frauen nach ihrem Tode enden würden, sie hätten ihre Kosmetika, ihren Lidschatten und ihren Lippenstift bei sich. Man fand auch Inschriften, keine königlichen, doch eine wies auf einen Diener hin, der zwei Mukarribs gedient hatte.

Geisterhaft blickten in Nischen Alabastergesichter von Begräbnisstelen herab.

Vogts Team legt einen nach allen Maßstäben riesigen Friedhof frei. Zwanzigtausend oder mehr Gräber mögen da in einem Oval um den Tempel Mahram Bilqis herum existieren, der selbst ein Oval ist.

Wo aber mögen die königlichen Grabstätten der Sabäer liegen? Logisch wäre, sie nahe beim – oder sogar im – Tempel zu vermuten. Auf einer Archäologenkonferenz befragte ich den Leiter des amerikanischen Teams, Bill Glanzman.

»Logik?« wiederholte er und lachte. »Logik? Bei den Sabäern? Wann immer man Vermutungen darüber anstellt, was sie gemacht haben könnten, dann kann man ziemlich sicher sein, daß sie es anders gemacht haben. Sie führen dich jedesmal in die Irre. Du hast eine Vermutung? Sie widerlegen sie.«

»Es scheint dort aber einen Friedhof zu geben ...«

»Ja, natürlich, doch ich bezweifle, daß es irgendwelche Bestattungen innerhalb des Tempels gegeben hat. Es gibt einen alte semitische Vorschrift, die das verbietet. In Jerusalem zum

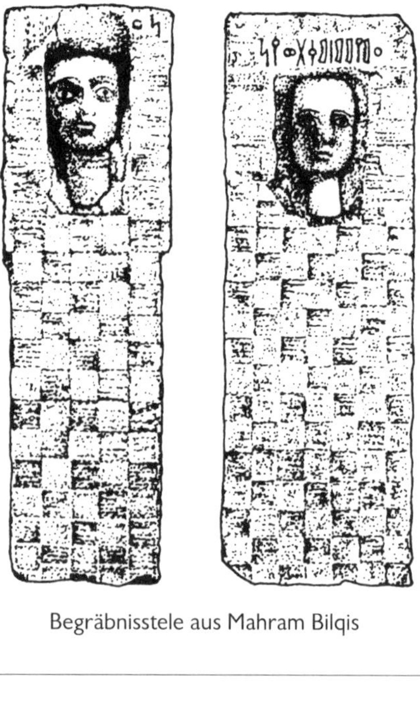

Begräbnisstele aus Mahram Bilqis

Beispiel findet man keine Begräbnisstätten aus biblischer Zeit innerhalb der alten Stadtmauer.«

»Keine Ausnahmen?«

»Logisch betrachtet, nein.«

»Doch Sie sagten gerade über Logik ...«

»Ja, habe ich gesagt. Also gehe ich davon aus, daß dort Gräber sein *könnten*. Ich hoffe aber nicht«, meinte er mit einem Stirnrunzeln. »Die Sabäer sind ein Alptraum. Gewissenhafte Ausgrabungen vorzunehmen kostet Zeit, sehr viel Zeit. Unendlich viel Zeit. Wir haben schon genug Probleme mit Gräbern.«

»Doch wenn es das Grab einer bestimmten Königin wäre?«

»Das«, meinte er mit einem Grinsen, »wäre ein Unterschied. Mein Gott, das wäre wirklich ein Unterschied!«

Er erzählte mir von seinen Voruntersuchungen von Mahram Bilqis und den vielen Schwierigkeiten, mit denen sein Team konfrontiert würde, wenn es darum ginge, das weite Oval auszugraben. Wir sprachen darüber, was mir schon seit langer Zeit andere Archäologen erzählt hatten: Wenn man sich auf die Suche nach dem Grab der Königin von Saba machte, dann könnte man fast hundertprozentig von einem Fehlschlag ausgehen. Es ist ein Grundsatz der Archäologie, daß, wenn man sich aufmacht, etwas Bestimmtes zu finden, man so gut wie nie Erfolg hat; doch wenn man mit offenen Augen und ohne Übereifer

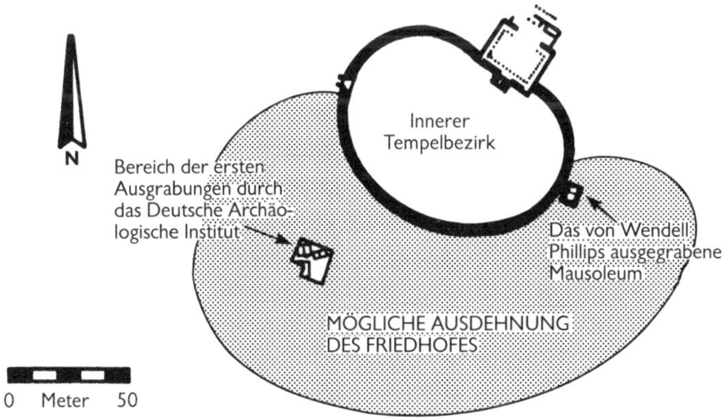

Die Begräbnisstätte von Mahram Bilqis

eine Sache betreibt, dann ist es sehr wahrscheinlich, daß man etwas genauso Wichtiges entdeckt.

Wir stimmten darin überein, daß dies die richtige Einstellung wäre, oder zumindest gaben wir uns den Anschein. Das Grab der Königin von Saba konnte sich im Mahram Bilqis oder in seiner Nähe befinden, genausogut konnte es aber auch in den Bergen bei Sirwah, neben dem dortigen Tempel des Almaqah, liegen. Oder ihr Grab blieb für immer ein Geheimnis. Selbst wenn man die königlichen Gräber von Saba fände, könnte es unmöglich sein, das ihre unter den einhundertfünfzehn Mukarribs und Königen, ihren Gemahlinnen, Kindern und Gefolgsleuten herauszufinden.

Wir kennen noch nicht einmal ihren Namen …

Und doch …

Eine Inschrift, durch Zufall oder Nachforschungen entdeckt, könnte der Königin, die unter den Augen ihres Gottes Almaqah eine Reise in ein fernes Land unternahm, einen Namen geben. Möglicherweise findet man ein Relief, auf dem eine Frau auf einem Kamel dargestellt ist. Und was für ein Fund wäre dies, wenn darauf stände 𐩪𐩡𐩣𐩬𐩽𐩨𐩬𐩽𐩵𐩥𐩵 – »Salomon, Sohn des David«.

Die amerikanischen und deutschen Forscher, die sich der Geheimnisse von Ma'rib angenommen haben, können nur Fragen stellen, so wie der jemenitische Poet Naswan al-Himyari schon vor achthundert Jahren gefragt hat:

Wo sind die Könige? Tausend Könige sind in Staub versunken und liegen nun unter der Erde in Grüften und Gräbern.

Ihre Monumente im ganzen Land künden immer noch von ihren Taten, und ihr Ruhm verbreitet sich wie der Wohlgeruch des Bernsteins.

Oder wer war Bilqis, die Herrscherin eines neuen Reiches, deren Palast unvergleichlich war?[5]

Anhang

Anhang 1
Die Namen der Königin von Saba

»Saba« ist die Bezeichnung eines Landes, eines Stammes und einer Nation – doch nicht eigentlich der Name für eine Königin. Die Bezeichnung »Königin von Saba« ist ähnlich dem Begriff »Königin von England« anzusehen. Was ihren eigentlichen Namen betrifft, steht eine Reihe von Möglichkeiten zur Auswahl:

Aurora Consurgens – »Der anbrechende Morgen« ist die Bezeichnung der Königin von Saba in der Alchimie, was gleichzeitig auch »Südwind« mit anklingen läßt.

Bal'amah oder *Bashama* – Eine weniger gebräuchliche Form des arabischen Bilqis. Diese Bezeichnung könnte eine weibliche Form des biblischen Bileam sein, der die Zelte der Israeliten aufsuchte und von ihnen und von ihrem Gott beeindruckt war. Gleich der Königin von Saba, so war auch Bileam überwältigt. Beide Namen, »Balaam« und »Bal'amah«, mögen von derselben dreibuchstabigen Wurzel *blm* herstammen, die Weihrauch bezeichnete (»Balsam« leitet sich auch daraus her).

Biliqisu Sungbo – Eine Gestalt aus dem westafrikanischen Volksglauben, die man mit der Königin von Saba identifiziert. Noch immer verehren Pilger ihr Grab auf einer Dschungellichtung in Nigeria.

Bilqis (oder *Balkis*) – Der arabische – und gebräuchlichste – Name für unsere Königin. Wenig respektvoll wurde ins Spiel gebracht, daß Bilqis vom griechischen Wort *Pallakis* (Konkubine) hergeleitet sein soll, das im Hebräischen die Form *pilgesh* angenommen hat und dann ins Arabische als »Bilqis« übernommen wurde. Eine andere These ist, daß der Name eine Abwandlung des Stammes *blm* (wie in Bal'amah) ist.

Eteye Azreb – Das bedeutet in Ge'ez, der rituellen Sprache der Äthiopier, »Königin aus dem Süden«.

Habashia – Eine geheimnisvolle, ostafrikanische Gestalt, deren Name eine Variante von »Abessinien« (alter Name von Äthiopien) darstellen könnte.

Makeda – Name der Königin im jüdischen Volksgut, abgeleitet von dem hebräischen Wort *malkah*, »Königin«.

Nikaule (oder *Nikaulis*) – Ihr Name in Flavius Josephus' Werk *Jüdische Alterthümer*. Dies mag eine Verschleifung der Bezeichnung Nitocris sein, eines Namens, den sowohl babylonische als auch ägyptische Königinnen in den *Historien* des Herodot tragen. Auch könnte Nikaule eine Form von Nike sein, der klassischen, geflügelten Siegesgöttin.

Königin vom Süden – Die Bezeichnung für die Königin von Saba in Matthäus 12, 42, und Lukas 11, 31.

Sybilla – Ein Name, der von der Annahme ausgeht, sie sei eine Sybille gewesen, eine von den heidnischen Orakeln, die bei den Babyloniern, Ägyptern, Griechen und Römern verbreitet waren.

Königin von Reicharabien – Nur in der deutschen Bibelübersetzung im Ersten Buch der Könige, Kapitel 10, zu findende Bezeichnung für die Königin von Saba.

Daneben wurde die Königin von Saba noch verwechselt mit Kandake (stammt von *kandake*, einem nubischen Wort für Königinmutter, ab) aus dem Neuen Testament, Zenobia, der Königin von Palmyra, und Lilith, die im jüdischen Glauben eine Oberhexe ist (wie im Anhang 3 gezeigt wird).

Anhang 2
Chronologie des sabäischen Staates

Ca. 6000 v. Chr.	Nach 12 000 Jahren extremer Dürre wird die arabische Halbinsel wieder besiedelt.
Ca. 5000–3000 v. Chr.	Bestattungen in der steinzeitlichen Totenstadt al-Alam, wo Linien aus Steinen möglicherweise in der Frühzeit Karawanen den Weg gewiesen haben. Handelsgüter waren Salz, Obsidian und vielleicht auch Weihrauch.
Ca. 2500–1700 v. Chr.	Ägyptische Expedition in das Land Punt, das erst vor kurzem als die Küstengebiete von Südarabien identifiziert worden ist.
Ca. 2400 v. Chr.	Beginn der künstlichen Bewässerung in Ma'rib.
Ca. 1500 v. Chr.	Westlich von Ma'rib wird ein Damm gebaut, der das Wadi Adana vollständig absperrt.
Ca. 1400–1200 v. Chr.	Entwicklung des südarabischen Alphabets und der Schrift.
Ca. 1300–1100 v. Chr.	Domestizierung des Kamels im südlichen Arabien.
Ca. 1200 v. Chr.	Der erste bekannte Herrscher von Saba. Beginn des Handels.
Ca. 1100 v. Chr.	Einführung des Kamelsattels.
Ca. 1000 v. Chr.	Die sabäischen Karawanen beginnen den Fernhandel mit Weihrauch.
Ca. 980–950 v. Chr.	Frühester und spätester Zeitpunkt der Herrschaft von König Salomon in Israel.
Ca. 970–940 v. Chr.	Frühester und spätester Zeitpunkt der Herrschaft der Königin von Saba, die möglicherweise mit der Herrschaftszeit eines der folgenden sabäischen Mukarribs in Verbindung steht (die Daten wurden von Kenneth Kitchen ermittelt):

	Yada'il Yanuf, Sohn des Karibil, ca. 990 bis 970 v. Chr.
	Dhamar'alay, ca. 970–955 v. Chr.
	Yakrubmalik, Sohn des Dhamar'alay, ca. 955 bis 940 v. Chr.
	Yada'il Bayyin I., Sohn des Dhamar'alay, ca. 940 bis 925 v. Chr.
Ca. 955–945 v. Chr.	Reise der Königin von Saba nordwärts nach Jerusalem.
Ca. 715 v. Chr.	Bau des Großen Damms von Ma'rib.
Ca. 690 v. Chr.	Ausweitung der Stadtmauer von Ma'rib auf ihre größte Ausdehnung.
Ca. 650–350 v. Chr.	Errichtung des Tempels Mahram Bilqis, wobei frühere Gebäude überbaut wurden.
Ca. 500 v. Chr.	Beginn des Baus des Tempels von Almaqah in Sirwah (wahrscheinlich an der Stelle von früheren Gebäuden).
300–200 v. Chr.	Niedergang des sabäischen Staatsgebildes; Erstarken des rivalisierenden Staates Ma'in im Norden.
50–500 n. Chr.	Siegeszug des Christentums und Niedergang des südarabischen Weihrauchhandels.
340 n. Chr.	Bruch und Instandsetzung des Großen Damms von Ma'rib.
Ca. 615 n. Chr.	Endgültiger Zusammenbruch des Großen Damms.
1843	Joseph-Thomas Arnaud besucht als erster Westeuropäer Ma'rib.
1869	Joseph Halevy besucht als erster westlicher Forscher Sirwah.
1882–1894	Der Schriftforscher Eduard Glaser unternimmt vier Reisen nach Ma'rib und kopiert und übersetzt eine große Anzahl von sabäischen Inschriften.
1947	Ahmed Fakhry ist der erste Archäologe moderner Zeit, der Ma'rib und Sirwah erforscht.
1951–1952	Unter Leitung von Wendell Phillips unternimmt die American Foundation for the Study of Man Ausgrabungen am Mahram Bilqis und wird zur Flucht gezwungen.

1997	Ein Team des Deutschen Archäologische Instituts unter Leitung von Burkhard Vogt beginnt mit Ausgrabungen in und um Ma'rib, wobei sie sich auf Gräber außerhalb der Mauern von Mahram Bilqis konzentrieren.
1998	Eine Team der American Foundation unter der Leitung von William Glanzman untersucht des Innere von Mahram Bilqis und plant langfristige Ausgrabungen während des nächsten Jahrzehnts.

Anhang 3
Die Königin von Saba als Dämon

Bei meiner Suche nach der Königin von Saba hatte ich gehofft, daß, wenn ich ihre Legende erforscht hätte, ich sie außer acht lassen und mich auf die wirkliche, historische Königin konzentrieren könnte. Als ich glaubte, dies sei gelungen, wurde ich immer mehr durch Darstellungen verunsichert, die sie als ein Wesen der Dunkelheit, einen Vamp oder eine dämonische Königin zeigten. Ein Prüfstein für diesen Eindruck ist Karl Goldmarks Oper *Die Königin von Saba*, in der sie ihren unglücklichen Liebhaber in den Tod treibt und Salomon mit »einer schrecklichen Stunde der Vergeltung« bedroht. In Gustave Flauberts *Die Versuchung des heiligen Antonius* quält sie mitleidlos den armen Mönch und verschwindet dann an der Küste des Roten Meeres.

In *Das Labyrinth der Welt und das Paradies des Herzens*, einem 1623 entstandenen allegorischen Roman des Prager Schriftstellers Comenius (Jan Amos Komenský), wird unsere Königin in unheimlicher, grotesker Weise dargestellt. Als Salomon in Begleitung seiner Weisen vor den Thron der Königin tritt, stellt er fest, daß ihr Schleier ein Spinnennetz ist. Ihre Weisheit ist zur Eitelkeit geworden. Das Rouge auf ihren Wangen platzt ab, ihre Hände sind mit Krätze behaftet, und ihr Körper ist aufgedunsen. Sie stinkt nach Teufelsdreck.

Vom 17. Jahrhundert ab bis in die heutige Zeit, in Romanen und Gedichten, lecken oft die Flammen der Hölle an der Seele der Königin von Saba.

Worin begründen sich solche Darstellungen? Zuerst hatte ich keinen Anhaltspunkt, vermutete aber, daß diese bösartige Königin von Saba aus weniger bekanntem jüdischen, christlichen oder islamischen Volksgut stammen könnte. Das Christentum, so überlegte ich mir, war nicht die wahrscheinlichste Quelle, da in den mittelalterlichen Legenden und denen der Renaissance der Königin eine herausragende Rolle zugewiesen worden war – doch was war mit dem Gänsefuß? Das war unangenehm nahe an dem Huf des Teufels, und im frühen England taucht die Königin von Saba als ein Schreckgespenst, die »Dame des Teufels«, auf. Für den Islam und seine Geschichtenerzähler gilt die Königin von Saba als eine der Ihren, und der Koran weist sie als Verehrerin des einzig wahren Gottes aus: »Jetzt unterwerfe ich mich, wie Salomon, Allah, dem Herrn der Schöpfung.« Trotzdem blieb sie immer noch die Tochter eines Dschinn.

Mit Blick auf das jüdische Volksgut muß gesagt werden, daß die wenigen wichtigen Texte, die in englisch vorliegen, schwer verständlich, wenn nicht sogar gänzlich unerschließbar sind. Sie enthalten Ausdeutungen kabbalistischer Schriften, die in aramäisch verfaßt sind, Jahrhunderte nachdem diese Sprache schon untergegangen war. Ganz offensichtlich soll damit ein geheimes Wissen geschützt werden. Von Natur aus bin ich mißtrauisch gegenüber geheimem Wissen und ebensolchen Aktivitäten. Ich habe herausgefunden, daß sich hinter Flauberts merkwürdiger Königin von Saba kabbalistisches Gedankengut verbirgt. Der Autor hatte Verbindungen zu einem gewissen Eliphas Levi, einem begeisterten Kabbalisten während des Wiederaufkommens des Okkulten, von dem man sich im Frankreich des neunzehnten Jahrhunderts einnehmen ließ.

Ich benötigte Hilfe und sprach mit einer Reihe von orthodoxen und reformierten Rabbinern in Los Angeles. Es stellte sich heraus, daß sie den Bericht über den Besuch der Königin von Saba bei Salomon wortwörtlich als Darstellung einer Begegnung nahmen, einer Angelegenheit des sich ausbreitenden israelischen Königtums. Darüber hinaus waren sie erstaunt, daß jemand auf den Gedanken kommen könnte, die Königin von Saba zu dämonisieren.

Ich suchte nach Rabbinern, die sich mehr an den mystischen Gestaden des Judaismus heimisch fühlten, und fand in den USA und Israel einige, die einräumten, meine Frage beantworten zu können, es aber nicht taten. Ich reiste in die Gebirgsstadt Safed in Israel, die seit dem sechzehnten Jahrhundert ein Zentrum des verworrenen und facettenreichen Mystizismus der Kabbala ist und von Engeln erzählt, die mit Dämonen darum ringen, Ordnung in das Chaos zu bringen. Taucht die Königin von Saba in diesem Kampf auf? Als ich von Jerusalem aus in Safed anrief, versprach mir ein Gelehrter Aufklärung, doch als ich ihn dann besuchte, erklärte er einfach und bestimmt: »Ich kann keine Lampe für dich anzünden.«

Mir wurde klar, wenn ich irgend etwas über den dämonischen Aspekt der Königin von Saba erfahren wollte, dann war ich auf mich selbst gestellt. Ich fand ein Mosaiksteinchen hier, ein anderes dort und mußte mich damit abfinden, daß mein Bild nie vollständig sein würde. Ich vermutete, daß es einen Korpus von Wissen gibt, der mündlich weitergegeben, aber nie niedergeschrieben wurde.

Ich verstand schließlich, daß die von mir bedrängten Rabbiner ihre Gründe hatten, auszuweichen. Hiermit entschuldige ich mich dafür, daß ich ihr ausweichendes Verhalten falsch gedeutet hatte.

Gelehrte, die mit der dunklen Seite der Königin von Saba in Berührung kamen, zitieren das aus dem fünften nachchristlichen Jahrhundert stammende *Targum Sheni*. Dieser merkwürdige und ausschweifende Kommentar zum Buch Esther wechselt unvermittelt von der Gestalt Esthers zur Königin von Saba und stellt diese als eine Frau dar, die eine Stellung beansprucht, die dem Manne vorbehalten ist. Die Königin ist kühn, sie intrigiert, und sie ist keinesfalls das jüdische Ideal einer treusorgenden Ehefrau und Mutter. Sie ist die Frau, die Männer vor Augen haben, wenn sie murmeln: »Was glaubt sie, wer sie ist, die Königin von Saba?« Doch auch im *Targum Sheni* ist sie kaum als dämonisch zu bezeichnen. Das lag noch vor ihr. Beim Studium immer seltsamerer Texte hatte ich den Eindruck, als würde ich mich durch eine Geisterbahn auf einem Jahrmarkt tasten. Was ich anfänglich im *Targum Sheni* fand, konnte höchstens Angsthasen oder kleine Kinder erschrecken.

Aber warten wir ab.

»Meine Mutter!« kreischte der Turbanträger, und sein Schrei galt der Königin von Saba. Doch wer ist dieser Mann. In dem aus dem frühen Mittelalter stammenden Manuskript *Pseudo ben Sira* (*pseudo* deshalb, weil das Manuskript einem fiktiven babylonischen Höfling zugeschrieben wird) ist der Turbanträger der böse König Nebukadnezar. Eine solche Mutter-Sohn-Konstellation ist natürlich, historisch gesehen, völlig unmöglich, da Nebukadnezar im fünften Jahrhundert v. Chr. herrschte, lange nach der Königin von Saba. Dennoch gibt es in dem Text eine Randbemerkung, in der ein gewisser »Raschi« bestätigt, daß Salomon einen schrecklichen Fehler begangen hatte, als »er mit ihr [der Königin von Saba] geschlafen hat und sie Nebukadnezar gebar, der den Tempel zerstörte«. Gäbe es nicht diesen schurkischen Nachkommen der Königin von Saba, stände Salomons Tempel vielleicht noch heute und es hätte auch keine herzzerbrechende babylonische Gefangenschaft in Nebukadnezars Reich gegeben.

Und damit wird die Königin von Saba zum Grund der nicht enden wollenden Leiden des Volkes Israel.

Die Königin von Saba ist eine Zauberin oder, etwas nachsichtiger gesehen, eine Hexe. Mit den Worten eines der wenigen Gelehrten, die sich mit ihrer dunklen Seite beschäftigt haben, »eine Hexe der übelsten Sorte«.[1]

So steht es im *Sohar* (»Buch des Glanzes«), dem Kernstück der *Kabbala*. Der Legende nach soll darin nach der Zerstörung von Salomons Tempel ein geheimes Wissen bewahrt sein, doch das *Sohar* ist in Wirklichkeit ein in stilisiertem Armäisch um 1280 n. Chr. verfaßtes Werk des spanischen Kabbalisten Moses de Leon. Im dritten Buch gibt es eine Stelle, wo die Königin von Saba Salomon nicht nur mit Rätseln traktiert, sondern auch mit gezielten Fragen nach der Hexerei. Sie ist besessen von den magischen Schlangen, die angeblich aus den Knochen des heidnischen seer Balaam entsprungen sind. Die Stelle lautet:

Wir [gemeint sind die Kabbalisten] haben im Buch von Ashmodai [ein Zauberer und Vertrauter Salomons], das er Salomon gegeben hat, entdeckt, daß ein jeder mächtigen Zauber ausüben kann, so er weiß, wo der Felsen liegt, an dem Balaam fiel, er dort Schlangen finden wird, die sich aus den Knochen dieses Schurken gebildet haben, und wenn er eine davon tötet, dann kann er bestimmte Zauber mit deren Kopf und andere mit deren Körper und wieder andere mit dem Schwanz bewirken; in jeder Schlange stecken drei Arten von Zauber. Eine der Fragen, die die Königin von Saba Salomon stellte, war, wie man an die Knochen der Schlange der drei Zauber gelangt.[2]

Der darauffolgende Text verspricht jedem, der diese Schlangen besitzt, Unverwundbarkeit, denn sie würden alle verzaubern, die eine Waffe gegen ihn erheben. Nachdem dies mitgeteilt wurde, sagt das *Sohar*: »Es gibt Geheimnisse, die man nicht aufdecken sollte«, doch dann wird dies zurückgenommen, und es geht weiter »... wenn, dann nur um den Gefährten [Kabbalisten wie Moses von Leon] hier die verborgenen Wege der Welt zu zeigen, die ich aufgedeckt habe«. Daß die Königin von Saba eine Hexe oder Schlimmeres war, geht aus einer ausführlichen und vehementen Passage in dem auf das *Sohar* folgende Buch der *Kabbala* hervor, wo davon ausgegangen wird, sie sei ganz sicher ein שָׂעִיר (*se'ir*), eine Art Dämon, der aus der Wüste kommt und Unheil in Dörfern und Städten verbreitet.

Zuerst eine Hexe ... jetzt ein Dämon.

Die Schlechtigkeiten, zu denen eine dämonische Königin von Saba fähig ist, werden geschildert im *Sefer Pardes Rimmonim*, einer Auslegung des *Sohar*, verfaßt von dem spanischen Rabbiner Moses Cordovero. Er beschreibt sie als eine sich ausbreitende Seuche, er meint, sie sei die Seuche. Ihr großer und schrecklicher Augenblick wird kommen, wenn sie am Ende aller Tage durch die Straßen von Rom zieht.

Und als ob dies nicht genug wäre, gibt es im mystischen Dunkel der *Kabbala* noch eine alles überdeckende Furcht. Cordovero setzt die Königin von Saba mit Lilith gleich – Adams legendärem ersten Weib, noch bevor Eva auf der Bildfläche erschien –, die ihren Ehemann verließ, sich dem Befehl der Engel Gottes widersetzte zurückzukehren und zu einer Oberhexe wurde – einer Dämonenkönigin, einer Hure, einem Vampir, des Teufels Großmutter ... und sogar zu seiner Gemahlin.

Hat sich der Rabbiner Cordovero das alles nur ausgedacht? Das ist zu bezweifeln. Es gibt Hinweise, daß die Gleichsetzung der Königin von Saba mit Lilith lange Zeit als Vorstellung in der *Kabbala* und dem jüdischen Mystizismus präsent war. Dies kann man zwischen den Zeilen des *Sohar* herauslesen. Außerdem existiert ein *targum* (Kommentar), dessen verschollenes Original man unter Umständen in die Zeit des Alten Testaments datieren kann. Dort wird sehr frei Hiob 1, 15, übersetzt mit: »Plötzlich fiel Lilith, die Königin der Smaragde, über sie her [Hiobs Ochsen und Esel] und brachte sie weg.« In Wirklichkeit lauten die Zeilen: »... da fielen die aus Saba herein und nahmen sie ...« Lilith wird dabei *überhaupt nicht* erwähnt.

Diese Gleichsetzung von Lilith und der Königin von Saba könnte erklären, zumindest teilweise, warum ich vergeblich an die Türen von Synagogen in Los Angeles, Jerusalem und Safed geklopft habe. Lilith, schäumend vor Wut und ungehemmter Promiskuität, ist furchteinflößend, wie es eine Frau nur sein kann. Sie schleicht sich in die Schlafzimmer und Träume von allein schlafenden Männern, vereinigt sich mit ihnen, fällt während der Geburt über die Mütter her und erdrosselt die Kinder in der Wiege. Sie ist ein Ungeheuer – und sie ist schön, mit wunderbarem Haar. Tagsüber ist ihre Zuflucht eine Höhle am Ufer des Roten Meeres, die in dem öden Land von Dornbüschen und Nesseln liegt und von Blut überschwemmt ist.[3] So wie es in Jesaia 34,14, geschrieben steht:

Da werden untereinander laufen Wüstentiere und wilde Hunde, und ein Feldteufel wird dem andern begegnen; der Kobold [Lilith] wird auch daselbst herbergen und seine Ruhe daselbst finden.

Doch sie findet keine Ruhe. Sie paart sich mit lüsternen Dämonen und gebiert unzählige *lilim*, Dämonenkinder, selbst als Gott jeden Tag hundert von ihnen sterben läßt. Und jede Nacht zieht sie aus, um Sterbliche zu verführen und deren Kinder zu töten.

Gefangen im Dunstkreis von Lilith, wurde der Königin von Saba überall von den Kabbalisten der Schleier heruntergerissen. Ein polnisches Manuskript beginnt mit den Worten: »Wie jeder weiß, ist die Königin von Saba ein Dämon«, und dann beschuldigt man sie, daß sie auf ihrer unheilvollen Wanderschaft mit ihren Schwingen das Mondlicht verdunkle. In einem italienischen Text wird sie zur »Mutter der Dämonen«, und in einem deutschen agiert sie im »Namen der Schadenstifter und Draußenbefindlichen«. Solche Texte sind vom vierzehnten bis weit ins neunzehnte Jahrhundert in Gebrauch gewesen.

Es wird berichtet, daß in der Stadt Worms ein Kabbalist des Nachts in seiner Dachstube eine verführerisch gekleidete Königin von Saba zusammen mit ihrer lärmenden und tobenden Horde herbeigerufen hätte. »Sie tanzten und sprangen, und dann verschwanden sie.« Der Bericht legt dar, daß dieses Ritual in einem sauberen und ordentlichen Raum, entweder nach dem Sabbat oder in einer Mittwochnacht, allein vollzogen und dabei eine bestimmte Beschwörungsformel rezitiert werden muß, die aber seit diesem Zeitpunkt verschollen ist. Nun gut.

Die Spirale des Aberglaubens, die Lilith und die Königin von Saba dämonisiert hat, war nichts anderes als eben Aberglaube und hatte nichts mit dem jüdischen Glauben an sich zu tun. Doch was für ein überzeugender Aberglaube! In ganz Europa suchte man mit magischen Amuletten, auf denen die drei Engel abgebildet waren, die Gott ausgesandt hatte, die Dämonenkönigin aus ihrer Zufluchtsstätte am Roten Meer zu holen. Schutz vor Lilith. Die Engel hatten damals versagt, doch die Amulette gaben ihnen offensichtlich eine zweite Chance, die Kräfte der Dämonin zu brechen.

Auch der Glaube, daß man Lilith und in Verbindung mit ihr die Königin von Saba durch ein rotes Band, das man an der Kinderkrippe oder den Kinderwagen befestigte, fernhalten könne, zeugt von dem Vertrauen in die Magie. Ein paar Tage nachdem ich von diesem Aberglauben erfahren hatte, kehrte ich nach dem Mittagessen mit einem alten Freund, Gary Moscowitz, in mein Büro in Los Angeles zurück. In den vielen Synagogen, die sich in der Nähe befanden, war gerade der Unterricht zu Ende, wozu auch die Unterweisung in der *Kabbala* gehörte. Der Bürgersteig war überfüllt von Männern mit Gebetstüchern, bescheiden gekleideten Frauen und Kleinkindern in Kinderwagen. An den ersten paar befanden sich keine Bänder, doch dann entdeckte ich einen auf der anderen Straßenseite und einen weiteren, der auf uns zukam. Ich zögerte, doch Gary nicht. »Entschuldigen Sie«, begann er und fragte dann offen heraus, ob die Eltern schon einmal etwas von Lilith oder die Königin von Saba gehört hätten.

Alarmiert tauschten der Vater und die Mutter einen Blick aus, und nach kurzem Zögern antworteten sie, daß sie beide Frauen kennen würden und um den Schutz, den ein rotes Band biete, wüßten. Doch das rote Band hier bei ihrem Kind, so versicherten sie uns, sei einfach nur zum Schmuck da.

Ich hoffte es. Ich bewunderte die Königin von Saba als den Gegenpart zu Lilith. Eine Frau mit glänzenden Augen, doch nicht wie glühende Kohlen, sondern wie Sterne.

Amulett zum Schutz gegen Lilith

Anhang 4
Die Königin von Saba und die Alchimie

Im sechzehnten und siebzehnten Jahrhundert gab es in Europa gleich zwei Königinnen von Saba, die beide dem Reich der Phantasie angehörten. Neben der dunklen Königin der Kabbalisten gab es eine transzendente, alchimistische Königin der Morgenröte. Sie war beides: Dämonin und Engel. Nirgendwo ist diese Dualität besser nachweisbar als in der brodelnden, magischen Stadt Prag.

Helle Dunstschwaden stiegen von der Moldau auf und zogen zwischen den kahlen Bäumen hindurch, als ich durch die Stadt der Toten spazierte, den Friedhof des ehemaligen Judenviertels. Verwitterte Grabsteine erhoben sich aus einem Leichentuch von Laub und kündeten von Geburt und Tod von Kabbalisten, deren geheimnisvolle Schriften entscheidend zur Dämonisierung der Königin von Saba beigetragen hatten.

Vom Judenviertel aus ging ich nach Westen. Als ich zum Fluß kam, wurde aus dem Dunst Nebel, der alles verbarg, was heutzutage die Stadt heimsucht (»Sex, Drogy a Rokenrol«, wie ein Graffiti mich wissen ließ), und mich in die Lage versetzte, mir den Mittelpunkt Prags im sechzehnten Jahrhundert vorzustellen: den verrückten und melancholischen König Rudolf II. Rudolf war ein schwermütiger Mensch, immer schwarz gekleidet, lächelte oder lachte niemals und war vom Okkultismus besessen. Er umgab sich mit Kabbalisten und Alchimisten. Ungefähr zweihundert Alchimisten standen zeitweise in seinem Dienst.

Ich putzte mir die Brille, um die Straßennamen auf den blauen Emailschilder zu entziffern, und fand schließlich den Weg die Stufen hinauf zu Rudolfs Schloß, dem Hradschin, das im Nebel verborgen war. Die Stufen führten zu einem Platz und einem Tor, dann zu einem weiteren Tor, wo zwei Arbeiter das Pflaster erneuerten. Einer von ihnen stampfte mit den Füßen, der andere putzte sich mehrfach die Nase, während sie mir den Weg eine schmale Gasse hinunter zeigten zu einer kleinen Tür am Fuß eines mächtigen runden Turms mit einem kegelförmigen Dach. Das war der Mihulka, der Pulverturm. Die Tür war unverschlossen, und eine steinerne Wendeltreppe führte nach oben, wo in den vergangenen Jahrhunderten Schießpulver gelagert und Kanonenkugeln hergestellt worden waren. Vor dieser Zeit war der Turm Heimstatt für die Laboratorien der Hofalchimisten des verrückten Rudolf gewesen. Ihre verrosteten eisernen Brennöfen, ihre lateinisch beschrifteten Töpfe, die Glasbehälter mit den langgezogenen Hälsen waren erhalten geblieben und jetzt ausgestellt.

Als ich diese geheime Ausrüstung betrachtete, überlegte ich mir, wie aussichtslos die Anstrengungen der Alchimisten damals gewesen waren. König Rudolfs Hof übte in ganz Europa eine Anziehungskraft auf sie aus. Es gab zwei Arten von ihnen. Die Betrogenen und diejenigen, die betrogen. Die letzteren – Quacksalber und Schurken – täuschten geschickt oder weniger geschickt die Transformation von billigen Metallen in wertvolle Substanzen vor. Zum Beispiel gossen sie theatralisch eine Flüssigkeit in einen Schmelztiegel, dessen Seitenwand ausgehöhlt und mit Wachs versiegelt war; wenn das Wachs schmolz, dann gab es eine verborgene Unze Gold frei. Mit genauen Überprüfungen durch König Rudolf und seine Hofmediziner wurde eine große Anzahl von Alchimisten als Scharlatane entlarvt und entweder in »das Faß« gesteckt, wie das Verlies der Burg genannt wurde, oder den Bären im Burggraben unterhalb des Pulverturms vorgeworfen.

Andererseits verbrachten ernsthafte Alchimisten – wahre Gläubige – Tage, Monate, ja Jahre damit, ihre Veredelungen, Kalzinierungen, Pasten, Laugen und Transmutationen zu einem Abschluß zu bringen. Gerüchte waren im Umlauf, daß sie im Pulverturm dabei waren, Reichtümer unermeßlichen Ausmaßes zu schaffen. Ihre Elixiere könnten die Strahlen des Mondlichts verbiegen, sie entzündeten Feuer am Firmament, und sie besäßen Kröten, die Smaragde zum Explodieren brächten. In Wirklichkeit wurden ihre blutunterlaufenen Augen von den Dämpfen und der Hitze so gereizt, daß daraus Tränen hervortraten, »rot wie der Saft von Maulbeeren«. Ihre Lungen waren zerstört, und ihr Geist und Körper vergiftet. Dennoch glaubten sie in ihrem Wahn und ihrer Begeisterung, daß der Erfolg greifbar nahe läge. Ihre Bücher, geschrieben in arabisch, hebräisch, aber zumeist in Latein, sagten es ihnen: *De Alum et Salubus; Ars Arcani; Rosariius Minor de Alchemia; Tractatus Aureus de Lapide; Artis Auriferae.*

Auf den abgegriffenen und schmutzigen Pergamentblättern dieser

Bücher trieb sie eine Frau, schön und weise zugleich, immer wieder an: die Königin von Saba.

Der weise arabische Alchimist Abufalah von Syrakus, dem alle Nachfolgenden vertrauten und in seinen Lehren folgten, gab an, daß die Königin von Saba den Stein der Weisen – ein Stein, der in der Lage sei, alles in jedes zu verwandeln – von ihrem geheimnisvollen ersten Ehemann geerbt hätte. Dieser wäre durch ihren Palast gezogen und hätte sämtliche Gegenstände »aus Kupfer, Zinn, Eisen und Blei sowie alle anderen Metalle, die sich im Haus befanden, zusammengesucht, sie ins Feuer geworfen, etwas von dem Stein abgeschabt und darübergestreut, und heraus kam dabei pures Gold«.[1]

Dies war möglicherweise die erste alchimistische Handlung auf der Welt, an der die Königin von Saba doch tatsächlich beteiligt war. »Sie nahm den Stein der Weisen an sich, legte ihn in ihre Schatzkammer als den größten Schatz unter all den wertvollen Dingen.« Später gab sie dann den Stein ihrem zweiten Ehemann, König Salomon, der, wie berichtet wird, den Erhalt dieses Geschenks in seinem Buch *Sefer haMaspun* (»Der Kompaß«) erwähnt.

Salomon wird als König der Alchimisten verehrt und die Königin von Saba als Königin, wodurch sie mit einer Reihe von Elementen und Mächten identifiziert wird. Dies wird durch das Buch *De Alum et Salubus* (»Das Buch von dem Alaun und den Salzen«) bestätigt, worin sich folgende Formel befindet:

Das heißt: Kupfer + Salz + Quecksilber + Urin = veredeln = reines Silber.

Man glaubte, daß Kupfer, Salz, Quecksilber und Silber von der Königin von Saba gesegnet seien und durch sie symbolisiert würden. Mehr noch, sie war es, die auf geheimnisvolle Weise den kritischen Vorgang der Veredlung gelingen ließ. In *De Alum et Salubus* wird sie zitiert: »Ich bin die Mittlerin zwischen den Elementen und bringe das eine dazu, sich mit dem anderen zu verbinden.« In dieser Funktion war sie seit den frühesten Tagen der Alchimie bekannt als »der Südwind«, der Wind, der die Elemente vermengt und transformiert, der Wind des alchimistischen und spirituellen Wissens.

Sie war auch die *Aurora consurgens*, »die aufkommende Morgenröte«. Die Alchimisten und ihre Gehilfen arbeiteten in der Nacht, so daß der entscheidende Augenblick ihrer Experimente bei Morgengrauen kommen würde, ein Augenblick der Schönheit, wenn »alle bösen Gerüche und Dämpfe, die ihren Geist angriffen, verschwanden und ihre Macht verloren«. Dieser magische Augenblick wurde durch die Königin von Saba symbolisiert: »Ich bin die stolzeste Jungfrau, die wie das Morgenlicht erscheint, ich glänze wie die Sonne, bin so schön wie der Mond, bis auf das, was in mir verborgen ist.«[2]

In dieser verwirrenden, alchimistischen Darstellung wird die Königin von Saba als ewiglich rein und prächtig, tugendhaft und unschuldig beschrieben. Sie ist »der eine Schlüssel zum Gelingen«. Niemand in König Rudolfs Turm – oder wo immer alchimistische Tiegel glühten oder Glaskolben blubberten – hätte auch nur im entferntesten daran gedacht, ihre Reputation zu beschmutzen. Das wäre eine Handlung, so dumm, wie wenn man Silber wieder in Salz oder Gold in Blei verwandeln würde.

Salomon und die Königin von Saba als König und Königin der Alchimie. Die Königin steht auf dem Mond, dem Symbol für Silber (aus: *Rosariius Minor de Alchemia*, Bern 1545)

Ich stieg den Pulverturm hinab und dachte an König Rudolfs zweihundert Alchimisten – eine seltsame Schar im Umfeld der Königin von Saba – und wie sie ohne Unterlaß ihren nicht ganz klaren König enttäuscht hatten. Doch auf ihre mystische Königin haben sie nie etwas kommen lassen.

Im Westen erstrahlte der Widerschein silbernen Lichts durch den Nebel, und die schwachen Klänge einer bunt zusammengewürfelten Gruppe von Straßenmusikern fanden ihren Weg von irgendwoher hinauf zum Hradschin, Umpahpah mit etwas rokenrol dazwischen.

Hatte ich die Weisheit und die Legende der Königin von Saba erforscht?

Keinesfalls, denn ein Mythos erschafft sich immer neu und sehr geschickt, selbst wenn seine Elemente nur wenig mit einer nachprüfbaren Wirklichkeit gemein haben – so ist es in der *Kabbala* und auch in der Alchimie.

Ich empfand wie der Alchimist Johannes Grasseus, der im späten sechzehnten Jahrhundert folgendes Lob der Königin von Saba zuteil werden ließ: »Dies ist die reine, weise und reiche Königin von Saba, die einen weißen Schleier trägt. Kein menschlich Herz kann wirklich dies alles erforschen.«[3]

Danksagungen

Bei meiner Suche nach der Königin von Saba war und bin ich der Welt dankbar, daß sie immer noch Mysterien und Rätsel für die bereithält, die neugierig sind. In den kommenden Jahren werden ich noch mehr über die Königin von Saba als biblische, islamische, alchimistische, kabbalistische, archäologische Person erfahren, aber auch über sie als Gänsefuß-Königin, Modell der großen Maler, Zirkusstar und Gestalt des Jüngsten Gerichts. Ihrer Spur durch weit entfernte Wüsten zu folgen war großartig und beschwerlich.

Ich hatte das Glück, zwei Kapazitäten in der Archäologie Südarabiens kennenzulernen, die inzwischen verstorbenen Ahmed Fakhry und Wendell Phillips. Durch den Einsatz von Wendells Schwester Merylin und ihres Mannes Gordon Hodgson ist die von Wendell gegründete American Foundation for the Study of Man wieder im Jemen aktiv. Ich danke den unermüdlichen Vertretern der AFSM, Gus Van Beek, Pater Albert Jamme, Bill Overstreet und besonders Bill Glanzman für ihre Ratschläge und dafür, daß sie mir ihre Zeit schenkten.

Sich durch die vielen Hinweise auf die Königin von Saba zu wühlen bedeutete, viel Zeit in unzähligen Bibliotheken zuzubringen, dazu gehörten die UCLA Research Library in Los Angeles und die Huntington Library in San Marino, Kalifornien; die Wisconsin Historical Society Circus World Archives in Baraboo, Wisconsin; die Oriental Collection of the New York Public Library; die Rockefeller und John Hay Libraries an der Brown University; die Library of the School of African and Oriental Studies in London; die Rockefeller Library in Jerusalem und die Sammlung des American Institute of Yemeni Studies in Sanaa, Jemen.

Einen Dank an Peter Parr und Nanina Shaw Reade für die Ausrichtung des jährlichen Seminars für arabische Studien an der University of London, wo mir Jan Retso, Kenneth Kitchen, Michael Macdonald und Holgar Hitken Einblick in ihre Forschungsarbeiten gewährten.

In den Vereinigten Staaten übersetzten Klaus und Gabriele Brill für mich lange deutsche Abhandlungen, Paul Boorstin half bei französischen Texten, Bonnie Stalls erklärte mir verklausulierte arabische Sätze, und Bill Wyatt von der Brown University polierte mein mäßiges Schullatein auf.

Als sich die Legende der Königin von Saba auf unerforschtes Terrain zu bewegte, waren mir folgende Personen eine große Hilfe: der verstorbene H. Keith Beebe vom Oriental College; Marvin Sweeney vom Claremont Theological Seminar; Kari Coughlin und Linda Green, Ranger im Death Valley; Beverly Harry, Angestellte des Inyo County Court House; Bill Meracher, Kurator des Central Nevada Museum; Daniel Kasser, Händler von Makeda Ethiopian Honigwein im Shenandoah Valley; und Jay Soloff von Columbia Wine and Spirits, die jetzt »La Reine Pédauque«-Wein nach Amerika importieren. Ich danke zwei Verwandten: Lucy Buckley, die zusammen mit ihrer Mutter Alfreda Parisi mich über die Schwarze Jungfrau von Tindari informierten, und Pardon Tillinghast vom Middlebury College, einer der wenigen praktizierenden Hagiographen in der Welt. Fred Dahlinger jr. war ein wandelndes Lexikon, wenn es um den Zirkus in Amerika ging, und Al Stencil, lange Zeit Betreiber von Vergnügungsparks, kannte sich hervorragend aus, wenn es um Schausteller ging, die in ihren Shows die Königin von Saba auf die Bühne brachten. Als ich mich dem Reich der Heiligen zuwandte, ermöglichte mir Cherry Johnstone von der Kathedrale in Canterbury Einsichten in das mittelalterliche Gedankengut, und sie erinnerte sich, als Kind neben dem Herrscher Haile Selassie gestanden zu haben, als dieser die Kathedrale besucht, sehnsüchtig auf die Darstellung von Salomon und der Königin von Saba geblickt und gemurmelt hatte: »Es ist wahr, weißt du … Es ist wahr …«

Mein Dank auch an den Jesuitenpater Bill Fulco für die Erlaubnis, seine neue und geistvolle Übersetzung des Hohelieds des Salomon zu verwenden.

Und es war eine Freude, mit Ron Blom und Bob Crippen vom Jet Propulsion Laboratory zusammen an der Herstellung und Analyse der Weltraumbilder des Ramlat-Sabateyn-Gebiets in Südarabien zu arbeiten.

Für Hilfe und Anregungen während der Zeit, als ich den Mittleren Osten besuchte, stehe ich bei Herb Krosney, Joe Zias und Israel Eph'al in Israel und Pierre und Patricia Bikai, M. Ali Bouri und den Baron-Brüdern in Syrien in der Schuld. Der Stellvertretende Erziehungsminister Dr. Sa'ad A. al-Rashid begrüßte uns in Saudi Arabien und gab uns in die kompetenten Hände von Dr. Abdullah Sau al-Saud, Generaldirektor des königlichen Forschungszentrums und der Museen, und Dr. Hussein Ali Abul al-Hasan, leitender Archäologe. Elizabeth Thornhill und Botschafter Wyche Fowler von der amerikanischen Botschaft in Riad waren uns eine große Hilfe. Und ein besonderer Dank geht an den Islamforscher Michael Wolfe.

Wichtige Hinweise erhielt ich von den Archäologen Kathryn Bard und Rudolfo Fatovitch, die in Äthiopien arbeiten, und für Unterstützung im Jemen bin ich Noha Sadek vom American Institute of Yemeni Studies und Mohammad Osman von al-Mamoon International Tours zu Dank verpflichtet. Ich danke Melanie Mueller und Lori Giovenco von Space Age Travels in Los Angeles sowie Irma Turtle und Jan Misseri von Turtle Tours in Carefree, Arizona, dafür, daß sie mich und meine Mitreisenden in den Mittleren Osten und zurück gebracht haben.

Meine Frau Kay und meine Töchter Cristina und Jennifer hatten immer Verständnis für meine weit entfernten Unternehmungen und schlossen sich mir an, wann immer sie konnten. Zusätzliche Erkenntnis und moralische Unterstützung erhielt ich von Werner Daum, Nigel Groom, Alan Jutzi, Myles Hymes, Harrison Engle, Ben Bennett, Steven Lopuck, John, Louise and Christopher Brinsley, Ron und Merle Mardigian, Artemis und Martha Joukowsky und einem unvergleichlichen Schriftsteller, Qoholeth.

Vor zwanzig Jahren stiegen Kay und ich einen Bergpfad westlich von Petra in Jordanien herab, als eine einsame Gestalt uns entgegenkam. Sie stellte sich als Bob Ivey aus Los Angeles vor, und seit dieser Zeit haben er und seine Frau Jill Bowman unsere Begeisterung für den Mittleren Osten geteilt. Als mein Anwalt und mein Agent hat Bob beide Bücher, *Die Stadt der Düfte. Auf der Suche nach dem Atlantis der Wüste* und *Die Königin von Saba. Einer Legende auf der Spur* vermittelt. Er stellte mich Harry Foster von Houghton Mifflin vor, mit dem es eine Freude war, an beiden Bücher zusammenzuarbeiten, genauso wie mit Peg Anderson. Und ich danke Kristen Mellon und Anne Chalmers für die Zeichnungen in diesem Buch und die graphische Gestaltung.

Anmerkungen

1. In den Klöstern des Ostens

1 Die Bezeichnung Saba taucht im Mittleren Osten in unterschiedlichen Zusammenhängen auf. In diesem Fall ist es der wirkliche Name des ersten heiligen Abtes des Klosters und steht in keiner Beziehung zu der biblischen Königin von Saba.

2 Jerome Murphy-O'Connor: *The Holy Land: An Archaeological Guide from Earliest Times to 1700*, S. 43.

3 Es gibt eine Tradition, unbotmäßige und aufsässige Mönche nach St. Katharina zu verbannen. Im 19. Jahrhundert beschreibt ein Pilger das Kloster als »eine Art von Heimstätte für niederträchtige Priester der griechisch-orthodoxen Kirche«. In den frühen zwanziger Jahren des letzten Jahrhunderts sah die unerschrockene Weltreisende Augusta Dobson das Kloster als »eine Art von Niederlassung an, in der Mönche, die sich Verbrechen schuldig gemacht hatten, für die Kirche ob ihrer nicht konformen Ansichten ein Problem oder geistesgestört waren, sicher verwahrt wurden«.

4 Lesley Hazleton: *Where Mountains Roar*, S. 76. Eine etwas einseitige Darstellung der Mönche in St. Katharina findet man in John Lloyd Stephens: *Incidents of Travels in Egypt, Arabia, Petraea, and the Holy Land*. Obwohl schon 1837 veröffentlicht, ist dies immer noch eine der besten Reisebeschreibungen des Mittleren Ostens. Stephens zieht das Fazit: »Soweit ich das beurteilen kann, erschienen sie [die Mönche] mir völlig zufrieden; doch die meisten von ihnen waren nichts als Schmarotzer und Faulpelze, die wenig Gutes für sich oder andere leisteten und sich von den an sie verschwendeten Gaben der christlichen Pilger ein gutes Leben machten. Ich will nicht behaupten, sie seien schlechte Menschen. Die meisten von ihnen waren zu einfach gestrickt, um schlecht

zu sein, und selbst wenn Schlechtigkeit in ihnen lag, dann zeigten sie keine Anzeichen, Böses zu tun, und zu alle dem sollte man in unserer Welt, geprägt von Ruhelosigkeit und Unheil, von Schlechtigkeit, die nicht nach außen tritt, nur sehr zurückhaltend sprechen« (S. 198).

3. Das Hohelied über die Königin von Saba

1 Obwohl eine Anzahl von Gelehrten bezweifelt, daß es in der Zeit Salomons Schreiber am Hof und eine Aufzeichnung der dortigen Ereignisse gegeben hat, führt David W. Jamieson-Drake dafür überzeugende Beweise in seinem Buch *Scribes an Scholars in Monarchic Judah* an.

2 Flavius Josephus: *Jüdische Alterthümer*. Köln 1883

3 Gelehrte haben das Hohelied des Salomon auf Anspielungen und Bezugnahmen hin untersucht, die es ermöglichen könnten, das Werk zu datieren. Das meiste, was sie gefunden haben, deutet auf eine Entstehung kurz nach dem babylonischen Exil hin (die Gefangenschaft der Juden in Babylon begann im Jahre 587 v. Chr.). Einige Bezüge scheinen älteren Datums zu sein, so z. B. die Zeile: »Du bist schön, meine Freundin, wie Thirza« (6, 4). Thirza war kurzzeitig die Hauptstadt des Hauses Israel, und ihr Niedergang datiert kurz vor der Zeit Salomons. Das Fazit mag sein, daß *Teile* dieses Werkes zur Zeit Salomons entstanden – und Jahrhunderte später weitgehend überarbeitet worden sind.

4 Johann Wolfgang Goethe: *Noten und Abhandlungen zum West-östlichen Diwan*, Abschnitt über die Hebräer (Anm. d. Übersetzers).

5 Dieses und die folgenden Zitate stammen aus Marie-Louise von Franz (Hrsg.): *Aurora Consurgens*, S. 33, 53 ff. und 145 ff. Das Manuskript der *Aurora Consurgens* wurde von dem Psychoanalytiker C. G. Jung in der Bibliothèque Nationale in Paris gefunden. Anspielungen im Text lassen auf einen Entstehungszeitraum von 1240 bis 1280 schließen.

6 Die anderen Königinnen, die in der Bibel auftreten – Esther, Waschti und mehr als sechzig in Salomons Harem sowie Kandake im Neuen

Testament –, sind alle die Frauen von Königen, die nicht über eigene Macht verfügen.

7 Sixtus von Sienna: *Bibliotheca Sancta*. Frankfurt 1575, S. 331.

4. Die Königin der Wüste

1 Der Begriff »Semitisch« ist eigentlich eine wertfreie, wissenschaftliche Bezeichnung, die 1781 für die Nachkommen von Noahs Sohn Sem geprägt wurde. Damit sind alle Menschen, sowohl Araber als auch Juden, eingeschlossen, die im Mittleren Osten leben.

2 *Koran*. Herausgegeben von George Sale, S. 322.

3 Dies ist die Erklärung einer schwierigen Zeile des Korans, die der mittelalterliche Kommentator Ahmed ibn Mohammed al-Thalabi gibt (zitiert nach Jacob Lassner: *Demonizing the Queen of Sheba*, S. 193).

4 Abu Mohammed ibn Abd Allah al-Kisai: *Tales of the Prophet*, S. 308. Die ist eine wunderbare, kenntnisreiche Beschreibung von Salomons Reise auf dem fliegenden Teppich und der Tugenden und Torheiten, die er zu sehen bekommt. An einer Stelle landet er, um mit dem König der Ameisen zu speisen (deshalb auch der Name dieser Koransure über die Königin von Saba), und erfährt, daß »der König der größten Armee auf der Erde auf dem Bein einer Heuschrecke speist«. Ein anderes Mal streift er durch eine zerstörte Stadt, deren Einwohner sich für gottgleich gehalten hatten. (Diese Stadt hatte ganz gewiß die Legenden der verlorenen Stadt Ubar als Vorbild – die ein Team, dem meine Frau Kay und ich angehörten, 1990–1991 im Sultanat Oman entdeckten.) Salomon stößt auf eine Inschrift, in der der Name von Ubars bekanntestem König, Shaddad ibn Ad, auftaucht (vgl.: Louis Ginzberg: *The Legends of the Jews*, S. 571).

5 Die Bezeichnung »Garten der zwei Paradiese« geht auf den Koran zurück, in dem steht: »Die Einwohner von Saba hatten ... einen Garten zu ihrer Linken und einen Garten zu ihrer Rechten. Wir [Allah und der Prophet Mohammed] sagten zu ihnen: ›Eßt, was euch euer Herr gibt, und dankt ihm dafür‹ ... Doch dies befolgten sie nicht. Also brachten wir die Wasser des Damms über sie und

ersetzten ihre beiden Gärten durch zwei andere, in denen nur bittere Früchte, Tamarisken und ein paar Sträucher wuchsen. So straften wir sie für ihre Unbotmäßigkeit: denn wir strafen die Undankbaren« (Sure von Saba, 34, 15–16). Wie auch sonst in der Bibel oder dem Koran wird die Rechnung mit den Bösen beglichen, seien es nun die Einwohner von Sodom und Gomorra, Ubar oder die gesamte Welt vor der Sintflut.

6 Al-Kisai berichtet von Salomons Ring, der ein Siegel trug, das am Beginn aller Zeiten angefertigt worden war: »Dies war Adams Siegel, als er noch im Paradies war, doch als er aus dem Paradies verstoßen wurde, löste sich der Ring von seinem Finger und flog zurück ins Paradies, wo er blieb, bis Jibril ihn zu Salomon brachte« (*Tales of the Prophet*, S. 301). Später dann wurde der Ring von dem Dschinn Sakhr, dem Aufrührer, gestohlen, einem Vorläufer des Mephistopheles. Mit diesem Ring nahm Sakhr die Gestalt Salomons an und verwüstete dessen Harem und Schatzkammer. Der wahre Salomon, der jetzt die Gestalt von Sakhr hatte, wanderte durch sein Königreich. Wenn er den Leuten sagte, er sei der König, hießen sie ihn einen Lügner und bewarfen ihn mit Dung. Als er an ein Flußufer kam, bat er einen Fischer um einen Fisch, wurde aber grob zurückgewiesen. Doch da erfüllt Gott das Herz des Fischers mit Mitleid, und murrend bot er Salomon einen Fisch an. Und tatsächlich glitzerte im Inneren des Fisches Salomons Ring! (Wie dieser dorthin gekommen ist, ist eine andere Geschichte.)

7 Die Einfügung von wörtlichen Koranzitaten (in diesem Fall aus der Sure 27, 30) in diesen Erzählungen wird üblicherweise in der arabischen Entsprechung durch Kursivdruck kenntlich gemacht. Daß diese Zitate in der Geschichte von Salomon und der Königin von Saba recht selten sind und weit auseinanderstehen, zeigt, daß die Geschichte seit ihrem Auftauchen im Koran im späten siebten Jahrhundert n. Chr. immer mehr ausgeschmückt worden ist.

8 Flachs biegt sich im Wind. Es wird in die Kleidungsstücke der Armen hineingewebt und ist Bestandteil der Totenhemden. Die Vögel ernähren sich von seinen Samen, und die Halme werden zur Herstellung von Fischreusen verwendet.

9 Aufschlüsse über den Stammbau der Familie Lot gibt das 1. Buch Mose, 11–19.

10 Angelo S. Rappoport: *Myths and Legends of Ancient Israel*, S. 124.

11 Abu Mohammed ibn Jabir Tabari: *The History of al-Tabari*, Vol. 3, S. 152.

12 In al-Thalabis Genealogie ist König Sharahil, der in den meisten Belegstellen als unverheiratet und böse geschildert wird, ihr Vater. In diesem Fall würde sie wohl eher durch die Erbfolge denn durch einen Mord auf den Thron gelangt sein (keine so gute Geschichte, aber wahrscheinlich eher der Wahrheit entsprechend).

5. Augen, die wie Sterne leuchten

1 Paul F. Watson: *The Queen of Sheba in Christian Tradition*, S. 138.

2 In der deutschen Chronologie trägt sie den Namen Bertrada d. J.

3 Bei dieser Skulptur hat Moses Hörner, was aus einer Fehlübersetzung der *Vulgata* resultiert, in der »das Gesicht Moses strahlte« mit »das Gesicht Moses trug Hörner« übersetzt wurde. Und warum, so mag mancher fragen, befindet sich die Königin von Saba bei Moses? Die Antwort liegt in einem Nebenstrang ihrer Legende, in dem sie fälschlicherweise als Moses' zweites Weib Miriam angesehen wird.

4 Die Verschiebung von dem Fuß eines Tieres zu dem eines Vogels mag in einem Schreibfehler eines deutschen Mönches ihren Grund haben, bei dem *pes asinus* (Eselsfuß) zu *pes anserinus* (Gänsefuß) wurde.

5 Honorius Augustodunensis: *De Imagine Mundi*, S. 110.

6 Auszug aus einem Liebesgedicht, zitiert in James B. Pritchard (Hrsg.): *Solomon and Sheba*, S. 136f.

7 Diese Erzählung des Jakobus war immer wiederholt und dabei auch ausgeschmückt worden. In einer äthiopische Quelle mit dem Titel *The Thirteen Pains of the Cross* wird berichtet, daß die Königin von Saba, bevor sie nach Jerusalem kam, eine böse Schlange getötet hätte und Spritzer von deren Blut dieses häßliche hornähnliche Gebilde hatten an ihr wachsen lassen. Doch als sie ihren Fuß auf den Baum, der über dem Teich lag, setzte, fiel das Horn ab. Erstaunt über dieses Wunder, ließ Salomon den Baumstamm in seinen Tempel bringen, wo er und die Königin jeweils eine Münze darauf legten. Sie sprachen einen Fluch über jeden aus, der sich des Geldes bemächtigen

wolle. Ihrem Beispiel folgend, legten alle achtundzwanzig nachfolgenden Könige jeweils eine Münze auf den Stamm, so daß es schließlich insgesamt dreißig Münzen waren, die gestohlen wurden, um Judas für seinen Verrat zu bezahlen!

8 Solche Erzählungen über das wahre Kreuz wurden von den damals in Norditalien mächtigen Franziskanern gefördert. Nach den Kreuzzügen erhielt der Orden, sehr zum Verdruß der enteigneten muslimischen Landbesitzer, das Legat über eine Reihe von heiligen Stätten zugesprochen. Darauf bedacht, die Legitimität ihrer Besitzungen festzuschreiben, stürzten sich die Patres auf die *Legenda Aurea*. Sie meinten, die Legende vom Wahren Kreuz könnte in fünfzehn Abschnitte unterteilt werden, und zu ihrer Freude spielten dreizehn davon im umkämpften Jerusalem.

9 Jacobus de Voragine (Jakobus von Varazze): *The Golden Legend*, übersetzt von William Caxton, S. 170. In einer Variante der *Legenda Aurea* erzählt die Königin Salomon das gleiche, doch später, »als sie [die Königin von Saba] zurück in ihrem Reich war, schrieb sie Salomon, daß an dem Baumstamm [der als Brücke über den Teich diente] eines Tages der Mann hängen wird, der dem Reich der Juden ein Ende bereiten wird« (*The Golden Legend of Jacobus de Voragine*, übersetzt von Granger Ryan und Helmut Ripperger, S. 270).

Die Kenntnis eines Textes, der einen Maler inspiriert hat, vergrößert ungemein unser Verständnis für die christliche Kunst. Leonardo da Vincis *Das letzte Abendmahl* zum Beispiel erlangt eine ganz neue Bedeutung, wenn man weiß, daß auf dem Gemälde der Augenblick dargestellt ist, in dem Christus seinen Jüngern mitteilt, daß einer aus ihrer Mitte ihn noch vor Tagesanbruch verraten wird.

10 Die Bezeichnung »Königin des Südens« ist verwirrend, da die Stadt der Königin von Saba häufig als »Kitor, das im Osten liegt«, angegeben wird. Eine Erklärung dafür ist, daß in der Bibel der Begriff »östlich« häufig synonym für »weit entfernt« benutzt wird, so wie ein jeder Beobachter sich weit entfernt von der aufgehenden Sonne befindet.

11 Die Rolle der Königin des Südens beim Jüngsten Gericht spielt, wie man erwarten kann, im heutigen christlichen Gedankengut eine untergeordnete Rolle. Der Gedanke daran ist beim Studium der Bibel

nicht gerade beliebt. In den Kirchen wird diese Passage des Neuen Testaments nur einmal im Jahr zu Gehör gebracht: am dritten Mittwoch in der Fastenzeit.

12 In Europa tragen eine Reihe von Darstellungen der schwarzen Jungfrau die Inschrift *Nigra sum sed formosa* zu ihren Füßen – »Ich bin schwarz aber schön«, was nach mittelalterlicher Einschätzung die Zeile ist, mit der sie im Hohelied des Salomon vorgestellt wird. So auch bei den schwarzen Jungfrauen, die sich in Roms ältester Kirche, Santa Maria in Trastevere, und auf Sizilien in dem Kloster der Madonna Nera in Tindari, dem beliebtesten Wallfahrtsort der Insel, befinden. Ich habe mir die Statue der Madonna Nera angesehen und erfahren, daß sie nach Sizilien gelangte, als in einem wütenden Sturm ein Schiff aus dem Osten vor der Küste auf Grund lief. Heute legen in der prächtigen Kirche die Blinden ihre dunklen Brillen ab und die Krüppel ihre Krücken weg. Ein *Verzeichnis der Wunder* liegt offen aus. Die Madonna befindet sich hoch über dem Altar und trägt keine Krone, sondern einen spitz zulaufenden Hut, wie er im Osten üblich war; der hoch aufragende Hut ist mit blumengleichen Sternen verziert. Ganz wie das Licht einfällt, wirken ihre dunklen, mandelförmigen Augen streng, beunruhigt oder hochmütig – doch kaum mitfühlend. Sie schauen über die Abgründe der Zeit, ihre Intensität kämpft gegen ihr Gefängnis aus Holz, Gips und Farbe an. Sie ist mehr eine Königin des Ostens – und Südens – denn des Westens. *Nigra sum sed formosa.*

13 Die Macht einer starken Königin von Saba und eines schwachen Salomon wiederholt sich in den Glasbildern und den Statuen einer Reihe von europäischen Kathedralen. In Chartres ist dies erkennbar an den Figuren, die zu ihren Füßen plaziert sind. Bei der Königin von Saba ist es ein kräftiger, kämpferischer Mann; bei Salomon ist es ein alberner, kleiner Gnom, so schwach, daß nicht er, sondern ein Podest den dicken König trägt. Salomons Blick ist in weite Ferne gerichtet, und er ist bemüht, den Seitenblick der Königin von Saba nicht zu beachten.

6. Im Banne der Königin

1 Schon vor Händel gab es eine Reihe von Bearbeitungen des Hoheliedes des Salomon, besonders durch Palestrina und Boyce, die alle eine namenlose Königin von Saba zum Inhalt hatten. Die Bach-Kantate BWV 65 trägt den Titel: *Sie werden aus Saba alle kommen*, doch woran er wirklich gedacht hatte, war: »Drei Könige mit Weihrauch, Gold und Myrrhe von weit her. Halleluja!«

2 Dieses und die folgenden Zitate stammen aus Karl Goldmark: *Erinnerungen aus meinem Leben*, Wien 1922.

3 In einer Kritik, so exzessiv wie das Ballett selbst, schreibt der Korrespondent der *New York Times*: »Das Finale von tausend und mehr Menschen auf der Bühne der Scala entwickelt sich zu einer ohrenbetäubenden Woge von Geräuschen und paradoxen Rhythmen, die ihresgleichen nur in der dionysischen Klimax des *Sacre du Printemps* findet. Respighi hat diesen Ausbruch mit fast satanischer Wildheit hervorgebracht ... Bei der Premiere in der Scala sprangen die Zuschauer vor Begeisterung von den Sitzen und steigerten sich in einen nicht enden wollenden Beifall hinein.«

4 Bei Barnum und Baileys *Tribute of Balkis* wurde sowohl der jüdische als auch der arabische Name der Königin von Saba benutzt, ein Beweis dafür, daß jemand zumindest einige Nachforschungen angestellt hatte. Der Titel mag auch deshalb gewählt worden sein, um sich von der vorherigen (und ziemlich mäßigen) Schaustellung durch John Robinson zu distanzieren.

5 Handschriftliche Aufzeichnungen, die im nachhinein von Chester Prays Gesprächen am Lagerfeuer gemacht wurden, sowie seine Aussagen zu wichtigen Ereignissen findet man unter Fall Nr. 484 im Inyo County Courthouse, Independence, Califonia.

6 Obwohl als verloren angesehen, entdeckte ich einen Bericht mit einer Zeichnung, verfaßt von dem Totengräber von Goldfield, Frank T. Dunn, den ich mit dem Gerichtsmediziner Richard Horowitz vom Cedars-Sinai Hospital in Los Angeles durchging. Es hat den Anschein, als ob es zwei unterschiedliche Wunden gegeben hatte. Horowitz vermutete einen Mord.

7 Die Spekulationen über das Ableben von Chester Pray verflüchtigten sich, als im Juli 1913 eine erbarmungslose Hitzewelle die Ge-

gend heimsuchte. Im Death Valley stieg das Quecksilber an fünf aufeinanderfolgenden Tagen bis auf zweiundfünfzig und dann noch einmal auf fast sechzig Grad (im Schatten), die höchste Luft-Temperatur, die jemals irgendwo auf der Erde gemessen worden ist.

8 *Inyo Register*, 26. Februar 1914. Der Tenor dieses Artikels legt nahe, daß Jack Salsberry sich mit »Diamondfield« Jack Davis zusammengetan hat, einem »wandelnden Arsenal«, von dem bekannt war, daß er zwei Revolver, ein Bowie-Messer und eine abgesägte Schrotflinte unter seinem Wahrzeichen, einem langen schwarzen Mantel trug. Wenn Salsberry irgendwelche Gewissensbisse hatte, Chester Pray aus dem Hinterhalt umzulegen, war »Diamond Jack« der Mann, das zu erledigen – und sich damit selbst einen Anteil an der *Königin von Saba* zu sichern.

9 Betty Blythe setzte sich nicht leichtfertig die Krone der Königin von Saba auf. »Ein solcher Typ Frau«, so meinte sie, »waren in unserer Zeit Jeanne d'Arc, Madame de Maintenon, Schumann-Heink. Frauen wie die Königin von Saba waren Meilensteine in der Entwicklung der Frau. Sie war die erste Suffragette. Wenn sie auf einer einsamen Insel wäre, dann würde die Königin von Saba eine Hütte bauen, nicht aus Schilf, sondern aus Blumen. Sie zöge es vor, lieber zu sterben, als keine Möglichkeit zu haben, sich auf diese Weise auszudrücken, mit Farben, den Blüten und der Musik des Lebens« (*Movie Weekly*, 19. November 1921, S. 11).

10 Der Filmhistoriker Kevin Brownlow hat erfolglos versucht, eine gedruckte Fassung von Edwards' *The Queen of Sheba* aufzuspüren, genauso wie der Regisseur Blake Edwards, J. Gordons talentierter Enkel. Überlebt haben nur Plakate und ein Stapel von aufreizenden Fotos, die während der Dreharbeiten gemacht worden waren.

11 Ein Film aus dem Jahre 1959, *Salomon und die Königin von Saba*, hat seine eigene tragische Geschichte. Bei den Proben zu einem Schwertkampf ereilte Tyrone Power, Darsteller des Salomon, im Alter von vierundvierzig Jahren eine tödliche Herzattacke. Große Teile des Films wurden mit Yul Brynner, der eine Perücke trug, neu gedreht, was dem Regisseur King Vidor erlaubte, Szenen mit Power, die keine Nahaufnahmen waren, für den Film weiterhin zu verwenden. Wie J. Gordon Edwards drehte Vidor danach nie mehr einen Film.

12 Gustav Flaubert: *Die Versuchung des heiligen Antonius*, S. 35–42 (Ausschnitte).

13 Dieses und die folgenden Zitate stammen aus Thomas B. Aldrich: *The Queen of Sheba*, S. 57f. und 72.

7. Jerusalem

1 Herman Melville: *Journal of a Visit to Europa and the Levant*, S. 154.

2 Murphy-O'Connor: *The Holy Land: An Archaeological Guide*, S. 36.

3 Der römisch-jüdische Geschichtsschreiber Flavius Josephus beschreibt die Königin von Saba als »Königin von Ägypten und Äthiopien; sie war in der Philosophie bewandert und eine Frau, die, nach anderen Berichten, bewundert wurde« (*Jüdische Alterthümer*, S. 180).

4 Die *Keystone Cops*, eine Komikertruppe zur Stummfilmzeit, die eine vertrottelte Polizeitruppe darstellte. Hier werden sie zu den *Keystone Kopts*, den Keystone Kopten (Anm. d. Übersetzers).

8. Auf der Suche nach Salomon

1 Julius Wellhausen: *Prolegomena zur Geschichte Israels*, S. 322.

2 Ein gutes Beispiel für Geschichtsfälschung ist die *Legenda Aurea* des Jacobus de Voragine, die im 5. Kapitel behandelt wurde. Die grotesken Geschichten dieses Werkes wurden von der Kirche im Mittelalter gutgeheißen, in der Renaissance dann aber verspottet.

3 Zwei Jahre später, 1911, erreichten die archäologischen Forschungen auf dem Tempelberg ihren Tiefpunkt – und mußten Hals über Kopf und für immer eingestellt werden –, als Captain Montague Brownslow Parker, geführt durch die telepathischen Einsichten eines Hellsehers, sich nachts in den Felsendom stahl, mit einem Vorschlaghammer auf die mamorne Einfassung des »Brunnens der Seelen« einschlug und damit zuerst die Aufmerksamkeit eines arabischen Wachmannes und dann die ganz Jerusalems auf sich zog.

4 Die Gelehrten stimmen weitgehend darin überein, daß die uns bekannte Fassung des Buchs der Könige nicht früher als 583 v. Chr. entstanden ist, in dem Jahr, in dem die Juden aus dem babylonischen Exil nach Jerusalem zurückkehrten – und ihren Glauben in einem Kodex verewigen mußten, um ein Verständnis für ihre Vergangenheit zu bekommen.

5 Andere Beispiele für Absonderlichkeiten in der Bibel hätten bei einer Bearbeitung herausgenommen werden können, was aber nicht geschah: der Hinweis auf Götter, nicht Gott, im 1. Buch Mose 6, 2–4; Gott als »Satan« bezeichnet im 1. Buch der Chronik 21, 1; die unheimliche Geschichte des Bräutigams im 2. Buche Mose 4, 24–26; und die Auslieferung einer unschuldigen Frau an einen tobenden, mordlustigen Mob im Buch der Richter.

6 Yigal Yadin: *Hazor: The Rediscovery of a Great Citadel of the Bible*, S. 202.

7 Israel Finkelstein: *The Archaeology of the United Monarchy: An Alternate View*, S. 185.

8 Finkelstein vertritt die Ansicht, daß »ein voll funktionstüchtiger Staat sich durch eine durchorganisierte Gesellschaft auszeichnet, die von einer spezialisierten öffentlichen Verwaltung geführt wird, die nach allgemeinen Vorschriften handelt, die über den Willen des jeweiligen Herrschers hinaus Bestand haben. Ein solcher Staat verfügt über eine ausgefeilte Schriftsprache, organisierte industrielle Produktion und errichtet große Bauwerke, die sowohl der Selbstdarstellung und Verinnerlichung allgemeiner Ziele dienen als auch einen praktischen Zweck erfüllen« (*State Formation in Israel and Judah*, S. 39). Nach Finkelsteins Ansicht trifft dies auf Jerusalem erst ein oder gar zwei Jahrhunderte *nach* Salomons Herrschaft zu.

9. Zabiba und Samsi

1 Sowohl im Hebräischen als auch im Arabischen kann *Beer Scheba* als »Brunnen der Scheba« gelesen werden. Vor meiner Reise hatte ich einige Gelehrte darüber befragt. »Interessant, vielleicht sind Sie da etwas auf der Spur«, sagte einer. Ein anderer schlug vor, ich solle einen Blick in das 1. Buch Mose 21, 25–33, werfen, wo deutlich

wird, daß Beer Scheba eigentlich *Bir-sheeva* ist, was entweder »Brunnen der Sieben« oder »Brunnen des Eides« bedeutet und Bezug auf den Eid zwischen Abraham und dem Philister Abimelech zur Besiegelung eines Vertrages nimmt.

2 Der Arabist Nigel Groom bringt eine andere Möglichkeit ins Spiel: »Vielleicht war er [König Salomon] nur betört von einer Frau aus einer nordarabischen Gruppe von Sabäern, die mit einer Handelskarawane durch sein Land zogen« (Brief an die *London Times*, 17. Mai 1997).

3 Unsere Nachforschungen konzentrierten sich nur zum Teil auf die Königin von Saba. Unser weiter gestecktes Vorhaben war die Erforschung der Ausbreitung der Zivilisation im nördlichen Arabien von frühester Zeit an. Martha Joukowsky war besonders daran interessiert, mehr über das Reich der Nabatäer zu erfahren, das sich von Medina bis nach Damaskus erstreckte und vom zweiten vorchristlichen bis ins zweite nachchristliche Jahrhundert den Handel mit Weihrauch unter seiner Kontrolle hatte.

10. Weitere Kandidatinnen

1 Wie Joe Zias herausgestellt hat, steht die Bibel in Israel »mit beiden Beinen fest auf dem Boden«. Wenn einmal ein Ereignis festgehalten worden war, dann nahmen spätere Schreiber oder Bearbeiter nur wenige Veränderungen an den wesentlichen Aussagen vor. Es gab natürlich Ausschmückungen, aber sie überschritten nie die Grenze zu Fälschungen.

2 Harry St. John Philby: *The Queen of Sheba* (postum veröffentlicht), S. 35.

3 Auf der Suche nach einer Königin von Saba aus dem südlichen Arabien fand ich einen Hinweis in der Bibel, den ich zuerst übersah. Es ist kein »Heureka, ich hab's«-Hinweis, aber einer, den man in Betracht ziehen kann. Sowohl bei Matthäus als auch bei Lukas wird die Königin von Saba als »die Königin des Südens« bezeichnet. Zufälligerweise ist das gebräuchliche Wort für Süden im Hebräischen יָמִין *ymyn*. Das heißt Jemen. Könnte die »Königin des Südens« eine Königin aus dem Jemen gewesen sein?

11. Im Reich des Kalifen

1 Die Reise war von Pierre und Patricia Bikai, Direktor und stellvertretende Direktorin des American Center of Oriental Research in Amman, Jordanien, organisiert worden.

2 Bevor man seine Zweifel anmeldet, ob eine arabische Königin über solche Qualitäten verfügen könne, ziehe man (cum grano salis) in Betracht, was Boccaccio uns über Zenobia berichtet. Geboren 240 n. Chr., war sie ein Kind der Wildnis, eine Jägerin, die, »gegürtet mit einem Köcher, Ziegen und Hirsche verfolgte und mit ihren Pfeilen erlegte. Als sie dann älter und kräftiger war, stellte sie Bären hinterher und ging auf die Pirsch nach Löwen und Leoparden, die sie fing oder erlegte.« Sie war stark an den arabischen Königinnen interessiert, die vor ihr gelebt hatten und sich in einer semitischen, männerdominierten Welt behauptet hatten. Zu ihrer Kraft kam noch, daß »Zenobia einen schönen Körper hatte ... Auch hatte sie schöne dunkle Augen und weiße Zähne.« Ihre Feinde fürchteten den Blick dieser Augen, und sie und ihre Armee unterwarfen die benachbarten Perser, Sarazenen und Armenier. »Sie sprach nie mit ihren Soldaten, ohne ihren Helm zu tragen, und benutzte während der Feldzüge nur ganz selten einen Streitwagen. Viel häufiger ritt sie auf einem Pferd, und manchmal marschierte sie auch drei oder vier Meilen zusammen mit den Soldaten vor den Feldzeichen her. Auch war sie sich nicht zu schade, mit ihren Hauptleuten zu trinken.« Mit einer Kühnheit, die die Welt erstaunte, eroberte Zenobia ganz Ägypten und wandte dann ihren Blick nach Rom, wo sie allerdings in Kaiser Aurelius, einem hartgesottenen ehemaligen Soldaten, ihren Meister fand. Aurelius setzte sie gefangen und ließ sie in goldenen Ketten nach Rom bringen, schenkte ihr aus Bewunderung das Leben und schickte sie ins Exil in eine Villa in Tivoli.

3 Dieses und das folgende Zitat sind entnommen: *Die Erzählungen aus den tausendundein Nächten*. Vollständige Ausgabe in sechs Bänden. Bd. IV. Wiesbaden 1953, S. 249ff.

4 Die Sitte des Schleiertragens geht zurück auf ein assyrisches Gesetz, erlassen von Tiglapileser I. im Jahre 1100 v. Chr. In Auszügen lautet es folgendermaßen: »Die Tochter eines Adligen muß, ob mit einem Schal, einer Robe oder einem Mantel, verschleiert sein ... Eine Hure

darf keinen Schleier tragen; ihr Kopf darf nicht bedeckt sein. Jemand, der eine Hure verschleiert gesehen hat, muß diese festnehmen, eine Zeugenaussage machen und sie vor das Palastgericht bringen … sie soll fünfzig Stockschläge erhalten, und ihr Kopf soll mit Pech übergossen werden« (James B. Pritchard [Hrsg.]: *Ancient Near Eastern Texts*, S. 163).

5 Die Schlüsselrolle von Astarte im Götterhimmel von Palmyra liegt nicht offen auf der Hand, denn sie ist eine verborgene Göttin, der viele Gestalten, Attribute und Bezeichnungen zugeschrieben werden. Bei Inschriften und Bildern kann man sie anhand ihres eigenen Namens (*'strt*) identifizieren, doch sie tritt auch in der Maske der Allat, *blty*, *b'ltk*, *gd* von Yediebel und *gd* von Tadmor auf. In seiner Darstellung *Pantheon of Palmyra* kommt Javier Teixidor zu dem Schluß, daß alles dies Formen von Astarte, der Himmelsgöttin, sind.

12. Ins weit entfernte Arabien

1 In einer Studie, die die Lebenshaltungskosten von 1990 und vor zweitausend Jahren vergleicht, hat der Archäologe Gus Van Beek errechnet, daß ein Pfund Weihrauch den Verkaufswert von umgerechnet 1200 US-Dollar hatte.

2 Die Archäologen bezeichnen die Hegemonie der Staaten Hadramaut, Qataban, Saba und – als vierter Staat – Ma'in als *Sayhad*. Wir hatten gehofft, Ma'in besuchen zu können, doch es liegt in einem Gebiet, das für Ausländer gesperrt war.

3 Albert Jamme: *The al-'Uqlah Texts*, S. 49.

4 So wie die Beduinen Scheich Zabayr kannten, kannten Shakespeare und seine Zeitgenossen deren vorzeitliche und berühmte Königin. In *König Heinrich der Achte* lobt John Cranmer die kindliche Prinzessin Elisabeth als:

> »Ein Muster aller Könige neben dir
> Und die nach dir erscheinen. Sabas Fürstin
> Hat Weisheit nicht und Tugend mehr geliebt
> Als diese holde Unschuld« (Fünfter Akt, Vierte Szene).

Im Elisabethanischen Zeitalter schrieb George Wither das Liebessonett:

»Ich liebte ein Mädchen, ein sehr holdes
So hold, wie nie gesehen
Sie war wirklich einzigartig
Eine zweite Königin von Saba.«

13. Die Straße der Ruinen

1 Plinius der Ältere: *Naturgeschichte*, Band 12.
2 Beschrieben mit ungewöhnlicher Bewunderung von Harry St. John Philby in: *The Land of Sheba* (Teil 1), S. 127.
3 Plinius der Ältere: *Naturgeschichte*, Band 12.
4 Zur Erörterung von Betyls siehe *Die Stadt der Düfte*, Kapitel 13. Zufälligerweise ist Ubar ein gutes Beispiel für einen *Hajar* mit einem *Sha'b* und den umgebenden Wohngebieten, der Oase und dem Ackerland.
5 L. S. Vasilyev, zitiert in Andrey Korotayev: *Ancient Yemen*, S. 3.
6 Hajar bin Humeid wurde 1949 eher zufällig von dem politischen Beamten Nigel Groom aus Aden bei seinen Wanderungen entdeckt. (Später schrieb Groom dann *Frankincense and Myrrh*, ein Klassiker und immer noch die beste Darstellung des arabischen Weihrauchhandels.) Van Beeks und Dragoos Arbeit stand im Schatten des Abenteurers und Forschers Wendell Phillips und der American Foundation for the Study of Man. Obwohl Phillips sich hauptsächlich auf den Mondtempel der Königin von Saba, weiter westlich in Ma'rib, konzentrierte, führte seine Vorausabteilung auch Ausgrabungen in Timna und, aber nur eine Grabungsperiode lang, in Hajar bin Humeid durch.
7 Der ungünstigste Fall einer Datierung der Entstehung des südarabischen Alphabets wäre 692 v. Chr. für die Schicht Q in Hajar bin Humeid, 850 v. Chr. für die Schicht S mit dem Monogramm und 1050 v. Chr. für das Aufkommen einer Schrift und Zivilisation im südlichen Arabien.
8 Gus Van Beek: *The Land of Sheba*, S. 60.

9 Luqman ist der Name einer mythischen arabischen Gestalt, die Vagabund, Sklave, Schafhirte, Zimmermann, Schneider, ein Verfasser von Fabeln oder Wesir sein kann. Von ihm wird behauptet, er sei der Schatzmeister in Ubar und der Baumeister des Großen Dammes, der die betörende Stadt Kitor der Königin von Saba mit Wasser versorgte, gewesen.

10 Es ist möglich, daß sich an der Fundstelle »Luqman« das vorzeitliche Harib befunden hat, das in einer schwer beschädigten Inschrift erwähnt wird, die in Hajar bin Humeid, was nur neun Meilen Luftlinie entfernt liegt, entdeckt wurde. Der Text besagt, daß ein König von Qataban und sein Sohn eine »gedeckte Straße [eine Treppe?] zwischen ihren beiden Häusern, [genannt] Harib, und dem Brunnen Bahrun [der ovale See darunter?] gebaut haben«.

11 Das Zitat von Plinius dem Älteren befindet sich in Andrew Crichton: *History of Arabia*, Vol. 1, S. 115. Agatharchides ist zitiert in Christian J. Robin: The Rise and Fall of Ancient Kingdoms, S. 22.

14. Die Stadt der göttlichen und mystischen Freuden

1 Abu Mohammed al-Hamdani, zitiert in »Ma'rib«, von W. W. Müller in: *Encyclopedia of Islam*, Band 6, S. 565 f.

2 Jürgen Schmidt: The Sabaean Irrigation Economy of Ma'rib, in: Werner Daum (Hrsg.): *Jemen. Dreitausend Jahre Kunst und Kultur des Glücklichen Arabien.*

3 Teil einer Inschrift, übersetzt von Albert Jamme in seinem Buch: *Sabean Inscriptions from Mahram Bilqis*, S. 36.

4 Eine sabäische Schrifttafel gibt genauen Aufschluß darüber, daß ein der Regel entsprechendes Haus »sechs Decken hoch mit sechs Stockwerken gebaut ist und man zwei [weitere] Stockwerke hinzufügt für Lagerraum und eine Terrasse«. Diese Inschrift, die sich im National Museum in Sanaa befindet, beschreibt die weitverbreitete Bauweise dieser nach oben strebenden Architektur, die man heute noch in den Dörfern und Städten des Jemen findet.

5 Nach dem Geschichtenerzähler al-Shabi hatte der Salhan-Palast der Königin von Saba sieben Tore, fünfhundert Säulen und »eine Decke aus Mamorplatten, die so zusammengesetzt und mit Blei ver-

fugt waren, daß die Decke aussah, als sei sie aus einem einzigen Stück ... An jeder Ecke des Palastes befand sich eine goldene Kuppel, die sich in den Himmel erhob ... Sie hatte von jedem etwas über sich.«

6 Die Wahrscheinlichkeit, daß es wirklich einen beeindruckenden sabäischen Thron gegeben hat, wird gestützt durch die Tatsache, daß eine weniger als hundert Jahre dauernde Lücke zwischen der Herrschaft von M'a'adikarib III. – dem letzten König auf dem Thron von Saba – und der Beschreibung vom Thron der Königin von Saba im Koran gibt.

7 Dieses und die folgenden Zitate sind entnommen: Strabo: *Erdbeschreibung*, Buch 16.

8 *Der Zauberer von Oz* (1900) von L. Frank Baum ist ein berühmtes Kinderbuch in den USA (Anm. d. Übersetzers).

9 Zur Diskussion von »Taboos on Quitting a House« vgl.: James G. Frazer: *Der goldene Zweig.*

10 Eduard Glaser, zitiert in Brian Doe: *Southern Arabia*, S. 61.

11 Dieses und die folgenden Zitate stammen aus Artikeln der *New York Times* und der *Los Angeles Times* aus der Mitte der fünfziger Jahre und aus Wendell Phillips: *Qataban and Sheba*, S. 210–320. Anfang des Jahres 1975 führte ich im Auftrag der National Geographic Society mehrere Gespräche mit Phillips, ohne zu wissen, wie krank er war. Später in diesem Jahr starb er im Alter von vierundvierzig Jahren, ein Verlust für das Abenteurertum und die Archäologie.

15. In Stein gehauen

1 Für die zeitliche Übereinstimmung von Karibil–Karibilu spricht auch eine zusätzliche Datierung in der Beziehung Saba–Assyrien, die die Herrschaft von Mukarrib Yatamar Bayyin I. für 715 v. Chr. ansetzt.

2 Albert Jamme: *Sabean Inscriptions from Mahram Bilqis*, S. 269.

3 Der Gedanke, daß Sirwah die erste Hauptstadt der Sabäer war, ist von den Forschern Ahmed Fakhry, Brian Doe und Nigel Groom aufgeworfen worden. Als Beweis dafür zitiert der Schriftforscher Jacques Ryckmans ein Edikt, das »an den Stamm in Sirwah gerichtet

ist, der das Gebiet um die Stadt Ma'rib besitzt« (*L'Institution Monarchique en Arabie Méridional avant l'Islam*, S. 177)

4 Unsere Satellitenbilder gaben uns einen guten Überblick über Sirwah. Wir stellten fest, daß die Weihrauchstraße sehr gut nördlich, entweder nach Ma'rib oder nach Sirwah, hätte verlaufen können, wobei, wenn sie nach Sirwah führte, sie an den bekannten, aber noch unerforschten archäologischen Stätten von Yala und Khirbat Jid'an entlanggeführt hätte. Unsere Satellitenbilder zeigten auch, daß Sirwah in einem abgeschlossenen Gebirgstal mit nur sehr begrenzten Wasservorräten liegt, was eine Verlegung des Regierungszentrums nach Ma'rib wahrscheinlich erscheinen läßt. Die umliegenden bewässerten Felder hatten bestenfalls eine Größe von 300 Quadratkilometern. Egal, wie effektiv die Bewässerungsanlagen auch waren, es hätten dort kaum mehr als ein paar tausend Menschen versorgt werden können. Als das Volk der Sabäer mit dem wirtschaftlichen Erfolg zahlenmäßig zunahm, war es unumgänglich, daß man die Hauptstadt nach Ma'rib verlegte, wo ein Bewässerungssystem von fast 10 000 Quadratkilometern Felder bewässerte, mit deren Ertrag man 30 000 oder mehr Menschen ernähren konnte.

16. Die Geheimnisse der Wüste

1 Ähnliche Beerdigungsriten in ganz Arabien von der Sinai-Halbinsel bis hin ins östliche Oman werden auf 4200–3400 v. Chr. datiert (Mittlere bis Späte Bronzezeit).

2 Bei einer heimlichen Überquerung der saudi-arabischen Grenze im Jahre 1936 hinein in die Ramlat Sabateyn ist Harry Philby an al-Alam vorbeigekommen, doch die Felsenlinien waren ihm nicht aufgefallen. Er erwähnt die Gräber dort, dachte aber nicht, daß sie aus der Jungsteinzeit stammen könnten. Er hatte die romantische Vorstellung, dies seien die Gräber der letzten Sabäer, die nach dem Zusammenbruch des Großen Dammes und dem damit verbundenen Niedergang ihrer Kultur in die Wüste geflohen wären.

17. Vom Ruhm der Könige

1 *Kebra Nagast*, S. 31 f.

2 In aufeinanderfolgenden Seiten wird in der *Kebra Nagast* erzählt, wie Äthiopien das Judentum in die Arme schließt. Historisch gesehen stimmt das, doch es hat nicht notwendigerweise in der Zeit von Salomon und der Königin von Saba stattgefunden. Das Judentum geht ganz bestimmt bis in die Zeit der Diaspora zurück, nachdem Jerusalem im Jahre 70 n. Chr. von den Römern erobert wurde, und mag gut bis in die Zeit des Alten Testaments zurückreichen, wenn man von den Ritualen im Beta Israel (Äthiopiens »Haus Israel«) ausgeht, von denen einige noch aus der Zeit vor Joschijas Reform Mitte des siebten vorchristlichen Jahrhunderts stammen.

18. Die Heilige Stadt Aksum

1 E. Littmann: *The Legend of the Queen of Sheba in the Tradition of Axum*, S. 28. Dieses Zitat stammt aus einem Manuskript, in dem möglicherweise älteres Material verwendet wurde als in der besser bekannten *Kebra Nagast*.

2 Da »Königin von Saba« ein Titel ist, der sich auf ein Land und seine Bewohner bezieht, und eigentlich kein Eigenname, könnte man erwarten, daß es in Äthiopien eine Region gegeben haben muß, die Saba genannt wurde – doch dem ist nicht so. Das ist ein Anzeichen dafür, daß, obwohl sie von den Äthiopiern vereinnahmt wurde, ihre Heimat das arabische Land Saba war.

3 *Kebra Nagast*, S. 62 f.

4 An einigen Stellen deutet die Bibel darauf hin, daß während Salomons Herrschaft *etwas* mit der Bundeslade geschehen ist. Vor seinem Tod wird sie in der Bibel mehr als zweihundertmal erwähnt, nach seinem Tod kaum noch.

5 Wenn zukünftige archäologische Forschungen die Kolonisation von Äthiopien durch die Araber im zehnten Jahrhundert v. Chr. nachweisen, so ist es dennoch möglich, daß die Königin von Saba wirklich aus Saba stammte und von den Äthiopiern einige Jahrhunderte später vereinnahmt wurde.

20. Der Weg nach Sirwah

1 Wie es so kommt, habe ich zum ersten Mal etwas von Sirwah als vierzehnjähriger Junge, der in Providence, Rhode Island, aufwuchs, gehört. Als Ahmed Fakhry in unserer Stadt an der Brown University einen Vortrag hielt, war er bei uns zu Hause Gast zum Abendessen. Er war beeindruckend und guter Laune und zu dieser Zeit gerade damit beschäftigt, eine Anzahl von Inschriften zu übersetzen, die er in Sirwah gefunden hatte.

21. Das Haus des Südwinds

1 Die Politik von Scheich Ahmed, Leute zu kidnappen und gegen öffentliche Strukturmaßnahmen einzutauschen, unterscheidet sich wesentlich von dem Kidnappen und Bombenlegen im Namen des Fundamentalismus und des Dschihad oder Heiligen Krieges. Begonnen hat diese Art von Terrorismus 1998 mit der Ermordung von vier Touristen in der Nähe von Aden und erschüttert seitdem den Jemen.

2 Die Theorie von einem Sommer- und einem Winterpalast in Sirwah und Ma'rib wird vage angedeutet in verschiedenen Inschriften und in dem Klagelied des vorislamischen Dichters Alkama. »Dahingegangen sind die Könige von Sirwah und Ma'rib/Die sich nirgendwo auf dieser Welt sicher fühlen konnten.«

3 Die Identität jenes »er« in der Bibel, der Salomons Säulen die Namen gegeben hat, ist unklar; im Ersten Buch der Könige scheint es Hiram zu sein, ein Bronzegießer; im Zweiten Buch der Chronik ist es Salomon selbst. Die Namen Jachin und Boas sind nicht eindeutig zu deuten, möglicherweise bedeuten sie: »sie ist fest« und »sie ist stark«. Wie der Zufall will, kann der Name des sabäischen Mondgottes – Almaqah – bedeuten »er ist stark«. Ein vielversprechender Weg der Forschung könnte ein Vergleich der sakralen Architektur und ihres Umfeldes im frühzeitlichen Israel und im Jemen sein. Ein sabäischer Tempel in al-Masagid zum Beispiel scheint ein Nachbau von Salomons Tempel zu sein, so wie er in der Bibel beschrieben wird. Und dessen Zisterne, der »Große See«, hat eine Entsprechung

in einer riesigen Kaverne – die größte bekannte im Altertum geschaffene –, die man in Timna, der Hauptstadt des ehemaligen Reiches Qataban, ausgegraben hat.

4 Dieses und die nächsten Zitate (einschließlich die von al-Hamdani und al-Khaisey) sind Ahmed Fakhry: *An Archaeological Journey to Yemen*, S. 30 ff. entnommen.

5 Die Skizze an dieser Stelle basiert auf Steinfragmenten im Museum von Aden und auf einer Zeichnung, die der Gelehrte und Entdecker Eduard Glaser von einem sabäischen Altar angefertigt hat. Zwischen Altären und Thronen bestand im Altertum eine enge Beziehung, da beide Heimstätten der Götter waren. Throne im Stile von Aksum, die in Äthiopien die Zeit überdauert haben – und durchaus auf sabäische Vorbilder zurückgehen können –, unterstützen diese Interpretation.

22. Die Königin von Saba und Salomon

1 Eine Beschreibung von jungsteinzeitlichen Siedlungen im südlichen Arabien findet man in Alessandro de Maigret: *The Bronze Age Culture of Hawlan at-Tiyal and al-Hada*.

2 Punt, die Quelle für Weihrauch und Gewürze der Königin Hatschepsut, ist auf einem Relief in ihrer Grabstätte im Tal der Könige in Luxor dargestellt. In den letzten Jahren hat das Deutsche Archäologische Institut unter der Leitung von Burkhard Vogt Beweise dafür ausgegraben, daß Punt das Gebiet der arabischen Halbinsel ist, das sich halbkreisförmig von dem heutigen Sabja am Roten Meer nach Aden am Indischen Ozean hinzieht.

3 Menwais Name und ein Porträt von ihr tauchen auf einem Deckelgefäß in der ägyptischen Sammlung des Metropolitan Museum of Art in New York auf. Erstaunlicherweise weist ein Gesicht aus Alabaster in der Nahost-Sammlung des Museums fast identische Züge auf.

4 Protosinaisch taucht als Inschrift in der Oberfläche von Felsen und Bergwänden der Sinaihalbinsel auf. Hier nun eine Auswahl der Buchstaben.

Buch-stabe	Ägyptisch	Protosinaisch	Südarabische Inschrift	Stellt dar
a				Rinderkopf
b				Haus
h				Betender
m				Wasser
n				Schlange

Obwohl die Buchstaben der südarabischen Schrift auf die ägyptischen Hieroglyphen zurückgehen, weist die Sprache selbst größere Verwandtschaft mit den semitischen Dialekten des »Fruchtbaren Halbmondes« auf.

5 In einem Zwischenstadium des Fernhandels haben die sabäischen Handelsgüter wahrscheinlich mehrfach ihren Besitzer entlang dessen, was einmal die Weihrauchstraße werden sollte, gewechselt. Von Stamm zu Stamm wurden die Waren weitergereicht, gekauft und wiederverkauft und von einer Karawane auf die nächste geladen.

6 Möglich ist, daß das »Gold« in der Auflistung »Gold, Weihrauch und Myrrhe« nicht wirkliches Gold war, sondern eine besondere Qualität von Weihrauch. Jacques Ryckmans äußert sich dahingehend in seinem Artikel: *De l'or, de l'encens et de la myrrhe*.

7 James B. Pritchard: *Solomon and Sheba*, S. 9. Als Beispiel für diesen Brauch führt Pritchard den eindeutigen Fall von Lots Tochter an (1. Buch Mose 19, 31–32), die zu ihrer Schwester sagt: »Unser Vater ist alt, und ist kein Mann mehr auf Erden, der zu uns eingehen (*bw'*) möge nach aller Welt Weise; so komm (*bw'*), laß uns unserem Vater Wein zu trinken geben und bei ihm schlafen, daß wir Samen von unserem Vater erhalten.« Weitere Beispiel gibt es im 1. Buch Mose 16, 2; 30, 3 und 38, 8; im 5. Buch Mose 22, 3 und im 2. Buch Samuel 16, 21.

8 Später dann banden die Sabäer den Römern den Bären auf, daß der Pfeffer (tatsächlich kommt er aus Indien), feine Seide (aus China) und Zimt (aus Indonesien) aus ihrem Land stammen.

Epilog: Das Grab der Königin von Saba

1 Plinius der Ältere: *Naturgeschichte*, Buch 12.
2 Abu Mohammed al-Hamdani: *The Antiquities of South Arabia*, S. 90 ff.
3 Van Beek: *The Land of Sheba*, S. 62 f.
4 Bezeichnet als Inschriften Ja 824 und 825 in Jamme: *Sabean Inscriptions from Mahram Bilqis*, S. 244. Die Klammern bei der Darstellung solcher Inschriften weisen auf verlorene Teile hin, die manchmal rekonstruiert werden können. In diesem Fall kann man als gesichert annehmen, daß »Ya« der Anfang des Wortes »Yanuf« ist.
5 Zitiert nach Werner Daum (Hrsg.): *Jemen. Dreitausend Jahre Kunst und Kultur des Glücklichen Arabien*.

Anhang 3: Die Königin von Saba als Dämon

1 Lou H. Silberman: »The Queen of Sheba in Judaic Tradition«, in: Pritchard (Hrsg.): *Solomon and Sheba*, S. 80.
2 Dieses und die folgenden Zitate stammen aus *The Zohar*, Vol 5, 276 f.
3 Flauberts *Die Versuchung des heiligen Antonius* verwendet ganz offensichtlich die Parallele der Königin von Saba mit der Lilith Gestalt. Die Figur ist die Königin von Saba, doch der Ort ist Liliths Heimstatt an der Küste des Roten Meeres.

Anhang 4: Die Königin von Saba und die Alchimie

1 Dieses und die folgenden Zitate stammen aus Raphael Patai: *The Jewish Alchemists*, S. 102.
2 Marie-Louise von Franz: *Aurora Consurgens*, S. 138 f.
3 Johannes Grasseus: »Arca Arcani«, in: *Theatrum Chemicum*. Band 6. Strasbourg 1616, S. 314.

Literaturverzeichnis:

Abbot, Nabia: Pre-Islamic Queens. In: *American Journal of Semitic Languages and Literature* 58, Nr. 1, Jan. 1941

—. Women and the State on the Eve of Islam. In: *American Journal of Semitic Languages and Literature* 58, Nr. 3, Juli 1941

Abdallah, Yusuf: Der Sonnengesang von Saba: Ein Stück religiöser Literatur aus dem antiken Jemen. In: Werner Daum (Hrsg.): *Die Königin von Saba*, a. a. O.

Ackermann, James S.: Knowing Good and Evil: A Literary Analysis of the Court History in 2 Samuel 9-20 and 1 Kings 1-2. In: *Journal of Biblical Literature* 109, Nr. 1, Frühjahr 1990

Ahlstrom, Gosta W.: *The History of Ancient Palestine from the Paleolithic Period to Alexander's Conquest*. Sheffield 1992

Ahroni, Y., M. Evenari, L. Sanan, N.H. Tadmor: The Ancient Desert Agriculture of the Negev. In: *Israel Exploration Journal*, Nr. 10, 1960

Albright, William F.: The Excavation of the Temple of the Moon at Ma'rib (Yemen). In: *Bulletin of the American Schools of Oriental Research*, Nr. 128, Dez. 1952

Aldrich, Thomas B.: *The Queen of Sheba*. Boston 1877

Angelini, Alessandro: *Piero della Francesca*. Mailand 1995

Augustodunensis, Honorius: De Imagine Mundi. In: *Abhandlungen der philosophisch-philologischen Classe der Königlich Bayerischen Akademie der Wissenschaften*. München 1835

Barker, Barbara M.: *Bolossy Kiralfy, Creator of Great Musical Spectacles: An Autobiography*. Ann Arbor/Michigan 1988

Beebe, H. Keith: The Dromedary Revolution. In: *Occasional Papers of the Institute for Antiquity and Christianity*, Nr. 18, Mai 1990

Beeston, A.F.L.: Some Features of Social Structure in Saba. In: Abd al-Rahman T. al-Ansary (Hrsg.): *Studies in the History of Arabia*. Riad 1979

—. Women in Saba. In: Robin L. Bidwell, G. Rex Smith (Hrsg.): *Arabian and Islamic Studies, Festschrift für R. B. Serjeant*. New York 1983
—. The Religions of Pre-Islamic Yemen. In: Joseph Chelhod (Hrsg.): *L'Arabie du Sud, Histoire et Civilization, vol. 1: Le Peuple Yemenite et Ses Racines*. Paris 1984
—. Pre-Islamic Yemeni Inscriptions. In: Werner Daum (Hrsg.): *Jemen*, a. a. O.
Bent, Theodore: *The Sacred City of the Ethiopians*. London 1893
Bernstein, Burton: *Sinai: The Great and Terrible Wilderness*. New York 1979
Biella, Joan C.: *Dictionary of Old South Arabic: Sabean Dialect*. Cambridge 1982
Birnbaum, Chiarola: *Black Madonnas: Feminism, Religion and Politics in Italy*. Boston 1993
Boardman, John, et al. (Hrsg.): *The Cambridge Ancient History*. New York 1984
Bowen, Richard L., Frank P. Albright (Hrsg.): *Archaeological Discovieries in South Arabia*. Baltimore 1958
Breton, Jean Francois: Le Site et la Ville de Sabwa. In: *Syria*, Nr. 68, 1991
—. *Arabia Felix: From the Time of the Queen of Sheba*. Notre Dame 2000
Brooks, Miguel F. (Hrsg. und Übers.): *Kebra Nagast*. New York 1996
Brown, Sarah: *Stained Glass in Canterbury Cathedral*. Canterbury 1995
Brownlow, Kevin: *The Parade's Gone By*. New York 1968
—. *Hollywood: The Pioneers*. New York 1968
Brunner, Ueli: Die Erforschung der antiken Oase von Ma'rib mit Hilfe geomorphologischer Untersuchungsmethoden. In: *Archäologische Berichte aus dem Jemen*, Nr. 2, 1982
Budge, E., A. Wallis: *A History of Ethiopia*. London 1928
—. *The Queen of Sheba and Her Only Son Menyelek*. London 1932
Bulgarelli, Grazia M.: Evidence of Paleolithic Industries in Northern Yemen. In: Werner Daum (Hrsg.): *Die Königin von Saba*, a. a. O.
Bulliet, Richard W.: *The Camel and the Wheel*. Cambridge 1975

Calderon de la Barca, Pedro: El Arbol del Mejor Fruto. In: *Obras Completas*. Madrid 1952
—. La Sibylla del Oriente y Gran Reina de Saba. In: J.J. Keil (Hrsg.): *Las Comedias*. Leipzig 1829

Caton-Thompson, Gertrude, E.W. Gardner: Climate, Irrigation and Early Man in the Hadramaut. In: *Geographical Journal* 93, Nr. 1, Jan. 1939

Chelhod, Joseph (Hrsg.): *L'Arabie du Sud, Histoire et Civilization*. Paris 1984

Clapp, Nicholas: *Die Stadt der Düfte. Auf der Suche nach dem Atlantis der Wüste*. Berlin 2001

Cleziou, Sergei, et al.: De Peuplement Pre- et Protohistorique du Système Fluviantile Fossile du Jawf-Hadramawt au Yemen. In: *Paleorient* 18, Nr. 2, 1992

Cleveland, Ray L.: *An Ancient South Arabian Necropolis: Objects from the Second Campaign in the Timna' Cemetery*. Baltimore 1965

Cohen, Rudolph: The Fortresses King Salomon Built to Protect His Southern Border. In: *Biblical Archaeology Review* 11, Nr. 3, Mai-Juni 1985

Conover, Richard E.: *Give 'Em a John Robinson*. Ohio 1965

Crichton, Andrew: *History of Arabia, Ancient and Modern*. 2 Bände. Edinburgh 1834

Cross, Frank Moore: *Canaanite Myth and Hebrew Epic*. Cambridge 1973

Dan, Joseph (Hrsg.): *The Christian Kaballah*. Cambridge 1977

Daum, Werner (Hrsg.): *Die Königin von Saba*. Stuttgart 1988

—. *Jemen. Dreitausend Jahre Kunst und Kultur des Glücklichen Arabien*. Innsbruck 1988

Davies, Philip: *In Search of Ancient Israel*. Sheffield 1992

—. House of David' Build on Sand. In: *Biblical Archaeology Review* 20, Nr. 4, Juli-Aug. 1994

—. What Separates a Minimalist from a Maximalist? Not Much. In: *Biblical Archaeology Review* 26, Nr. 2, März-April 2000

Department of Antiquities and Museums, Kingdom of Saudi Arabia. *An Introduction to Saudi Arabian Antiquities*. Riad 1975

Deribere, Maurice: *Au Pays de la Reine de Saba*. Paris 1977

Dever, William G.: Archaeology and the Age of Solomon: A Case Study in Archaeology and Historiography. In: Lowell K. Handy (Hrsg.): *The Age of Solomon*, a.a.O.

—. Save us from Postmodern Malarkey. In: *Biblical Archaeology Review* 26, Nr. 2, März–April 2000

Dickson, H.R.P.: *The Arab of the Desert*. London 1959
Doe, Brian: *Monuments of South Arabia*. London 1983
—. *Southern Arabia*. London 1971
Donovan, Claire: *The Winchester Bible*. Toronto 1993
Drewes, A.J.: The Lexicon of Ethiopian Sabean. In: *Raydan* 3, 1980
Duda, Dorothea: Die Königin von Saba in der islamischen Miniaturmalerei. In: Werner Daum (Hrsg.): *Die Königin von Saba*, a.a.O.

Eph'al, Israel: *The Ancient Arabs*. Leiden 1982

Fakhry, Ahmed: *An Archaeological Journey to Yemen (March-May 1947)*. Kairo 1951
Fatovitch, Rodolfo: Remarks on the Pre-Aksumite Period in Northern Ethiopia. In: *Journal of Ethiopian Studies* 23, Nov. 1990
Fedele Francesco G.: North Yemen: The Neolithic. In: Werner Daum (Hrsg.): *Jemen*, a.a.O.
Finkelstein, Israel: Back to Megiddo. In: *Biblical Archaeology Review* 20, Nr. 1. Jan.–Feb. 1994
—. The Archaeology of the United Monarchy: An Alternate View. In: *Levant* 28, 1996
—. Ethnicity and the Origin of the Iron I Settlers in the Highlands of Canaan: Can the Real Israelites Stand Up?. In: *Biblical Archaeology Review* 59, Nr. 4, Dez. 1996
—. State Formation in Israel and Judah: A Contrast in Context, a Contrast in Trajectory. In: *Near Eastern Archaeology* 62, Nr. 1, März 1999
Finster, Barbara: Die Stadtmauer von Ma'rib. In: *Archäologische Berichte aus dem Jemen* 3, 1982
Flaubert, Gustav: Die Versuchung des heiligen Antonius. Frankfurt a.M. 1996
Forster, Charles: *The Historical Geography of Arabia*. London 1844
Franz, Marie-Louise von: *Aurora Consurgens: A Document Attributed to Thomas Aquinas on the Problems of Opposites in Alchemy*. New York 1966
Fraser, Antonia: *Boadicea's Chariot: The Warrior Queens*. London 1968
Frazer, James George: *Der goldene Zweig: Das Geheimnis von Glauben und Sitten der Völker*. Reinbek 1994

Freedman, David Noel (Hrsg.): *The Anchor Bible Dictionary. Einträge zu: Deuteronomistic History, Incense, Frankincense, Prehistory of Arabia, Religion of South Arabia*. New York 1992

Gibb, H. A. R., et al. (Hrsg): *The Encyclopedia of Islam. Einträge zu: Bilqis, Djinn, al-Hamdani, Ma'rib, Saba*. Leiden 1979

Gibson, Shimon, David M. Jacobson: The Oldest Datable Chambers on the Temple Mount in Jerusalem. In: *Biblical Archaeologist* 53, Nr. 3, 1994

—. *Below the Temple Mount in Jerusalem*. Oxford 1996

Giday, Belai: *Ethiopian Civilization*. Addis Abeba 1991

Ginzberg, Louis: *The Legends of the Jews*. Philadelphia 1987

Glanzman, William: Arabia and the Persian/Arabian Gulf. In: Brian M. Fagan (Hrsg.): *Oxford Companion to Archaeology*. New York 1996

Goldmark, Karl: *Erinnerungen aus meinem Leben. Wien 1922*

Gray, John: *I & II Kings: A Commentary*. London 1970

—. *Near Eastern Mythology*. New York 1982

Green, William: Strippers and Coochers – the Quintessence of American Burlesque. In: David Mayer, Kenneth Richards (Hrsg.): *Western Popular Theater*. London 1977

Greenslet, Ferris: *The Life of Thomas Bailey Aldrich*. Boston 1908

Grierson, Roderick (Hrsg.): *African Zion: The Sacred Art of Ethiopia*. New Haven 1993

Grohmann, Adolf: *Göttersymbole und Symboltiere auf Südarabischen Denkmälern*. Wien 1914

—. *Arabien*. München 1963

Groom, Nigel: *Frankincense and Myrrh*. London 1981

Hadrani, Bilqis Ibrahim: Die Königin Bilquis in der zeitgenössischen jemenitischen Dichtung. In: Werner Daum (Hrsg.): *Die Königin von Saba*, a. a. O.

Halpern, Baruch: *The First Historians*. Pennsylvania 1996

Hamblin, Dora J.: Saudi Arabia Uncovers Its Past. In: *Smithsonian* 14, Nr. 6, Sept. 1983

al-Hamdani, Abu Mohammed: *The Antiquities of South Arabia*. Translated by Nabih Amin Faris. Princeton 1936

Hancock, Graham: *The Sign and the Seal*. New York 1992

Handy, Lowell K. (Hrsg.): *The Age of Solomon: Scholarship at the Turn of the Millennium*. Leiden 1997

Harding, G. Lankester: *Archaeology in the Aden Protectorates*. London 1964

Hazleton, Lesley: *Where Mountains Roar*. New York 1980

Herberg, Werner: Baukomplex B im Wadi Dana. In: *Archäologische Berichte aus dem Jemen* 3, 1982

Herodot: *Historien*. Bearbeitet von Robert Köhler. Bamberg 1982

Hobbs, Joseph J.: *Mount Sinai*. Austin 1995

Holladay, John S.: Kingdoms of Israel and Judah: Political and Economic Centralization in the Iron IIA-B (ca. 1000–750 BCE). In: T.E. Levy (Hrsg.): *The Archaeology of Society in the Holy Land*. Leicester 1995

Isaac, Ephraim, Cain Felder: Reflections on the Origins of the Ethiopian Civilization. In: *Proceedings of the Eight International Conference of Ethiopian Studies*. Addis Abeba 1988

Jacobus de Voragine: *The Golden Legend*. Translated by William Caxton. Hammersmith 1892

—. *The Golden Legend*. Translated by Granger Ryan and Helmut Ripperger. New York 1941

Jäger, Otto A.: *Antiquities of North Ethiopia*. Stuttgart 1985

Jamieson-Drake, David W.: *Scribes and Schools in Monarchic Judah*. Sheffield 1991

Jamme, Albert: An Archaic South-Arabian Inscription in Vertical Columns. In: *Bulletin of the American Schools of Oriental Research* 137, (1955)

—. *Sabean Inscriptions from Mahram Bilqis*. Baltimore 1962

—. *The al-'Uqlah Texts*. Washington D.C. 1963

Jankowski, A.: *Die Königin von Saba und Salomo: Die anharische Version der Handschrift Berlin*. Hamburg 1987

Jaussen, J., Savignac, R.: *Mission Archaeologique en Arabia*. Paris 1909 und 1914

Jerrers, Ann: *Magic and Divination in Ancient Palestine and Syria*. Leiden 1996

Jones, Alexander (Hrsg.): *The Jerusalem Bible*. New York 1966

Josephus, Flavius: Jüdische Alterthümer. Übersetzt von Franz Kaulen. Köln 1883

Joukowsky, Martha: *A Complete Field Manual of Archaeology*. New York 1980

Jung, Carl G.: *Mysterium Coniunctionis*. Princeton 1963

Jung, Michael: *Religious Monuments of Ancient Southern Arabia*. Naples 1967–1982

—. *Research on Rock Art in North Yemen*. Naples 1991

al-Kalbi, Hisham: *The Book of Idols*. Translated by Nabih Amin Faris. Princeton 1936

Kenny, Vincent: *Herman Melville's Clarel: A Spiritual Autobiography*. Hamden 1973

Kinglake, Alexander: *Eothen: Or Traces of Travel Brought Home from the East*. London 1844

al-Kisai, Abu Mohammed ibn Abd Allah: *Tales of the Prophets*. Translated by W.M. Thackston. Boston 1978

Kitchen Kenneth A.: *Documention for Ancient Arabia*. Liverpool 1994

—. Sheba and Arabia. In: Lowell K. Handy (Hrsg.): *The Age of Solomon*, a.a.O.

—. The Patriarchal Age: Myth or History?. In: *Biblical Archaeology Review* 21, Nr. 2., März-April 1995

Klein-Franke, Aviva: Die Königin von Saba in der jüdischen Überlieferung. In: Werner Daum (Hrsg.): *Die Königin von Saba*, a.a.O.

Kluger, Rivkah S.: *Psyche and the Bible*. Zürich 1974

Knappert, Jan: *Islamic Legends*. Leiden 1985

Knoppers, Gary: *Two Nations Under God: The Deuteronomistic History of Solomon and the Dual Monarchies*. Atlanta 1993

Kobishchanov, Yuri M.: *Auxum*. Pennsylvania 1979

Koehler, Ludwig, Walter Baumgartner: *The Hebrew and Aramaic Lexicon of the Old Testament*. Leiden 1994

Koltuv, Barbara B.: *The Book of Lilith*. York Beach 1986

—. *Solomon and Sheba: Inner Marriage and Individualism*. York Beach 1993

Korotayev, Andrey: *Ancient Yemen*. Oxford 1995

Lasine, Stuart: Solomon and the Wizard of Oz: Power and Invincibility in a Verbal Palace. In: Lowell K. Handy (Hrsg.): *The Age of Solomon*, a. a. O.

Lassner, Jacob: *Demonizing the Queen of Sheba*. Chicago 1993

Lavin, Marilyn A.: *Piero della Francesca*. New York 1992

—. *Piero della Francesca, Arezzo*. New York 1994

Lemche, Niels P., Thomas L. Thompson: Did Biran Kill David? The Bible in the Light of Archaeology. In: *Journal for the Study of the Old Testament* 64, 1994

Leon, Moses de: *The Zohar*. Translated by Harry Sperling and Maurice Simon. London 1931–1934

Levi, Eliphas: *The Book of Splendours*. York Beach 1984

Lingenfelter, Richard E.: *Death Valley and the Amargosa: A Land of Illusion*. Berkeley 1986

Littmann, E.: *The Legend of the Queen of Sheba in the Tradition of Auxum*. Leiden 1904

MacDonald, Michael C. A.: North Arabia in the First Millennium B.C.E. In: J. Sasson (Hrsg): *Civilization of the Ancient Near East*. New York 1995

—. Trade Routes and the Trade Gods at the North End of the ›Incense Road‹ in the First Millennium B.C. In: *Profumi d'Arabia: Atti del Convego*. Rom 1997

Madrus, J. C.: *The Queen of Sheba*. New York 1925

Maigret, Alessandro de: The Yemeni Bronze Age. In: Werner Daum (Hrsg.): *Jemen*, a. a. O.

—. *The Bronze Age Culture of Hawlan at-Tiyal and al-Hada*. Rom 1990

—. *The Sabean Archaeological Complex in the Wadi Yala*. Rom 1988

Malraux, André: *La Reine de Saba: une »Aventure Géographique«*. Paris 1993

Maududi, S. Abula'la: *The Meaning of the Koran, vol. 9: Surah An-Naml–Surah Ar-Rum*. Lahore/Pakistan 1993

McKenzie, S. L.: The Trouble with Kings. In: *Vetus Testamentum*, Supplements 42. Leiden 1991

Melville, Herman: *Journal of a Visit to Europe and the Levant*. Edited by Howard C. Horsford. Princeton 1955

—. Clarel: *A Poem and Pilgrimage in the Holy Land*. London 1924

Millard, Alan: King Solomon in His Ancient Context. In: Lowell K. Handy (Hrsg.): *The Age of Solomon*, a.a.O.

Monroe, Elizabeth: Arabia: St. John Philby's Contribution To Pre-Islamic Studies. In: *Proceedings of the Seminar for Arabian Studies*. London 1973

Morton, Paul K.: *Geology of the Queen of Sheba Lead Mine, Death Valley, California*. San Francisco 1965

Moscati, Sabatino: *Ancient Semitic Civilization*. New York 1960

Müller, Walter W.: Notes on the Use of Frankincense in South Arabia. In: *Proceedings of the Ninth Seminar for Arabian Studies*. London 1976

—. Arabian Frankincense in Antiquity According to Classical Sources. In: *Studies in the History of Arabia*. Band 1. Riad 1977

—. Outline of History of Ancient Southern Arabia. In: Werner Daum (Hrsg.): *Die Königin von Saba*, a.a.O.

Munro-Hay, Stuart C.: *Excavations at Aksum*. London 1989

Murphy-O'Connor, Jerome: *The Holy Land: An Archaeological Guide from Earliest Times to 1700*. Oxford 1980

Na'am, Nadav: Cow Town or Royal Capital? Evidence for Iron Age Jerusalem. In: *Bibilcal Archaeology Review* 23, Nr. 4, Juli-Aug. 1997

Nerval, Gerard de: Histoire de la Reine du Matin et de Salomon Prince des Genies. In: *Oevres*. Paris 1958

Noya, Sergio (Hrsg.): *L'Arabie Avant L'Islam*. Aix-en-Provence 1994

O'Leary, De Lacy: *Arabia Before Muhammad*. London 1927

Ostoia, Vera K.: Two Riddles of the Queen of Sheba. In: *Metropolitan Museum Journal* 6, 1972

Overstreet, William C., Maurice Grolier, M. Toplyn (Hrsg.): *The Wadi al-Jubah Project: Geological and Archaeological Reconnaissance in the Yemen Arab Rebublic*. Washington D.C. 1988

Pankhurst, Richard: Die Königin von Saba in der äthiopischen Tradition. In: Werner Daum (Hrsg.): *Die Königin von Saba*, a.a.O.

Parker, Kim I.: *Wisdom and Law in the Reign of Solomon*. Lampeter/Wales 1992

Parr, Peter J., G. Lamkaster, J.E. Dayton: Preliminary Survey in N.W. Arabia, 1968. In: *Bulletin of the Institute of Archaeology (University of London)*, 8–10, 1970/71

Patai, Raphael: *The Hebrew Goddess*. New York 1978

—. *The Jewish Alchemist*. Princeton 1994

Philby, Harry St. John: The Land of Sheba. In: *Geographical Journal* 92, 1938

—. *Sheba's Daughters*. London 1939

—. *The Land of Midian*. London 1957

—. *The Queen of Sheba*. London 1981

Phillips, Wendell: *Quataban and Sheba*. New York 1955

Pirenne, Jacqueline: *La Grèce et Saba*. Paris 1955

—. Review of Gus van Beek's Hajar Bin Humeid Report. In: *Syria* 51, 1974

—. The Chronology of Ancient South Arabia – Diversity of Opinion. In: Werner Daum (Hrsg.): *Jemen*, a.a.O.

Plinius der Ältere: Naturgeschichte. Übersetzt von Christian Friedrich Lebrecht Strack. Nachdruck der 1. Aufl. Bremen 1853. Darmstadt 1968

Pope, Marvin: *The Song of Songs*. New York 1977

Price, David: *Essay toward the History of Arabia*. London 1824

Pritchard, James B. (Hrsg.): *Ancient Near Eastern Texts*. Princeton 1955

—. (Hrsg.): *Solomon and Sheba*. London 1974

Ptolemy, Claudius: *The Geography*. Translated by Edward L. Stevenson. New York 1991

Rappoport, Angelo S.: *Myths and Legends of Ancient Israel*. New York 1987

Raswan, Carl R.: *Black Tents of Arabia*. Boston 1935

Retso, Jan: The Domestication of the Camel and the Establishment of the Frankincense Road from South Arabia. In: *Orientalia Suecana* 60, Nr. 198, 1991

Ripellino, Angelo M.: *Magic Prague*. London 1995

Ripinsky, Michael M.: The Camel in Ancient Arabia. In: *Antiquity* 49, Nr. 196, Dez. 1975

Ritmeyer, Leen, Kathleen Ritmeyer: *Secrets of Jerusalem's Temple Mount*. Washington D.C. 1998

Robin, Christian: Religion of South Arabia. In: David N. Freedmann (Hrsg.): *The Anchor Bible Dictionary*. Band 6. New York 1992

—. The Rise and Fall of Ancient Kingdoms. In: C. Desjeunes (Hrsg.): *Version Originale. Le Trimestriel de Réflexion. The Arabian Peninsula*, Nr. 3, Paris 1993

Robin, Christian, I. Gajda (Hrsg.): *Arabia Antiqua. Early Origins of South Arabian States*. Rom 1966

Ryckmans, Jacques: *L'Institution Monarchique en Arabie Méridionale avant l'Islam*. Louvain 1951

—. De l'or, de L'encens et de la myrrhe. In: *Révue biblique* 52, 1951

—. Biblical and Old South Arabian Institutions: Some Parallels. In: Robin L. Bidwell, G. Rex Smith (Hrsg.): *Arabian and Islamic Studies, Festschrift für R. B. Serjeant*. New York 1983

—. The Old South Arabian Religion. In: Werner Daum (Hrsg.): *Jemen*, a. a. O.

Sale, George (Hrsg.): *The Koran*. London 1838

al-Saleh, Khairat: *Fabled Cities, Princes and Jinns*. London 1985

Sass, Benjamin: *Studia Alphabetica: On the Origin and Early History of the Northwest Semitic, South Semitic and Greek Alphabets*. Göttingen 1991

Saud, Abdullah Saud: The Domestication of Camels and Inland Trading Routes in Arabia. In: *ATLAL* 14, 1996

Schmidt, Jürgen: Ancient South Arabian Sacred Buildings. In: Werner Daum (Hrsg.): *Jemen*, a. a. O.

Schmidt, Jürgen, Ulrich Brunner, Mathias Gerig: Marib. In: *Archäologische Berichte aus dem Jemen* 1, 1982

Schneider, Laurie: The Iconography of Piero della Francesca's Frescoes Illustrating the Legend of the True Cross in the Church of San Francisco in Arezzo. In: *Art Quarterly* 32, Nr. 1, Frühjahr 1969

Sholem, Gershom: Peraquim adashim me'inyane Ashmodai v-Lilit. In: *Tarbiz* 19, 1948

—. *Kabbalah*, New York 1978

—. Lilith und die Königin von Saba. In: Werner Daum (Hrsg.): *Die Königin von Saba*, a. a. O.

Scott, R. B. Y.: Solomon and the Beginnings of Wisdom in Israel. In: M. Noth, D. Winton Thomas (Hrsg.): *Wisdom in Israel and in the Ancient near East*. Leiden 1955

Sedov, Alexander V.: On the Origin of the Agricultural Settlements in Hadramawt. In: Christian J. Robin (Hrsg.) *Arabia Antiqua*, a.a.O.

Seigne, Jacques: Le Château Royal de Shabwa: Architecture, Techniques de Construction et Restitutions. In: *Syria* 68, 1991

Seipel, Wilfried (Hrsg.): *Jemen: Kunst und Archäologie im Land der Königin von Saba*. Wien 1998

Seller, Abednego: *The Antiquities of Palmyra Built by King Solomon*. London 1705

Serjeant, Robert B.: *South Arabian Hunt*. London 1983

Serjeant, Robert B., Ronald Lewcock: *San'a: An Arabian Islamic City*. London 1983

Seters, John Van: *Abraham in History and Tradition*. New Haven 1975

Shahid, I.: The Kebra Nagast in the Light of Recent Research. In: *Le Museon* 89, 1976

Shanks, Hershel: Face to Face: Biblical Minimalists Meet Their Challengers. In: *Biblical Archaeology Review* 23, Nr.4, Juli-Aug. 1997

—. Where ist the Tenth Century?. In: *Biblical Archaeology Review* 24, Nr. 2, März–April 1998

al-Sheik, Khalil: Das Bilqis-Motiv in der modernen arabischen Literatur. In: Werner Daum (Hrsg.): *Die Königin von Saba*, a.a.O.

Silberman, Lou H.: The Queen of Sheba in Judaic Tradition. In: James B. Pritchard (Hrsg.): *Solomon and Sheba*, a.a.O.

Silberman, Neil Asher, Israel Finkelstein, David Ussishkin, Baruch Halpern: Diggin at Armageddon. In: *Archaeology* 52, Nr. 6, Nov.-Dez. 1999

Smith, W. Robertson: *Kinship and Marriage in Early Arabia*. London 1903

Snowden, Frank M. Jr.: *Blacks in Antiquity*. Cambridge 1970

Solle, Dorothee, J.H. Kirchberger, Herbert Haag: *Great Women of the Bible*. Michigan 1994

Sprenger, Alois: *Die Alte Geographie Arabiens*. Amsterdam 1966

Stephens, John Lloyd: Incidents of Travels in Egypt, Arabia, Petraea, and the Holy Land. o.O. 1837

Stiegner, Roswitha G.: Die Königin von Saba in der jemenitischen Legende. In: Werner Daum (Hrsg.): *Die Königin von Saba*, a.a.O.

Strabo: *Erdbeschreibungen*. Aus dem Griechischen von Christoph Gottlieb Groskurd. Nachdruck in 17 Büchern. Hildesheim o.J.

al-Tabari, Abu Mohammed ibn Jabir: The Children of Israel. Translated by William M. Brinner. In: Edshan Yar-Shater (Hrsg.): *The History of al-Tabari*. Band 3. Albany/New York 1989

Teixidor, Javier: *The Pantheon of Palmyra*. Leiden 1979

Thompson, Thomas L.: *The Historicity of the Patriarchal Narratives*. Berlin 1975

—. *Early History of the Israelite People*. Leiden 1992

—. *The Mythic Past*. New York 1999

Tibbetts, G.R.: *Arabia in Early Maps*. Cambridge 1978

Ullendorff, Edward: The Queen of Sheba. In: *Bulletin of John Rylands Library* 45, Nr. 1, Sept. 1962

—. *Ethiopia and the Bible*. London 1968

—. *The Ethiopians: An Introduction to a Country and People*. Oxford 1973

—. The Queen of Sheba in Ethiopian Tradition. James B. Pritchard (Hrsg.): *Solomon and Sheba*, a.a.O.

Uthemann, Jörg von: Salomo und die Königin von Saba. In: Werner Daum (Hrsg.): *Die Königin von Saba*, a.a.O.

Van Beek, Gus W.: A Radiocarbon Date for Early South Arabia. In: *Bulletin of the American Schools of Oriental Research* 143, Okt. 1956

—. Frankincense and Murrh. In: *Biblical Archaeologist* 23, Nr. 3, Sept 1960

—. *Hajar bin Humeid*. Baltimore 1969

—. The Rise and Fall of Arabia Felix. In: *Scientific American* 221, Nr. 6, Dez. 1969

—. The Land of Sheba. In: James B. Pritchard (Hrsg.): *Solomon and Sheba*, a.a.O.

—. South Arabian History and Archaeology. In: *The Bible and the Ancient Near East: Essays in Honor of William Foxwell Albright*. Winona Lake 1979

Volkoff, Oleg V.: *D'ou Vint la Reine de Saba?*. Kairo 1971

Warner, Marina: In and Out of the Fold: Wisdom, Danger and Glamour in the Tale of the Queen of Sheba. In: C. Buchmann, C. Spiegel

(Hrsg.): *Out of the Garden. Women Writers on the Bible*. New York 1994
—. *From the Beast to the Blonde*. New York 1994
Watson, Paul F.: The Queen of Sheba in Christian Tradition. In: James B. Pritchard (Hrsg.): *Solomon and Sheba*, a.a.O.
Watt. E. Montgomery: The Queen of Sheba in Islamic Tradition. In: James B. Pritchard (Hrsg.): *Solomon and Sheba*, a.a.O.
Wellhausen, Julius: *Prolegomena zur Geschichte Israels*. Berlin 1895
Whalen, Norman M., David W. Pease: Early Mankind in Arabia. In: *Aramco World*, Nr. 4, Juli-Aug. 1992
Wightman, G.J.: The Myth of Solomon. In: *Bulletin of the American Schools of Oriental Research* 277/278, Feb.–Mai 1990
Wissmann, Hermann von: *Über die Frühe Geschichte Arabiens und das Entstehen des Sabäerreiches*. Wien 1975
—. *Das Großreich der Sabäer bis zu seinem Ende im frühen 4. Jh. v. Chr.* Wien 1982

Yadin, Yigal: *Hazor: The Rediscovery of a Great Citadel of the Bible*. New York 1975
Yeats, William Butler: *The Collected Poems*. London 1963

Zarins, Juris: The Camel in Ancient Arabia: A Further Note. In: *Antiquity* 52, 1978
—. Pastoral Nomadism in Arabia: Ethnoarchaeology and the Archaeological Record – A Case Study. In: O. Bar-Yosef, A. Kahznov (Hrsg.): *Pastoralism in the Levant*. Madison 1992
—. Prehistory of Arabia. In: David N. Freedman (Hrsg.): *The Anchor Bible Dictionary*. Band 1. New York 1992
Zehren, Erich: *The Crescent and the Bull*. New York 1962
Zohar, M.: Pastoralism and the Spread of the Semitic Languages. In: O. Bar-Yosef, A. Kahznov (Hrsg.): *Pastoralism in the Levant*. Madison 1992

Abbildungsnachweis

1–2 British Museum
3 Dr. Richard Pankhurst, Royal Asiatic Society
4 Niedersächsische Staats und Universitätsbibliothek, Göttingen
5 Canterbury Cathedral
6–7 Ministero per i Beni e le Attivita Culturali, Arezzo
8–9 Circus World Museum, Baraboo/Wisconsin and Ringling Bros.-Barnum & Bailey Combined Shows, Inc.
13 Pascal Marechaux
18–19 NASA/Ronald Blom and Robert Crippen
23 Burkhard Vogt
24 David Meltzer
31 General Organization of Antiquities, Museums and Manuscripts, Yemen

Alle weiteren Abbildungen stammen aus der Sammlung von Nicholas Clapp.

Eliot Pattison

Das Auge von Tibet

Roman

Aus dem Amerikanischen
von Thomas Haufschild

697 Seiten. Gebunden
ISBN 3-352-00584-2

Eine Lehrerin wurde ermordet, und ein Mönch ist verschwunden. Der Lama eines geheimen tibetischen Klosters bittet den Chinesen Shan um Hilfe. Der in Ungnade gefallene Ermittler hat viele Jahre im Arbeitslager verbracht. Seit seiner Flucht wartet er darauf, Tibet mit Hilfe der UN verlassen zu können. Doch zuvor begibt er sich auf eine gefährliche Reise zu einer versteckten Stadt im Norden des Landes. Dort warten die letzten muslimischen Nomaden darauf, gegen die chinesischen Besatzer losschlagen zu können … Außergewöhnlich gut recherchiert und brillant erzählt, führt der Roman in ein magisches Land, in dem Tibeter und Muslime die Hoffnung auf ein friedliches Zusammenleben noch nicht aufgegeben haben.

Eliot Pattison wurde in den USA mit dem begehrten Edgar Allan Poe Award ausgezeichnet.

»Ein unvergleichlicher Roman, der die Seele Tibets einfängt.«

Chicago Tribune

Rütten & Loening

Lisa Huang

Jade

Roman

Aus dem Amerikanischen
von Wolfgang Neuhaus
unter Mitwirkung
von Michael Kubiak

Mit einer Karte
569 Seiten
Band 1759
ISBN 3-7466-1759-6

Das exotische China zu Beginn des 20. Jahrhunderts: Das Mädchen Jade führt als Tochter eines hohen kaiserlichen Beamten ein behütetes Leben. Der Tod ihres Vaters jedoch markiert das jähe Ende ihrer Kindheit. Während das Kaiserreich durch heftige Unruhen erschüttert wird, verliert ihre Familie beinahe all ihren Besitz. Jade muß heiraten, um sich in den Schutz einer neuen Familie zu begeben, doch stellt sich ihr angeblich wohlhabender Mann als opiumsüchtig und bettelarm heraus. Jade ist wieder auf sich allein gestellt. Inmitten der revolutionären Wirren versucht sie, am Leben zu bleiben – bis sie endlich einen Mann kennenlernt, der sie wahrhaft liebt. Ausgerechnet er aber scheint auf der Seite der Revolutionäre zu stehen.

Spannend und mit schillernder Anmut erzählt – das Schicksal einer starken Frau in einer bewegenden Epoche.

»Besser kann man Geschichte nicht erzählen.«

Nürnberger Nachrichten

AtV
Aufbau Taschenbuch Verlag

Michael Klonovsky

Der Ramses-Code

Roman

Mit einem Frontispiz
474 Seiten. Gebunden.
ISBN 3-352-00575-3

»In seinem Roman ›Der Ramses-Code‹ beschäftigt sich Michael Klonovsky mit der Entzifferung der Hieroglyphen. Aus dem Wettlauf der Wissenschaftler zwischen Frankreich und Großbritannien, wer zuerst die ägyptischen Hieroglyphen entziffern würde, ist ein spannendes Buch entstanden. Vor einem dicht und überzeugend gezeichneten geschichtlichen Hintergrund lässt er seinen Helden Jean-Francois Champollion nach der Lösung eines Jahrtausende alten Rätsels suchen, verwebt geschickt die Fakten mit der romanhaften Handlung.«

Focus Online

»Wer Jules Verne, Dumas und Maupassant mag, der findet im ›Ramses-Code‹ ein Lesekolorit, das ihm gemäß ist.«

Lausitzer Rundschau

»Ich habe den Roman mit größter Faszination und atemloser Spannung gelesen. Was für eine tolle Geschichte!«

Jan Assmann, Professor für Ägyptologie
an der Universität Heidelberg

Rütten & Loening

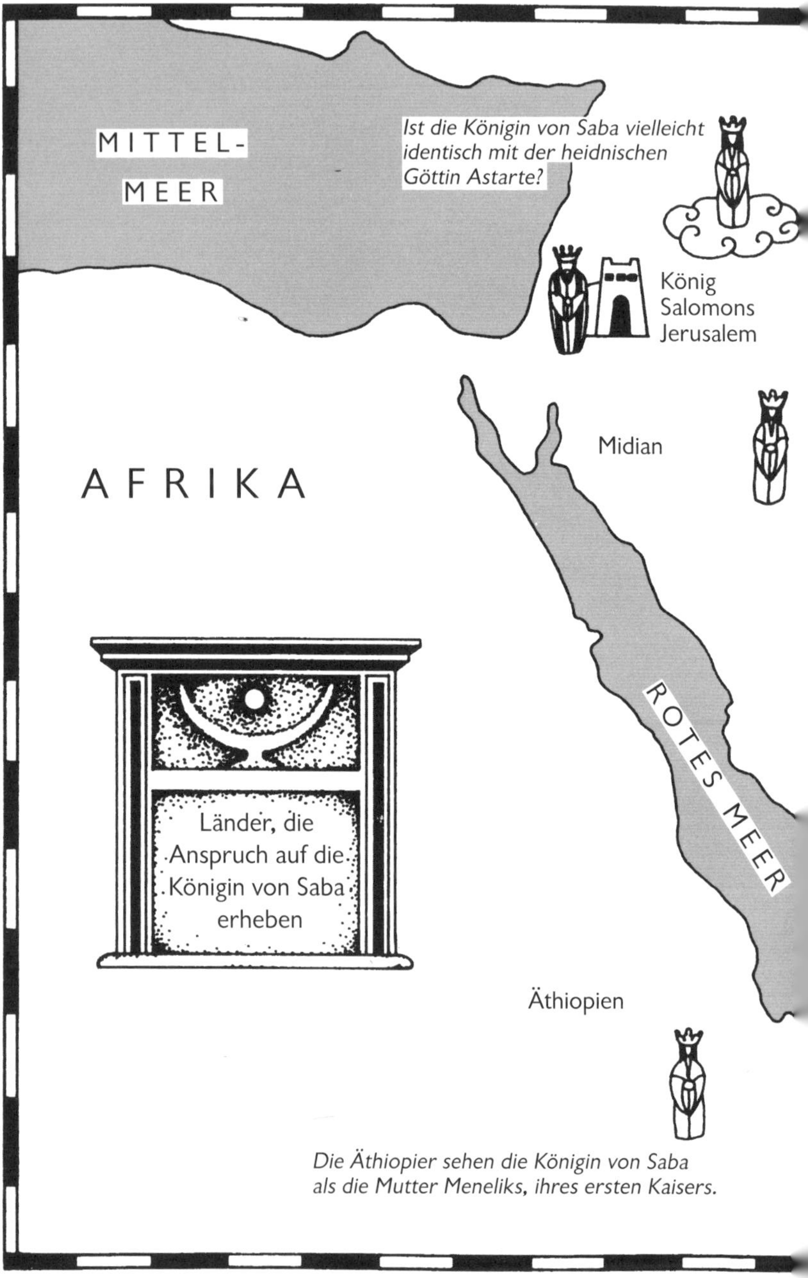
MITTEL-
MEER
Ist die Königin von Saba vielleicht identisch mit der heidnischen Göttin Astarte?
König Salomons Jerusalem
Midian
AFRIKA
Länder, die Anspruch auf die Königin von Saba erheben
ROTES MEER
Äthiopien
Die Äthiopier sehen die Königin von Saba als die Mutter Meneliks, ihres ersten Kaisers.